JN182848

小倉英敬［著］

ラテンアメリカ 1968年論

América Latina en 1968

OGURA Hidetaka

新泉社

América Latina en 1968

OGURA Hidetaka

2015, Ediciones Shinsensha, Tokio, Japón

まえがき

近年、新興諸国や途上諸国において「新中間層」とくに「新中間下層」の増加現象が見られ、今後の世界経済の行方は、この「新中間下層」が定着し、さらに発展できるかどうかにかかっているとの議論も聞かれる。とりわけ、人口規模が比較的大きい諸国で経済成長が達成され始めた場合には、徐々に貧困層から脱却して「新中間下層」に上昇してくるケースが多々見られるようになってきた。一方、先進諸国においては、「新自由主義」経済モデルの下で非正規労働者が増加するなど中間層の下方分解が生じて貧困層に転落する傾向も発生した。

世界的な資本主義システムの下において、一方で先進諸国の場合と、他方で新興・途上諸国の双方で、このような図式化では論じえないケースも多く見られるものの、概して相異なる方向の現象が生じてきたと言える。いずれにせよ、今後の国際社会は「中間層」が増加した国ほど、その国内需要の増大を基盤として経済成長の可能性が高くなると見ることができる。

このような「中間層」の役割に関する議論が強められるようになったのは、ごく最近の傾向であり、とくに中国、インド、ブラジルのような諸国における中間層の増加が、二〇〇八年九月に発生したリーマン危機に端を発した世界的な金融・経済危機からの脱却を早め、その後も速度は鈍化したものの安定した経済成長を継続していることの背景分析から生じたものである。

こうした「新中間層」の登場は、主に一九六〇年代に先進諸国に見られた「中間層」の増加現象と類似した現象であり、先進諸国において生じた社会変動が、新興・途上諸国においては一九九〇年代後半頃から生じたと分析することも可能であろう。

筆者は、一九六八年に先進諸国や社会主義諸国において生じた「若者の叛乱」に象徴される諸事件は、世界資本主義システムの展開とそれに対抗するシステムの双方において生じた世界的な現象であり、「歴史転換」を生じさせたとも言える現象であったと考えているが、世界資本主義システムの中心部と周縁部では現象の現れ方に時間差が存在したものと見る。

*

世界資本主義システムの中での位置関係では周辺部に位置するラテンアメリカにおいては、一九世紀末の外国資本の支配拡大で生じた資本主義的変化に伴って、二〇世紀初頭から専門職層、官僚、知識人等の「新中間層」が登場した。一九六〇年代には中間層が直接的あるいは間接的に社会的発言力を増すという現象が見られ、本書で見ていくようにメキシコ、ペルー、キューバ、チリ等々の諸国において、中間層の成長を背景とする社会的・政治的事件が多発した。

一九六八年は米国、フランス、日本、チェコスロバキア、ベトナム、パレスチナ、中国等において、世界的に歴史的転換点となるような出来事が多発した年であった。しかし、これまでに発表されてきた多くの「一九六八年」に関する著作・論稿は、先進資本主義国と社会主義圏における動向を分析してはいるものの、周辺途上諸国における動向が分析対象とされておらず、そのため一九六八年が世界的な歴史的転換点と言いうる現象であったかどうかについての議論も進まないという限界があった。

一九六八年には、先進資本主義諸国、社会主義諸国だけでなく、周辺途上諸国においても世界史的に歴史的転換点となる諸事件が発生した。ラテンアメリカ諸国でも、同年にはメキシコの学生運動の高揚と挫折、ペルーのベラスコ左翼軍事政権の登場、キューバにおける「パディージャ事件」に象徴される旧有産層や中間層出身の知識人の体制離反問題等、中間層の動向を基盤とする出来事が生じた。

これまで日本においては、メキシコ・オリンピック開催を前にした「トラテロルコの夜」に象徴される学生・知識人の運動とそれを暴力的に弾圧したメキシコの例は触れられる機会が多かったが、それ以外のラテンアメリカ諸国において一九六八年に生じた諸事件とその背景について体系的に紹介されることは少なかった。

本書では、一九六八年にメキシコ等のラテンアメリカ諸国で生じた現象にどのような共通点が見られるのかを検証しながら、世界史的な視野から、それらの諸事件の歴史的意味を考察することを目指していく。

ラテンアメリカ1968年論❖目次

まえがき　3

序章　世界史としての1968年……13

［1］はじめに　14
［2］ウォーラーステインの一九六八年論　15
［3］一九六八年の諸現象　18
［4］各国における一九六八年論　41
［5］おわりに　56

第1章　ラテンアメリカ1960年代同時代史……59

［1］キューバ革命の影響　60
［2］「進歩のための同盟」　64
［3］従属論——「低開発の発展」　68

［4］解放の神学　73
［5］ラテンアメリカ文学の〈ブーム〉　77
［6］中米諸国における反米・反独裁・民族解放闘争　81

第2章　メキシコ1968……95
［1］はじめに　96
［2］一九六八年のメキシコ学生運動　97
［3］「トラテロルコの夜」——一〇月二日事件　114
［4］「メキシコ一九六八年」の政治・社会的意味　125
［5］おわりに　136

第3章　ペルー1968……139
［1］はじめに　140
［2］「ペルー革命」前史　142
［3］一九六八年一〇月三日「ペルー革命」　152
［4］ベラスコ左翼軍事政権の展開　161
［5］むすび——軍部ポピュリズムと中間層　174

第4章　キューバ１９６８……179

[1] はじめに　180
[2] キューバ一九六〇年代　181
[3] 「パディージャ事件」の発生――一九六八年　186
[4] 「パディージャ事件」の再燃――一九七一年　194
[5] 「パディージャ事件」の意味　216
[6] おわりに　219

第5章　チリ１９６８……223

[1] はじめに　224
[2] チリ政治・経済の特徴　225
[3] 一九六八〜六九年の政治過程　241
[4] 一九七〇年大統領選挙とアジェンデUP政権の成立　248
[5] 急進党・PDCの再分裂・再編　257
[6] チリ一九六八〜六九年の意味　260
[7] おわりに　263

第6章　パナマ　1968……265
［1］はじめに　266
［2］米国帝国主義とパナマ運河　267
［3］パナマ・ナショナリズム　273
［4］反米ナショナリズムと一九六八年一〇月クーデター　276
［5］運河条約改定　282
［6］おわりに　285
第7章　ブラジル　1968……287
［1］はじめに　288
［2］ヴァルガス「新国家」体制以後　289
［3］ゴラール政権　295
［4］一九六四年クーデター　301
［5］マリゲーラらの都市ゲリラ闘争　303
［6］ブラジルの奇跡　312
［7］おわりに　318

第8章 アルゼンチン 1968 …… 321
［1］はじめに 322
［2］ペロニズムの形成 323
［3］一九五五年以後のアルゼンチン政治 327
［4］アルゼンチン一九六八〜七〇年 331
［5］ペロンの復帰とモントネロス 341
［6］ゲリラ闘争の終焉 344
［7］おわりに 350

第9章 ウルグアイ 1968 …… 353
［1］ウルグアイの独立 354
［2］ウルグアイの近代化 356
［3］第二次世界大戦後 359
［4］トゥパマロス 361
［5］トゥパマロスの鎮圧と軍部の台頭 366

終章　「1968年現象」と中間層……369
［1］一九六〇年代の中間層論　370
［2］現代ラテンアメリカの中間層論　382
［3］中間層論から見た「ラテンアメリカの一九六八年」　388

註　391
あとがき　401
参考文献　i

❖装幀——藤田美咲

米国
マイアミ
メキシコ
キューバ
ドミニカ共和国
メキシコ・シティ
ベリーズ
ハイチ
プエルト・リコ
（米）
グアテマラ
ホンジュラス
エル・サルバドル
ニカラグア
カラカス
コスタ・リカ
パナマ
ベネズエラ
ガイアナ
スリナム
ボゴタ
コロンビア
仏領ギアナ
赤道
エクアドル
ペルー
ブラジル
リマ
ラ・パス
ブラジリア
ボリビア
太平洋
パラグアイ
リオ・デ・ジャネイロ
サン・パウロ
アスンシオン
チリ
アルゼンチン
ウルグアイ
サンティアゴ
ブエノス・アイレス
モンテビデオ
大西洋

序章

世界史としての1968年

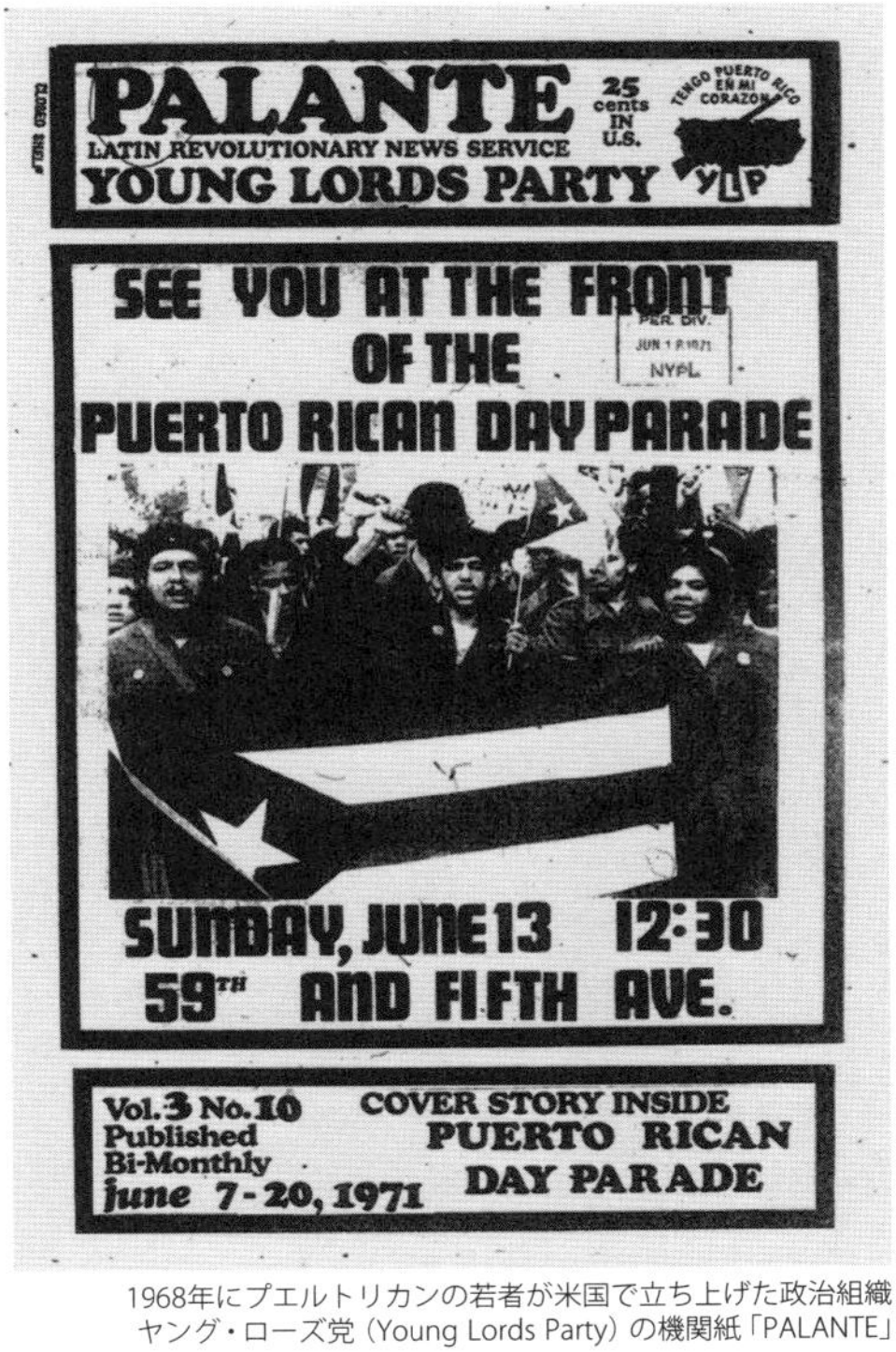

1968年にプエルトリカンの若者が米国で立ち上げた政治組織
ヤング・ローズ党（Young Lords Party）の機関紙「PALANTE」

［1］　はじめに

世界史的な歴史的転換点であったとされる一九六八年から四〇年が経過した二〇〇八年の前後に、米国、フランス、日本など世界各地で一九六八年をテーマとした関連書籍や特集雑誌の出版、シンポジウムの開催、映画上映会、展覧会などのイベントが行われた。

日本においても二〇〇八年前後に種々の一九六八年をテーマとする書籍が刊行されたほか、映画、演劇、写真、漫画といったさまざまな表現形式で一九六八年の前後の数年に日本で生じた「若者の叛乱」と称された出来事を中心とした諸現象を回想し、その意味を再考する試みが行われた。

日本における一九六八年に関する研究では、全共闘運動に象徴される「若者の叛乱」という面が強調され、フランスの五月事件、ベトナムでのテト攻勢と米国や日本でのベトナム反戦運動、ソ連とワルシャワ条約機構軍によるチェコ侵攻などの一九六八年に生じた出来事との関連が取り上げられたが、一九六八年が有した歴史的意味を体系的に分析する試みは少なかった。

本書では、一九六八年に生じた種々の諸事件はグローバル・ヒストリー的な現象であることを、ラテンアメリカ諸国において生じた出来事の分析を通して明らかにすることを目指していくが、序章ではまず、その前提となる世界各国において一九六八年に生じた諸事件の概要と解釈の整理を行う。そして、一九六八年が有した歴史的意味について、「世界システム論」の立場からより理論的な考察を行うことを目的とする本書の序章として位置づけ論じていく。

本書において、「世界システム論」とは、「地球上に存在する社会システムのうち、自らより上位のシステムを持たない最上位のシステム」と定義しておく［田中 1989: 14］。また、「世界システム論」とは、過去数百年の間に地球を覆いつくした一つの資本主義市場の力を基底にした国際関係を見る視点であり、「近代世界システム」とは「近代主権国家をその最も重要な構成要素とする非主体型の世界システムで、経済的には資本主義的な一つの分業体制に統合されている世界システム」であると定義する［田中 1989: ii］。

［2］ウォーラーステインの一九六八年論

「一九六八年歴史転換論」を世界的にも先駆的に取り上げたのはイマニュエル・ウォーラーステイン（Immanuel Wallerstein, 1930–）である。世界システム論の提唱者であるウォーラーステインは、一九八八年秋に雑誌『理論と社会』第一八巻第二号に「一九六八年」と題する論稿を発表した。この論稿の中でウォーラーステインは次のように論じた。

「一九六八年の革命は、典型的な革命であり、単一の革命であった。世界の随所におけるデモ、秩序破壊、暴力行為という形をとり、三年以上の期間におよんだ。その期限、帰結、教訓を正しく分析するためには、この全地球的現象のうちの局部的表現にあたる特定の状況に関心を集中するだけでは、不十分である。ただし、それぞれの局部における政治、社会闘争の細部を相当程度決定づけたものは、局部的要因であった。

一つの事象としては、『一九六八年』ははるか以前に終わっている。にもかかわらず、これは近代世界システムの歴史形成に関わる重大な事象の一つであり、分水嶺的事象と呼ぶべき性格のものである。すなわち、世界システムの文化・イデオロギー的実体が、この事象によって明確に変化したことを意味する。その事象自体は、システムが長期間機能する間に形成された一定の構造的趨勢が具体化したものである」[Wallerstein 1991＝1991: 114-115]。

ウォーラーステインは、「一九六八年歴史転換論」に関して、このように「近代世界システムの歴史形成に関わる重大な事象」であり、「一定の構造的趨勢が具体化したもの」と分析した。この論稿を発表する直前の同年夏にウォーラーステインは、雑誌『選択』第一四巻第三号に「資本主義世界経済――その中期的展望」を発表し、その中で、一九四五年から一九六七年は米国の覇権が拡大する時期であり、一九六七年から世界経済はコンドラチェフの波のB局面に入り、一九六八年は米国の覇権が崩壊に向かい始めた年であり、一九六八年の全世界的な革命は、米国の覇権に挑戦する反乱であったばかりでなく、システムの側と密約関係にあるとみなされた古典的反システム諸運動――社会主義運動および民族主義運動の双方――そのものにも挑戦するものとなったと論じた[Wallerstein 1991＝1991: 211]。このようにウォーラーステインは、一九六八年は米国の覇権が崩壊に向かうという意味での歴史的転換点であると論じたのである。ウォーラーステインのこれら二論稿が日本で翻訳されたのは一九九一年九月であった。

ウォーラーステインは、翌八九年に出版した『反システム運動』において、一九六八年の「遺産」として、「四つの主要変化を挙げることができる」と論じ、その四つを「第一に、西と東の軍事バランスは、一九六八年以来、目に見えて変化したが、南に対する影響力は西も東も限られたものとなった。一九六八年初めのテト攻勢は、今日に至るまで、資本集約的な戦争行動が第三世界諸民族の知性と意志を抑制することに無力であることのシンボルである」、「第二に、一九六八年革命の主要な結果である、世代、ジェンダー、エスニシティ別の諸集団間の力関係の変化もまた、世界の注目をひきつけたインテリや学生の運動よりもはるかに持続的な影響を持ったことも明らかになった。これらの変化は、主に日常生活の目立たないところで起こり、インターステイトな力関係の変化よりも見分けにくいものである。にもかかわらず、(ほとんどの運動が鎮静した)一九七三年以後でさえ、概して、支配的集団(年長世代、男性、マジョリティ）の命令に対して、一九六八年以前よりも従属的集団（年少世代、女性、マイノリティ）が従ってくれることが少なくなったことは、確かなことである。この支配的集団の力の減少は、とくに中心諸国で顕著であるが、半周辺や周辺諸国でも、程度の差はあれ見うけられる」、「第三に、上述のことに密接に関連するが、一九六八年以前の労使関係は復活しなかった。この点については、労使関係についての個々の国民の経験と、全般的関係の短期的な変化に目をくらまされてはならない。資本主義世界経済の全空間的な領域で、（資本の）命令と（労働者の）応答の関係が清算と資源配分の諸関係に影響をおよぼすのに十分なほどの期間にわたって、資本機能の遂行者の命令に従属者が従う可能性が検討されねばならない。この観点からみると、一九七〇年代および一九八〇年代の重要問題は、労働規律の保証された場を世界的規模でさがすのに、資本機能遂行者が失敗することが多くなったことである」、「最後に、一九七〇年代と一九八〇年代に、市民社会は全体として、一九六八年以前よりも国家権力の掌握者（あるいは、自称掌握者）の命令に対して、ずっと従順でなくなっている。市民社会に対する国家のこの減少は一般的な現象ではあるが、半周辺において最も顕著である」と論じ、「世界の社会システムの権力バランスを従属諸集団に有利な方向へ変えるという目標が大いに成功したという意味で、一九六八年は死ななかったのである」と主張した［Wallerstein et al. 1989＝1992: 114–116］。

その後、一九八九年の東西冷戦の終焉を踏まえて、ウォーラーステインは雑誌『世界』一九九〇年一〇月号に「八〇年代の教訓」と題する論稿を特別寄稿したが、その中で、冷戦の終焉はウィルソン的終末論とレーニン的終末論の終焉を表現したものであるとし、それを結果づけた一九八九年の出来事は「一九六八年の余震にすぎなかった」と論じ、一九六八年は一九八九年を上回る重要な歴史的転換点であったとの見方を表明した。

著者は、世界資本主義システムを、(a)重商主義、(b)自由主義、(c)帝国主義、(d)新自由主義、(e)管理型資本主義の五段階に区分するが、二〇〇八年九月に発生したリーマン・ブラザーズの破綻は、(d)から(e)への移行を画期づけた出来事であり、現在は脱「新自由主義」化が進展しつつある時期であると認識する。そして、一九六八年は(c)の帝国主義段階を終焉させるとともに、さらに(d)の新自由主義段階を経て、国際社会が脱欧米化を開始する契機を形成した年であったと位置づける。本書では、この視点から「一九六八年歴史転換論」を再吟味していく。

[3] 一九六八年の諸現象

カーランスキーは、二〇〇四年に出版された『1968 世界が揺れた年』において、一九六八年に発生した諸事件を生じさせた歴史的要素は、①米国における公民権運動、②独自の感覚や疎外感に溢れ、いかなる権力をも受け入れなかった世代の存在、③すべての反体制派にとっての大義となったベトナム戦争、④これらのあらゆる出来事がテレビ時代を迎えようとしていたまさにその時に起きたということ、の四点であると論じている [Kurlansky 2004 = 2008: 13–15]。

著者は、カーランスキーの提起した歴史的要素を背景として生じた一九六八年を歴史的転換点とする諸事件は、(a)ベトナムでのテト攻勢、(b)米国をはじめとするベトナム反戦運動の高揚、(c)「プラハの春」とソ連・ワルシャワ条約軍のチェコスロバキア侵攻、(d)フランスの五月事件であり、さらにこれらに(e)中国のおける文化大革命の経緯、(f)パレスチナ情勢、(g)日本など先進資本主義諸国における「若者の叛乱」を加える必要があると考える。

それらは二〇〇八～〇九年に始まる欧米諸国の地盤沈下、すなわち約二〇〇年におよんだ欧米諸国による世界支配の崩壊の伏線となった諸事件であった。まずこれらの諸国において生じた事態の概要をまとめておく。

◉ベトナム――一九六八年「テト攻勢」

ベトナムでは、一九四五年八月の第二次世界大戦における日本の敗北直後よりベトナム共産党が全土で蜂起し、九月にベトナム民主共和国が建国されたが、これに対して一一月に失地回復を狙うフランス軍がサイゴンに上陸し、翌四六年一二月にはフランス軍が北ベトナムを攻撃して、第一次インドシナ戦争が開始された。しかし、一九五四年五月にディエンビエンフーでベトナム人民軍がフランス軍を撃破して決定的勝利を得て、同年七月にはジュネーブ協定が調印され、北緯一七度線を暫定軍事境界線とした停戦が成立した。南ベトナムにはベトナム共和国が建国され、米国が軍事援助顧問団を派遣して支援した傀儡政権であるゴ・ジン・ジェム政権が成立した。

その後、一九六〇年一二月に南ベトナム民族解放戦線（NLF）が結成され、ベトナム戦争（第二次インドシナ戦争）が始まり（一九六一年一月、ケネディ政権が反乱鎮圧計画を承認、また特殊部隊四〇〇名を派遣）、一九六四年八月に米国海軍艦艇が北ベトナムのミサイル艇によって攻撃を受けたと米国が主張するトンキン湾事件を口実として、米国議会がジョンソン大統領に対して戦時権限を付与した。米軍は一九六五年三月に北爆を開始、海兵隊をダナンに上陸させて全面戦争に突入した。

一九六八年一月三〇日、ベトナム人民軍とNLFが全土でテト（旧正月）攻勢をかけたが、以後、米軍と南ベトナム政府軍が劣勢に追い込まれ始め、同年三月一六日にはソンミ村ミライ部落での米国陸軍第二三歩兵師団第一一軽歩兵旅団バーカー機動部隊指揮下の第二〇歩兵連隊第一大隊C中隊によって引き起こされた村民五〇四人の虐殺事件（ソンミ村事件）が発生して、世界的なベトナム反戦運動が高揚するきっかけとなる。五月にはパリで和平交渉が開始され、その後七月には米軍がケサン基地を放棄、翌六九年七月八日には米軍が第一次撤兵を開始した。一九七三年一月にパリ和平協定が調印されて、同年三月に米軍は撤退を完了することになった。NLFは一九六九年六月に南ベトナム臨時人民革命政府を樹立していたが、一九七五年三月に北ベトナム軍とともに全面攻撃を開始し、翌四月にサイゴンを陥落させて、反帝国主義・民族解放闘争に勝利して南北統一を達成した。

このようなベトナム戦争のプロセスの中で、一九六八年一月下旬のテト攻勢の一〇日前に北ベトナム軍の精鋭二個師団がケサン基地を攻撃、これに続いて旧正月に当たる一月三〇日にNLFと北ベトナム軍によって行われたテト攻勢では、六万七〇〇〇人を動員してダナン空軍基地のほか、南ベトナム全土四四省のうちの三六の省都、二四二の地方都市のうちの六四都市、六自治都市のうちサイゴンなどの五都市に対する攻撃が実行された。とくにサイゴンでは、米国大使館に一九人の特攻隊が突入し、六時間にわたって占拠した後、特攻隊は全員玉砕した。さらに同市内では大統領官邸、タンソンニュット空軍基地（サイゴン国際空港）、南ベトナム政府軍統合参謀本部、国軍・海軍司令部、ビエンホア空軍基地、ロンビン米軍基地が同時攻撃を受けた。古都フエでは、北ベトナム軍とNLFが撤退した二月二四日まで戦闘が続いた。また、二月一八日には第二波、三月四日には第三波の攻撃が行われて、ケサン基地が包囲された。四月五日に北ベトナム軍は同基地の包囲を終えて撤退したが、六月二七日には米軍が同基地から撤退した。軍事的にも米国の敗北が始まった。

テト攻勢では、約一週間におよんだ戦闘の結果、NLFは戦闘部隊の約半分を失うという人的損害を出し、それ以後、南ベトナムにおける軍事的指導権を北ベトナム人民軍が掌握することになったが、それ以上に五四万人の米軍と八四万人の南ベトナム政府軍が受けた精神的打撃が大きかった。三月一六日に米陸軍部隊によって引き起こされたソンミ村事件をきっかけに、ベトナム反戦運動の高揚の中で高まった国際的非難を背景として、米国は戦争の大義を失い、三月三一日にジョンソン大統領が北爆の一方的停止と和平交渉の開始を声明し、五月一三日にはパリ和平交渉が開始されるに至った。

しかし、テト攻勢は初期の軍事的目標を達成できず、一九七三年のベトナム労働党中央委員会において、「情勢判断に主観主義があり、当時の状況に見合わない過大な目標を追求した結果、多大な犠牲を出した」と総括されることとなり、一時的には米国の軍事的勝利となったと評価された。しかし、政治的・心理的には米国が完敗を強いられるものとなる。テト攻勢は、反帝国主義・民族解放戦争を戦ったＮＬＦと北ベトナムの勝利を導く戦局転換への大きな契機となり、米国の国際政治上の覇権の喪失の開始を印象づける出来事となった。

◉米国――一九六八年「ベトナム反戦運動」

米国においては、一九六七年一〇月一六日に全米三〇都市でベトナム反戦デモが行われ、一〇月二一日にはワシントンで一〇万人規模の反戦集会が開催され、一二月五日からは「反戦と徴兵拒否週間」と名づけられた反戦デモが全米で実施されるなど、ベトナム反戦運動が拡大していった。

ベトナムにおいてテト攻勢が仕掛けられた一〇日後の一九六八年二月一一日から一五日まで、米国のハーバード大学、ラドクリフ大学、ボストン大学において学生たちがベトナム戦争に反対するハンガーストライキを開始し、この動きは一カ月の間に全国で三十数大学に広がった（また、このベトナム反戦の波は、同一四日にはフランス、一八日にはドイツへと広がり、三月三日にはロンドンで三〇〇〇人、四日にはブリュッセルで二万人、一七日にはロンドンで一万数千人、ニュルンベルグで三〇〇〇人、二三日にはニューヨークで三〇〇〇人、パリで五〇〇〇人、ローマで一〇〇〇人の反戦デモが行われ、先進諸国全体に拡大していった）。米国においては、さらに三月半ばにはコロンビア大学の学生三五〇〇人と教職員一〇〇〇人が授業ボイコットを行い、ウィスコンシン大学では約三〇〇〇人の学生が大学本部建物前で戦争抗議行動を行い、黒人大学の草分けであったハワード大学では数百人の学生が大学本部建物を占拠した。このような学生によるベトナム反戦運動にヒッピーや高校生が合流しただけでなく、黒人解放運動や先住民解放運動が合流していくことになる[1]。

米国においては、一九五四年に連邦最高裁がブラウン判決で人種隔離原則の合法性を否定したが、黒人の解放闘争はこの判決を盾にとって人種差別を実質的に温存しようとする白人社会に対して闘われ続けた。一九五五年末から一年間続けられたアラバマ州モンゴメリーでの市営バス・ボイコット運動の中からマーティン・ルーサー・キングを指導者とするＳＣＬＣ（南部キリスト教指導会議）が結成され、公民権運動が活発化した。翌五六年には、連邦最高裁判所が「バス車内における人種分離」を違憲とする判決を出すと、アラバマ州をはじめとする南部諸州各地で黒人の反人種差別運動が盛り上がった。

公民権運動は、キング牧師らの呼びかけに応じて人種差別や人種隔離の撤廃を求める二〇万人以上の参加者を集めた一九六三年の「ワシントン大行進」で最高潮に達した。一九六四年七月二日に公民権法が成立した。

他方、一九六五年七月のＳＣＬＣの集会でキングは、「私は、戦争が拡大していくのを黙って座視するわけにはいきません。（中略）ベトナムにおける戦争はやめなければならない。ベトコン相手にしても、話し合いによる解決がなされなければならない」と述べ、公民権運動がベトナム反戦運動と連携する契機となっていった。キングはベトナム戦争に直面して、新たな、より根底的な改革を掲げた運動を構築しようとしていた。

公民権法は公布されたものの、黒人を囲む環境に即効的な効果はなく、公布直後の八月一一日にはロサンゼルスのワッツ地区で大規模な黒人暴動が発生するなど、根本的な解決には至っていなかった。黒人解放運動の中では、ブラック・パワーを掲げるブラック・パンサー党などの急進派がベトナム反戦を主張し始め、このように黒人解放運動がベトナム反戦運動との連携を深める中で、一九六八年四月四日にキングが暗殺され、キング暗殺のニュースが広まると全米の四〇以上の都市で暴動が発生、暴力事件は一二〇都市の黒人居住区にまで広がり、多くの都市で放火や略奪が起こり、州兵が動員された。

このような黒人解放運動の拡大がベトナム反戦運動と連動していった。SDS（民主的社会を求める学生たち）が反戦運動を進めていたコロンビア大学において四月九日に行われたキング追悼集会は、大学がハーレムに敷地拡大していたためにハーレム住民も参加する集会となった。黒人解放運動との連携を背景として、学生は大学当局が構内でのデモを禁止したことをきっかけとして行動を急進化させ、全国の学生や高校生が授業ボイコット行動を実施した四月二六日にはコロンビア大学のSDSは四つの大学施設を占拠した。

黒人解放運動の中で最も急進的であったブラック・パンサー党にとって、一九六八年は飛躍の年であった。共同創始者であるヒューイ・ニュートンは獄中にあったが、エルドリッジ・クリーバーが中心となって情宣活動を拡大して、一九六八年末までに全米二五都市に一〇〇〇名を超えるメンバーを擁するまでになり、フーバーFBI長官から「国内治安に対する最大の脅威」と目されるに至った。

このように黒人解放運動が高揚していく中で、一九六八年九月にはプエルト・リコ系の若者によって政治組織「ヤング・ローズ（Young Lords）」がシカゴで結成され、翌年にはニューヨークに支部が設立された。ギャング出身の若者たちによって結成された同組織は、思想的影響を受けたブラック・パンサー党との連携を図りながら、ヒスパニック系の人権向上やプエルト・リコ独立などを掲げた運動を展開し、在米ヒスパニック・ナショナリストによる急進的な政治活動の嚆矢となった。

しかし、ブラック・パンサー党などの急進組織はその後、勢力を減衰させていった。ベトナム反戦運動が政治色を薄める一方でサブカルチャー運動の色彩を強めていき、その中で黒人解放運動の急進派の影響力も低下し、黒人大衆の多くは合法的な政治的参加を追求する道を選択していくことになる。

◉チェコ——一九六八年「プラハの春」

チェコスロバキアは、第二次世界大戦の戦後当初は「東西の架け橋」となることを目指したが、一九四八年二月以降、急速にソ連圏に組み入れられ、一連のソ連型社会主義化が進められた。同国は、東欧社会主義諸国の中でもスターリン批判が最も遅れ、ノボトニー体制の圧政が続き、一九五〇年代後半には飛躍的経済成長を遂げたが、一九六〇年代に入ると経済成長は顕著に停滞し、六六年に開始された経済低調克服策も失敗していた。このような状況を打破する動きが一九六七年六月末に開催された第四回作家同盟大会で口火が切られ、翌六八年一月三〜五日に開催された共産党中央委員会総会において、ノボトニーに代わって改革派でスロバキア共産党第一書記であったアレクサンドル・ドプチェフがチェコスロバキア共産党第一書記に選出されて事態は急変した。三月三〇日にはノボトニーの後任としてスボヴォダが大統領に就任し、首相にはチェルニーク、副首相にシク、外相にハーエク、国会議長にスムルコフスキーという改革派が登場し、「プラハの春」が開始された。

同年四月に開催された共産党中央委員会総会で採択された「行動綱領」は、当面している社会的危機を直視し、共産党が国家機関、経済機関、社会機関の任務を代行している一党独裁と官僚主義を批判し、「いかなる党も、いかなる政治連合も、社会主義的国家権力を独占することはできない」として、民主主義を発展させる必要性を強調した。また、経済の民主化については企業の自主性を尊重すること、文化・科学・芸術は政治に隷属するのではなく、人間と人間社会の改革を目的としなければならないといった内容を持つ画期的な社会主義の民主的改革を提起していた。六月二七日には「二千語宣言」が発せられ、民衆が能動化したことで民主主義が前進した。

このような民主化の前進を前に、ソ連や他の東欧社会主義諸国の間に懸念が広がり、七月一四～一五日にワルシャワでチェコスロバキアを除くワルシャワ条約機構加盟国の会議が持たれ、チェコスロバキア共産党指導部に警告を発した。また、七月二九日～八月一日には国境の町チエルナ・ナト・ティソウでソ連とチェコスロバキア両国指導部の会談が行われ、その直後の八月三日にはワルシャワ条約機構加盟国によるブラティスラヴァ会談が催されたが、チェコスロバキア指導部とその他諸国の指導部との溝は埋まらなかった。

六月二〇～三〇日にチェコスロバキア領内でワルシャワ条約機構軍の合同演習が実施され、演習終了後も演習に参加したワルシャワ条約機構軍の撤退は遅々として進まず、チェコスロバキア国民に不安を与えていたが、八月二一日にワルシャワ条約機構軍が領内に侵攻し、チェコスロバキア指導部はソ連領内に連行された。指導部抜きに八月二二日に開催された共産党第一四回臨時大会では改革の続行が謳われ、民衆の多彩な抵抗運動も展開され、緊張が高まっていった。しかし八月二七日、「正常化」を定めた共同コミュニケであるモスクワ議定書に、ドプチェフは「人々が何も武器をもたずに戦車に立ち向かう事態を防ぎたかった」との理由で署名した。帰国後、ドプチェフは国民に忍耐を訴えたが、ドプチェフやスボヴォダに対する支持は衰えることはなかった。そして、皮肉にもドプチェフの指導下で「正常化」が進められ、改革は収束させられた。しかし、認識しておかねばならないことは、「プラハの春」の前後に数回にわたって実施された世論調査の結果からもうかがえるように、チェコスロバキアの指導部と民衆が求めたものは、社会主義体制の解体ではなく、社会主義体制の枠内での民主化であったという点であり、一九八九年の「ビロードの革命」とは質を異にするものであったという事実である。

「プラハの春」といわれたチェコスロバキアにおける改革は、同国の国民から強い支持と積極的な協力の姿勢を生み出し、失われつつあった共産党に対する信頼を回復させ、国際的にも大きな注目を浴びた。民主化改革は経済改革と結合して、先進工業国社会主義の「新しいモデル」を打ち出すことになる一方で、国家主義的な社会主義における民主的改革の道を歴史的に閉ざしてしまい、次に国際共産主義運動の分裂と対立を修復不可能な状態に追い込むことになる。そして、軍事介入によるチェコスロバキアにおける民主化の圧殺は、社会主義のその後の方向性に大きな傷跡を残すことになり、国際共産主義史の一つの転換点をなすことになる。

◉フランス――〈五月革命〉

フランスは一九六二年にようやくアルジェリア戦争を終結させ、二〇世紀の中で数少ない平和で安定した時期を迎えた。一九六〇年代に入るとフランスでは大幅な経済成長が始まり、六三年から六九年の間に実質賃金は三・六％増え、これによりフランスは消費社会へと移行した。六〇年代半ばには物価が高騰し、政府はインフレが経済を脅かすと懸念するようになった。六七年に政府は経済問題を是正するための一連の対策を打ち出したため、労働者の賃金が抑え込まれ、農場労働者は社会保障費として給与から天引きされる額が増やされた。

他方、一九六〇年代に国民の生活水準が向上したことで高等教育を受ける者が増え、フランスには五八年に一七万五〇〇〇人の学生がいたが、六八年には五三万人に増加した。しかし、大学施設は学生数の増加に見合って拡大されなかったため、学生たちの待遇改善を求める声は高まり、また成績評価が厳しかったために卒業者は二五％にすぎなかったことから、大学改革を求める声も強まった。

こうした大学の状況を背景として、六七年三月にパリ大学ナンテール校で男女共用の学生寮の運営方式を問題視した学生が抗議運動を開始、翌六八年一月二六日に警察が大学構内に踏み込んで抗議集会を解散させようとしたことで紛争が拡大した。三月二二日にベトナム反戦運動の活動家が器物破壊行為で逮捕され、そのうちの一人がナンテール校の学生であったことから、ナンテール校で学生たちが抗議行動を起こして管理棟を占拠した。この時にダニエル・ベンディットを指導者とする「三月二二日運動」が形成された。「三月二二日運動」はトロツキスト系のアラン・クリビーヌを指導者とするＪＣＲ（革命的共産主義青年同盟）とともに五月革命の指導的組織に成長した。

大学側が五月二日にナンテール校を閉鎖したが、これにより闘争はソルボンヌ校へと飛び火し、警察による学生の逮捕・起訴は学生の抗議運動を急進化させた。五月一〇日夜にはバリケードが築かれて警官隊との衝突が発生した。警察による弾圧は、世論の中に学生への同情を高め、反体制的な街頭行動を伴う運動は自然発生的に全国に拡大した。学生たちの運動はその後、労働者にも影響を広げ、シトロエンなどの企業や国立オデオン座などの劇場等にも「革命行動委員会」が結成されていった。彼らはブルジョア文化や抑圧的な消費社会への異議申し立てを行うと同時に、あらゆる形態の疎外からの解放を強調した。

彼らは、大衆の自律性、創造性、闘争性を束縛するものとして、政治党派や労働組合組織を批判し、自然発生性や個人・集団の創造力、直接民主主義を重視した。彼らの指向性は、自主管理という組織原理に結実していった。大学やカルチェラタンのような地域空間に解放区を樹立し、直接民主主義的に運動を構築していった点でも、彼らの反権威主義的で共同性を重視する傾向が示されている。このように六八年五月前半を支配したのは、思想性においても行動スタイルにおいても斬新な運動であり、日常生活における管理され疎外された現実を告発した。この時期が〈五月革命〉を象徴した時期であった。

五月の後半になると、学生たちの要求は大学の枠を超えて社会改革へと拡大していった。自然発生的な運動である「三月二二日運動」のビラにも資本主義の廃絶、労働者権力への言及が見られた。しかし、具体的な政治的プロジェクトは提示されなかった。他方、トロツキスト系やマオイスト系は、共産党批判を行ったものの、マルクス・レーニン主義の原理的厳格化を追求し、中央権力の奪取によって革命を実現するというような政治主義・権力主義的発想で貫かれており、〈五月革命〉が孕んでいた新しい革命観とは相容れないものであった。

学生たちから「革命の本体」と期待された労働者たちは、五月中旬頃から学生の闘争に刺激されて自然発生的なストライキへと突入していった。スト参加者は増え続け、五月二四日には九〇〇万人に達し、農業労働者も含めてすべての産業部門に波及していった。五月一三日にはUNEF（フランス全学連）がCGT（労働総同盟）、CFDT（フランス民主労働同盟）とともに政府・警察による弾圧に反対して共同の抗議行動を実施し、労働者ストライキと同時にパリで実施された抗議デモには二〇万人（警察発表）が結集した。しかし、学生たちと労働者の闘争との連携は実現されなかった。ストライキの拡大が学生と労働者の接触の機会を減らす結果となり、労働者側、とくにCGTは物的諸要求を優先する一方で、CFDTは「自主管理」や「構造改革」を掲げてはいたが、その内容は必ずしも明確ではなかった。結局、労働者のストにおいては体制の変革につながる要求は抽象的テーマ以上には発展せず、極左派の浸透による政治的急進化は労働運動にとって阻害要因となっていった。

五月末になり、政府側に有利な二つの条件が形成されていった。第一に、ゼネストによる国民の疲弊の進行であり、第二に、「五月運動」が具体的な政治的プロジェクトを有していなかったという弱点が運動側のそれ以上の攻勢を不可能にしたことであった。ド・ゴール政権は五月二九日より反攻を開始し、ラジオ放送を行って国民の間に蔓延し始めた不安と倦怠の感情に働きかけることに重点を置く演説を行い、翌三〇日にはコンコルド広場で「共和国防衛委員会」が主催した一〇〇万人を動員した保守側の対抗運動を組織し、反攻デモは地方にも拡大した。ド・ゴール政権は、秩序の回復を訴えることで〈五月革命〉を圧殺した。危機に揺すぶられた体制の制度的組織である既成政党、労組もこれに同調した。

〈五月革命〉はド・ゴール体制によって圧殺されたが、新しい価値観が普及していくきっかけとなり、「新社会運動」や自主管理型の労働運動が登場する契機となった。したがって、フランスにおいては「若者の叛乱」は冷却しても、その余波は思想面において「一九六八年の思想」として発展され、次の時代に向けて「新しい意識」を延長・拡大させていくことになった。とくに、社会問題においては、一九六八年五月の時点では大きくは意識されなかった移民問題が、その後のフランス社会において大きく浮上してくることになった。

◉中国——文化大革命

中国において生じた文化大革命の発端は、一九六五年一一月一〇日の上海の『文匯報』に発表された文芸評論家姚文元《ようぶんげん》の論文「新編歴史劇『海瑞罷官《かいずいひかん》』を評す」であった。姚論文の発表以後、文化大革命は中国全土に波及し、党官僚と行政機関の混乱に加え、生産と流通の停滞を招いた。運動を担った紅衛兵グループの分裂と武闘の頻発で、一九六〇年代末から約一〇年間、中国は政治動乱に陥った。一九六八年は中国にとって「動乱」に特徴づけられる時期であった。文化大革命は、情報が極度に統制された政治環境の中で進められたこと、そこで掲げられた理念が高邁であったがために、海外では「文革幻想」とも呼ぶべき現象が拡大し、文化大革命は中国だけでなく世界的に大きな影響をもつことになった。

一九五六年のソ連共産党第二〇回大会におけるスターリン批判に続いた東欧諸国での民主化の動きを背景として、中国では同年半ば以降、党批判を許容する「百花斉放、百家争鳴」運動が開始されたが、一年後には共産党の反撃で反右派闘争に反転した。反右派闘争は建国以来の国家建設に対する民衆意識の高揚を背景としていたとはいえ、発言の自由を強権で封じ、恣意的で超法規的な弾圧への逸脱の道を開き、文化大革命路線の伏線となっていった。一九五七年以後、中国は「大躍進」政策を推進した。この影響もあり、一九六〇～六一年には農村部で飢餓が発生し、二〇〇〇万人ともいわれる餓死者が生じた。この政策上の責任をとる形で、毛沢東は国家主席の座を劉少奇に譲り、路線は毛沢東の理念を反映した急進路線から右旋回して、劉少奇や鄧小平の指導下で経済調整路線が党実務官僚によって進められた。

このような劉少奇や鄧小平による現実的な政策の導入は、雌伏中の毛沢東にとっては革命路線の形骸化と認識され、文芸思想において生じた新たな潮流も毛沢東の危惧を倍加させた。中でも毛沢東が注目したのが、著名な歴史学者で北京市副市長の呉晗が北京市党委員会の理論誌『前線』に連載した「歴史劇『海瑞罷官』」であった。この論稿は清時代の故事を論じて、大躍進政策を批判して失脚した彭徳懐《ほうとくかい》を擁護しようとする筆者の意図が見えた。これに対し、姚文元は論稿の中で、「階級闘争は客観的存在であり、それは必然的に意識形態の分野に反映し、あれこれの作家の筆にも反映する。これはわれわれが意識するかしないかにかかわらず出てくるものであり、人々の意志によって変えることのできないものである」と論じ、彭徳懐の擁護者に対する階級闘争を発動した。

一九六六年五月、共産党中央は政治局拡大会議を開催し、「五・一六通知」を採択した。この通知は毛沢東の権限下で実権派に対する宣戦布告とも見られる文化大革命の綱領的文書であった。同文書は、「学術界、教育界、報道界、文学・芸術界のブルジョア反動思想を徹底的に批判し、これらの文化領域における指導権を奪取しなければならない」と表現されていた。この文書の採択と同時に、文化大革命を開始するにあたって障害となる党、政府、北京市、軍の四部門の代表の職務停止と解任が決定された。次に、共産党第八期第一一中央委員会総会（八期一一中全会）が開催され、中央政治局常務委員一一名を選出し、実権派の最高指導者である劉少奇を党内序列第八位に格下げし、代わって林彪を副主席として第二位に昇格させた。同総会はまた、「プロレタリア文化大革命についての決定」を採択し、一六条からなる綱領（「一六条」）を提起した。これによれば、文化大革命は「わが国の社会主義革命のより深く、より新たな発展段階」であり、その目的は「社会主義の経済的土台に適合しないすべての上部構造を改革すること」、その闘争の対象は「資本主義の道を歩む党内の実権派」であると明示された。「五・一六通知」を受けて、北京の清華大学付属中学に紅衛兵組織が結成されたのを皮切りに、紅衛兵の組織化が全国に波及した。

一九六七年に入り、文化大革命は新たな局面を迎えた。実権派との闘争は北京市党委員会第一書記であった彭真《ほうしん》を中心とするグループに対する闘争から、毛沢東と劉少奇に代表される二つの路線間の全面闘争に発展し、文化大革命中で最大の悪法といわれる「公安六条」が公布され、毛沢東と林彪《りんぴょう》を攻撃することと自体が反革命行為とされたばかりか、多くの冤罪を生む温床となった。また、大衆組織間の対立と武闘の頻発は、党・政府機関の混乱に加え、生産活動の混乱を生じさせた。ここに至り、軍の全面的な介入が決定され、造反運動への規制措置がとられるようになった。革命プロセスが毛沢東の意図を超えて激化したのは、中国社会に厳然として存在した社会的矛盾の深刻さであり、造反運動の中心となったのは、都市部の劣悪な労働条件下で低賃金にあえぐ、社会底辺に周縁化された「半工半読」の学生、臨時工、契約工、また、過剰労働力の対策として地方の国営農場に移住させられた都市出身の青年たちであった。

紅衛兵組織が急速に拡大し、運動が急進化するに伴い、造反組織は四分五裂し相互に武闘を演じ、党・政府組織への打撃に拍車をかけた。混乱が頂点に達した一九六七年半ば以後、毛沢東は文化大革命の収拾と党組織の再建を促すため、造反組織の大連合を指示した。この指示にもかかわらず、闘争が拡大した時点において毛沢東自らの手で運動の幕が引かれ、六八年七月に紅衛兵運動は事実上終焉することになる。

しかし、六八年元旦の『人民日報』『紅旗』『解放軍報』の各紙は、「プロレタリア文化大革命の全面的勝利を迎えよう」と社説で訴えた。また、ラジオ・アナウンサーも「光り輝く一九六八年がやってきた。(中略)わが偉大な領袖毛主席の天才的な指導のもと、人類史上はじめてのプロレタリア文化大革命は、すでに一九六七年において決定的な勝利をおさめた」と社説を引用した。だが、紅衛兵ら造反組織が壊滅されたため、青年学生の共感を呼ぶことはなくなっていた。紅衛兵ら造反組織の壊滅と同時に、その批判の対象とされた幹部らは農場に下放され、思想改造を強いられた。劉少奇は、一九六八年一〇月に開催された第八期一二中全会で党除名と党内外のすべての職務を解任され、翌六九年一一月に獄死した。文化大革命における最大の攻撃目標であった劉少奇の処分が決着したのを受けて、文革派は共産党第九回大会の開催準備を進め、ここで狭義の文化大革命は終盤に入った。六九年四月、九全大会が開催され、党規約の改定後、毛沢東の後継者に林彪が決定された。しかし、林彪は七〇年六月から公式の場より消え、七一年九月にソ連への国外逃亡途中でモンゴル領内において搭乗機が墜落して死亡した(と発表されている)。林彪事件後、文革受難者の復権が進められ、七六年には毛沢東が死去した。その直後に江青ら「四人組」が逮捕され、広義の文化大革命が終了する。七七年七月に開催された第一〇期三中全会は鄧小平の全職務の回復と「四人組」の全職務の解任を決定した。八一年六月に開催された第一一期六中全会では、文化大革命は「毛沢東同志が起こし、指導したもので、(中略)それが反革命集団に利用されて、党と国家と各民族人民に大きな災害をもたらした内乱である」と断罪された。

中国国内の政治運動としての文化大革命の敗北と汚点は否定しがたいが、他方で文化大革命が対外的に与えた影響は大きい。一九六八年前後に世界中に登場した新左翼運動だけでなく、反体制運動全般、そして各国の思想界、論壇は大きな思想的インパクトを受けた。文化大革命は既存の社会主義体制への挑戦であり、その超克を目指す試みであると論じられた。海外においては、中国国内で展開された壮絶な実態についての情報は乏しく、文化大革命のあるべき理念だけが理想化された。毛沢東らの文革推進派がどのような目的で文化大革命を発動したにせよ、権力が共産党中央に一元的に集中した体制下では、政策論争は陰湿な権力闘争に転化し、人間性を追求した文革の理念に共鳴して立ち上がった造反運動も、潜在的な社会的不満を背景として統制不能な状態に陥って自壊した。ただ、文化大革命の理念はいまだ探求を深化されるべきテーマとして人類の前に残されている。

◉パレスチナの一九六八年

中東においては、一九六八年という問題以前に、第三次中東戦争（アラブ側では「六月戦争」、イスラエル側では「六日戦争」と呼ばれる）が発生した一九六七年が重要である。同年七月、イスラエルが周辺のエジプト、ヨルダン、シリアに奇襲攻撃を仕掛け、わずか六日間のうちにエジプトに属したガザ地区、ヨルダンに属したヨルダン川西岸地域、シリアのゴラン高原を占領して、一挙に支配地域を拡大した。その後、現在に至る中東問題は第三次中東戦争の後始末をどのようにつけるかという問題として残されている。

このことを理解するには、一九四七年一一月の国連総会におけるパレスチナ分割決議に基づくといわれる、イスラエルが建国された一九四八年に遡って歴史的経緯を踏まえる必要がある。しかし、そもそもパレスチナ分割決議は、パレスチナをアラブ国家、ユダヤ人国家、国際化されたエルサレムの三地域に分割するものであり、パレスチナに住む人々の自決権を踏みにじるものであって、また、民族自決権を保障する国連憲章に違反するものであった。したがって、この決議に基づいたとされるイスラエルの建国は、そもそも国際法上の問題を有するものであったことを認識する必要がある。

イギリスの委任統治終了のタイミングに合わせて、一九四八年五月一四日にイスラエルが一方的に独立宣言を行った。ただちにこれに反対する周辺アラブ諸国（エジプト、サウジアラビア、ヨルダン、シリア、レバノンおよびパレスチナのアラブ人部隊）がパレスチナに進軍し、第一次中東戦争に発展した。しかし、戦局は次第にイスラエルに有利になり、翌四九年六月に双方が国連の停戦決議を受け入れた。その結果、イスラエルの領土は国連の分割決議以上の範囲が確保され、ヨルダン川西岸地域はヨルダン領に、ガザ地区はエジプト領に分割され、パレスチナは、イスラエル、ヨルダン、エジプトの三カ国に分割された。これによりエルサレムの町は東西に分断され、ヨルダンが東エルサレムを支配し、イスラエルが西エルサレムを支配することになった。

その後、一九五六年にエジプトのナセル大統領がスエズ運河の国有化を発表したことから、同年一〇月二九日にイギリスとフランスがイスラエルを巻き込んでエジプト侵略を図った第二次中東戦争（アラブ側では「スエズ戦争」、イスラエルでは「シナイ戦争」と呼ばれる）が発生した。まずイスラエルがエジプトを攻撃し、イギリスとフランスが仲介者として介入するというシナリオであったが、この謀略はすぐに発覚し、米国とソ連がイギリスとフランスを非難したため、挫折した。イギリスは一九五五年にソ連への対抗を目的にイラク、トルコ、パキスタン、イランとの間でバグダッド条約を締結し、戦争中にはこの条約に基づいてイラクから発進したイギリス軍機がカイロを爆撃したが、一九五八年にイラク革命が発生し、イラクが同条約から離脱したためにバグダッド条約は解体され、米国主導の中央条約機構（CENTRO）に組み替えられた。フランスも第二次中東戦争の結果、アルジェリアの独立闘争が激化し、最終的には一九六二年にアルジェリアが独立したことから、東西冷戦下でソ連を共犯者としながら、西側には米国主導の世界秩序が確立された。

一九六六年二月にシリアでクーデターが発生し、一九六四年にヨルダンに結成されたパレスチナ解放機構（PLO）を支持するアタシ政権が発足すると、シリアはゴラン高原からイスラエル領内に砲撃を開始した。これに対して、イスラエルは住民保護を理由として同年七月にシリアと交戦した。翌六七年四月にはヨルダンがエジプトと共同防衛条約を結び、イスラエルの侵攻に備える一方で、同年五月一六日にはエジプトが国連緊急軍を撤退させるなど、中東情勢が緊迫化した。

同年六月五日、イスラエル空軍機がエジプト、シリア、ヨルダン、イラクの領空を侵犯して各国の空軍基地を攻撃し、制空権を奪った上でイスラエルは地上軍を侵攻させ、短期間のうちにシナイ半島、ゴラン高原、ヨルダン川西岸地域を占領し、イスラエルの占領地域は四倍以上に拡大した。

この第三次中東戦争は、パレスチナ人にとってもアラブ民族主義に基づくアラブ統一運動の敗北ではあったが、同時にパレスチナ解放運動から見れば、思想的なインパクトとしての転換点になり、パレスチナ解放運動およびイスラム復興運動の胎動の契機となった。新たなイスラム運動の出発点は、時期的には一九七九年のイラン・イスラム革命を待たねばならないが、「イスラムの覚醒」の出発点となったのは一九六七年の第三次中東戦争であった。

その後、ナセル死後の後継者となったサダトが、シナイ半島を奪還する目的で、一九七三年一〇月六日にシリアとともにイスラエルに対する攻撃を開始し、第四次中東戦争が始まった。開戦当初はエジプト軍がスエズ運河東岸に上陸し、イスラエル機甲部隊を撃破したが、その後、同月一五日にイスラエル軍がエジプト軍の後方兵站線を断つ目的でスエズ運河西岸に二個機甲師団を上陸させて反攻に転じた。また、シリア方面では、二個戦車師団と三個歩兵師団がゴラン高原への攻撃を開始したが、これに対してイスラエルは迅速に予備役を投入して六個戦車旅団で反撃し、制空権も奪還すると、主導権はイスラエル側に移った。

こうして、エジプト戦線およびシリア戦線のいずれにおいても攻撃を開始したアラブ諸国側が逆に苦境に陥り、同月二三日に国連の停戦決議を受け入れた。この結果、周辺アラブ諸国は第三次中東戦争で喪失した地域の奪還に失敗することになった。

したがって、中東問題とは第三次中東戦争で周辺アラブ諸国が失った地域を回復し、パレスチナの独立を達成することが大義とされるようになり、アラブ民族主義が急進化し、さらにイスラム復興運動が拡大していくことになった。

二〇一一年九月二三日、パレスチナは国連加盟を正式に申請し、パレスチナ国家の承認を世界的な流れとして認めさせることを目的とした外交攻勢をかけた。米国は安保理理事会のメンバー国に承認を否決するべく多数派工作を行ったが、パレスチナを国家として承認する国は一二〇カ国以上に達し、二〇一二年一一月の国連総会において、パレスチナの国連での資格を「オブザーバー組織」から「オブザーバー国家」に格上げする決議案が賛成多数で採択された。

二〇一一年一月のチュニジア政権の崩壊、二月のエジプト政権の崩壊を経て、対イスラエル政策が強化され、同年五月のオバマ大統領のイスラエルに対して第三次中東戦争前の境界に基づく国境画定を求める演説など、イスラエルに不利な情勢が強まった。第三次中東戦争前の状態への回帰が課題となったことを見ても、中東情勢の転機となったのが一九六七年であったと言える。

また、第三次中東戦争後のパレスチナ運動の高揚は、世界的なパレスチナ支持機運に大きな影響を与え、世界各地で一九六八年に生じた急進的な運動がパレスチナとの連帯を掲げる契機となり、ベトナム戦争とパレスチナの大義が国際的な改革運動の結集軸になったことも世界史的に重要な意味を持つものとなった。

◉日本——一九六八年「若者の叛乱」

日本の一九六八年は「若者の叛乱」と表現され、とりわけ全共闘運動、新左翼運動、およびベ平連

(ベトナムに平和を!市民連合) の運動が一九六八年を象徴するとされる。しかし、これら三つの運動はそれぞれ質を異にする運動であると同時に、複雑な重なりを有する一体の現象でもあった。

一九六〇年代の日本は、高度経済成長の時期であり、経済成長に伴う都市部における製造業の発展と、それに呼応した農村から都市への人口移動、中間層の増加等の社会変動が生じた。その結果、大学進学者も増加し、大学内でのマスプロ教育に象徴される教育内容の希薄化や、大学進学が中間層上層以上への社会的上昇を保障する条件ではなくなるというように、学生の間に疎外感やアイデンティティの喪失感が高まった時期であった。そのような新たな状況が生まれる中で、一九六五年に慶應義塾大学、高崎経済大学、近畿大学、一九六六年に早稲田大学、明治大学において大学紛争が発生したが、大学紛争の直接の原因となったのは授業料値上げ問題であった。しかし、一九六八年一月に学園紛争が発生した東京大学、一九六九年五月に発生した日本大学において直接の原因となったのは、東京大学では医学部の民主化問題 (医療法改正問題が発端)、日本大学では抑圧的な学内体制に対する抗議運動 (大学の経理不明追及が発端) であった。このように大学紛争の要因は、経済的問題から政治的問題へと質的に変化し、そこに新左翼運動が介入することで、一九六八〜七〇年に「若者の叛乱」と呼ばれるような大規模な社会運動に発展していった。

日本における新左翼運動は、一九五六年二月のソ連共産党第二〇回大会においてニキータ・フルシチョフ共産党第一書記・首相が行ったスターリン批判と同年一〇月にハンガリーに発生したいわゆる「ハンガリー事件」(ハンガリー労働者党のスターリン主義的独裁に対する民衆反乱を、ソ連が翌五七年までの二回にわたって軍事介入で鎮圧した事件) がきっかけとなり生まれた。スターリン批判とハンガリー事件の間の矛盾を主要な課題として、一九五七年一月に日本トロツキスト同盟が結成され、その後一九六〇年安保闘争の前後に日本共産党を批判した学生層を中心に共産主義者同盟が結成され、さらに一九六〇年代に日本共産党からの除名・離党を経て構造改革派の諸党派、および同党から分離した毛沢東主義の諸党派が形成された。これら新左翼系の諸党派は、一九六五年の日韓闘争（日韓条約締結反対闘争）後に低迷化した運動を全共闘運動とベトナム反戦運動に介入することで再生を図り、また青年労働者の間に反戦青年委員会運動を拡大させて、一九六八〜七〇年が新左翼運動の全盛期であるかのような足跡を残した。しかし、一九七〇年代初頭に世論の支持喪失をもたらした過激化（赤軍派の武闘路線、東アジア反日武装戦線の爆破事件、連合赤軍事件等）と内ゲバ（革共同革マル派対同中核派、革マル派対革労協等）を経て、影響力を喪失していくこととなった。

日本においてベトナム反戦を目的に市民を中心に結集したのはべ平連（当初は「ベトナムに平和を！市民文化団体連合」と呼ばれた）であった。べ平連は一九六五年四月二四日に東京で最初のデモを行ったが、それに先立って三月三〇日に新左翼の共産同・社学同、革共同中核派、社青同解放派（後の革労協）の三派が日韓闘争と絡めて「日韓会談粉砕・ベトナム侵略反対全国学生総決起集会」を実施していた。べ平連はその後、全国各地に拡大して一九六九〜七〇年には数万人規模のデモ動員力をもつほどに成長した。べ平連は、既成党派や労組などの組織には包摂されない無党派の「ただの市民」の運動として「非暴力直接行動」に徹した運動とみなされるようになるが、絓秀実は、べ平連の主要なリーダーであった小田実、開高健、鶴見俊輔らは無党派層と言えるものの、いいだもも、吉川勇一らが構造改革派の共労党（共産主義労働者党）の幹部であったことから、共労党の戦略がべ平連の運動の背後にあった可能性を指摘している［絓 2006: 130–133］。しかし、べ平連の運動全体には無党派市民層が多く参加していたことは事実であり、その側面を歴史的にも認識しておく必要があるだろう。

こうして日本の一九六八年は、ベトナム反戦運動の延長線上に大学紛争に発した全共闘運動という運動のあり方が加味され、それがもたらした大衆的な高揚に新左翼運動が乗じるという形で大きな社会現象を引き起こしていった。その幕開けとなったのは、一九六七年一〇月八日に佐藤栄作首相の南ベトナムを含む東南アジア・オセアニア諸国訪問の出発に抗議して行われた反日共系三派（共産同・社学同、革共同中核派、社青同解放派）全学連による阻止行動（第一次羽田事件）と、同年一一月一二日に佐藤首相の訪米に抗議した三派全学連による阻止行動（第二次羽田事件）であった。訪米した佐藤首相は、同月一五日にジョンソン大統領との間で日米共同声明を発表、それに対して野党各派が抗議し、沖縄では七万人規模の抗議集会が催された。

こうしたベトナム戦争への協力を目的とした日米同盟強化の中で、一九六七年九月に米国から原子力艦隊の日本への寄港が申し込まれ、一一月二日の閣議で佐藤政権は寄港を承認した。これを受け一一月八日、辻一三佐世保市長が翌六八年一月に原子力空母エンタープライズを含む艦隊が佐世保に寄港することを公表した。佐世保市内では、社会党、共産党、地区労が中心となって、一九六四年一一月の原潜シードラゴン入港以降続いていた反対運動を再編成してエンタープライズ入港阻止運動を開始した。第二次羽田事件直後に「エンタープライズの寄港阻止に全力をあげ、来年中に佐藤内閣を打倒する」と述べていた秋山勝行三派全学連書記長は、六八年一月に福岡で開催された反戦会議において、「原子力艦艇寄港阻止のため佐世保に三〇〇〇人から三五〇〇人を動員し、第三の羽田にしたい」と語っていた。佐世保では一八日に社共両党と地区労による「五万人抗議集会」が、二一日には「二万人抗議集会」が催されたほか、公明党も一七日に一万五〇〇〇人規模の抗議集会を、民社党も二二日に抗議集会を実施した。三派全学連はエンタープライズ寄港予定日前日の一月一七日午前に急行「西海」で佐世保入りし、平瀬橋での最初の衝突以来、二一日までに機動隊と四回衝突し、市民の関心を引き寄せた。佐世保に入った学生はのべ九三〇〇人であった。

その後、三派全学連を主軸とする新左翼運動は、一九六八年一月二九日の東京大学医学部自治会の無期限スト突入、二月五日の沖縄嘉手納基地へのB52の飛来（一一月一九日には爆薬搭載のB52が爆発）を経て、三月二八日には米軍キャンプの王子病院開設に反対する病院内将校クラブを占拠する抗議行動を行った。また、五月二七日の日本大学での使途不明経理追及を目的とした全学共闘会議の結成や、六月二日のF4Cファントム戦闘機の九州大学構内への墜落事故に対する抗議デモの実施を経て、六月一五日にはべ平連を中心に全国各地でベトナム反戦「六月行動」が実施された。その後、六月二六日には東京教育大学で筑波移転に反対する学生スト突入、六月二八日には東京大学で全学共闘会議が結成され、七月二日には安田講堂が占拠された。一〇月二一日には国際反戦デーの集会・デモが全国六〇〇カ所で実施され、東京では三派全学連が新宿駅を占拠、警察庁は騒乱罪を適用して七三四人を逮捕した。一二月七日には那覇市でB52撤去・原潜寄港阻止県民共闘会議が結成され（一四〇団体が参加）、同一四日に嘉手納で総決起集会を実施し、三万人が基地へ抗議デモを行った。

このように、一九六八年は全共闘運動、新左翼運動、べ平連だけでなく、佐世保市民や沖縄住民もがベトナム戦争への荷担に反対する大衆的な行動に参加した。他方、当局側は各大学の意向を受けて、翌六九年一月一八〜一九日に東京大学安田講堂を占拠していた学生を排除するため機動隊を導入して六三一人を逮捕、二月一八日には日本大学に機動隊を導入して全学封鎖を解除したが、大学紛争はその後全国に拡大していき、同年中に機動隊が導入された大学は四一大学に達した。

四月二八日には沖縄デーが闘われたが、新左翼各派は霞が関占拠を掲げたものの、機動隊が大量に配置された霞が関には向かわずに、群衆を加えて銀座・新橋地区を五時間ほど占拠するにとどまるなど、機動隊を前にした新左翼・全共闘の街頭戦闘力はすでに低下傾向にあった。そして、七月三〇日に全国全共闘代表者会議が八九大学の代表の参加で催され、九月五日には全国から一七八の全共闘代表が日比谷野外音楽堂に集まり「全国全共闘」が結成された。しかし、議長・副議長には無党派が選ばれたものの、実務を握る書記局員は全員が八派連合の新左翼各派から選出されるなど、無党派層を主体とした全共闘運動は終焉する。同年一〇月二一日の国際反戦デーには、社共統一行動に全国六〇〇カ所で八六万人が参加する一方で、新左翼各派が東京で新宿駅占拠などを行って、一五〇五人が逮捕された。さらに一一月一六日には八派連合の主導で佐藤首相訪米阻止闘争が闘われたが、各派は羽田空港近くの蒲田現地に到着する前に主要駅で機動隊に阻まれ、一六八九人が逮捕された。

以上みてきたように、一九七〇年の日米安保条約の自動延長を前に、大衆的な反対運動が高揚していった。その中で新左翼各派が行動を急進化させていき、各大学での機動隊導入によって敗北を喫した全共闘運動が新左翼各派の行動に巻き込まれていくようになった。また、新左翼各派は、一九七〇年七月七日に行われた入管闘争に関連する集会で、華青闘（華僑青年闘争委員会）から提起された「差別意識」批判を前に自己批判を迫られるなど、その限界を露呈し始めた。そして、佐世保でのエンタープライズ寄港阻止闘争の際に見られたような市民の関心は低下し、新左翼運動に収斂されていった「若者の叛乱」は社会的に孤立を余儀なくされていった。

［4］　各国における一九六八年論

◉フランスの一九六八年論

フランス〈五月革命〉に関しては、一般に解釈困難な現象であったとする評価が多くなされてきた。畑山敏夫は、要因として、その突発性および「五〜六月を通じて運動を構成する要素の多様性にも由来している」と指摘し、後者について、「大学占拠に参加した学生や極左集団のメンバー、学生運動に共感を抱く青年労働者や労働組合の幹部、左翼政党の党員やド・ゴール派の政治家など、多様なイデオロギーや政治的立場、運動への共感と反感、運動へのコミットメントの濃淡を帯びた登場人物によって五～六月の諸事件は織りなされている」と論じている［畑山 1995: 332–333］。

〈五月革命〉は解釈や評価の難しい現象であったとする評価は他にも多い。例えば、イギリスのキース・A・リーダーもそのような評価を行っている。リーダーは、この事件は「さまざまに解釈された。質的にまったく新しい社会革命が未遂に終わったのだ、という人もあれば、旧弊な支配社会に対する若者の反抗の現れ、と取る人もある。あるいは、すでに組織的に確立したフランスの政治機構の悪いところが、右翼であると左翼であるとにかかわらず、症状として出たのだ、と考える人がいる一方で、生活に困らない都市の有閑階級のごく一部が演出した革命のまねごと、または逆に、歴史上最大のストライキという見方もある」と指摘している［Reader 1987＝1994: 11］。

他方、フランスのフェリーとルノーは〈五月革命〉の諸解釈を整理し、まずは①陰謀としての一九六八年〈五月〉、②大学危機としての一九六八年〈五月〉、③若者の熱狂、若者の反抗としての〈五月〉、④文明の危機としての〈五月〉、⑤新しい型の階級闘争としての〈五月〉、⑥従来型の社会闘争としての〈五月〉、⑦政治危機としての〈五月〉、⑧偶然の事態の連鎖としての〈五月〉に分類している［Ferry/Renaut 1985＝1998: 52–56］。

しかし二人は、このように「提示された分類は純粋に経験的なものであり、分類整理が示されていない以上、これらの諸解釈を別の仕方で分類すること、またこれらのものとは異なった解釈を考えることを禁ずるものではない」と論じ、別のあり方での分類を否定していない。二人の立脚点は、主体性論の立場から、「運動の当事者たち自身の視点にどれだけの射程、どのような位置を与えるべきか、ということ」にある。そこから、(a)解釈者が当事者たちの視点を採用する場合で、事件の意味は当事者自身が目指したものの中に探されることになり、(b)解釈者が当事者たちの視点はむなしいと、あるいは見当違いと考える場合で、その連中は自分自身が創り出す歴史がどんなものかを知らずに歴史を創っていくことになり、いわばいかなる主体の意識的企ての中にも書き込まれることなく歴史に働いていたある合理性に欺かれることになる、(c)第三は出来事の原因を行動する諸主体に求めることも、また「歴史の真の主体」と考えられるようないかなるシステムの内的論理にも求めることも拒絶するような型であると論じる［Ferry/Renaut 1985＝1998: 52–56］。

そして、第三の型の解釈においては、「諸主体の企ての合理性もまた内的論理の合理性をも、それらを乗り越えるためにともに解体し、出来事の絶対的な演繹不可能性を強調する。出来事の最終的な真実は、それが純粋に〈出来事〉であること、あらゆる継続性を打ち破ってまったく突然に出現したもの、つまりまったく新しいものの出現であることだとする」のであり、「ハイデガーによる主観性の諸形象の脱構築」だが、このモデルが一九六八年の思想の大きな構成要素となっており、したがってさまざまな理由から（一九六八年の思想の内容等）、主体の問題を提起するという意味で「主体（歴史の主体）についての考え方自体のうちに見出される」、すなわち「第一に（有限な）実践的主体、第二に歴史の内在した〈システム〉としての（絶対的な）〈主体〉、そして第三に形而上学的主体のこれらふたつの顔に対する批判が行き着く消失点であるあらゆる主観性の消滅である」と主張した［Ferry/Renaut 1985＝1998: 56–58］。

そして、第一の型の解釈は、一九六八年〈五月〉は国家による抑圧に対する自由（実践的自由）の反抗として読まれるとして、サルトルを例に取り上げ、サルトルは「社会のただなかにある左翼」が権力の側からの抑圧や、「政治的既成左翼」の側からの抵抗がその活動に対して課していた限界から自らを解き放って立ち上がったと主張したと論じた［Ferry/Renaut 1985＝1998: 58］。

第二の型の解釈は、「革命もどきとしての〈五月〉、あるいは継続の中の変化」として、二つの分析を取り上げた。一つはマルクス主義的分析であり、レジス・ドブレの解釈である「新しいブルジョア社会のゆりかご」としての一九六八年〈五月〉を取り上げて、「当事者たちの視点は、事件の真の意味を暴くには最も不適切な視点」であり、「すべては当事者たちの知らぬ間に演じられた」と論じる［Ferry/Renaut 1985＝1998: 62–66］。もう一つはトクヴィル的な自由主義的なリポヴェッキの場合を取り上げて、「当事者たちの視点に抗して一九六八年〈五月〉を継続的な過程の中に組み込むこと」であり、「六〇年代世代」の知的な構成要素との十分な距離の保証を与えるものであると論じている。とくに、「分析の根底は、近代における、またポストモダンにおける典型的なさまざまな文化の動きは、トクヴィル的な意味における個人主義の運動の中に位置するものとして理解すべきだと証明することである」と主張している。それは、「結果として、自分用の小さな社会をこしらえた後には、大きな社会のことには意を払わなくさせてしまう熟慮された、また静かな感情として」個人主義の運動の中に位置するものと理解されるべきとの主張にあると強調する［Ferry/Renaut 1985＝1998: 67］。

リポヴェッキの視点から興味深いのは、「一九六八年の危機は、戦後における消費の復調の影響のもとに、近代主義からポストモダニズムへの重要な転回点として姿を現す」と論じている点にあり、「ポストモダニズムがその文化的政治的急進主義とともに、その主要特徴をはっきりさせるのは六〇年代である。その行き過ぎとも思える快楽主義、学生の叛乱、カウンターカルチャー、マリファナとＬＳＤの隆興、性の解放、ポルノとポップスに満ちた映画と出版物、芝居や映画では競うように激化する暴力と残酷。当たり前の文化ですら解放、快楽、セックスの流行に歩調をあわせる」というような「伝統的価値の最後の残存物との断絶を図る攻撃的局面から、断絶のための緊張をもはや必要とせず、ポストモダンの時期を規定する領域に落ち着く局面への過渡期を示している」と論じた点であろう［Ferry/Renaut 1985＝1998: 71］。

以上、フランスにおいては、サルトル的な権力や既成左翼から解き放たれた意識的な運動であるという見方と、ドブレ的な当事者たちの意図とはかけ離れた状況の中で進展したプロセスであったとする没主体的な見方、リポヴェッキ的なポストモダンへの過渡期的な現象であったとする見方の三様が、代表的な見解として認められる。

しかしながら、いずれの解釈においても、ウォーラーステイン的な「世界システム」論と連動させるには十分な理論展開は見られない。とくに、マルクス主義的立場のサルトルやドブレにそのような傾向が見られ、逆に自由主義的なリポヴェッキにおいてはより大きな世界史的視点が見られたことは印象的である。そこに、マルクス主義的な世界史認識の限界があると見るべきであろう。

◉日本の一九六八年論

一九九〇年代以降の日本のおいて、一九六八年論に関する先駆的な研究は一九九五年二月に出版された岡本宏編『「1968年」時代転換の起点』であった。また、その前年の一九九四年二月に、「一九六八年論」を主題とするものではないが、「一九六八年論」をも内容に含む今村仁司『近代性の構造』が出版されている。その後、二〇〇八年前後に種々の一九六八年をテーマとした書籍は出版されたが、著者が把握しているものとしては、①絓秀実『革命的な、あまりに革命的な――「1968年の革命」史論』(二〇〇三年)、②絓秀実編『知の攻略　思想読本　1968』(二〇〇五年)、③絓秀実『1968年』(二〇〇六年)、④マーク・カーランスキー『1968　世界が揺れた年』(二〇〇八年)、⑤毎日新聞社編『1968年に日本と世界で起こったこと』(二〇〇九年)、⑥小熊英二『1968年』(二〇〇九年)、⑦アラン・バティウ他『1968年の世界史』(二〇〇九年)、⑧四方田犬彦・平沢剛編『1968年文化論』(二〇一〇年)、⑨西川長夫『パリ五月革命私論――転換点としての68年』(二〇一一年)などがある。

このように、二〇〇八年の前後に多くの書籍が出版されたが、残念ながら一九六八年が有する歴史的意味を世界システム論を強化する方向性で再論するものはほとんど見られない。これらの著作のもつ重要性は、一九六八年を「若者の叛乱」という政治・社会面だけでなく、とくに文化面に拡大してその歴史的な画期性が論じられたことと、視野を世界的に拡大して、従来より論じられてきたベトナム、米国、チェコスロバキア、フランスだけでなく、さらにイタリアや中国、メキシコ、アルゼンチンなどの途上国にも視野を拡大して、それぞれの地域における「一九六八年」のありようが詳述されるようになったことである。しかしながら、世界システム論を強化する方向での議論の前進は見られなかった。それは、二〇〇八年九月以後に出版された⑤〜⑦においても、同年九月に発生したリーマン・ブラザーズの破綻に端を発した世界的な金融・経済危機が世界史的に持った意味を認識できていなかったことに発する問題であったと思われる。

以下、これらの著作のうち、一九六八年を歴史的に位置づける考察が見られる岡本宏、絓秀実、小熊英二、西川長夫の四名の論点を整理する。

▼岡本宏

一九九五年二月に出版された岡本宏編『「1968年」時代転換の起点』は、日本において一九六八年を論じた先駆的な研究であった。この研究書に収載された論稿「時代転換における『一九六八年』の画期性」において岡本は、ウォーラーステインの一九六八年に関する主要な論点を次の五点に要約した。

「(1) 一九六八年革命は、一八四八年革命につぐ世界革命であり、資本主義世界(経済)システムに対する反逆であると同時に、古いシステム運動に対する反逆である。それは失敗に終わったが、世界システムと反システム運動に対して逆戻りできないほど深く政治の基本ルールを変化させた。

(2) 資本主義世界システムの基本構造の一つは覇権の循環の盛衰であるが、六八年の一連の爆発は多くの権威的諸関係を粉砕し、とりわけ東西両陣営の冷戦合意を粉砕した。六八年に始まり八九~九一年に終末を迎えたソ連の覇権体制の崩壊は、ソ連覇権体制と相互依存関係にある米国の覇権時代の終焉を示すものであった。

(3) 一八四八年以降、世界の反システム運動は、共産主義運動、社会民主主義運動、民族解放運動の三つに組織されて成長し、とりわけ、一九四五年から六七年にかけて成功を収め多くの場で国家権力を手にした。このことによって、古い反システム運動(体制)は新しい反システム運動による異議申し立ての対象になった。一九六八年は『旧』に対する『新』の爆発でもあった点に注目しなければならない。

(4) 六八年革命は、あらゆる表現方式による『自由主義的真理への挑戦』であり、その運動形態は、『諸組織の多様性、それぞれが別個の集団や別個の性格を代表しつつ、ある種の連合体として緩やかな連携を形成する』『多色彩連合(レインボー・コアリション)』として名乗りをあげた。

(5) 六八年革命は、東西の力関係、世代・ジェンダー・エスニシティ別の力関係、労使の力関係に大きな変化をもたらし、国家に対する市民社会の従順さを著しく減退させることになった」[岡本編 1995: 9–10]。

岡本はウォーラーステインの主張をこれらの五点に集約しつつ、「『六八年』を戦後の『終わり』の始まり」とする点では認識を同じくするが、冷戦体制の認識、とくに米ソの相互依存を重視して対立の側面についてあまり比重を置いていないことについて意見を異にする。それは、「六八年」変動におけるベトナム戦争(テト攻勢)の地位についての認識の相違につながることになると論じて、冷戦終焉の歴史的位置づけについては同意しつつも、冷戦の基本的性格については異なる認識を示した。その根拠は、『六八年』問題の結節点というべきベトナム戦争とテト攻勢の地位とそこから生じた時代転換の意味が過小評価されることになる」ためであると論じた［岡本編 1995: 11］。

そして、『六八年』は、その場に居合わせた者にとっては、世界と時代が大きく転換するのではないかとの予測を抱かせるような激動の日々であった。『六八年』に生起した諸事件は、それ自体ストレートに八九〜九一年の変動につながるものではなかったが、『八九年』に一つの時代の終焉を刻した戦後世界支配体制の解体を促す衝撃の連鎖であったことは否定できない。それと同時に、多様な『六八年』の衝撃は、その衝撃をもたらした担い手たちが期待した方向で問題の解決をもたらしたわけではない」と述べるとともに［岡本編 1995: 5］、一九六八年の「歴史的意味ないし画期性」として、「冷戦体制の解体を促進する決定的転機になったこと」、および「過去の歴史が累積した自由、平等、平和を基軸とする人間解放にとっての障害に対する挑戦を一挙に爆発させ、現代の世界が解決すべき多くの問題点を赤裸々にしたこと」であると論じた［岡本編 1995: 27］。このように岡本の主張は、冷戦構造の終焉直後に表明された主張であったがゆえに、冷戦構造の解体という出来事の歴史的意味を過大評価する歴史認識を示したと言える。

しかし、岡本の視線は、冷戦構造の解体という歴史的意味の解釈にとどまらず、さらに大きな世界史解釈の見直しをも内包していた。岡本は、前出部分の続きにおいて、「社会主義内の衝撃は、東欧・ソ連社会主義圏の崩壊と冷戦の解体という姿で、若者の反乱や黒人の公民権運動は七〇〜八〇年代の体制再編という形で歴史は一応の決着をつけた。提起された問題の多くはわれわれの前に積み残されている。したがって、『六八年』の衝撃のいま一つの歴史的意義は、歴史とそれを負った現実がもたらした人間の自由と生命の安全に対する桎梏――生産力の発展がもたらした富の偏在と人間の疎外、近代革命以来の自由への営みの結果としての現代民主主義における大衆参加への阻害、社会主義の現実にみる理念から乖離した圧政、自由の名による民族抑圧、冷戦がもたらした戦争への危機と他民族・他国支配など

――に対する挑戦が一気に噴出し、現代の人間に解決を迫る重要な問題の所在を赤裸々にしたことである」と述べている［岡本編 1995: 5］。

▼絓秀実

絓秀実の視点には、新左翼的な立場から、一九六八年の諸運動において新左翼諸党派が果たした重要性を強調し、他方で当時の新左翼運動が一九七〇年七月に華青闘によって「内なる差別」を批判されるという事態に直面し、その運動の質の改変を求められて、転換点となったとする点に特徴がある。

絓はまず、「『一九六八年』が先進資本主義諸国や東欧、ラテンアメリカにおける『新左翼』の、学生を中心とした世界的動乱であったと同時に、思想的な大転換も告知したことは『六八年の思想』という言葉があることで知られる」と述べ、さらに「今日のわれわれは、この『六八年の思想』を無視して何ごとかを語ることができなくなっている」と論じて、ロラン・バルトの文芸批評、ジャック・ラカンの精神分析、ルイ・アルチュセールのマルクス主義、ミシェル・フーコー、ジル・ドゥルーズ、フェリックス・ガタリ、ジャック・デリダ、ジャン＝フランソワ・リオタールの哲学など、フランスの「六八年の思想」が現在社会におよぼした影響の大きさを指摘する［絓 2006: 7］。

絓はその上で、新左翼運動が無意識に内包していた「アジア人民」への「内なる差別」に対する一九七〇年七月の華青闘による批判が、日本の「六八年」の思想的意味を際立たせることになったとの視点を提示する。絓は、日本の新左翼運動に関して、一九五六年のスターリン批判を契機に、新左翼と呼ばれる世界的な思想潮流と並行して登場し、一九六〇年安保闘争を経て、六〇年代にはその思想的・文化的ヘゲモニーが決定的なものになり、「六八年」は旧来の文化的・思想的規範に対する、新たな対抗文化から発するヘゲモニー闘争であったと総括する。日本の新左翼諸党派は、日本の戦後民主主義は一国平和主義にすぎないとの批判を発し、一国平和主義に対して「世界革命」という「空想的なイデオロギー」を対置した。しかし、このような新左翼諸党派の姿勢も華青闘によって批判されて、その「空想的なイデオロギー」のナショナリズム的なナルシシズムが暴露され、新左翼運動の「世界革命」という空想性が崩壊し、影響力を低下させ、一九七〇年代には新しい社会運動に主役を譲っていくことになったと論じる［絓 2006: 11］。この論点は、日本の新左翼運動の限界を知る上で重要な指摘であると評価されよう。

また、絓の主張で興味深い点は、一九六八年を象徴する運動である全共闘運動、新左翼運動、ベ平連の動向に関して、前述した通り、ベ平連は「無党派の市民運動」とみなされやすいが、実際には六〇年代前半に日本共産党を放逐されたメンバーが結成した構造改革派系の共労党（共産主義労働者党）の路線が大きく反映された運動であったとし、その「無党派性」を過小評価する点である。

絓の「一九六八年」に関する視点はまた、一九六八年に各国において生じた諸事件が世界的な動乱であったとの認識を示している点からも評価すべきであるが、世界的動乱と解釈する見方を「世界システム論」にどのように反映させていくべきかに関しては、積極的な問題提起は行われていない。

▼小熊英二

小熊英二は、一九六八〜七〇年の「あの時代」の若者たちの叛乱は何であったか、という「これまで確固たる位置づけがなかった」テーマに結論を出そうと努力し、「あの叛乱は、高度経済成長にたいする集団摩擦反応であった」と結論づける。その視点に、日本における資本主義システムの進展を段階区分化していることは明白にうかがえる。次に、小熊の方法論は、膨大な当事者の回顧録やインタビューに依拠して、「あの時代」の実像を描き出そうとする点に特徴がある。

小熊は、若者たちの叛乱が起きた要因として、次の諸点を指摘する。

①大学生数の急増と大衆化。「六〇年代前半に大学進学率は急上昇し、六三年には高等教育の大衆化のメルクマールである一五%をこえた。六〇年代後半の進学率上昇はそれほどではなかったが、ベビーブーム世代が人数的に多く、大学生数が急増した。／その結果として、マスプロ教育が一般化し、学生と教員のコミュニケーションも稀薄になった」。そして、劣悪な教育内容と設備にもかかわらず、施設拡充や新校舎建設などで学費値上げがたびたび行われ、豊かではない家庭に育った学生や勤労学生の怒りを呼び起こしたこと、また、大学生の急増により、サラリーマンが若者の未来への閉塞感の象徴となった点が挙げられる［小熊 2009b: 777–778］。

②高度成長による社会の激変。「これには何重もの現象がからまりあっている」。その一つは、「急激に豊かになった生活文化の変動に、この世代の価値観がついていけなかったこと」、地方出身の学生には都会生活が「コンクリート・ジャングル」と感じられる一方で、経済難で進学できなかった友人たちに対する罪悪感が、「資本主義社会」や「管理社会」への憎悪、「産学協同」に反対する意識につながり、繁栄の陰にいる犠牲者たちへの連帯意識が芽生え、それらが在日コリアン、水俣病患者、被差別部落出身者の諸問題への関心をもたらした［小熊 2009b: 778–779］。

③戦後教育の下地。敗戦直後から「平和と民主主義」の理念に沿った教育が行われたが、高度成長期に訪れた受験戦争に直面した若者たちが他者を蹴落とす受験戦争に罪悪感を抱き、「自己否定」という意識を生じさせた。こうして、「戦後民主主義の欺瞞」を批判する若者たちの叛乱を助長することになった［小熊 2009b: 784–785］。

④高度成長による社会の激変がもたらした、若者たちのアイデンティティ・クライシスと「現代的不幸」からの脱却願望。この時期から自然環境の消失と並行してリアリティの稀薄化が発生し、アイデン

ティティ・クライシスとリアリティの稀薄化に悩んで自傷行為、摂食障害、不登校といった一九八〇〜九〇年代に注目されることになる問題が萌芽的に現れた。「疎外」が右翼学生にも見られる意識となった［小熊 2009b: 786–791］。

しかし小熊は、若者たちの叛乱は、「政治運動」としては「大きな限界があった」と指摘する。その原因は、「政治運動として叛乱をリードするはずのセクトは、マルクス主義にもとづく革命理論を濫造したが、ほとんど状況に即していなかった」と指摘する。「結果として、当時のセクトの現状分析論や革命理論は、現在からみれば『すべてピントのはずれ』た塵芥の山となっている。新左翼運動が、山中のゲリラが農村に解放区を広げて都市を包囲するという、当時の日本社会の状況からみればおよそ時代錯誤な毛沢東思想を掲げた革命左派を前身の一つとして連合赤軍を生み、彼らの手持ちの『地図』に載っていなかった『ミニ・ディズニーランド』の新興別荘地で銃撃戦を展開して事実上の終焉を遂げたというのは、新左翼の限界を象徴するものであったと思われる」と述べ、一九七〇年前後の叛乱の時期とは、一般に見られているように新左翼運動が活躍した時期ではなく、逆に新左翼運動が限界を晒した時期であったと論じる。しかしながら他方で、「セクトの教条的なマルクス主義の言葉にあきたらなかったノンセクトやリブの活動家も、自分たちの閉塞感を表現する言葉をつくれなかった」。小熊は、そのために、「セクトのあたえてくれる世界観に従えばアイデンティティの安定と仲間が得られると期待してセクトに引き寄せられた」という現象も生じたと指摘している［小熊 2009b: 794–795］。

小熊はまた、日本の「一九六八年」の国際的比較を試みて、「まず『一九六八年』は『世界的』な学生叛乱の時期であったという見解に、疑念を提起しておきたい」と述べ、「一九六八年に、大部分のアジア・アフリカ諸国は学生叛乱を経験していない。中国の文化大革命やゲバラの活動、チェコ事件などは、学生叛乱とは無縁である。学生叛乱がおきたのは、日本、アメリカ、フランス、イタリア、西独などである。これをもって『世界』とよぶのは一種の西洋中心主義でないだろうか」と論じている［小熊 2009b: 817］。しかし、学生叛乱が先進資本主義諸国だけに見られたとの認識は間違っていよう。メキシコなど当時は先進資本主義諸国とはみなされていなかった国々において学生叛乱に似た現象が生じた例がある。また、一九六八年を学生叛乱の時期と見ることも、正確な時代認識とは言えないであろう。

小熊は、日本、アメリカ、フランスなどに見られた学生叛乱には、その背景として経済成長による高度資本主義社会への変貌、それに伴う学生層の大衆化とエリートからの地位低下、世代交代などが共通していると述べ、他方で日本の学生叛乱の特異性として活動家は中下層出身者が多く、新左翼諸党派の活動家は文化的活動などと縁が薄かったと論じている［小熊 2009b: 817–818］。そして、日本と欧米先進資本主義諸国との相違点について、①日本が高度成長により急激に先進国入りした国であったこと、②日本には政治経験、革命の経験がないため、「殺されることはない」という意識が広く見られたこと、③欧米諸国のニューレフトが急造されたものであったのに対して、日本の新左翼運動には一九五〇年代以降の蓄積があったため、セクトの存在が大きかったこと、が挙げられる。このようなセクトの組織的持続力が運動を長期化させ、「その代償として、各地に潜在していた運動のエネルギーを汲みつくし、枯渇しつくすところまで日本の『一九六八年』を持続させてしまったともいえ」、その後の沈滞を著しいものにした。とくに、「暴力的な街頭闘争や内ゲバなどに学生叛乱のエネルギーを誘導したことは、後年まで日本の社会運動一般に悪印象を残した。これらは、日本の七〇年代以降の社会運動の低迷の一因となった」と述べ、新左翼諸党派の責任を追及する［小熊 2009b: 822–823］。この点に小熊の一九六八年論の核心が見られよう。

最後に、小熊がウォーラーステインの一九六八年に関する論点を、どのように評価しているかを見ておく。小熊は、次のように整理し、ウォーラーステインの論点を参照する姿勢を示している。

「ウォーラーステインは、一九六八年が『アメリカの覇権に対するさまざまな抵抗運動』だったとしてパリ五月革命やチェコ事件を同列に論じており、また体制内化した『既成左翼』と異なる『反システム運動』となって『新しい社会運動』を生んだことを高く評価している（ただし彼は文化面の変革はさして評価していない）。だがこの評価にたいする見解は別にして、ここでは本書の文脈から、ウォーラーステインの理論を応用して別個の評価をしてみよう。

ウォーラーステインの理論からいえば、『史的システムとしての資本主義』にとって、生活のすべてを賃金に依拠する全賃金労働者は、資本主義にとってコストが高すぎる。そこで、システムの『中心』から全賃金労働者化が進んでいく一方で、『周辺』の非賃金労働者および半賃金労働者をもとめて資本主義は拡大し、そこから利潤をえるようになる。もともとアフリカ研究者であったウォーラーステインは、第三世界をふくめた世界中の労働人口を考えれば、賃金労働者の比率は先進国の多くの論者が考えているよりはるかに低いという。

そして、『現在の史的システムは、これまでのところ、その論理が部分的にしか貫徹していないがゆえに繁栄してきたのであり、それがほぼ完全に開花しきることは、システムの崩壊を早めることになる』という。すなわち、資本主義の発展が進み、世界の労働人口が全賃金労働者化すれば、『史的システムとしての資本主義』は終焉を迎える。

そのような観点からみれば、日本の『一九六八年』は、まさに『勝利』だったといえる。それは高度成長の進展の障害となっていた戦後思想の倫理を排除し、大衆消費社会への移行を『二段階転向』によって促進し、同時並行的に進んでいた農業や自営業の衰退とあいまって、日本社会の全賃金労働者化を大幅に増大させたのだから。

全共闘運動や新左翼運動は、資本主義と高度成長に反発しながら、結果として日本の資本主義の進展を推し進める役割を果たした。こうした役割を果たすことで、ウォーラーステインのいう『システムの崩壊を早める』効果をもたらした。そうした意味で、日本の『一九六八年革命』は『勝利』だったといえる。ただしフランス・アメリカ・西独など各国で同様のことがいえるかは、それぞれの国の具体的研究が必要であろうが」〔小熊 2009b: 851–852〕。

小熊の一九六八年論は、新左翼諸党派が持ち込んでしまった限界点の指摘などを通して、独自の論調を提示したと評価できる。しかし、回想録やインタビューなどをもとにした分析を通じて同時代的な当事者の意識を解明する方法論をとったことから、当事者が必ずしも十分な認識を得ていたのではなく、時代の流れに身を任せていたという点を見逃しており、それが理論的展開の不足を生じさせ、ウォーラーステインの世界システム論を発展させるような積極的な貢献をなしえないことにつながったと判断される。

▼西川長夫

西川長夫は、『パリ五月革命私論』において、「『六八年革命とは何であったか』という問いに最もよく答えている論考をひとつだけ選ぶとすれば、残念ながら（中略）イマニュエル・ウォーラーステインの『一九六八年――世界システムにおける革命』をあげざるをえない」と述べ、「ウォーラーステインの六八年革命論が成功している主な理由は、六八年革命が正しく『世界システム』の問題として起っており、また従来の革命とは異なる『反システム運動』であったからだろう。だが、彼の六八年革命論の弱点もまた『世界システム』論的な発想に由来していると言えるかもしれない」と論じ、その理由として「例えばその視座はやはり西欧中心的な傾向をまぬがれず、第三世界は世界システムのなかに正しく位置づけられていても、植民地主義の問題が深められていない。文化や文明といった西洋的価値の問題も、『地政文化』まではゆくものの、『世界システム』とのつながりは、いまだ判明していない、等々」であると指摘している［西川 2011: 436］。

そして、「ウォーラーステインと同様、六八年革命を世界的な（しかも成功した）革命として記述している優れた例をしてもうひとつ、今村仁司の『近代性の構造――「企て」から「試み」へ』を挙げておきたい」と述べる。西川はその理由として、「今村の六八年革命論のひとつの要点は、資本主義社会に対する告発である『パリの五月』と社会主義社会に対する告発である『プラハの春』が、体制の中心として居座っていた国家権力と経済的な権力を同じ意味合いにおいて突くという点で、根本において共通の事件であったという指摘。もうひとつは六八年革命は究極的には近代批判であり、近代の終焉を告げる事件であったという主張である」と論じている。その上で、今村仁司の『近代性の構造』から引用した後、「今村はこの書物の中では、『世界システム』への言及を注意深く避けて、それが『一種の歴史哲学的視点からの考察』であることを強調しているが、今村の六八年革命にかんする評価は、ウォーラーステインの評価とほぼ一致している。もっとも、『世界システム』を『近代』と言いかえる時、わたしたちの脳裏に描く世界のイメージが非常に異なっていることはたしかだろう。（中略）私はそうした近代に対する複雑な心情を確認した上で、『近代の歴史的経験に対する根源的批判』という今村の意見に同意したいと思う」と述べている［西川 2011: 434–438］。

［5］ おわりに

日本や欧米諸国における「一九六八年」論を展開している論者には、「一九六八年」に先進資本主義諸国で生じた若者の叛乱運動は、各国それぞれに特徴的な表出形態があるものの、高度資本主義社会における共通性を有する現象であると指摘する。しかし、多くの論者たちの視野に入っているのは先進資本主義諸国であり、決して全世界の動向を反映しているとは言いがたい。また、ラテンアメリカに言及する論者はあるものの、「一九六八年現象」が先進資本主義諸国だけに見られた現象なのか、あるいは途上諸国にも共通した現象であるのかに関する展開はあまり見られない。

筆者は本書において、メキシコ、キューバ、ペルー、ベネズエラ、アルゼンチン、ウルグアイなどのラテンアメリカ諸国で一九六八年にどのような現象が生じ、またそれらがどのような世界史的な評価を与えられたかを検証していく。この作業を通じて、「一九六八年」が世界史的に有した意味が解明されようし、またそれを人類史の中に位置づけ直すことで、世界史の全体的な再編成を検証し、さらにグローバル・ヒストリーとしての世界システム論を強化することを目指していきたい。

第1章 ラテンアメリカ1960年代同時代史

OSPAAAL（アジア・アフリカ・ラテンアメリカ人民連帯機構）のポスター（1968年）

ラテンアメリカ諸国における「一九六八年」現象を検証する前に、一九六〇年代にラテンアメリカ全体に影響を与えた現象がどのように生じていたのかを本章で整理しておく。ここでは、①キューバ革命の影響、②それに対する対抗戦略として米国が推進した「進歩のための同盟」、③従属論、④解放の神学、⑤ラテンアメリカ文学の〈ブーム〉、⑥中米諸国における反米・反独裁・民族解放闘争の六点を指摘しておきたい。

［1］キューバ革命の影響

キューバ革命の影響として、まず指摘しうるのは、キューバ革命の勝利直後からラテンアメリカを覆った大衆的熱狂と共鳴が、反帝国主義的な社会変革は可能であるとの確信をもたらしたことと、一九六一年四月のキューバの「社会主義宣言」が、社会変革の徹底化は社会主義へと至らざるをえないという必要性を確認したことであった。同時に、シエラ・マエストラを根拠地として革命を勝利させたフォキズム[1]（フォキスモ foquismo）に基づくゲリラ戦争の可能性が浮上したことである。また、チェ・ゲバラ(Ernesto Rafael Guevara de la Serna, 1928–1967) が「常に革命の諸条件が整うまで待つ必要はない。反乱の根拠地がそれらを創出しうる」と、革命の客観的諸条件の未成熟を、フォキズムによって克服しうることを主張したことに見られるように、フォキズムによって革命の主体的条件を形成する可能性が提起されたこともラテンアメリカ各地に大きな影響を与えた。

ラテンアメリカにおける武装闘争は、①ポピュリズム左派、②共産党分派、③革新派青年将校らによって展開されたが、一九六五～六六年までにほぼ壊滅された。一九六五年には山岳部のクスコ県、アヤクチョ県等で展開されていたペルーの革命的左翼運動（ＭＩＲ）とキューバでペルー人によって結成された民族解放軍（ＥＬＮ）が壊滅され（↓第３章）、アルゼンチンではキューバからの人的支援を得てサルタ州の山岳地帯で展開されていた人民ゲリラ軍（ＥＧＰ）が壊滅された（↓第８章）。ベネズエラでは、共産党によって結成された民族解放戦線（ＦＡＬＮ：Fuerzas Armadas de Liberación Nacional）が一九六三年から開始された政府軍の攻勢によって戦線が崩壊し、六四年に入るとドミンゴ・アルベルト・ランヘル派の武装闘争放棄論が台頭し、共産党も武装闘争に消極的になった。

このような武装闘争の敗北は、革命運動の弾圧のために暴力の行使を躊躇しないという反動勢力による抑圧構造の大陸的な同質性を明らかにした。また、各国の共産党の中に、武装闘争の先行性を強調することは極左冒険主義であり、選挙戦と議会内闘争を優先させるべきであるとする傾向が生じた。このような共産党の路線変更に対しては、例えばベネズエラ共産党の変節に関して、一九六七年三月一三日にフィデル・カストロが批判したが、同党は中央委員会政治局の名で七項目にわたる反論を行うまでになり、路線の対立が鮮明化するようになる。チリ共産党やブラジル共産党等も武装闘争に批判的な姿勢をとるようになった。こうして、一九六五〜六六年を境として、ラテンアメリカにおける革命運動は二つの傾向に分かれていった。この分裂の背景には、社会主義革命か民族民主革命かという革命論の違いが存在した。ソ連派の共産党は「非資本主義的発展の道」論に基づいて、一国革命的な民族民主革命論の立場をとる傾向があり、他方、武装闘争派は社会主義革命論の立場をとった。とくに、「従属論」（↓本章第３節）の影響拡大は、社会主義革命論にさらなる理論的裏づけを与えた。

武装闘争論の立場からは、一九六六年一一月のチェ・ゲバラのボリビア入りが重要な転機となった。ボリビアでは、一九五一年の大統領選に勝利した民族革命運動党（ＭＮＲ：Movimiento Nacionalista Revolucionario, 一九四一年結成）が軍部のクーデターで政権を奪われ、非合法化されたが、これに対してラパスで武装蜂起が起こり、一九五二年四月にMNR政権が樹立した（ボリビア革命）。MNRは先住民に選挙権や公民権を付与した新憲法を採択し、一二年間にわたり政権を担い、農地改革等の政策を推し進めたが、一九六四年一一月に発生したクーデターで軍部に政権を奪われた。このような情勢の中、ボリビアに潜入したゲバラはゲリラ闘争を開始し、ボリビア民族解放軍（ELN：Ejército de Liberación Nacional de Bolivia）を結成した。

ゲバラのボリビア入りは、理論的・組織的な統一体形成に向けて一九六七年七月三一日〜八月一〇日にハバナで開催された「ラテンアメリカ連帯機構（OLAS：Organización Latinoamericana de Solidaridad）」第一回大会へと結実する。大会には、ベネズエラ共産党は招待されず、ブラジル共産党（PCB）等は欠席した。しかし、PCBを離党したカルロス・マリゲーラが参加し、ブラジル帰国後、民族解放運動（ALN）を結成して都市ゲリラ闘争を開始した（↓第7章）。

同大会に出席した代表たちの間には、明白に異なる二つの潮流が存在した。第一の潮流は、ウルグアイ共産党書記長ロドネイ・アリスメンディに代表される。彼らは、ソ連共産党の強力なバックアップと、OLASへの出席を拒否された、あるいは拒否したベネズエラ、ブラジル等の共産党幹部の支援を受けて、平和共存のもとでの民族民主革命を当面の課題であると主張し、武装闘争による大陸総体での社会主義革命というチェ・ゲバラの理念と行動に直接・間接の攻撃を行った。第二は、アルマンド・アルト・ダバロス組織書記に率いられるキューバ代表団やベネズエラのFALNのフランシスコ・プラダ少佐、グアテマラのFAR（叛乱武装軍）のネストル・バジェたちで、彼らは「二つ、三つ、数多くのベトナムを」というゲバラのメッセージ[2]に忠実に、ゲリラ戦争を基幹として武装闘争の必然性を彼ら自身の実践の中から強調したのである。この二つの潮流は、公開の分科会および非公開の会議において激しく対立したが、革命派の主張の正当性が大会全体を支配した［山崎／高倉編訳 1971: 249–250］。

マリゲーラ以外のラテンアメリカ諸国の革命家としては、チリ社会党のサルバドル・アジェンデ(→第5章)、アルゼンチンで一九六九年にモントネロスを結成することになるキリスト教系青年たちに影響を与えたジョン・ウィリアム・クックら(→第8章)が参加した。OLAS第一回とボリビアでのゲバラの存在がラテンアメリカにおける再度の武装闘争路線の強化に影響を与えることになり、それはOLAS第一回大会直後の一九六七年一〇月にゲバラが米CIAに指導されたボリビア陸軍によって虐殺された後も、逆にゲバラの死によって鼓舞された形で継続・拡大されることになった。アルゼンチン、ブラジル、ウルグアイでの都市ゲリラ闘争を中心とした武装闘争は、その後登場した軍事政権によって壊滅されるまで継続された。

キューバ革命の影響として、もう一点指摘しうる点は、主に中間層の出身であるラテンアメリカ諸国の知識人にキューバ革命を擁護・支持する傾向を生じさせ、社会変革が必要であり、またそれが可能であるという自信を与えたことである。本章第5節と第4章で詳述する通り、ラテンアメリカ諸国の作家・知識人の多くが一九六〇年代にはキューバ革命を支持する傾向を示し、それと同時に各国国内における社会改革を鼓舞する役割を果たしたことは重要な現象であった。しかし、その傾向も、一九六八年八月にキューバがワルシャワ条約軍のチェコ侵攻を支持した事実、ならびに同年一一月の「パディージャ事件」の発生と一九七一年三月の本格化(→第4章)、これらのいずれもが「キューバのスターリニズム化」であるとの失望感を与えることになる。「キューバのスターリニズム化」という見方が正しかったかどうかについては議論の余地はあるが、一部の作家・知識人にキューバ革命への失望感を与えた事実は否定しがたい。しかし、これらのキューバに失望した作家・知識人の大半も、キューバの指導体制に批判的に転じただけであり、キューバ革命自体を否定したわけではなく、さらにそれぞれの国内における社会変革の必要性を主張する姿勢は維持した。その意味では、キューバ革命が勝利した事実が、ラテンアメリカ各国における社会変革の必要性を主張する傾向を定着化させることにおいて、歴史的転換点となったと評価することはできよう。また、米国がケネディ政権下でキューバ革命に対抗し、他のラテンアメリカ諸国に革命運動が拡大しないように「進歩のための同盟」を提示したことも、キューバ革命の影響として指摘しておかねばならない。

［2］「進歩のための同盟」

一九六一年一月に米国大統領に就任したジョン・F・ケネディ（John Fitzgerald Kennedy, 1917–1963）は、アイゼンハワー前政権が推進したキューバに対する反革命軍のヒロン海岸への逆上陸戦の実行を許可したものの（ピッグス湾事件）、この作戦がキューバ革命軍と民兵部隊の総力を挙げた反撃によって撃退された後、ケネディ政権はキューバ・ミサイル危機に発展する国防総省と統合参謀本部が策定した対キューバ侵攻・空爆計画である「Oプラン」と、CIAが策定した対キューバ謀略作戦である「マングース作戦」を同時進行させる形で、キューバ革命打倒を目指す国内諸勢力の意向を現実化する方針を推し進めると同時に、ラテンアメリカ諸国においてキューバ革命のような急進的な革命運動が発展することを抑止する戦略として「進歩のための同盟」路線を策定した。

ケネディが、ラテンアメリカ政策に関して初めて公にスピーチしたのは、一九五八年一二月にプエルト・リコで開催された民主党集会であった。ケネディはその場で、当時設置が合意されて間もない米州開発銀行（IDB：Inter-American Development Bank）の計画に賛意を表明し、一次産品の価格協定の前進や土地改革、教育交流の発展を訴えた。それは、ラテンアメリカの人々への連帯を呼びかけるものであった。

一九五九年一月にキューバ革命が勝利すると、ラテンアメリカは大統領選挙に立候補するケネディにとって重要な課題となった。しかし、ラテンアメリカ情勢に明るくなかったケネディは、民主党大統領候補の指名を受ける前の一九六〇年六月から、指名を受けた際にはラテンアメリカ問題に関して助言してくれるよう、コロンビア大学教授のアドルフ・A・バール（Adolf Augustus Berle, 1895–1971）に依頼した。バールは、ルーズベルト大統領時代の一九三八年から一九四四年まで国務次官補を、一九四五～四六年には駐ブラジル大使を務めた人物であった。ケネディは、一九六〇年七月一四日に指名を獲得した後、選挙キャンペーン中の同年一〇月一八日にフロリダ州タンパにおける演説において、ラテンアメリカ政策のキャッチフレーズとして主張してきた「進歩のための同盟（the Alliance for Progress）」構想について最もまとまった考えを提示した。「進歩のための同盟」は、すでに同年九月に命名されていた。この演説の中でケネディは、ラテンアメリカとの関係をルーズベルト大統領の善隣外交政策から説き起こし、キューバ問題などに言及して、ラテンアメリカ理解を一新して新たな行動を起こさなければ冷戦に敗北するだろうと述べた。

ケネディは、一〇項目の新しいラテンアメリカ政策を提案したが、それは、①ラテンアメリカに対して短期的な危機対応や共産主義対策にとどまらないラテンアメリカ諸国の主体的発展を援助すること、善隣外交政策を超える「グッド・パートナー政策（the Good-Partner Policy）」をとること、②米国は独裁者支持をやめ民主主義を支持すること、③長期的発展に必要な資金の提供、④商品価格の安定化に向けて行動を起こすこと、⑤大土地所有制度から発する貧富の格差が大衆の最大の不満であり、これが革命運動の背景になっていることを認識して農地改革を進めること、⑥民間投資の活発化、⑦技術援助の拡大、⑧学生交流プログラムの向上、⑨能力の高い人々を対ラテンアメリカ外交政策に振り向けること、⑩軍備縮小、の一〇点であった。これらの政策は、多くの点でアイゼンハワー政権が任期中の大半において採用してきた政策を否定し、ラテンアメリカに対して積極的な関与を行おうとする姿勢を反映していた。ケネディは民主党内のリベラル派を味方につけるためには十分に「リベラル」である必要があり、対外経済援助に関して共和党と対照的に積極的な姿勢を示した。

ケネディのタンパにおける演説には、アイゼンハワー政権のラテンアメリカに対する現状維持的な政策を批判しながら、同政権末期に現れた政策転換を民主党的な立場から拡大適用したものであった。

米国国内におけるラテンアメリカに対する関心は経済的な側面が主であり、安全保障や政治的関心は従属的であったが、キューバ革命の勝利によって、安全保障的関心が高まり、それが経済開発の推進を後押ししていった。

大統領に選出されたケネディは、ブレーンであった経済学者ウォルト・W・ロストウ（Walt Whitman Rostow, 1916–2003）と、ペルレを長として結成された、リチャード・グッドウィン、アルトゥーロ・モラレス・カリオン、テオドロ・モスコソ、ロバート・アレキサンダーらのタクスフォース・チームに対し、ラテンアメリカとの関係を検証して新政権の優先政策を挙げることを指示し、彼らは就任演説の中に「進歩のための同盟」構想を挿入した。ケネディはその演説の中で、貧困の連鎖から自由な市民と自由な政府を解き放つと約束した。

ケネディが「進歩のための同盟」を公式に発表したのは、一九六一年三月一三日にホワイトハウスでラテンアメリカ諸国の駐米大使を招いて開催したレセプションにおいてであった。ケネディは、南北アメリカが共通の歴史と使命を共有することを指摘し、貧困、非識字、絶望というラテンアメリカの人々が直面する諸問題に米国が十分な関心を向けてこなかったことを過ちとして学び、「進歩のための同盟」のベースとなった一九五八年にブラジルが提案した総合的な開発の協力計画の実施を求めた「パンアメリカン・オペレーション」の概念に基づく大胆なアプローチをとらねばならないとして、「進歩のための同盟」に結集するよう呼びかけた。ケネディは、「米州諸国のための新たな一〇カ年計画」を成功させれば、生活水準の向上、基礎教育、食料が確保され、すべての国々が自立的成長を達することができるとしながらも、「米州諸国自身の確固たる意志に基づく努力なしにはどのような援助も人々の福祉を向上させることはできない」と自助努力の必要性を強調した。

「進歩のための同盟」は、一九六一年三月にウルグアイのプンタ・デル・エステで開催された米州機構（OAS：Organization of American States, OES：Organización de los Estados Americanos）の総会で採択された「プンタ・デル・エステ憲章」として定式化された。「進歩のための同盟」の諸目的として、一人当たりの所得の実質的増加と毎年の一人当たり二・五％以上の経済成長の達成、国家経済機構の均衡的多角化、工業化の努力、農地改革の推進、教育・保険・住宅の普及、物価安定化等が謳われた。経済社会開発の基調は、まず国家経済社会計画が民主主義の諸原則に従い実行され、さらに自立の原則と国内資源の最大利用に基礎を置くこと、国内資本形成とその輸出能力を促進するため国外からの金融援助を得ること、国内資源の動員に必要な機構上の改革と措置を含む計画を支持するため、一〇年間に最低二〇〇億ドルの政府系資金援助がなされること、国内資源の有効利用のための公約、民間分野の組織改善、富の公平分配を可能にするために必要な社会改革が実施されることが主張された。そして、その具体的な国家開発計画では、人的資源の動員、天然資源の開発、農業生産の拡大、国内金融資源の活用、外資導入、国内市場育成のための分配および流通機構の改善が織り込まれなければならないと定められた。

「進歩のための同盟」路線に基づいて、米国はラテンアメリカ諸国に対する経済援助を拡大した。とくに、チリのフレイ政権、ペルーのベラウンデ政権などに民主主義体制の強化を実現するために多額の経済援助が供与され、米国は中間層の成長をもたらす経済成長が達成されることを支援した。

しかし、「進歩のための同盟」路線は、見るべき成果をあげられなかった。一人当たりの実質経済成長率は一九六一年から一九六七年の間に一・六%にとどまり、当初の目標に達することができず、また教育・衛生・住居・雇用における改善、農地改革、税制改革などの構造改革も進まず、米国や国際機関からの資金供与も約束額に達しなかった。そして、「進歩のための同盟」は一九六〇年代半ばに有名無実化し、一九七四年には最終的に幕を閉じた。その背景には、ラテンアメリカ諸国において一九六〇年代前半から相次いで軍事政権が登場し、ケネディ政権をはじめ民主党政権が期待した民主主義の下での改革の推進という政治的理想が破綻する一方、同盟を積極的に推進してきたケネディ大統領の暗殺死に加えて、後継のジョンソン政権のベトナム戦争への介入によりラテンアメリカ地域への米国の経済協力の規模が縮小されたことなどが挙げられる。こうした中で、ラテンアメリカ諸国は一九六〇年代半ばから米国離れを強め、次第に第三世界の連携強化と米国を排除した域内関係の構築を模索するようになった。

[3] 従属論——「低開発の発展」

第二次世界大戦後、ヨーロッパ諸国の旧植民地の脱植民地化や、それに伴う米国帝国主義の指導下での新植民地的な発展にしたがって、アジア、アフリカ、ラテンアメリカ諸国を対象とした「第三世界論」や「開発論」が世界的な関心を高めた。米国の理論的またイデオロギー的な対応は「近代化論」であった。この「近代化論」によれば、開発途上国は外国援助と外国資本投資によって欧米先進諸国が辿った経済的・社会的には自由主義的な、また政治的には反動的な階段を昇って「離陸」から発展へと踏み出すことができると主張された(前述のウォルト・ロストウが提唱した「経済発展段階説」)。これに対する民族主義的な代替的発展の道は、ラテンアメリカにおいては当初、国連ラテンアメリカ経済委員会(E

CLA)、後の国連ラテンアメリカ・カリブ経済委員会（ECLAC：United Nations Economic Commission for Latin America and the Caribbean, CEPAL：Comisión Económica para América Latina y el Caribe）によって提唱された。

一九四八年から六二年までECLAの事務局長であったアルゼンチン出身のラウル・プレビッシュ（Raúl Federico Prebisch Linares, 1901-1986）は、一九六四年に創設された国連貿易開発会議（UNCTAD）の初代事務局長になったが、彼は一九六四年の国連報告書『開発のための新しい貿易政策を求めて』において、世界経済の基本構造を「中心―周辺」というシステムとして把握し、①周辺には開発の程度にかかわりなく、一次産品を輸出し工業製品を輸入している限り、国際貿易において不利益を強いられる、②周辺国が中心国と同じGDP成長率を達成しようとすれば、周辺国では貿易赤字が発生し、貿易赤字を回避しようとすれば低いGDP成長率に甘んじるほかはない、③したがって、周辺国が経済成長を達成するためには保護主義の下で自国の工業化を推進し、一次産品輸出に依存する構造を変革しなければならず、工業化・保護貿易政策は周辺国が連帯して中進国主導で世界経済秩序を変革する中で推進されると提言した。

ECLACが提起した代替的発展の道は、原料の対製造品交易条件の悪化こそがラテンアメリカの発展を阻んでいるとして、農地改革その他の改革によって拡大された国内市場向けに民族的工業が生産を行う輸入代替的発展を実現することこそが、ラテンアメリカ発展の大道であるとするものであった[Frank 1972＝1978: vi]。このブルジョア民族主義イデオロギーは、帝国主義に関する分析を行うものではなく、ラテンアメリカや他の第三世界各地における階級構造や、階級闘争についても何ら言及するものではなかった。しかし、一九五〇～六〇年代においては、このブルジョア民族主義的政策が、第二次世界大戦以前の共産主義インターナショナル（コミンテルン）が採用した路線から継承した「進歩的ブルジョア民主主義」を評価する各国の親ソ派共産党の政策、民族ブルジョアジーを進歩的勢力と肯定的に評価することで労働者階層との連携を可能にする勢力であるとする民族民主革命論と一致した。

一九六〇年代には輸入代替工業化路線が行き詰まりを見せ始め、またキューバ革命が前例として出現したことにより、一部の左翼の人々は、新たなイデオロギー、理論、分析、実践の道を選択するようになった。この潮流は、ラテンアメリカの従属的な歴史を世界資本主義システムおよび帝国主義の展開の一部として再検討し、世界的・地域的・国民的・地方的な四つのレベルでの資本主義的発展によって、ラテンアメリカの階級構造がいかに変化したか、階級闘争がどのように条件づけられたかを検討しようとした［Frank 1972＝1978: vii］。このような文脈の中で、「従属論（従属理論）」が形成された。

「従属論」の主要な論客はアンドレ・グンダー・フランク（Andre Gunder Frank, 1929–2005）である。フランクは、『ラテンアメリカにおける資本主義と低開発』（一九六七年）、『ラテンアメリカ——低開発と革命』（一九六九年）、『開発の社会学と社会学の発展——低開発の発展』（一九六九年）、『ルンペン・ブルジョアジー——ルンペン的発展　ラテンアメリカにおける従属、発展、政治』（一九七二年）等の著作がある。フランクは、プレビッシュの「中心—周辺」論を起点に、ポール・バラン（1926–2011）の「収奪／充用」論に依拠して「低開発の発展（Development of Underdevelopment）」論を展開した。

バランによれば、「現在の生産から控除され実際に投資される部分が、現実的な経済的余剰であり、それに対して、経済の独占的構造によって生産に投資されることが阻止されるか、奢侈的消費にしかまわされない余剰部分は潜在的な余剰、あるいは潜在的に投資可能な余剰と呼ばれる。高所得者と低所得者の格差、および高所得者が潜在的な余剰を生産的投資にまわさないという事情も、結局は独占に原因がある。潜在的な経済的余剰が実現されず、投資に振り向けられないのは、本質的には、資本主義の独占的構造のためなのである」［武藤 1973: 83］。

フランクは、バランの資本主義システムの独占的性格の解明に依拠して論を進めたが、資本主義にあっては経済的余剰の独占的収奪／需要をめぐる矛盾は偏在的であり、しかもその矛盾が経済的発展と低開発に対して持つ結果は多様であるとし、個々のケースを常に全体的な制度の経済的構造の中に位置づけて、その全体構造に関して、「本国における経済構造がその発展のある与えられた段階で競争的であったとしても、世界資本主義システム総体の構造は、そしてその周辺的衛星国の構造は、資本主義発展の歴史全体を貫通して、高度に独占的であった」と論じた。この独占的構造のために、周辺国で生産された経済的余剰の大部分は世界資本主義システムの他の都市的中心によって収奪され、その部分によって重用され、周辺国には再投資されることはない、とした［武藤 1973: 83］。

「従属論」の基本的概念は、フランクにおいては「低開発の発展」である。これは、低開発とは進んだ資本主義の状態に対して遅れているということを意味するのではなく、ほかならぬ資本主義システムが生み出し再生産するものであるという視点である。そして、低開発とは資本主義的発展と資本主義システムそれ自体の内部的矛盾の必然的結果であると主張される。この内部的矛盾とは、①多数者からの経済的余剰の収奪と少数者によるその充用、②資本主義システムの都市的中心（Metropolitan Centers）と周辺的衛星部分（Peripheral Satellites）への分極化、③これらの矛盾が至るところで、あらゆる時期に持続し再生産されるために、この資本主義システムの基本構造が、資本主義システムの拡大と変形の歴史全体を通じて連続性を保っていること、である。そしてフランクは、「こうした資本主義的矛盾は、経済的余剰を収奪される周辺衛星部分で低開発を作り出し、他方この余剰を利用する都市諸センターでは経済的発展を作り出す。そして、そのうえこの過程が今でも続いている」と論じた［武藤 1973: 83］。

フランクによれば、周辺部資本主義社会における低開発は、もともとあった状態でもなければ伝統的な状態でもなく、さらには現在の先進資本主義諸国が通り抜けた歴史上の特定段階でもない。すなわち、低開発こそが、矛盾をはらむ資本主義的発展の必然的結果であり、この低開発は「一層の資本主義的発展によって除去されることはできないし、除去されることはない」。したがって、低開発状態にある地域が、「資本主義それ自体から自らを解放するまでは、構造的低開発は引き続き生み出されて深まる」ことになる［武藤 1973: 81］。

一九六〇年代末に執筆された従属論に位置づけられる研究書としては、フランクの著作のほか、ブラジルのフェルナンド・エンリケ・カルドゾ（1931–）の『ラテンアメリカにおける従属と低開発』（一九六九年）、テオトニオ・ドス・サントス（1936–）の『従属と社会変動』（一九七〇年）、メキシコのロドルフォ・スタベンハーゲン（1932–）の『ラテンアメリカに関する誤った七つのテーゼ』（一九六六年）等がある。

従属論に対しては種々の視角から批判が行われたが、フランクの「低開発の発展」論にとって致命的となるのは、一九七〇年以降にアジアのＮＩＥＳ諸国が低開発状態から脱却する可能性を示したことから、少なくともフランクが提示した、周辺部資本主義諸国は資本主義システムから脱却しない限り低開発から脱却することはできないというテーゼは部分的に否定されることになった点である。しかし、世界資本主義システムを「中枢」と「周辺」との関係から見る視点は、これによって必ずしも無効化されたわけではなく、「世界システム論」の提唱者であるイマニュエル・ウォーラーステインは「中枢」と「周辺」との間に「半周辺」を挿入することで、「周辺」国は「半周辺」に昇格しさらに「中枢」に昇格することもありうるとすることで、「中枢―周辺」関係から世界資本主義システムを見据える視座の有効性を再確認した。いずれにせよ、一九六〇年代後半においては、フランクらが提示した「中枢―衛星」もしくは「中心―周辺」の図式の中でラテンアメリカの貧困を論じる姿勢は、次節の「解放の神学」派を含めてラテンアメリカの社会運動にきわめて大きな影響をおよぼした。

［4］ 解放の神学

第二次世界大戦後、カトリック教会は近代世界を受け入れてこなかった過去の姿勢を自己批判するようになり、キリスト教神学は聖書や歴史の研究、実存主義との対話などを通じて新しい問題の追求を始めた。ところが、これも一九五〇年の法王ピウス一二世の回勅「フマーニ・ゲネリス」によって終止符を打たれてしまった。しかし、一九五九年初頭、法王ヨハネ二三世は、公会議の開催を呼びかけた。これは法王の無謬性を決議した第一バチカン公会議（一八六九〜七〇年）以来、初の公会議であった。一九六二年一〇月から一九六五年一二月まで第二バチカン公会議が開催され、アジア、アフリカ、ラテンアメリカの聖職者も参加して、公会議の本会議や作業部会では、進歩的な神学者グループによって慎重に進められてきた考えや提案が承認された。初の礼拝に関する布告（典礼憲章）により、一五世紀にわたって行われてきたラテン語によるミサに終止符が打たれた。第二公会議では、カトリック教会は何十年にもおよぶ神学者の活動を受け入れ、人類とともに旅する「巡礼者」としての立場を認めた。そして、この第二公会議からさらにラディカルな変貌を遂げ、人間の歴史における神の所業のあかしを「人間の進歩」のなかに認め始めた。ラテンアメリカの司教たちは、他の第三世界の司教たちとともに、現代世界の教会に関する文書「現代世界憲章」に発展の問題を含めるべきだと主張した。第二公会議後、ラテンアメリカのカトリック教徒たちは公会議の結論をラテンアメリカに適用しようとしただけでなく、ラテンアメリカの問題を探り始めた。

第二バチカン公会議は、聖職者たちを「世界」との対話に駆り立てた。ヨーロッパの楽観的な目には、世界は急速な技術的・社会的変動を経験しているように映った。しかし、第三世界の視覚からすれば、広汎な貧困と抑圧こそ現実の世界であり、そのためには革命が求められていると認識された。公会議以降に出された文書を見ると、この印象はますます強まる。一九六七年に法王パウロ六世が発表した回勅「ポプロールム・プログレシオ（諸民族の進歩推進 Populorum Progressio）」はそのような性格をもつものであった。パウロ六世は、第三世界の発展問題に焦点を当てた。この回勅は穏健な調子で書かれていたが、既存の国際経済秩序に対する強い批判を示唆していた。この直後に第三世界の一八人の司教からなるグループが法王の声明を引用しながら、それをはるかに超える声明を発表した。この一八人の声明は、その影響を受けて「第三世界司祭運動（ＭＳＴＭ：Movimiento de Sacerdotes para el Tercer Mundo）」の結成をもたらしており、後に武装闘争を開始したアルゼンチンのモントネロスやペロン派武装勢力（ＦＡＰ）の形成に影響を与えた（→第8章）。このほか、ペルー、コロンビア、メキシコ等の国々に同じような司祭のグループが出現した。

次に、一九六八年八月にラテンアメリカ諸国の一三〇人のカトリック司教が、第二回バチカン公会議の決定をラテンアメリカに適用するためにコロンビアのメデジンで第二回ラテンアメリカ司教会議（司教協議会総会）を開催した。この司教会議は、全世界的に社会運動が高揚した「一九六八年」現象の一部をなす出来事であった。

ラテンアメリカ司教協議会（ＣＥＬＡＭ：Consejo Episcopal Latinoamericano）は会議に備えて準備文書を配布したが、それは経済状況、生活水準、文化状況、政治状況を概観したもので、内容的にはこれまでに発表された各種の声明と同じ性格をもち、さらに社会における教会のプレゼンスについて検討され、最後の数頁において神学に関する考察がなされていた。実際にメデジン文書の作成に関わったのは、少数派の司教と約一〇〇人の専門家からなるアドバイザーであり、メデジン文書には彼らの考えが反映されていた。

この社会情勢の把握から始めて、次に教会問題について述べるという方法は、従来の方法を打破したものであった。それまでは、教義からその適用へ、という順序をとっていたが、メデジン会議のスタッフは、議論をする際にも、また文書を作成する際にも、まず全体の情勢分析を行い、次に簡単な神学的考察に移り、最後に司牧上のコミットメントを主張するという形をとっていた。この三部構成は個々の文書だけでなく、発表された結論にも見られた。世俗的なテーマ（正義、平和、教育、家族、青年）が、教会関係のテーマ（司牧活動、司祭、修道士、信徒、教会組織等々）より前で扱われていた。

メデジン会議では、司教たちは断固たる表現を用いて、キリスト教徒に対して社会の変革に加わるように呼びかけた。彼らは「制度化された暴力」を非難し、それを「罪の状態」であると規定した。また、「広範かつ、大胆かつ、愁眉の、大いに革新的な変動」を訴えた。そこでは、「革命家」は根本的な変革を追求する人々であると好意的に描かれていた。司牧活動については、人権の擁護や「意識向上のための福音化」の実行など、多くの活動が挙げられていた。さらに、教会は連帯という立場から貧者の置かれた状況を分かち合うべきだと指摘された。ブラジル等で展開されていた「基礎共同体（Comunidad de Base）」については、数カ所にわたって言及され、その後急速に拡大することになる。

司教たちはまた、「解放」という言葉や、それに似た言葉を用いて、「真の発展」すなわち「個々の人間や人間全体にとってより人間的な状況へ移行すること」を聖書の「出エジプト記」になぞらえていた。ラテンアメリカの聖職者たち、とくに司祭、修道女、信徒の活動家たちは、メデジン文書を司牧のための新しい包括的アプローチを容認するものとして熱狂的に歓迎した。

メデジン会議のアドバイザーの中に、ペルーの神学者であるグスタボ・グティエレス・メリノ（Gustavo Gutiérrez Merino, 1928–）がいた。グティエレスがとくに深く関わったのは、教会における貧困に関する文書である。メデジン会議の数週間前に、グティエレスはペルーの漁港であるチンボテで開催された集まりで、「解放の神学（Teología de la Liberación）」の概要を明らかにした。ラテンアメリカにおいて「解放の神学」という言葉が使われたのはこの時が初めてであった。すなわち、「解放の神学」は内容的には第二バチカン公会議に遡るとはいえ、その名称で使用するようになったのは一九六八年であった。したがって、ラテンアメリカにおける「一九六八年」現象を検証する場合、「解放の神学」に関する言及は必須になる。

グティエレスは、リマの国立サンマルコス大学で医学と文学を学んだ後、ヨーロッパに渡航し、ベルギーのロバイナ大学とフランスのリオン大学でそれぞれ神学を学んだ。その時期に当時のヨーロッパを代表するアンリ・ド・リュバック、カール・ラーナーなどの神学者と親交を持ち、一九五九年に司祭職を授与されている。一九六九年に『ラテンアメリカにおける教会の司牧路線（*Líneas Pastorales de la Iglesia en América Latina*）』、一九七一年に『解放の神学』等の著作を発表しており、二〇〇九年にはエール大学から神学名誉博士号を授与されている。

グティエレスはメデジン会議後、さまざまな論文や対談の中で、「解放の神学」の思想を展開している。グティエレスは、神学とは「神の御言葉に照らした実践に対する批判的考察である」と述べている。すなわち、社会構造の中で貧者がどのように扱われているか、キリスト教徒や教会がどのような行動をとっているかについて、これまでの教会のあり方を批判した。「解放の神学」派の人々は、キリスト教はより公正な世界の実現のための闘いにどのように関わっていくかという点に力点を置いた。

また、「解放の神学」派は、ラテンアメリカを問題提起のための材料として意識的にとらえたが、自分たちの神学が特殊な状況から成立したものであるならば、他の神学についても同様のことが言えるのではないかと考えた。彼らがかつて単純に普遍的な神学と考えていたものはヨーロッパの神学、つまり、豊かな世界の神学であることに気づいた。そして、豊かな世界の神学とは問題が異なるだけでなく、方法、つまり神学への関わり方も異なることに気づいた。こうして、「解放の神学」派の人々は、神学の脱「ヨーロッパ」化という意識を持ち始めたのである。

第二回ラテンアメリカ司教会議（CELAM）の結果は、ラテンアメリカ諸国の聖職者だけでなく、カトリック教徒、さらにプロテスタント教徒にも大きな影響を与えた。ペルーではキリスト教民主党（DC）系の知識人がベラスコ左翼軍事政権に協力したほか（↓第3章）、チリにおいてはキリスト教民主党（PDC）内で生じた左右分裂を契機として人民連合（UP）を成立させている（↓第5章）。アルゼンチンでは「第三世界司祭運動（MSTM）」がモントネロス結成時に創始者となった青年たちに影響を与えた（↓第8章）。また、第二回ラテンアメリカ司教会議の直前あたりからブラジルで開始された「基礎共同体」は、その後ラテンアメリカ各国に拡大して、キリスト教左派の運動の基盤を形成していくことになる。このような大衆的基盤の拡大を背景として、ニカラグアにおいては一九七〇年代末に「解放の神学」派の聖職者がサンディニスタ民族解放戦線（FSLN）と連携してソモサ体制の打倒に重要な役割を果たしたほか（↓本章第6節）、一九九〇年代以降にはハイチやパラグアイにおいて「解放の神学」派の聖職者が大統領に就任する例も生まれた。

［5］ラテンアメリカ文学の〈ブーム〉

一九六〇年代にラテンアメリカ文学が世界的に〈ブーム〉となったといわれる。この「ラテンアメリカ文学の〈ブーム〉」も、ラテンアメリカにおける一九六〇年代の同時代史として指摘しておくべき重要な現象である。

一九六〇年代を通じて、ラテンアメリカでは歴史的・文化的状況から広く世界の関心を惹きつけるに値する多くの小説が書かれた。これらの作品は、スペイン語で書かれた近代小説がかつて経験したことがないような文学的反響を呼び起こした。一九七一年に『〈ブーム〉の個人的履歴書（*Historia Personal del «Boom»*）』を出版し、ラテンアメリカ文学についての〈ブーム〉という言葉を初めて用いたチリのホセ・ドノソ（José Donoso Yáñez, 1924–1996）は、〈ブーム〉は「まさに文学上のことであり、反響の一要素にしかすぎない売上部数ではないことをおことわりしておきたい」と論じた上で、「これは『百年の孤独』の驚くべき販売部数と、『パラディソ』のきわめて少ない売上を比較してみれば十分であり、しかも両者はまぎれもなく〈ブーム〉といわれるものの最先端に位置しているのである」と述べている。そして、「では、この〈ブーム〉とはいったい何であろうか?」と提起し、「まず指摘しておいた方がよいと思われるのは、最も単純に言って、同じ大陸にある二一の共和国で、さまざまな差異があるとはいえ、ともかくも理解可能なスペイン語が使用されているという環境がたまたま存在し、非常に短い年月の間に、比較的、あるいはきわめて早熟な作家たち――例えばバルガス・ジョサやカルロス・フエンテス――のすばらしい初期の小説が発表されたばかりでなく、ほとんど同時に、彼らよりは年長の有名作家たち――エルネスト・サバド、オネッティ、コルタサルなど――の大作が現れ、ひとつの壮大な結合がなされたということである」と述べ、フエンテスの『アルテミオ・クルスの死』、バルガス・ジョサの『都会と犬たち』や『緑の家』、オネッティの『造船所』、レサマ・リマの『パラディソ』、コルタサルの『石蹴り遊び』、サバドの『英雄たちと墓』、ガルシア・マルケスの『百年の孤独』を挙げて、「ともあれこれら注目すべき十数篇の小説が突如として出現し、それまでの空白を埋めるに至ったのである」とし、スペイン文学がスペイン語文学を含めて二〇世紀前半にほとんど足跡を残してこなかった事態が、〈ブーム〉によって克服されたと論じた［Donoso 1972＝1983: 1–3］。

そしてドノソは、〈ブーム〉の始点は一九六二年にチリのコンセプシオン大学で開催された知識人会議であったと主張している。この会議には、ラテンアメリカ諸国から、チリのパブロ・ネルーダ、ペルーのホセ・マリア・アルゲダスとホセ・ミゲル・オビエド、パラグアイのアウグスト・ロア・バストス、メキシコのカルロス・フエンテス、キューバのアレッホ・カルペンティエール、エル・サルバドルのクラリベル・アレグリアらが参加し、さらにチリからは画家、彫刻家などの芸術家も出席した。この会議の重要性は、ラテンアメリカの人々が「自国の文学はもとより、ヨーロッパ文学、北アメリカ文学に関しても完全な知識を持ちながら、手段の欠如やエゴイズム、近視眼的な出版社やその販売方法のために、互いに隔離されており、同じ大陸の他の国々の文学についてはほとんど完全に無知であることに全員が一様に示した不満であった」点である［Donoso 1972＝1983: 39–41］。これが、ドノソが論じる「国際化」の問題である。ドノソは、ラテンアメリカ文学に近年生じた「最も重要な変化は、さまざまなレベルで達成された国際化の過程と結びついている」と指摘した［Donoso 1972＝1983: 11］。ドノソは、〈ブーム〉の前にはラテンアメリカ文学は一国的な枠組みの中での出来事にすぎず、特定の国の文学が論じられることはあっても、ラテンアメリカ文学が論じられることはなかったと述べ、ラテンアメリカ文学の「国際化」に向けた問題意識が表明されたのが一九六二年にコンセプシオン大学で開催された会議であると論じた。だからこそドノソは、この会議を〈ブーム〉の始点として位置づけたのである。

ラテンアメリカ文学の〈ブーム〉について言及するに際して、もう一点指摘しておかねばならない点は、〈ブーム〉の中で現れた多くの作品が魔術的リアリズムの方法論を用いており、またこの方法論を用いて政治批判・社会変革志向が表明されている点である。〈ブーム〉の時期と、少し先行した時期に発表された魔術的リアリズムを代表する作品としては、フアン・ルルフォの『ペドロ・パラモ』（一九五五年）、カルロス・フエンテスの『澄みわたる大地』（一九五八年）、『アルテミオ・クルスの死』（一九六二年）、『アウラ』（一九六二年）、フリオ・コルタサルの『石蹴り遊び』（一九六三年）、マリオ・バルガス・ジヨサの『緑の家』(一九六六年)、ホセ・レサマ・リマの『パラディソ』(一九六六年)、ガブリエル・ガルシア・マルケスの『百年の孤独』(一九六七年)、『族長の家』(一九七一年)、レイナルド・アレナスの『めくるめく世界』(一九六九年)、ホセ・ドノソの『夜のみだらな鳥』(一九七〇年)等々が挙げられる。

そもそも魔術的リアリズムは、西欧的価値観に対する否定を根源に有し、西欧文化全体を揺るがす文化的破壊行為としての意味合いを強く持っていたが［寺尾 2012: 61］、リアリズムを乗り越えて、「非理性的」「非合理的」視点からの語りを採用することによって、「現実世界を新しい角度から見るための視座」［寺尾 2012: 206］を提示して、政治批判・社会改革志向を表明していくことになる。

〈ブーム〉の中で言及されるラテンアメリカの作家・知識人の多くは、キューバ革命を擁護するという姿勢を共有していた。コンセプシオン大学で開催された知識人会議において、「大陸のあらゆる国から集まった作家たちの圧倒的多数が、ほとんど異口同音にキューバの革命運動に対する支持を表明した」［Donoso 1972＝1983: 63］。そして、このような作家・知識人の間に見られたキューバ革命の擁護という姿勢に分裂のきっかけを与えることになったのが、キューバで一九六八年と一九七一年に発生した「パディージャ事件」であった(↓第4章)。ドノソは、〈ブーム〉は「一九七一年にパディージャ事件が起こるまで続いた」、そして「パディージャ事件は、忠誠心とまるまる一〇年におよぶ作業を犠牲にして、その統一にひとつの終止符を打ち、一九六〇年以前のように、些細な国内闘争にかかずらっているのではないという幻想を雲散霧消させてしまったのである」と述べている［Donoso 1972＝1983: 63–64］。また、「キューバでパディージャ事件という前代未聞の事態が持ち上がり、ラテンアメリカの知識人たちのさまざまな政治的色合いを長年にわたって受容してきた、あの広範なまとまりをぶち壊し、いまや政治的、文学的、感情的に耐えがたい、和解不能な党派に分裂させてしまったのである。このパディージャ事件が、大混乱を巻き起こしながら、〈ブーム〉のきざしがやっと見え始めた一九六二年のコンセプシオン大学における知識人会議で、私がはじめてラテンアメリカ知識人たちの間に花開くのを見た統一に、終止符を打った」と論じた［Donoso 1972＝1983: 141］。

要するに、ラテンアメリカ文学の〈ブーム〉は、一九六〇年代初頭にスペイン語文学の不在を克服する文学的動向としてラテンアメリカ文学の「国際化」の傾向を生じさせ、その作家・知識人にはキューバ革命の擁護という共通の姿勢が見られたが、「パディージャ事件」が本格的に顕在化した一九七一年に終了したと判断されるのである。このように、少なくとも一九六〇年代のラテンアメリカには、「国際化」し、キューバ革命に共鳴する作家たちからなる〈ブーム〉が生じた。そして、その〈ブーム〉はラテンアメリカ諸国における資本主義的発展の中で増加した中間層を市場として、販売部数の増加によって少なくとも有名作家の文学作品が採算に合うようになるという背景が存在した。したがって、ラテンアメリカ文学の〈ブーム〉という現象も、中間層の動向が左右した現象であったと考えられる。

［6］中米諸国における反米・反独裁・民族解放闘争

一九世紀末に始まった米帝国主義による中米・カリブ支配の結果、米国による新植民地主義的な政治的管制高地化の下で米国資本の支配が拡大した中米諸国では、一九五九年一月に達成されたキューバ革命の影響下で一九六〇年代に反米・反独裁・民族解放闘争が高揚した。

◉ニカラグア革命前史

ニカラグアでは、一八五〇年代に発生した米人ウィリアム・ウォーカーが率いる傭兵集団の侵略と前後して、最も重要な輸出産品となるコーヒーのプランテーション栽培が広がり、大土地所有制の土地要求が強まる中で保守党政権は農業関係法の公布によって先住民共同体の土地の一部の一掃を図り、共有地の売却、先住民の土地所有に関する訴訟、入会地《いりあいち》の簒奪などを認めた。他方、貧困化する農民が債務を労働で支払う制度を確立したり、浮浪者法を制定して失業者を強制的に農業労働に徴用できるようにした。一八八一年三月三〇日にマタガルパで始まり七〇〇〇人以上が参加した大反乱は一二月末に鎮圧されたが、農業の資本主義的な本源的蓄積過程に対する民衆の抵抗の表れとなった。さらに保守党政権がニカラグア産業に米国資本の導入を促進したため、金採鉱、ゴム産業、森林資源開発などの利権が米国資本に支配されることになり、米国系の金融資本からの借款も着実に増大して米国支配が拡大した。

一八九三年に自由党の若手指導者のホセ・サントス・セラヤ（José Santos Zelaya López, 1853–1919）が大統領に就任すると、このような傾向に歯止めがかけられ、セラヤは一九〇九年にイギリスから借款をとりつけたほか、（パナマ運河の建設中に）太平洋と大西洋を結ぶニカラグア運河建設に関して日本と交渉に入るなど、対外的に多角化を図る路線をとった。米国はこのような米国離れの傾向に対してただちに反応し、保守党による反乱を支援して保守党に政権を掌握させた。一九〇九年一〇月、米国はブルーフィールズの警察本部長であったフアン・ホセ・エストラダを後援してセラヤ政権に反旗を翻らせたが、反乱には保守党のエミリアノ・チャモロ将軍も加わった。同年一二月、サンフアン河に機雷を敷設した容疑で米人二人が処刑されると、これを口実に米国政府は断交を通告、セラヤ大統領を辞任に追い込んだ。

一九一一年五月には米系企業（ロサリオ・アンド・ライト鉱山会社）の主任会計士であったアドルフォ・ディアス（Adolfo Díaz Recinos, 1875–1964）が臨時大統領に就任、鉄道と関税収入を担保として米国企業二社から七二万五〇〇〇ドルの借款を取得した。国民の不評を買ったため、大統領選挙を延期せざるをえなくなり、これに反発したルイス・メナ将軍が反乱に立ち上がった。セゴビア生まれの弁護士の自由党員ベンハミン・セレドンもいた。ここにディアス大統領の要請でパナマから米国海兵隊が派遣され、スメドレー・D・バトラー少佐が一二五人の将校と二六〇〇人の兵士を指揮して「法と秩序」の回復のためと称してニカラグアに上陸。そして、一九一四年八月にはニカラグア政府に対して「ブライアン・チャモロ条約」を強要して運河建設およびニカラグア国内の戦略地域に米海軍基地を設置する独占的権利を確保し、一九二五〜二七年の不在期間を除いて一九三三年までニカラグアを占領下に置き、海兵隊撤退にあたっては、一九二三年に創設した国内治安対策部隊である「国家警備隊」にその職務を委ねて、「傀儡政権」の下で新植民地主義的な間接支配化を進めた［岡部 1986: 26–32］。

一九二七年にはディアス大統領の要請により、海兵隊のニカラグア占領が再開されたが、ニカラグア国民は自由党の指導下でディアス政権の打倒を目指して武装蜂起した。米軍は首都マナグアをはじめ各地を占拠し、ディアス政権をその保護下に置いた。同年五月に自由党は翌二八年五月に米国の監視下で総選挙を行うとの条件づきで保守党と停戦協定を結んだ。両党ともに米軍による占領継続に同意し、自由党の軍司令官らに武装解除を命じた。しかし、アウグスト・セサル・サンディーノ将軍（Augusto César Sandino, 1895–1934）だけがこれを拒否し、セゴビア山中に軍事拠点を建設して抵抗戦を開始した［Nizskii / Belyat 1984 = 1985: 15–17］。

サンディーノは一八九五年五月にマサヤ県に生まれ、一九二一年から二六年までホンジュラス、グアテマラ、メキシコで働いた後、一九二六年にニカラグアにおける革命的情勢を見て帰国し、ホンジュラス国境に近いサンアルビノ鉱山で革命部隊を編成して反乱を開始、徐々に勢力を拡大し、一九二七年四月には自由党軍の主力として首都マナグアに迫った。しかし、この時ホセ・マリア・モンカダ将軍が裏切り、一九二七年五月にクーリッジ大統領の特使として派遣されたヘンリー・スティムソン将軍と会談して合意に達し、一九二八年大統領選挙でのモンカダ勝利に黙契を得て自由党軍に武装解除を命じたのに対して、反抗したのがサンディーノであった。サンディーノは同年七月に米海兵隊の投降通告に抗して武力闘争を継続、約三〇〇〇人の部隊を率いて「ニカラグア民族主権擁護軍」を組織してゲリラ戦を展開した。サンディーノは休戦の条件として、①米軍の即時撤退、②米系大企業の排除、③ブライアン・チャモロ条約とそれに基づく諸協定の廃棄、④米国による内政干渉の廃絶を提示した。このサンディーノの闘いには多くのラテンアメリカの知識人や政治家が連帯を表明した。一九三〇年後半にはサンディーノ軍が優勢になり、米軍は後景に退き、米軍が育成したニカラグアの「国家警備隊」が前面に出て戦うようになり、三一年からは「民族主権擁護軍」が攻勢に転じるようになった。その結果、一九三三年一月には米軍は完全撤退に追い込まれたが、それに先立って三二年一一月には「国家警備隊」の指揮権がアナスタシオ・ソモサ・ガルシア（Anastasio Somoza García, 1896–1956）に移譲された。同年一一月の大統領選挙では自由党のフアン・バウティスタ・サカサ（Juan Bautista Sacasa, 1874–1946）が勝利し、翌三三年一月にサカサ政権が発足し、同年二月にサンディーノとの間に休戦協定が締結された。二月二二日、「民族主権擁護軍」は武器の引き渡しに応じ、サンディーノはラスセゴビアス県の農場に引き籠った。しかし、一九三四年二月二一日にサンディーノはソモサが放った「国家警備隊」の暗殺隊によって暗殺され、二月二五日にはソモサが「国家警備隊」司令官に任命された。

ソモサは、一九三六年の大統領選挙に出馬を宣言したが、保守・自由両党がソモサに危惧を抱いて統一候補選定を図ろうとしたため、ソモサはレオン、グラナダの両市で暴動を起こさせ、同年六月九日にサカサ大統領に辞任を強要し、同年一一月に実施された大統領選挙に勝利して政権を掌握、その後四三年間続くことになるソモサ一族による独裁政治を開始した。

独裁化は国家警備隊の権限強化や国家暴力機構化による弾圧体制の構築を通じて行われた。ソモサ一族は、独裁的政治権力を背景に、巨大な財産を築き上げた。最初は公金横領や密輸から始まったが、さらに金、ゴム、木材などの天然資源開発権を内外の資本家に無制限に付与し、その代償として献金、課徴金、手数料などの名目で私腹を肥やした。一九四四年頃には牧場五一カ所、コーヒー農園四六カ所を所有し、すでにニカラグア最大のコーヒー生産者に成り上がり、一九五二年にコーヒーの国際市場価格が過去二〇年間の平均の六倍に急上昇すると、マタガルパ県に二万マンサーナ（一万四〇〇〇ヘクタール）の国有地売却の権限を付与しておいてそのうち五五〇〇マンサーナ（約四〇〇〇ヘクタール）を私物化し、私腹を肥やした。ソモサ政権末期には、国の全可耕地の二三％を所有し、傘下の諸企業はニカラグアの財貨およびサービス総額の三五％近くを生産しているという状態になっていた。

このようなソモサ一族の独裁化に対して、一九四四年にはニカラグア中央大学の学生たちが抗議の声をあげ始め、またニカラグア社会党が結成されたり、各地に共産主義者の支部が生まれるなど、反ソモサの大衆的運動の先駆け的な動きが胎動し始めた。

一九四六年一月にはマナグアで一〇万人が参加した反ソモサ大衆デモが行われ、ソモサに三選をあきらめさせるという成果をあげた。四七年二月に実施された大統領選挙では自由党のレオナルド・アルグエージョ（Leonardo Argüello Barreto, 1875–1974）が勝利し、就任後、国家警備隊の首脳部更迭によってソモサ一族から軍事力を切り離そうとすると、同年五月にソモサはクーデターを起こして政権を打倒し、ベンハミン・サカサ（Benjamín Lacayo Sacasa, 1893–1959）を臨時大統領に据えて、次男タチートを国家警備隊司令官に任命させ、さらに叔父のビクトル・ラモン・イ・レイエス（Víctor Manuel Román y Reyes, 1872–1950）を大統領に据え、五〇年五月にはレイエスの死後、再びソモサが大統領に復帰して権力の独占化を図った。

一九五五年頃から社会党青年部の中に反ソモサ活動を活発化させる動きが生まれ、カルロス・フォンセカ・アマドール（Carlos Alberto Fonseca Amador, 1936–1976）、トマス・ボルヘ（Tomás Borge Martínez, 1930–2012）らのマルクス主義者グループが活動し始めた。

一九五六年九月には青年詩人のリゴベルト・ロペス・ペレス（Rigoberto López Pérez, 1929–1956）がソモサを暗殺したが、ただちにソモサの長男ルイス（Luis Anastasio Somoza Debayle, 1922–1967）が大統領を継承して一族支配を継続、弾圧が強化されてフォンセカやボルヘも逮捕された。

ルイス・ソモサはカリスマ性もなく、反対運動も拡大し、一九五八年九月にはサンディーノの同志であったラモン・ラウダーレス（Ramón Raudales）がホンジュラスから侵攻、一カ月の戦闘の後にホンジュラスに撤退したが、翌五九年六月にはラウダーレス・グループの生き残りが中心となった「九月二一日運動」が再びホンジュラスから侵攻未遂を図り、これにはフォンセカも参加していた。その後、フォンセカはキューバを経てコスタリカに拠点を移し、ボルヘやシルビオ・マジョルカ（Silvio Mayorga Delgado, ?–1967）と合流してニカラグア革命青年団を結成した。

◉サンディニスタ民族解放戦線

一九六一年七月一六日、フォンセカらによってホンジュラスの首都テグシガルパで「サンディニスタ民族解放戦線（ＦＳＬＮ：Frente Sandinista de Liberación Nacional）」が結成され、翌六二年から武装闘争を開始した。ＦＳＬＮは「武装決起した人民だけがソモサ独裁体制を一掃することができる」と主張し、武装闘争を闘争の基本形態とする一方で、「地下活動」「地下放送」「ゼネスト」の重要性も強調した。また、政治路線に関しては統一戦線の必要性を強調した。

一九六二年六月、ＦＳＬＮがニカラグア国境に近いホンジュラスの山中に結集して、サンディーノの同志であったホセ・サントス・ロペス大佐（José Santos López, 1914–1965）の指揮下で武装闘争を開始した。フォンセカもその隊列に参加していた。翌六三年六月にロペス部隊がニカラグアに浸透して武装活動を開始、しかし国内の政治的支援組織がまだ脆弱で補給体制が十分でなかったことや、浸透した地域がミスキート族居住地域であったため作戦展開に相応しくなかった等の理由で失敗に帰した。一九六六年にはダリエン山脈中のパンサカン村で活動を開始、六七年八月にはフォンセカ、ボルヘ、マジョルカが参加したゲリラ部隊が国家警備隊と交戦して軍事的には大打撃をこうむったものの、イデオロギー的政治的に統一され、農民を基盤にして都市部の政治組織とも連携して実行され、FSLNによって最初に展開された武装行動であったという点で武装闘争に新しい段階を画するものとなった。

一九六九年にはコスタリカ国内で侵攻計画中にフォンセカが同国官憲に拘束されるなどの事件が生じたが、ゲリラ部隊はニカラグアに浸透してバンカサンの北数十キロにあるエルビハオ・シニカ地区で作戦を展開、七〇年一二月頃まで活動を継続したが、国家警備隊に壊滅された。FSLNはエルビハオ・シニカ地区での挫折から七四年一二月まで「勢力蓄積期」に入る。同年一二月二七日、FSLNの攻撃隊が首都郊外に集まっていたソモサ政権幹部を襲撃し、ターナー米国大使、モンティアル・アルグェージャ外相、ニカラグアの駐米大使ギジェルモ・セビージャ・サカサ（大統領の義兄弟）、大統領の従弟であるノエル・パジャイス開発公団総裁を人質に取り、政府に対して、①独裁制を弾劾する二文書の放送、②政治犯一三人の釈放、③一〇〇万ドルの支払い、④ハバナへの出国許可の四条件を飲ませるという戦果をあげた。しかし、この頃からFSLN内に意見対立が見られるようになる。一つはルイス・カリオン、ハイメ・ウィーロックなどの労働者との結びつきを重視する「プロレタリア派」、もう一つはエンリ・ルイス、ペドロ・アラウス、トマス・ボルヘなどの山岳地帯や農村でのゲリラ戦を持続的に展開することを重視する「自給人民戦争派」であった。最高指導者のフォンセカは当時キューバにいた。その後、フォンセカを中心に「第三者派」が出現し、都市と農村の二つの闘争を結合して軍事組織を重視して全国一斉蜂起を当面の課題とする路線が主張された。しかし、FSLNは政府幹部人質事件後に強化された弾圧の下でフォンセカが戦死する等の甚大な損害をこうむった。

ＦＳＬＮの活動に新たな転機が訪れたのは、一九七八年一月一〇日にソモサ独裁反対を掲げていた『プレンサ（*La Prensa*）』の社主・主筆であったペドロ・ホアキン・チャモロ（Pedro Joaquín Chamorro Cardenal, 1924–1978）がソモサ派によって暗殺された事件の発生であった。二月二〇日にはマサヤ市に隣接するモニンボ地区で自然発生的な蜂起が発生、政府軍は航空機と戦車を投入したが鎮圧まで六日もかかった。

八月二二日にはエデン・パストラ（Edén Pastora, 1937–）が率いるＦＳＬＮの一隊が国会議事堂を襲撃してモラ内相、大統領の従弟のルイス・パジャエス議員、甥のホセ・ソモサ議員をはじめ主要議員を人質に取って、①ボルヘ、ドリス・ティヘリノを含む政治犯八四人の釈放、②ＦＳＬＮの戦況報告と独裁制告発文書の放送と印刷・配布、医療労働者の雇用条件改善、④一〇〇〇万ドルの支払いを要求した。要求は五〇万ドルに減額されたがほぼ受け入れられ、実行部隊は解放された元政治犯とともにオアナマ経由でキューバに脱出した。また、九月にはマナグア、レオン、マサヤ、チナンデガ等の主要都市で全国的規模の蜂起が発生、政府軍の攻撃で約九〇〇〇人の死亡者が生じる被害を出したが、反ソモサ運動が大きく拡大した。

反ソモサ独裁運動も組織的に統一に向かい、ＦＳＬＮとの共同行動への傾向が強まった。一九七八年七月には反ソモサの一六団体によって「反政府拡大戦線（ＦＡＯ：Frente Amplio de Oposición）」が結成され、ＦＳＬＮは参加しなかったもののＦＡＯ支持の姿勢をとった。一〇月にはＦＡＯを構成する三団体である「一二人グループ（Grupo de los Doce）」、ニカラグア民主運動（ＭＤＮ：Movimiento Democrático Nicaragüense）、民主解放同盟（ＵＤＥＬ：Unión Democrática de Liberación）の代表者を首班とする臨時政府の設立を提案。ＦＡＯはこの提案を受諾したが、同時に米国、ドミニカ共和国、グアテマラの三カ国からなる米州機構（ＯＡＳ）調停団を通してソモサ政府と交渉することにも同意したため、ＦＳＬＮはＦＡ

Oと決別。その後FSLNは、FAOから脱退した「一二人グループ」らの諸組織が結成した「民族愛国戦線（FPN：Frente Patriotico Nacional）」を積極的に支持する立場に転じた。

また、一九七九年三月七日にはFSLN内の統一が宣言され、三潮流が主張する「ストと反乱と軍事攻勢」の三要因を組み合わせた路線が採用されることになった。「プロレタリア派」からはハイメ・ウィーロック（Jaime Wheelock Román）、ルイス・カリオン（Luis Carrión Cruz）、カルロス・ヌニェス（Carlos Nuñez Téllez）、「蜂起派」からはダニエル・オルテガ（José Daniel Ortega Saavedra, 1945–）、ウンベルト・オルテガ（Humberto Ortega Saavedra, 1947–）、ビクトル・ティラド（Víctor Tirado López）、「自給人民戦争派」からはトマス・ボルヘのほか、エンリ・ルイス（Henry Ruiz Hernández）、バジャルド・アルセ（Bayardo Arce Castaño, 1950–）と、各派から三人ずつの革命司令官が全国指導部を構成することになった。

一九七九年五月にはFAOとFPNがソモサ打倒で協力することに合意。五月二九日、ボルヘ司令官が「最終攻勢」の開始を宣言、全国六戦線で攻勢をかけ、政府軍を首都マナグアに追い詰めた。六月一六日にはコスタリカで国家再建政府委員会（JGRN：Junta de Gobierno de Reconstrucción Nacional）がFSLNの指名した五人で構成され、FSLNからは後に大統領となるダニエル・オルテガが参加した。七月一九日、ソモサ政権が崩壊した［岡部 1986: 33–66］。

このようなソモサ政権打倒に向かうプロセスの中で、FSLNにとっての「一九六八年」は、パンサカンでの軍事的敗北から一九七〇年のエルビハオ・シニカ地区での壊滅に至る過程であって、「勢力蓄積期」に入る運動潜伏期であった。したがって、ニカラグアの「一九六八年」は、他の南米各国において生じたような成長した中間層を背景とした政治的現象が発生する時期ではなかったが、近隣の中米諸国に反独裁・民族解放運動の萌芽を発生させる上で大きな刺激を与えることになった。なお、このニカラグア革命に至るプロセスにおいては、「解放の神学」派の聖職者もFSLNに参加して大きな役割を果たしており、革命政権には神父から四人の閣僚を出している。

◉グアテマラ

グアテマラにおいては、一九五四年六月二七日に民主的な選挙で選出されたハコボ・アルベンス(Jacobo Árbenz Guzmánm, 1913–1971) 政権が、グアテマラ労働党(ＰＧＴ：Partido Guatemalteco del Trabajo) とも連携し、反米・民族主義路線を採用して大土地所有制の打倒を目指し農地改革を推進したが、米ＣＩＡに支援されてホンジュラスから侵攻したカスティーヨ・アルマス(Carlos Alberto Castillo Armas, 1914–1957) が率いる反乱軍のグアテマラ・シティ襲来を前に反旗を翻した軍部によって辞任に追い込まれるという、事実上のクーデターによって打倒された。この事件が、その後のゲリラ戦と軍事政権による弾圧という内戦状態が生じる歴史的起点となった。

軍に迎えられたアルマス政権の後、一九五八年一月にミゲル・イティゴラス・フエンテス将軍(Miguel Ydígoras Fuentes, 1895–1982) が大統領に就任し、キューバ革命の達成後、アイゼンハワー政権に協力して国内で米ＣＩＡがキューバに侵攻する反革命軍の軍事訓練を行うことを許可したため、軍内部で反乱が起こった。一九六〇年一一月一三日に発生した蜂起には将校団の約三分の一が参加した。この将校団の反乱はジョン・ムッチオ米国大使の協力で鎮圧されたが、将校団の一部が山岳地帯に籠もり、これに学生などの反政府分子が加わってゲリラ運動が開始された。

ゲリラ集団は「一一月一三日運動(Ｍ13：Movimiento Revolucionario 13 de Noviembre)」と称し、ヨン・ソサ中尉(Marco Antonio Yon Sosa, 1929–1970) とトルシオス・リマ中尉(Luis Augusto Turcios Lima, 1941–1966) が指導者となった。

リマ中尉はその後、「叛乱武装軍(ＦＡＲ：Fuerzas Armadas Rebeldes)」を結成した。一九六三年三月に軍幹部五人を殺害、一九六五年には米国軍事顧問団長のハロルド・ハウザー大佐を暗殺、同年五月には国防次官エルネスト・モリーナを暗殺するなどの活動を展開した。このため、一九六六年に大統領に就任したフリオ・セサル・メンデス・モンテネグロ（Julio César Méndez Montenegro, 1915–1996）政権は米軍に支援を要請し、その結果、同年から一九六八年までの間に約二〇〇〇人の米軍対ゲリラ特殊部隊がグアテマラ軍の訓練指導だけでなく、実戦作戦にも参加したほか、パナマ基地から米軍戦闘機が飛来してゲリラ拠点を攻撃した。

また、この時期には右翼政党の国民解放運動（ＭＬＮ：Movimiento de Liberación Nacional）が母体となって、「白い手（Mano Blanca）」「反共産主義新組織（ＮＯＡ：Nueva Organización anticomunista）」「目には目を（Ojo por Ojo）」「反共産主義運動国民組織（ＭＡＮＯ：Movimiento de Acción Nacionalista Organizado）」などの右翼私兵集団が結成されてゲリラ支援者に対するテロ活動を展開したため、国内には彼らの暴力支配の下で恐怖政治が蔓延した。これらの組織はアラーナ・オソリオ政権（一九七〇～七四年）、ヘル・ラウヘルウ政権（一九七四～七八年）、ロメオ・ルーカス・ガルシア政権（一九七八～八二年）と三代続いた軍事政権の下で猛威を振るった。

一九七一年にＦＡＲの生き残りによって「武装人民軍（ＯＲＰＡ：Organización del Pueblo en Armas）」が結成された。指導者はノーベル賞作家のミゲル・アンヘル・アストゥリアスの子息ロドリゴ・アストゥリアス（ゲリラ名：ガスパル・ヨム、Rodrigo Asturias Amado (Gaspar Ilom), 1939–2005）であった。ＯＲＰＡはマルクス主義の教義ではなく、先住民に対する人種差別に抗することを第一義として先住民マヤ族の組織化を重視した。

他方、一九七二年一月一九日、リカルド・ラミレス（Ricardo Arnoldo Ramírez de León, 1929–1998）がＦＡＲの戦術と作戦を批判して、マリオ・パジェラス（Mario Payeras, 1940–1995）らとともにキューバ革命路線をとる新組織「貧民ゲリラ軍（ＥＧＰ：Ejército Guerrillero de los Pobres)」を結成してキチェ州の北部イスカン地域で活動を開始した。ラミレスはゲリラ名をロランド・モラン（Rolando Morán）と称した。この組織は、先住民を知らなければならないとの考えを重視して先住民とともに暮らし、先住民の言語や習慣を習得し、先住民の信仰を重んじ、先住民の側に立って働くことを信条とした［近藤 2008: 99–103］。ＥＧＰには「解放の神学」派の聖職者も協力した［近藤 1996: 111–112］。

ＯＲＰＡとＥＧＰの活動が本格化したのは一九七九年以後である。一九八二年には、ＥＧＰ、ＯＲＰＡ、ＦＡＲ、ＰＧＴの四組織によってグアテマラ国民革命連合（ＵＲＮＧ：Unidad Revolucionaria Nacional Guatemalteca）が結成され、ゲリラ活動が統一的な指導部の下で展開されることになる［Informe proyecto interdiocesano 1998＝2000: 109］。したがって、グアテマラにおいてゲリラ運動がより本格化したのは一九六〇年代の経験をもとにそれを継承した一九七〇年代末以降であり、一九六八年時点は米軍の支援下に軍事政権が治安対策を強化し、これに軍部指揮下の右翼私兵集団が政治暴力を拡大したために、大衆的な変革運動が抑制された時期であった。

◉エル・サルバドル

エル・サルバドルにおいては、一九三二年一月二二日に発生した反寡頭制を掲げてファラブンド・マルティ（Agustín Farabundo Martí, 1893–1932）に指導された農民蜂起が反米・反独裁闘争の先駆となったが、この農民蜂起では約三万人が軍によって殺害された。

その後、一九六〇年代に寡頭制支配が強化されたことなどを背景として、一九七〇年に「人民解放軍（ＦＰＬ：Fuerzas Populares de Liberación)」が、一九七一年に「人民革命軍（ＥＲＰ：Ejército Revolucionario del Pueblo)」が結成されてゲリラ闘争が開始された。

一九七二年に軍事政権に対抗して労働者・農民を支持基盤とする「国民抵抗同盟（ＵＮＯ：Unión Nacional Opositora）」のホセ・ナポレオン・ドゥアルテ（José Napoleón Duarte, 1925–1990）が大統領選挙に立候補、事実上勝利したにもかかわらず、軍部の介入によって亡命を余儀なくされる事件が起こり、これが契機となって八年後に内戦が勃発することになる。内戦に先立ち、一九七五年にＥＲＰから分離して「国民抵抗武装軍（ＦＡＲＮ：Fuerzas Armadas de la Resistencia Nacional）」が結成され、また同年に「中米労働者革命党（ＰＲＴＣ：Partido Revolucionario de los Trabajadores Centroamericanos）」が創立された。一九七七年一月一一日、大統領選挙が実施され、軍部の介入によってロメロ将軍が大統領に就任したが、これに抗議して実施された五万人規模の民衆デモを国家警察と軍が発砲して鎮圧したことが契機となって武装闘争が本格化した。一九七八年五月と一二月には日系進出企業のインシンカ社の松本社長と鈴木専務がそれぞれＦＡＲＮによって誘拐される事件が発生した。一九八〇年二月五日には「二月二八日人民同盟（ＬＰ28：Ligas Populares 28 de Febrero）」がスペイン大使館を占拠したが、軍部の鎮圧によって三六人が殺害される事件が発生した。

同年四月にはニカラグアにおけるサンディニスタ革命の影響により左翼の統一戦線組織である「革命民主戦線（ＦＤＲ：Frente Democrático Revolucionario）」が成立し、同年八月には左翼の統一軍事組織である「ファラブンド・マルティ民族解放戦線（ＦＭＬＮ：Frente Farabundo Martí para la Liberación Nacional）」とその統一指令部（ＤＲＵ）が、人民解放勢力（ＦＰＬ）系の人民解放武装軍（ＦＡＬＰ）、人民革命軍（ＥＲＰ）、国民抵抗武装軍（ＦＡＲＮ）、エル・サルバドル共産党（ＰＣＳ）系の武装解放軍（ＦＡＬ）によって結成され、翌八一年一月一〇日にＦＭＬＮが全土で総攻撃を開始して本格的な内戦状態に入っていった［長倉 1983: 45–47］。このようなＦＭＬＮの結成に至った経緯を見ると、エル・サルバドルにおける反寡頭制・反米民族解放闘争は一九六〇年代末にはまだ十分成熟していなかったと判断される。

グアテマラにおいても、エル・サルバドルにおいても、ゲリラ組織が統一指令部を設立したのは、ニカラグアにおけるサンディニスタ革命（一九七九年）の成功後である。その意味でも、両国における反独裁・反米民族解放闘争の本格化はニカラグア革命の影響下に進展したと言える。

したがって、中米諸国においては一九六〇年代からキューバ革命の影響下で、また「解放の神学」派の影響もあって反独裁・反米民族解放闘争が開始されたが、一九六八年前後にはその闘争はまだ本格化していなかったことが理解される。次章以下で詳述するメキシコおよび南米諸国において一九六八年前後に発生した諸現象との相違は明らかであり、その原因は中米諸国の資本主義経済がメキシコや南米諸国ほどには進展していなかったことにあったと考えられる。

第2章 メキシコ 1968

1968年10月2日「トラテロルコの夜」虐殺事件

本章は、ラテンアメリカ諸国において一九六八年に生じた現象を分析する研究の出発点として、「一九六八年論」において比較的言及される機会の多いメキシコの例を取り上げて、一九六八年のメキシコで生じた現象が世界史の中でどのように位置づけられるかを考察することを目標とする。

[1] はじめに

メキシコにおいて一九六八年に発生した現象は、七月二二日に生じたライバル的関係にあった大学進学課程校三校の生徒間の騒乱事件に端を発し、一〇月二日に発生した治安部隊による集会参加者に対する大量虐殺事件である「トラテロルコ事件」に至るプロセスと、一〇月一二日から二七日までメキシコ・シティで開催された「メキシコ・オリンピック」という二つの出来事に象徴される。

一九六八年にメキシコで発生した出来事に関しては、とくに前者をどのように位置づけるかに関する研究が中心とされ、①メキシコ政治史の枠内で制度的革命党（PRI：Partido Revolucionario Institucional）の一党支配を学生運動が批判したことが、その後の一九八〇年代末以降の民主化プロセスにどのような影響を与えたのか、あるいは与えなかったのか、②一九六〇年代前半から一九九〇年代に展開された農村・都市ゲリラ運動が一九六八年の学生運動との間に継続性が存在したのかどうか、③メキシコにおいてサパティスタ民族解放軍（EZLN：Ejército Zapatista de Liberación Nacional）に対して実施された「低強度」戦争のような反体制運動抑圧システムがどのように構築されてきたかなどの側面が考察されてきた。

本章では、このような諸側面も考慮に入れつつも、一九六八年に学生運動の高揚がなぜ生じたのか、またそれが「メキシコ・オリンピック」とどのように関連し、さらにそれらが世界史の中でどのような意味を持つのかを考察することを通じて、世界システム論の強化を図ることを目的とする。

〔2〕一九六八年のメキシコ学生運動

◉学生運動の開始

一九六八年七月二二日から一〇月二日に至るプロセスは、本質的に学生運動が主導した運動に教師、知識人、主婦、労働者、専門家層が広範囲に参加した社会運動であったと評価される。このプロセスは次の五段階に区分できる。

(1) 七月二二〜三一日……運動の開始期。国立自治大学(UNAM：Universidad Nacional Autónoma de México)と国立工科大学(IPN：Instituto Politécnico Nacional)の進学課程校の学生の間で街頭騒擾が発生し、治安部隊の介入で紛争が拡大した時期。

(2) 八月一〜二二日……全国スト評議会(CNH：Consejo Nacional de Huelga)が六項目要求を提示して、教員・一般市民もこれを支持して紛争が拡大した時期。

(3) 八月二三日〜九月一七日……政府が譲歩して公開対話を受け入れる用意があると表明しつつも公開対話が実現しない時期。

(4) 九月一八日〜一〇月一日……政府の弾圧が強化された時期。

(5) 一〇月二日事件(「トラテロルコの夜」)以後……トラテロルコ広場で権力犯罪(集会参加者の大量虐殺事件)が発生して弾圧された学生運動等が低迷に向かう時期。

以下、その経緯を整理しておく。

▼**第一期**——七月二二～三一日

・**七月二二日**……IPN（国立工科大学）の第二および第五進学課程校と、UNAM（国立自治大学）系の進学課程校「イサック・オチョテレナ」の間で行われたサッカーの対抗戦において、観客であった三校の生徒の間で騒擾事件が発生し、これに対して治安部隊が介入して生徒多数を逮捕したほか、三校の施設にも侵入して検挙活動を続けた。これら三校の校長によれば、大学都市に巣食う不良集団である「ロス・シウダデロス」と「ロス・アラニャス」が騒擾を煽動した。

・**七月二三日**……IPNの第二および第五進学課程校の生徒が「イサック・オチョテレナ」校の校舎に投石を行い、「イサック・オチョテレナ」側は反応しなかったが、IPN系二校の生徒は警戒にあたっていた治安部隊と衝突し、大学都市を出てメキシコ・シティ市内の広範囲の地域で警官隊と衝突。警官隊はIPN第五進学課程校を占拠した。

・**七月二四日**……占拠に対するIPN第五進学課程校の生徒たちの抗議行動が行われ、その後に拡大した学生抗議運動の端緒となった。

・**七月二六日**……進学課程校二校での弾圧に抗議する与党のPRI（制度的革命党）主導下の全国工科学生連盟（FNET：Federación Nacional de Estudiantes Técnicos）の抗議デモと、メキシコ共産党[1]（PCM：Partido Comunista Mexicano）系の共産主義青年同盟（JC：Juventud Comunista）の学生によるキューバ革命記念デモが実施された。前者のデモは約五〇〇〇名に膨れ、解散地であるサント・トマス地区から中央広場（ソカロ）に向かう後者のデモに合流し、アラメダ地区など中央広場周辺で警官隊と数時間にわたって衝突した。同日夜、PCM党本部が捜査を受け、党員一二名が逮捕された。

・**七月二七日**……学生が数日来の治安当局による弾圧に抗議して、UNAM系列の進学課程校三校（第一、第二、第三）を占拠し、ＵＮＡＭおよびＩＰＮなどの学生たちが大学都市周辺を封鎖して防御線を設置した。ＩＰＮ経済学部は、与党ＰＲＩ主導下のＦＮＥＴ（全国工科学生連盟）の解体やＰＲＩ系の偽学生の追放などを求めて、二九日からストライキを実施する呼びかけを行ったが、同日中に九学部が闘争委員会に合流した。同日、ヘラルド・ウンスエタ、アルトゥロ・オルティスらＰＣＭ党員数名が身柄拘束された。

・**七月二八日**……治安部隊と協働する連邦区清掃局局員二〇〇名が大学都市に侵入し、構築されていたバリケードを暴力的に撤去。

・**七月二九日**……ＵＮＡＭ系第一進学課程校、ＩＰＮ系第二、第四、第七進学課程校がストに突入、市内で警官隊との街頭衝突が多発するなど、警官隊によっては鎮圧が不可能なほど学生運動が高揚。

・**七月三〇日**……コロナ・デル・ロサル連邦区知事が陸軍部隊の出動を要請し、午前一時半に出動したホセ・エルナンデス・トレド少将指揮下の陸軍部隊によってサン・イルデフォンソの第一進学課程校の校門がバズーカ砲で破壊され、またＵＮＡＭ系第二、第三、第五進学課程校とＩＰＮ第五進学課程校が占拠された。午前二時半にルイス・エチェベリア・アルバレス内相（一九七〇年から大統領、Luis Echeverría Álvarez, 1922–）、コロナ・デル・ロサル連邦区知事、フリオ・サンチェス・バルガス連邦検察総長、連邦区検察長官が合同記者会見を行って軍介入の理由を説明した。午後二時にマルセリノ・ガルシア・バラガン国防相が記者会見し、マソン・ピネダ将軍およびバジェステロス陸軍省参謀長が出動部隊を指揮したと発言。同日、ＦＮＥＴ（全国工科学生連盟）が連邦区知事に対して六項目の要求を提示するなど、与党ＰＲＩが学生運動の主導権奪還を目指したものの、ＦＮＥＴは学生運動の中での主導権を回復するには至らなかった。

・**七月三一日**……ハビエル・バロス・シエラＵＮＡＭ学長が大学都市で行われた二万人規模の集会にお

いて、軍による占拠に対して抗議し、大学自治を擁護する声明を発表するとともに、八月一日に予定されるデモの先頭に立つと表明。同日、チアパス州、グアナファト州、ハリスコ州、プエブラ州、タバスコ州、ベラクルス州、イダルゴ州の大学・高校が連帯ストを実施。

▼第二期――八月一～二二日

・**八月一日……**バロス・シエラ学長が大学都市で開催された一〇万人規模の集会で大学自治を擁護、軍による大学占拠の解除を訴えるとともに、IPN（国立工科大学）の教員・学生が行動をともにしていることを賞賛し、デモの先頭に立った。デモ隊は午後四時半に大学都市を出発して中央広場まで行進したが、途中インスルヘンテス通りなどにおいて警官・軍部隊に前進を阻止されたため大学都市に引き返し、午後七時に総括集会を行った。また、UNAM（国立自治大学）の各学部、IPN各学部のほか、メキシコ大学院大学、バジェ・デ・メキシコ大学、チアパンゴ農業大学他の全国各地の大学がストに突入した。メキシコ・シティ市内では、国立芸術学校に軍・警察合同部隊が侵入し、教員・学生に暴行を加えた。

・**八月二日……**大学都市にてUNAMおよびIPNの教員・学生が集会を開催。チアパンゴ農業大学の教員・学生も学生運動に連帯を表明。

・**八月三日……**ギジェルモ・マシュウIPN学長が、軍・警察に抗議するIPNスト委員会が主催している教員・学生デモの先頭に立つことを受け入れた。

・**八月四日……**政府は与党PRIの影響力の強いFNET（全国工科学生連盟）と交渉してきたが、約一五〇の大学・進学課程校等の学生が横断的に連携したCNH（全国スト評議会）を結成し[2]、高等教育教員連盟（CPEMS）がこれに連携、両組織がその後の運動の中枢部的役割を果たすことになる。同日、CNHは一般大衆に向けて、学生運動の大義を説明するとともに、学生運動への合流を呼びかけるための「情宣隊（Brigadas）」を組織し、次の六項目の要求を提示した。①政治犯の釈放、②連邦刑法第一四五条（三人以上の集まりを禁止し、「社会騒乱罪」を規定する）および同補足条項の廃止、③治安機動隊（Granaderos）の解散、④警察幹部の更迭、⑤抗争開始以来の死亡者・負傷者の家族に対する補償、⑥流血惨事の責任者の氏名公表。

・**八月五日**……IPNにおいて民主的自由を求めるIPN教員委員会が結成され、IPNスト委員会が大学自治の主張以上に大衆に対して運動への参加を求める呼びかけを重視して、大規模な集会を催す呼びかけを発した。この段階でIPNでの主導権は、与党PRI系のFNET（全国工科学生連盟）からIPNスト委員会に移り、運動全体が反政府的傾向を鮮明にすることになった。

・**八月六日**……与党PRIの影響下にあるFNETが、IPNスト委員会は米CIAと国際共産主義が潜入した少数派組織であり、運動を大統領選挙に直結させていると批判。メキシコ青年連盟（CJM）が学生・教員運動との連帯を表明。全国民主学生中央組織（CNED）が、発生している事態の責任者である警察幹部の更迭を要求するとともに、民主化が多数派の切望であるとの声明を発表。UNAM政治社会学部が、学生と連携した闘争委員会の設立などを呼びかける声明を発表。

・**八月七日**……IPN教員スト調整委員会が学生を支持し、教員に模範的であることを切望する声明を発表。国立進学課程校（ENP）が、CNH（全国スト評議会）と教員運動の六項目要求を支持するとともに、UNAMやIPNの学生に対する弾圧に抗議。マシューIPN学長が、IPN当局は学生の正当な要求を支持するとしつつ、学生・教員に対して遺恨を忘れて正常化に協力することを求めた。

・**八月八日**……CNHが、UNAM国立人類学・歴史学部、建築学部、経営学部、歯学部、シナロア大学、バハ・カリフォルニア大学、タバスコ大学、ベラクルス工科大学が合流したと公表。各種教育機関の保護者協会が運動への支持を表明。同時に、マシューIPN学長の正常化への呼びかけはアグスティン・ヤニェス公共教育相の圧力によるものであると批判。IPNスト委員会が、要求に対する回答をマスメディアに公表することを求めるとともに、労働者・農民・一般大衆に運動への支持を呼びかけた。大学都市でIPNの全学部とUNAMの大多数の学部の教員代表が集まり「民主的自由を求める全国中等・高等教育者連盟（CMEMSLD）」を結成し、CNHと連携してストに賛同すると表明。IPN経済学部がIPNスト委員会を支持し、大学当局に対して各教育機関への尊重を求める声明を発表。コロナ・デル・ロサル連邦区知事がFNET（全国工科学生連盟）の要求に関してマシューIPN学長に回答し、警察幹部の更迭の前に責任の所在を明らかにする必要があると指摘し、学生運動を分断しようとする意志を露呈した。また同知事は、事態はメキシコの安定性・秩序・平静さを攻撃するために事前に計画されたものであり、警察は秩序の再確立のために介入したものであると発言。

・**八月九日**……IPNでUNAM、IPN、チャピンゴ農業大学等の三八委員会が会合し、コロナ・デル・ロサル連邦区知事のIPN学長への回答を批判するとともに、一三日にサント・トマス地区から中央広場に向かうデモを実施することを決定。他方、マシューIPN学長は、連邦区知事の回答は事態収拾の基盤になると評価するとともに、公共教育相の指示により学生と話し合うための学部長委員会を結成したことを公表。FNET（全国工科学生連盟）がマシュー学長の姿勢を支持。

・**八月一〇日**……CNH（全国スト評議会）が一五万人の学生を代表するとして、コロナ・デル・ロサル連邦区知事がマシューIPN学長宛てにだけ回答したことを批判するとともに、連邦区知事が提示した回答は部分的であるにすぎず、また矛盾を有するとして拒否する声明を発表。IPNの二六学部長が正常化に向けてマシュー学長を支持する声明。

・**八月一一日**……CNHが一三日のデモの詳細を決定。

・八月一二日……CMEMSLD（民主的自由を求める全国中等・高等教育者連盟）がCNHの提示した六項目要求を支持すると声明し、一三日のデモに教員が参加することを呼びかけ、また弾圧の責任者を裁くための人民法廷を設立することを提案。CNHがCMEMSLDとともに学生・教員・父兄に対して一三日のデモに参加するよう呼びかけ。また、学生の要求はまだ回答されておらず、今やストは全国的に拡大していると指摘、暴力的な事態を招いているのは軍・警察の介入であると批判。

・八月一三日……午後五時にサント・トマス地区から一五万人規模のデモが実施され、途中、通行人などが合流したため、午後八時に中央広場に到達して集会を開始した時点では約二〇万人が参加。事態の悪化を警戒して、治安部隊は現れなかった。

・八月一四日……CJM（メキシコ青年同盟）が、ディアス・オルダス大統領（Gustavo Díaz Ordaz Bolaños, 1911–1979）に対して、学生側の六項目要求が受け入れられなければ彼らの闘争は永続的なものになるとして、事態解決のため学生たちとの対話を要請。IPN哲学・文学部が正常化に向けた授業再開を学生に強要する一部教員を批判。バジェ・デ・メキシコ大学でCNHに連帯して無期限ストを開始、同大学スト委員会がCNHに合流。メキシコ大学院大学生・教員・研究者会議がCNHの要求に満足な回答がなければ紛争は長期化すると声明。国立人類学・歴史学校の教員会議が軍・警察による弾圧を批判。UNAM経営学部教員協会がディアス・オルダス大統領に宛てた書簡を発し、バロス・シエラUNAM学長への支持、武力行使への反対、UNAMの尊重、拘束された学生の釈放、IPNとの連帯を表明。

・八月一五日……バロス・シエラ学長主催の下でUNAM大学評議会が臨時会議を開催して、大学自治の擁護、大学問題への軍・警察介入の拒否、拘束された学生の釈放、CNHの要求を支持すると表明。

・八月一六日……メキシコ・シティでの「情宣隊」の活動が拡大され一五〇集団が活動を実施、労働者大衆に対して御用組合を批判して運動に参加することを呼びかけた。ＩＰＮ第五進学課程校で父兄六〇〇名が学生・教員と対話集会を持ち、軍・警察の行動を批判。ＩＰＮ科学工学・抽出産業学部教員評議会がＣＮＨ（全国スト評議会）との連帯を表明、教員はＣＭＥＭＳＬＤ（民主的自由を求める全国中等・高等教育者連盟）に加盟することを公表。国立芸術学校の音楽部門の学生がＣＮＨに加盟。イベロアメリカ大学学生連盟がＣＮＨ支持を表明。

・**八月一七日**……ＣＮＨが学生一名の死亡、二名の消息不明を発表。ＣＮＨは二〇万人の学生を代表する唯一の組織であると表明し、与党ＰＲＩ系のＦＮＥＴ（全国工科学生連盟）がＩＰＮに創設した工科学生全国スト委員会（ＣＮＨＥＴ）はＦＮＥＴの捏造であると批判、ＣＮＨの要求への回答はＣＮＨに対してなされねばならないと主張。

・**八月一八日**……ＰＲＩ、国民行動党（ＰＡＮ：Partido Acción Nacional）、社会主義人民党（ＰＰＳ：Partido Popular Socialista）、メキシコ革命真正党（ＰＡＲＭ：Partido Auténtico de la Revolución Mexicana）の議員が、ＣＮＨとＣＭＥＭＳＬＤ（民主的自由を求める全国中等・高等教育者連盟）が呼びかけている対話には参加しない、議会を尊重すべきと表明。「情宣隊」が中央広場に近いアラメダ地区で連続的な情宣活動を実施してＣＮＨへの支持を訴え。オアハカ州のファレス大学学生がストを開始。

・**八月一九日**……ＣＭＥＭＳＬＤがＩＰＮ第五進学課程校にて会合を持ち、メキシコ労働者連盟（ＣＴＭ）が運動に敵対していると批判。国立芸術学校のメキシコ舞踊アカデミーの教員が学生ストに合流。イベロアメリカ大学建築学部の学生・教員がＣＮＨ支持を表明。ＰＲＩ系の全国教育労働組合（ＳＮＴＥ）から離脱した大学教員革命運動（ＭＲＭ）が、民主的自由の獲得に向けて闘っている人々に対して共闘を呼びかけ。モンテレイのヌオボ・レオン大学教職員組合がＣＮＨ・ＣＭＥＭＳＬＤとの連帯を表明。

・八月二〇日……UNAM教員連盟の呼びかけで、大学都市において連邦区選出の与野党下院議員を招く集会を開催したが、議員は参加せず、学生・教員・父兄二万人が討論集会に参加。

・八月二一日……CMEMSLDが改めて上下両院議員に学生・教員との討論参加を呼びかけ。CNHが公開を唯一の条件として対話に応じる用意があると再度表明。

・八月二二日……エチェベリア内相がUNAM・IPN等の教員・学生と対話する用意があると声明。これを受け、CNHとCMEMSLDは、対話を実施する政府代表を決定するように要求。中央広場で警察の倫理回復を求めるプラカードを掲げた元警官ギジェルモ・ドミンゲス・ビベロスが身柄拘束される。

▼第三期――八月二三日〜九月一七日

・**八月二三日**……大学都市で会合を開催したCNH（全国スト評議会）とCMEMSLD（民主的自由を求める全国中等・高等教育者連盟）が、内務省官房長から電話連絡があり、政府は対話の実施を受け入れた、CNH側は対話の公開を条件づけたと公表。CNHは二七日に中央広場で集会を開催すると発表。大学都市でドミンゲス元警官の釈放を求める討論集会開催。ギジェルモ・ロペス・オストラサ連邦区内務局長がドミンゲス元警官に四五〇〇ペソの罰金刑を科す。

・**八月二四日**……CMEMSLD代表者評議会が、CNHが政府との対話に出席する代表を決定できる唯一の組織であることを決議、またCMEMSLDがCNHを支援する唯一の教員組織であると表明。内務省報道官は、政府は対話に条件をつけておらず、対話を受け入れるのはCNH側であると表明。ドミンゲス元警官が釈放される。

・**八月二五日**……CNHが、学生は授業に復帰したいと切望しており、紛争解決を最も望む者である、全体的な解決が必要であるが、刑法第一四五条の撤廃など即座に解決が不可能な問題があることは認識していると表明。またCNHは、九月二日以前に政府との対話が満足する結果を生まなければ、同日に始まる学期を開始しないことになると表明。IPN第二進学課程校の父兄がCNHの要求を支持すると表明。

・**八月二六日**……CNHが内務省と接触、八月二八日に対話を実施すること、要求項目ごとに六名の学生が参加する委員会を形成することを確認。また、二八日に大規模デモを実施し、終了後に中央広場に学生・教員の常設隊を配置すると発表。CMEMSLDが、①刑法第一四五条は違憲であることの調査、②クエト・ラミレス連邦区警察長官、メンディレア・セレセロ同副長官、フリアス警察機動隊長の行動の調査、③ファシスト的な学生集団である大学刷新運動(MURO)、大学刷新戦線(FRU)、メキシコ学生戦線(FUM)の調査を実施する委員会の設置を要求。また、CMEMSLDは、内相、国防相、連邦区知事、連邦検事総長の解任を議会に求める告発状を提出。

・**八月二七日**……午後一時に数十万人が市内の人類学博物館前に集結し、八七の梯団を結成して中央広場までデモを実施、午後六時半に中央広場に到着し始めた時には四〇万人に増加し、七時半から集会開始。毎年八月二七日を「革命的連携の日」とし、「学生・労働者・農民・父兄・教員連合」を結成することを採択。また、大統領教書が発表される九月一日まで中央広場にとどまると宣言。

・**八月二八日**……午前一時半に陸軍部隊と警察機動隊が中央広場に残留した学生・教員等を排除。大統領護衛隊の装甲車一二両も参加。午後、中央広場付近で自然発生的な集会・デモが散発的に実施されたが、軍・警察部隊に鎮圧され、多数の逮捕者と負傷者が発生。他方、連邦区当局は連邦区清掃局、大統領府、財政省、教育省の職員を中央広場に動員して、前日にCNHが掲げた赤と黒の旗を降ろして国旗を掲揚する集会を組織。

・**八月二九日**……午前四時、銃器で武装したFNET（全国工科学生連盟、与党PRI系）とMURO（大学刷新運動、ファシスト系）のメンバー数十名が「三文化広場」に近いIPN第七進学課程校を襲撃、午後三時、近隣の居住者と学生が「三文化広場」で軍・警察の包囲の中で緊急集会を開催、これを軍と警察が暴力的に排除。市内各所で学生たちの散発的なデモが実施され、午後一時四五分頃に学生たちがIPNキャンパスがあるサカテンコに向かおうとしたが、これを阻止する警察機動隊と衝突。午後七時、CNHとCMEMSLDが緊急記者会見、政府に対して軍・警察を街頭から撤収させるよう求める。両者は、「運動はオリンピックとは関係しておらず、妨害する意図はない」と表明。CMEMSLDが、治安当局が対話と解決に支障をきたす緊張をもたらしたと批判し、ならびに同日多くのCMEMSLD指導者が暴力行為を受けたことを批判。メキシコ石油公社（PEMEX）の労働者と総合病院の入院患者がCNH連帯ストを開始。

・**八月三〇日**……CNHが、九月一日には中央広場で集会を実施しない、CNHはいつでも対話を開始する用意がある、オリンピックを妨害する意図はないと表明。市内各所で「情宣隊」が散発的な集会を実施、これに対して軍・警察の規制が継続。IPN第七進学課程校で爆発物が発見される。CMEMSLDが、学生側は対話を開始する用意ができており、できるだけ早急に対話が実現することが望ましく、政府は代表を指名すべきであると声明。

・**八月三一日**……CNHが、メキシコ・シティに見られる事実上の戒厳令を撤廃すべきであると表明。午後五時過ぎ、IPN第七進学課程校と第四進学課程校を約二〇〇名の武装集団が襲撃、建造物を破壊した上で一部学生を拉致。

・**九月一日**……ディアス・オルダス大統領が教書を発表。紛争関連では、①政府はいまだ直接要求項目を受け取っておらず、マスメディアを通して承知しているだけである、②オリンピックを政治的・イデオロギー的に利用しようとする者がいる、③政治犯は存在しない、④大学自治は尊重する、⑤刑法第一四五条の廃止は行政権に属する問題ではない、⑥必要な場合には秩序維持のために憲法第八九条の規定に基づいて軍を投入する等と表明。

・**九月二日**……CNHが、大統領教書は要求項目のうち政治犯の問題と刑法第一四五条の廃止問題について言及しただけであり、CNHの要求に答えたものと受け取ることはできない、軍および私服で「情宣隊」を襲撃するあらゆる挑発者、武装勢力を街頭から撤収させたら、われわれは対話し討論する用意があるが、それまでは対話はありえないと表明。

・**九月三日**……CNHが前日の声明を内容とする「大統領の第四教書に対する回答」と題する文書を発出。CNHは常に紛争を解決することを望んでおり、国民に公開されたものであることを唯一の条件として、政府が出す条件の下で対話する用意があるが、弾圧の強化以外に回答を得ておらず、政府はこの紛争を望む時に解決でき、われわれは常に解決する用意を示してきたと表明。

・**九月四日**……CMEMSLDが大統領教書に対する回答を発表し、教書の内容は政府が強硬路線をとることを決定したことを示すものである、紛争の原因は教育制度自体にあると批判。CNHが大統領宛てに、対話を公開とすることと弾圧を停止することを条件として当局との対話を開始することを正式に要請。

・**九月五日**……ヌエボ・レオン大学が四八時間スト、マタモロス高等専門学校、プエブラ州立自治大学、ベラクルス大学情報学部が無期限スト突入。MRM（大学教員革命運動）が、政府は対話を開始するために日時および場所を提示することが緊急の課題であるとの声明を発表。

・**九月六日**……CNHが、正統労働戦線（FAT）、ラテンアメリカ・キリスト教労働組合連合の支持を受けたと発表。IPN物理学部の学生「情宣隊」が警察機動隊に拘束される。トピレホ地区住民が総会で学生運動を支持することを決定。

・**九月七日**……大統領府官房長官がCNHに対し、四日付のCNHの大統領宛て要請書は内務省、連邦区、連邦検察庁・連邦区検察庁に伝えたと連絡。官房長官は、被拘束者の釈放要求は司法当局に行うべきであり、行政府は法律を廃止する権限を有しておらず、他の要求項目の四要求は内務省の管轄事項ではないと表明。

・**九月八日**……CNH代表が記者会見において、政府はCNHが提案した対話の実施に回答しておらず、CNHと政府の公開された接触が必要である、要求している項目の解決が確保されるまで闘争を継続すると表明。

・**九月九日**……バロス・シエラUNAM学長が学生・教員に授業復帰を呼びかけ、ストはもはや役に立たず多数派を遠ざけるだけであると表明。

・**九月一〇日**……CNHが前日のバロス・シエラUNAM学長の呼びかけを検討し、学長の声明は当局の圧力を受けたものであり、われわれはストを継続する、当局が公開対話を受け入れなければオリンピック前に大規模な弾圧があるだろうと表明。CMEMSLDも、学長の懸念は理解するが、解決には公開対話を通じた要求に対する即決が必要と表明。シナロア大学がストに突入。三七名のカトリック神父がCNHの要求の支持を表明。

・**九月一一日**……午前に大学都市で八〇〇〇名の学生が集会、午後に五〇〇〇名の学生がサント・トマス地区で集会。民主的自由大学職員同盟（ATULD）が学生運動支持を表明。ラテンアメリカ学生組織が弾圧を批判し、メキシコの学生運動との連帯を表明。さらに九名のカトリック神父がCNHの要求を支持。

・**九月一二日**……MRM（大学教員革命運動）、独立農民中央組織（CCI）、鉄道労働者全国評議会（CN

F）、港湾労働者連盟（TM）等の一一組織が学生運動を支持。

・**九月一三日**……午後五時に人類学博物館前で「沈黙の行進」と謳われた二五万人規模のデモ実施（CNHは五〇万人以上と発表）、運動は独立祭やオリンピックとは無関係と強調。午後九時、中央広場に到着後に集会を実施し、UNAM経済学部の学生が、運動は大衆を目覚めさせ、多くの大衆は問題の所在を理解したと表明。

・**九月一四日**……内務省がCNHの一〇日付要求に回答。政府側の要求と提案事項が社会的に周知された時に公開対話は実施されるが、運動がオリンピックの実施妨害を意図するのであれば政府は適切な法的措置をとると表明。

・**九月一五日**……大学都市とIPNでそれぞれ二万人が参加して恒例の独立記念の「叫び」を実施。

・**九月一七日**……UNAM第二、第七進学課程校のMURO（大学刷新運動、ファシスト系）メンバーが第一進学課程校の学生を襲撃し、その後、第二進学課程校に集結していた法学部、医学部等の学生を襲撃。大学都市において二〇〇〇人が学長室前で集会、学内各種組織がスト継続意志を明確にするよう呼びかけ。

▼**第四期**――九月一八日～一〇月一日

・**九月一八日**……午後一〇時にエルナンデス・トレド少将とゴンサロ・カスティーヨ・ウルティア少将指揮下の陸軍部隊一万名が大学都市を占拠し、一五〇〇名以上の学生等多数を拘束して弾圧を強化。

・**九月一九日**……ガルシア・バラガン国防相が、六〇〇名を警察に引き渡した、公共に向けられるべき国家が所有する大学施設が大学の目的とは離れた活動のために不法に占拠・使用されていたため、内務省の要請で軍による大学都市の占拠を実施したと表明。国立チャピンゴ農業大学では学生が自主的に退去したため占拠は行わなかったと説明。バロス・シエラＵＮＡＭ学長が、軍による占拠は過剰な実力行使であり、必要なかったと表明。学外で「情宣隊」が軍による占拠に抗議する集会を散発的に行ったが、警察が抑圧。三〇八名の芸術家・知識人が占拠を批判。ＰＡＮ（国民行動党）、ＰＣＭ（メキシコ共産党）が占拠を批判。

・**九月二〇日**……警察機動隊がトラテロルコの第七進学課程校に侵入して催涙弾を発射。市内各所でも催涙弾の発射、火炎瓶の投擲発生。ＣＭＥＭＳＬＤが大統領宛てに、軍によるＵＮＡＭの占拠を批判し軍退去を求める文書を発出。プエブラ州でＵＮＡＭの占拠に抗議して街頭行動実施、同州内の農業高専がスト突入。

・**九月二一日**……午後七時に大学都市で集会を催そうとした学生の動きにクエト長官指揮下の警察機動隊が介入して衝突、その後、学生と機動隊の衝突が市内各地で発生し、翌二二日午前二時まで続く。トラテロルコの「三文化広場」で軍が学生・一般住民と衝突、住民による投石で指揮官のフリアス中佐が負傷。機動隊に代わって出動した陸軍部隊は広場を占拠せず周囲を巡回。逮捕者一〇〇〇名、うち五七六名がトラテロルコで逮捕。ヌエボ・レオン大学の学生がＣＮＨに連帯して学長室を占拠。

・**九月二二日**……フランシスコ・レペト・ミラン・ユカタン大学学長がＣＮＨに連帯する学生デモの先頭に参加。モレロス州立自治大学でデモが継続し、バハ・カリフォルニア大学学生連盟がＣＮＨ連帯のデモを実施。チワワ大学各学部でＣＮＨ支援ストを継続。

・**九月二三日**……バロス・シエラＵＮＡＭ学長が辞表提出。午後七時に機動隊一五〇〇名がＩＰＮのサント・トマス・キャンパス占拠を企図、これに反対する二〇〇〇名の学生と衝突し、翌二四日未明まで衝突は約二四時間続く。二四日中にはＩＰＮは治安部隊によって占拠。衝突では、治安部隊がＭ１ライフルやバズーカ砲を使用したのに対して、学生側は火炎瓶を投擲して対抗。報道機関は衝突における死者は一五名と報じたが、政府は死者三名、負傷者四五名と発表、逮捕者三五〇名。夜に機動隊が第七進学課程校を攻撃、通過車両から第五進学課程校に銃撃。

・**九月二四日**……午前〇時半に、前日から攻防が続いていたIPNサカテンコ・キャンパスにグスタボ・カスティーヨ将軍指揮下の陸軍部隊一五〇〇名が介入して占拠。午前三時、陸軍部隊のうち六〇〇名がサント・トマス・キャンパスに向かい、占拠。午前一時、トラテロルコの第七進学課程校を軍・警察が占拠、火炎瓶三〇〇本を押収。午後六時に「三文化広場」で学生・市民二〇〇〇名が散発的集会、同広場が運動の集合場所に。一部学生が第七進学課程校に突入しようとしたが、機動隊が発砲して威嚇。オアハカ州のベニト・ファアレス大学でアグスティン・マルケス学長が軍による大学占拠を阻止するために学生に協力を要請。プエブラ自治大学の一〇学部でスト実施。

・**九月二五日**……UNAM大学理事会とUNAM教員組合がバロス・シエラ学長の辞意を受け入れないことを決議。エベルト・カスティーリャCMEMSLD幹部が、政府は違憲行為を行っており、学生をはじめとする運動は市民権の防衛を目指すものであると表明。市内各所で機動隊が学生の散発的な集会を規制。メキシコ弁護士協会が刑法第一四五条には一三カ所の違憲容疑があると表明。

・**九月二六日**……バロス・シエラUNAM学長が大学理事会に対する回答の中で、民主主義と正義を強化するために国内和平が必要とされていると表明。CNHが、学長辞任を求める圧力はUNAMに害をなすものであり、唯一の解決は要求項目に対する回答であると表明。ベラクルス州ハラパ市で機動隊がベラクルス大学文学・哲学部から学生を排除。

・**九月二七日**……CNHが午後五時に「三文化広場」で集会を呼びかけ、五〇〇〇名が参加。一〇月二日に同じ場所で集会を開催することが決定される。トラテロルコ住民も運動の支持を表明。ガルシア・バラガン国防相は、大学当局が解除を求めた時にUNAMの占拠は解除されると表明。エチャベリア内相は占拠解除の命令はすでに出ており、大学側の準備が必要と表明。

・**九月二八日**……CNHが学生に対する暴力、とくにCNH指導者に対する弾圧を告発。弾圧は民主主義的な道を阻んでいると表明。また、UNAMおよびIPNからの治安部隊の撤収を要求。

・**九月二九日**……CNHが、CNHに関しての偽情報が数日来流されており、CNH指導者の逮捕状が出ていることは最小限の個人的権利の保障が否定されていることであると批判。対話の前提は、UNAMおよびIPNからの軍の撤収、弾圧の犠牲者の無条件釈放、警察の侵害・追及行為の停止であると表明。

・**九月三〇日**……午後一時、エルナンデス・ピネダ少将指揮下にて軍が大学都市から撤収。CNHがUNAM哲学部で記者会見し、大学都市の占拠解除は大学当局の働きかけではなく、民衆の圧力の結果である、学生の闘争は学生と民衆によるものであり、政府に対して民衆の要求を提示する権利を有すると表明。CNHが、学生運動はオリンピックを妨害する意図はなく、要求を延期する意思もないと表明、またUNAM、IPN、チャピンゴ農業大学の学生がオリンピック委員会に協力するための委員会を設立したことを表明。

・**一〇月一日**……CNHが「世界の学生に対する声明」を発し、①大学自治の侵害はラテンアメリカにおいて超国家的に画策された計画の一部であり、メキシコは政治的・社会的に安定していて、他の途上諸国の模範であるという神話は政府当局によって破壊された、②メキシコ政府は反民主主義的であり、軍による大学占拠は「文化的オリンピック」に矛盾するものであるが、学生運動はオリンピックをボイコットしてはこなかった、③学生運動は三〇年間にわたる政府のデマゴギーや嘘を暴いており、メキシコの民主化と憲法の履行を二大目的としていると表明。CNHは、要求が受け入れられない限り授業の再開には応じないこと、翌二日午後に「三文化広場」で集会を開催し、IPNサント・トマス・キャンパスの占拠解除を求めるためにサント・トマス地区まで行進することを再確認。

［3］「トラテロルコの夜」――一〇月二日事件

◉一〇月二日事件 (Matanza de Tlatelolco)

一〇月二日、エチャベリア内相がディアス・オルダス大統領との会談後、九月一日の大統領教書によって、休戦ではなく解決への道が開かれたと信じると表明。同時刻、CNH代表のルイス・ゴンサレス・デ・アルバ（UNAM）およびアンセルモ・ムニョス（IPN）が、政府代表のホルヘ・デ・ラ・ベガ・ドミンゲスおよびアンドレス・カソ・ロンバルドと会見。

午後四時半、トラテロルコ団地と外務省建物に隣接する「三文化広場」で開催される集会に参加する学生のほか、学生運動に共鳴する教職員、知識人、主婦、労働者が結集し始めた。家族ぐるみで参加した人々も多数いた。午後五時一五分には広場は一万人の参加者で埋まっていた。集会は午後五時四〇分から実施され、指導者たちが演説した演壇は、トラテロルコ団地内の「三文化広場」に面したチワワ棟に設置されていた。

午後五時五〇分、軍と警察のヘリコプター二機が到来して上空を飛行し始めた。その直後に外務省の建物の方角から上空に向けて信号弾が発射された。その時点で兵士五〇〇〇名と二〇〇両の戦車・装甲車・輸送車両が広場を包囲していた。その時、信号弾に呼応するかのように、チワワ棟方面から広場に集まった集会参加者と広場を包囲する陸軍部隊に対して銃撃が行われた。これに対して、軍に向けた攻撃が行われたと理解した陸軍部隊が応戦し、広場およびチワワ棟方向に銃撃が開始された。そのため、集会参加者は恐慌状態に陥ったが、広場は軍によって包囲されていたため広場から脱出することはできず、多くの参加者は広場にうずくまるか、チワワ棟を含むトラテロルコ団地の住宅に助けを求めて逃げ込んだ。まもなく、チワワ棟内や広場に私服で潜伏していた「オリンピア大隊（Batallón Olimpia）」メンバーはCHN幹部層を逮捕する命令を受けた。「オリンピア大隊」の存在は、広場を包囲した陸軍部隊には知らされていなかった。「オリンピア大隊」のメンバーは、左手に白色の手袋か白いハンカチを着用して識別できるようになっていた。「オリンピア大隊」のメンバーは、混乱を増幅させる目的で集会参加者や軍部隊に対して銃撃を継続した。

チワワ棟内では「オリンピア大隊」のメンバーが、集会当初から同棟にいた学生や同棟に逃げ込んだ人々に対して床に伏せるよう命じると同時に彼らに暴行を加え、また同棟内の住宅に匿われたCNH幹部層を逮捕するために全棟の住宅に対して家宅捜索を行い、学生たちの身柄を拘束して治安部隊に引き渡した。治安部隊による集会参加者に対する弾圧は翌三日未明まで続いた。

二日夜に発生した「オリンピア大隊」と広場を包囲した治安部隊による弾圧で、政府発表（内務省連邦安全保障局）では死者二六名、負傷者一〇〇名とされたが、三日付の現地紙等は、死者は二〇名から二八名、負傷者は数百名に達したと報じた。現在でも「一〇月二日事件」での死傷者数については諸説があるが、作家オクタビオ・パスは英紙『ザ・ガーディアン』紙のジョン・ロッダ記者が一九六八年に出した死者三二五名説を最も信頼のおける数字として挙げ、この数字が実態に近いとの評価が一般化したが、同記者は四年後の一九七二年に微調整して死者二六七名、負傷者一二〇〇名という数字を示しており、この数字が現在でも最も現実的な数字とされている。また、集会に参加しただけで不当に身柄を拘束された者は一五三六名に達した［Aguayo 1998: 249–250］。

政府は、事件は広場に面した建物に潜伏した挑発者から銃撃が行われ、これに対して陸軍部隊が銃撃が行われた方角に応戦したものであると説明した。政府によって強く統制されていた多くの現地メディアも、学生の挑発によって陸軍部隊が広場に面する方向に狙撃で応戦したことが事件を引き起こしたと、学生側に原因があるかのような報道を行った。しかし、二〇〇一年にフォックスPAN（国民行動党）政権期に実施された調査は、銃撃は「オリンピア大隊」に配属された大統領護衛隊のメンバーによって行われたとの結論を公表している。(3)

一〇月二日事件後、メキシコ・オリンピックが開催されたこともあり、事態は鎮静化し、一〇月末にCNHはその後の活動方針として、①拘束者の無条件解放、②大学・学校の返還、③弾圧の停止を求めることを決定し、政府は大学・学校の返還に応じたが、学生側は一一月初旬に各大学学部・学校ごとに拘束者が釈放されない限り、ストを継続することを決定した［Taibo II 2004: 101］。事態は沈静化に向かい、一二月四日にすべての大学・学校で授業が再開され、同六日にCNHは解散した。しかし、ディアス・オルダス政権の下では民主化は実現されることはなかった。その後、民主化はエチェベリア次期政権の下で、政府が許容する範囲でその一部が実現されることになる。

◉ 一〇月二日事件の真相究明

メキシコ政府は、七月下旬に学生たちと治安部隊との間で街頭騒動が発生した時点から、学生たちにはソ連とキューバが介入しているとの説を掲げた。一九六八年七月三〇日（軍が介入を開始した日）に行った記者会見において、当時の内相ルイス・エチェベリア・アルバレス（後の第五〇代大統領）はそのような説を掲げたが、四〇年後の二〇〇八年に出版されたロヘリオ・カルデナス・エスタンディア著『ルイス・エチェベリア・アルバレス』に収録されているインタビューにおいても、次のように述べている。

「事態は非常に複雑なものであり、若者たちのリーダーは、ソ連大使館を背景に、キューバ人も若干関与して、世界中で起きたことと同様に彼らがリーダーたちと若者の熱狂を操作していた。フランスで生じたことが世界に大きく影響している。（中略）多くの調査が、米ソ間に冷戦が生じて以来、ソ連の外交政策は、それぞれの状況に応じて、メキシコ、ニカラグア、アルゼンチン、チリ、ラテンアメリカ全体に干渉してきたことを示している。（中略）すべてが大学都市の二つの学校、IPN第六進学課程校と『イサック・オチョテレナ』校の間で生じた対立から始まったことを思い出す必要がある。直後に若者による非常に深刻な問題が始まった。彼らはそれへの準備ができていた。（中略）大学都市の青年たちの抗争は、ストライキ委員会によってけしかけられ、組織されたものであり、同委員会はソ連の強い影響下にあった。彼らは米国に対して問題を起こすためにソ連大使館によって武装された。（中略）キューバも部分的にすでにソ連の巨大な影響下にあった。キューバ革命の後、メキシコを含めて、ソ連はラテンアメリカに対して影を投げかけてきていた。一九六八年一〇月二日の運動も、ラテンアメリカに革命を拡大しようとしたキューバ人から大きな支援を受けた」[Montemayor 2010: 21]。

メキシコ政府は、このような姿勢から、最初に大規模な治安部隊との街頭衝突が生じた七月二六日夜にPCM（メキシコ共産党）中央委員会事務所を家宅捜索して三〇名以上の党員の身柄を拘束したほか、機関紙『ラ・ボス・デ・メヒコ』の印刷所を捜索して印刷機を破壊し、さらにアルトゥーロ・サマ・エスカランテ、ルベン・バルデスピノなど同党の青年組織である共産主義青年同盟（JC）のメンバーを多数逮捕している[Montemayor 2010: 22–24]。PCMに対する弾圧は、ソ連陰謀説に基づいた根拠のないものであり、オリンピックを控えて、この開催に批判的である同党に対して用意周到に準備された予防行為であったと思われる。このことからも、七月下旬に始まった街頭騒動そのものが政府による謀略事件であったとの説が唱えられる根拠となっている。

政府がソ連・キューバ介入説を掲げた背景には、同年三〜四月に米国のフーバーFBI長官が「メキシコに共産主義者の陰謀が存在する」と発言したことがあったとの説がある［Zermeño 1978: 22］。しかし、一九九八年九月に情報開示された米国政府文書の中にある、「一〇月二日事件」直後の一九六八年一〇月五日にジョンソン大統領の国家安全保障担当補佐官であったウォルト・ロストウがホワイトハウス宛てに送った覚書において、「大統領はどのような手段でキューバ人あるいはその他の外国人グループがこの週にメキシコで生じた騒動に関与しているかとお尋ねですが、CIAの分析では、学生デモは国内政治抗争から発生してきたものであり、キューバ人やソ連の操作によるものではないと結論づけています。ソ連の基本的役割は、学生グループに対する資金援助に限定されたものと考えられます。CIAは、学生たちが使用した武器はメキシコで調達されたものと考え、メキシコ人の共産主義者、トロツキスト、カストロ主義者たちが騒動を起こしたものではなく、騒動が生じた後にそれを利用して活動を拡大したと考えています」と述べている［Montemayor 2010: 41–42］。

このロストウ補佐官の覚書の内容は、同日にCIAメキシコ支局から送られた報告に基づいたものであり、この報告には、「メキシコ当局の再三の主張にもかかわらず、キューバあるいはソ連大使館がメキシコにおいて現在の騒動をつくり出したことを示す明白な証拠は存在しない。彼らが道徳的支援、およびおそらく資金面での支援だけを行ったという確認されていない情報は存在する。騒動に多くの共産主義グループが参加したにもかかわらず、共産主義者たちが現在の危機を煽動したという強固な証拠は存在しない。しかしながら、他の国と同様に、過激派が騒動を利用したのである」と記されていた［Montemayor 2010: 43］。

このように、米CIAの報告およびそれに基づいた国家安全保障担当補佐官の報告は、一九六八年にメキシコで発生した街頭騒動は国内的な政治的現象として生じたものであり、ソ連やキューバが関与して生じたものではないとの見解を示していたのである。しかし、当時のメキシコ政府は前記の通り、エチェベリア元大統領（当時内相）を含めて、ソ連・キューバ介入説を主張し続けている。

さて、「一〇月二日事件」の究明に関しては、ルイス・エチェベリア・アルバレス元大統領（任期一九七〇～七六年）の院政的な影響力がようやく低下し始めた一九九〇年代後半から、政府・与党PRIが応じ始めた。一九九八年一〇月、セディージョ政権（PRI）は野党であるPAN（国民行動党）と民主革命党（PRD：Partido de la Revolución Democrática）の圧力を強く受けて、「一〇月二日事件」の三〇周年に際して、「一〇月二日事件」に関する議会内調査を開始することを許可した。しかしながら、同政権は調査開始を許可する一方で、関係書類の開示には応じようとしなかった。そのため、調査は進展しなかった。

二〇〇〇年一二月に生じたPRIからPANへの政権交代を経て、二〇〇一年にフォックス大統領が「一〇月二日事件」に関する多くの疑問点を解決するために関連文書の公開を指示した。こうして調査が進行していった最中の二〇〇二年、米国の国家安全保障文書局メキシコ関連文書プロジェクトのチーフであったケイト・ドイルが、現地ラジオ局によるインタビューにおいて、「数年にわたり多くの調査を実施してきた。事実、昨夜ミゲル・デ・ラ・マドリ元大統領がメディアとの会見において、軍および内務省に対して『一〇月二日事件』関連の文書と写真を求めたが、調査を行わないように巨大な政治的圧力を受けた。しかしさらに要求に固執したところ、軍および内務省では文書が散乱しており、彼らは何も保管していないと主張したと述べた」と表明している。

開示された関連文書の分析は、邦訳書も出版されている作家エレナ・ポニアトウスカが一九七一年に出版した『トラテロルコの夜』［Poniatowska 1971＝2005］の中で提示していた政府関与説を裏づけるものであった。すなわち、チワワ棟に私服で潜伏して同棟から銃撃を行った「オリンピア大隊」は、ディアス・オルダス大統領の命令下で大統領警護隊の隊員によって編成され、「三文化広場」において混乱を発生させる目的で発砲を実行したものであったが、当時内相であったエチェベリア元大統領も関与していたとするものであった。

二〇〇五年一月に「過去の社会・政治運動の特別検察庁（FEMOSPP）」は「トラテロルコの虐殺」に責任を有する容疑者として五五名の身柄拘束を要請し、同五月にはエチェベリア元大統領は憲法刑事裁判判事に招致されることになろうと予告した。当時、検察庁はエチェベリア元大統領のほか、フリオ・サンチェス・バルガス連邦検事総長（当時）、サルバドル・デル・トロ・ロサレス連邦検察次官（同）、ルイス・デ・ラ・バレダ・モレノ連邦治安対策局副局長（同）、ミゲル・ナサル・アロ検事団チーフ（同）を容疑者と考えていた。二〇〇六年二月にFEMOSPPは、一九六八年に発生した学生運動をも含む「汚れた戦争」に関する重要な報告書を発表した。その後二〇〇六年一一月、ホセ・マルタニ等刑事裁判所判事はエチェベリア元大統領の逮捕を命じ、高齢者であることを理由として自宅拘束措置をとった。その後、連邦裁判所法廷は譲歩して収監措置を免除し、自宅拘束を解除した。さらに、ヘス・グアダルペ・ルペ上級刑事裁判所責任者は、計画的な虐殺や処刑があったことは認めつつも、エチェベリア元大統領が内相時代に発生した事態の責任者であるとの確証は存在しないとして無罪を宣告した。エチェベリア元大統領に関しては、いまだ多くの疑問点が残されている。

他方、「一〇月二日事件」に関しては、当日の集会弾圧に関与した政府・軍関係者の証言も発表されてきている。関与したと推定されるのは、アルフォンソ・コロナ・デル・ロサル連邦区知事、マルセリノ・ガルシア・バラガン国防相、グティエレス・オロペサ大統領参謀長、マリオ・バジェステロス・プリエト国防省参謀長であり、さらに「オリンピア大隊」の大隊長であったエルネスト・グティエレス・ゴメス・タグレ大佐、同大隊の指揮官であったエクトル・カレアガ・エストランバサグアス大尉らであった。

とくに、ガルシア・バラガン将軍は一九七〇年代以降、数回にわたりジャーナリストや研究者からのインタビュー要請に応じて発言し、グティエレス・オロペサ大統領参謀長とバジェステロス・プリエト国防省参謀長が責任者であると示唆している。

(a) ガルシア・バラガン国防相は、マヌエル・ウルティア・カストロが一九七〇年に出版した『トラテロルコの罠』に収載された一九六九年実施のインタビューにおいて次のように述べており、必ずしも集会参加者たちに原因があったとは言っていない。

「一〇月二日に挑発者たちの行動は最悪の状態に達し、陸軍は極限の状況にまで事態を至らせる用意があり、トラテロルコの流血事態に唯一責任があった人々によって攻撃された。そこで準備された罠は、前例のない犯罪の実行者が冷血に考えたものであった。（中略）軍が直面した事態の真実を示すためにわれわれが将来的に提示する証拠は多いだろう。それらの証拠の中で陸軍部隊に対してトラテロルコの複数の建物からなされた強力な銃撃が示されるだろう」[Urrutia 1970: 23–24]。

(b) 同国防相は、一九七八年一月一日付の子息ハビエル・ガルシア・パニアグア宛て書簡において次のように述べ、グティエレス・オロペサ大統領参謀長を批判している。

「ルイス・グティエレス・オロペサ将軍が、『三文化広場』に面する諸建物に、集会参加者に向けて発砲する命令を受けた自動小銃を携行した一〇名の将校を配置した。彼らは大衆と陸軍兵士に死亡者を出した犯行者であった。全員が隠れていた場所から脱出したが、中尉一名だけがマソン・ピネダ将軍によって身柄を確保された。（中略）この事実は自分がグティエレス・オロペサ将軍から確認したものである」[Montemayor 2010: 103]。

(c) また、同国防相はラサロ・カルデナス元大統領との会話において次のように述べている。

「一〇月二日の一四時に作戦計画策定を完了し、一五時三〇分に命令が実行に移された。カレアガ大尉は、（CNHの指導者である）ソクラテス・アマド・カンポスがマイクを握った際に身柄を拘束するよう二〇分前にチワワ棟の空いていた部屋に待機していた。ゴメス・タグレ大佐はオリンピア大隊とともに、CNHの指導者たちが三階のバルコニーに出て演説を始める一六時の二〇分前より、指導者たちの逃亡を阻止する目的でチワワ棟からの出口を封鎖するために待機していた」[Montemayor 2010: 113]。

なお、午後二時に陸軍本部第一会議場において歩兵第二強化旅団の将校会議が開催され、旅団長のマソン・ピネダ少将が、①集会参加者が市中心部のサント・トマス広場に向かうことを阻止すること、②集会参加者を排除すること、③集会参加者の排除後に地域を孤立化すること、④攻撃を受けた場合にはこれに応戦し、実行者を逮捕して連邦区警察に引き渡すことを指示した。他方、「オリンピア大隊」は異なる命令を受けていた。彼らが受けていた命令は、私服で左手に白い手袋を着用し、信号弾の投下後にチワワ棟の二つの出口を封鎖して同建物からの出入りを遮断し、学生指導者を逮捕することであった。他方、内務省文書によると、「連邦司法警察と内務省連邦安全保障局は、CNH指導者を逮捕し、集会を利用して演説が行われている間にチワワ棟の三階で身元確認して逮捕することとの命令を受けていた」[Aguayo 1998: 222–223]。マソン・ピネダ少将が率いる陸軍部隊は午後二時に陸軍本部で作戦会議を開き、「オリンピア大隊」は午後一時三〇分頃にはすでに「三文化広場」に到着し、集会開始の二〇分前にはチワワ棟の出口の封鎖を完了していたと推定される。

(d) ガルシア・バラガン国防相は、後に「カルデナスの政治的戦闘」においては次のように表明した。「午後七時三〇分頃にマソン将軍が、狙撃者がいた（複数の）建物を捜索する許可を求めてきたので許可した。一五分後にグティエレス・オロペサ将軍が連絡してきた。彼は『陸軍を支援するために武装した学生を銃撃する命令を受けて、いくつかの部屋に配置された自動小銃を携行している数名の大統領護衛隊の将校を確保している。すでに全員が建物から退去していたが、脱出できなかった二名が残っており、陸軍が建物に上がってきて捜索を行っているので、彼らを殺害しないか心配している』と言う。彼は『マソン将軍に命令を出しますか』と述べた。これに対して、自分は『君が望んでいるように今すぐマソン将軍と話す』と答えた。自分はマソン将軍と話してグティエレス・オロペサ将軍の要請を伝えた。マソン将軍は『自動小銃で武装し、下方に向けて発砲したと言っている一名を確保している』と述べた。その後、マソン将軍は『自動小銃で武装し、同様の行為を行ったもう一人の将校を確保した』と報告してきた。自分はただちにグティエレス・オロペサ将軍に連絡し、将校二名が確保されたが、大統領護衛隊に復帰するように命じたことを通知した」[Montemayor 2010: 103]。

ガルシア・バラガン国防相（当時）の表明から、同国防相、グティエレス・オロペサ大統領府参謀長、マソン・ピネダ「ガレアナ作戦」司令官の三名は、大統領護衛隊のメンバー一〇名が「オリンピア大隊」としてチワワ棟などに派遣され、集会参加者や治安部隊に対して発砲する作戦を承知していたことが理解される。

他方、「ガレアナ作戦」司令官であったマソン・ピネダ将軍は次のように述べている。

「『三文化広場』に到着した時、チワワ棟、『四月二日』棟、『ＩＳＳＳＴＥ』棟、『モリノ・デル・レイ』棟、『一九一〇年革命』棟など、その多くが広場の周囲の建物から発砲されたと思われる銃撃を受けた。銃撃は陸軍兵士に伏せるよう強い、兵士たちは集会参加者に対してこれらの建物から発砲される銃撃の標的にならないよう広場から退去しなさいと叫んだ。同時に兵士たちは上空に向けて発砲するとともに、銃撃が続けられている場所の特定を行った。兵士たちは発砲場所を特定すると、一群は銃撃が行われていると推定されたバルコニーや窓に対して発砲する一方で、他の一群は広場で立ち往生している集会参加者を安全な場所に誘導するために出口を開いた。三番目の一群は、狙撃手が最も多いと見られたチワワ棟に向けて突進した」[Montemayor 2010: 98; Scherer 1999: 111]。

グティエレス・オロペサ将軍が心配したのは、マソン・ピネダ将軍指揮下の陸軍兵士がチワワ棟を駆け上がり、「オリンピア大隊」の将校たちを狙撃者として殺害してしまうことであった。ガルシア・バラガン国防相は、将校二名がマソン・ピネダ将軍指揮下の部隊に身柄を拘束されたと知り、彼らの釈放を求め、原隊に復帰するよう命じたと理解される。

「三文化広場」に参集した集会参加者は、銃撃が行われた一五分後には広場を退去したが、マソン・ピネダ将軍は、次の通り、その後も銃撃は続けられ、午後一一時以降にも三〇〜四〇分の間、銃撃が続けられたと述べている。

「二三時頃、主に『アグアスカリエンテス』棟、『一九一〇年革命』棟、『モリノ・デル・レイ』棟、『一一月二〇日』棟、『二月五日』棟、『ISSSTE』棟、『チャミサル』棟、『アティサパン』棟の方向から発せられた強力な銃撃が起こり、これらの建物にいると思われる狙撃者が、確認された目標に向けて正確に応戦する命令が発せられ、このような状態が約三〇分間続いた」[Scherer 1999: 113–114]。

この時間帯において発生したこれらの銃撃は、すでに集会参加者は広場を退去したり、陸軍部隊に身柄を拘束されていたので、陸軍部隊に対して行われたと考えられる。この事実からも治安部隊内に何らかの意思の不一致が存在していたことが推定される。

一〇月二日に起きた事態において、陸軍上層部の中に存在した摩擦に関しては、米国の情報筋も、「命令の不一致あるいは国防相の命令が適切に解釈されなかった」と報告している［Aguayo 1998: 244］。ガルシア・バラガン国防相のグティエレス・オロペサ将軍に対する怒りは、自分の命令が忠実に実行されなかったとの思いが背景にあるものと思われる。「三文化広場」での集会排除を非暴力的に実行しようとした「ガレアナ作戦」の先頭部隊として広場に到着した空挺部隊の隊長であったホセ・エルナンデス・トレド少将は、部隊が広場に到着した時点で集会参加者にメガホンで呼びかけたが、信号弾が投下され、集会参加者や陸軍部隊に対する発砲が行われる直前に、狙撃手の銃撃を受けて負傷した。同少将は、広場の一角にあるサンティアゴ・トラテロルコ教会の屋根上から発砲されたと述べていること、また屋根上に狙撃者が数名いたことを示す映像が外務省建物から撮影されて残っていることから、[4]「オリンピア大隊」は同教会の屋根上にも配置されていたことが確認される。トレド少将が最初に銃撃されたことは、同少将は事前の会議で暴力的な手段の行使に反対していたことから、集会参加者が発砲したと思わせ、混乱を醸成するために行われた銃撃の最初の標的に狙われたものであろう。この事実は陸軍上層部内において不和が存在していたことを示す証左であろう。

「一〇月二日」事件の真相究明は、「オリンピア大隊」がどのような集団であり、誰がこれを組織し、誰が「三文化広場」での行動を指示するとともに発砲命令を出したのかに関して、いまだ明確な結論に達しているわけではない。その大きな原因は、ディアス・オルダスとエチェベリアという二人の大統領経験者の経歴に関わる問題であるとともに、軍内部に存在した不和を暴露することになるという軍の威信に関わる制度的問題が存在しているためであると思われる。いまだに、メキシコ人の心の中には「一〇月二日事件」が重く存在し続けていることが推測される。

[4]「メキシコ一九六八年」の政治・社会的意味

前記の通り、一九六八年にメキシコに生じた「若者の叛乱」とも言える現象は、学生だけでなく教職員や父兄、さらには主に中間層からなる一般市民もが合流した民主化運動に発展し、PRIの一党支配体制に対する批判を高揚させた。運動の開始は、ライバル関係にある大学進学課程校の間のスポーツ競技をきっかけに偶発的に発生した街頭騒動であり、警察機動隊が高圧的に弾圧したため、学生層に反発感情が広がることになった。

八月一日にはバロス・シエラUNAM学長がデモの先頭に立つなど、大学人が大学自治の侵害に対する抗議活動に参画し、同日にメキシコ・シティ市内で実施されたデモには一〇万人が参加、同四日にはCNHが結成され、政府に対して大学自治を超える民主化要求である「六項目要求」を公表、また、「情宣隊」を組織して一般市民に支持拡大を求める呼びかけを開始。同八日には大学教員がCNHと連携するCMEMSLDを結成、同一三日は二〇万人規模のデモに拡大した。

これに対して、同二三日にエチェベリア内相が対話を受け入れる用意があると表明して、一見政府が譲歩し始めたかのような情勢となったものの対話は実現せず、同二七日に実施された街頭デモは四〇万人が参加、これに対して翌二八日未明に軍・警察が中央広場に残った参加者を暴力的に排除。以後、軍・警察の弾圧が強化される一方、ストライキを実施する大学・専門学校・高校が全国的に拡大。

九月九日にバロス・シエラUNAM学長が学生・教員に授業への復帰を呼びかけたが、CNHがこれを拒否して行動をエスカレートさせた。これに対して、政府は九月一八日に陸軍部隊を動員して大学都市を占拠し、対決姿勢を強化、CNH指導者の検挙を目指す。以後、軍・警察の弾圧姿勢が顕在化。同二三日にバロス・シエラUNAM学長が辞表を提出するも、CNH、UNAM理事会、同教員組合はこれを批判、スト側に亀裂が発生。政府はCNH指導者に逮捕令状を発し、以後、CNH指導者に対する弾圧が強化される。九月二三〜二四日には街頭騒動の主力はIPN学生・IPN系進学課程校生徒が多くなり、衝突地点もサント・トマス・キャンパスが中心となるが、同キャンパスが警察機動隊に占拠されたため、トラテロルコの「三文化広場」が集結地点となり、「一〇月二日事件」に発展することになる。

他方、九月三〇日に軍は占拠していたUNAMの大学都市から撤収して、事態が予測しがたくなるが、オリンピック開催が近づいているために政府が弾圧を強化するとの憶測が流れ、「一〇月二日事件」によって政府は民主化運動に対して徹底的な弾圧を行使するに至った。同事件では、死者二六七名、負傷者約一二〇〇名、被拘束者一五三六名と、集会参加者約一万人のうち三〇%が死傷し、または拘束されるという大規模な弾圧が実行された。

一九六八年七月二二日から一〇月二日に生じた「メキシコ一九六八年」および「トラテロルコの夜（一〇月二日事件）」に関するメキシコにおける分析は、二つに分類できる。第一は、二つの出来事がいずれも権力犯罪であることを示すことに集中された。第二に、世界的に一九六八年に生じたこととの関連性に関する議論である。

◉権力犯罪説

まず、第一の論点である権力犯罪であったとする議論については、「一〇月二日事件」に関してメキシコ政府は、学生弾圧を正当化するために、トラテロルコ広場で学生の狙撃者が陸軍部隊を銃撃したことに対する反撃から悲劇的な大量虐殺が生じたと説明して、武装した学生側の挑発に原因があったと主張した。しかし「一〇月二日事件」は、その後の関係者の証言などから、チワワ棟に計画的に配置された大統領護衛隊からなるオリンピア大隊によって起こされた権力犯罪であったことが証明された。首謀者はディアス・オルダス大統領を中心として国防省と内務省の幹部層を含む集団であったことは確実視されている。グティエレス・オロペサ大統領参謀長、バジェステロス・プリエト国防省参謀長が含まれていたことは確実視されているが、他方、ガルシア・バラガン国防相とエチェベリア元大統領に関しては本人たちが関与を否定しており、真相はまだ明らかになっていない。「一〇月二日事件」の目的は、一〇月一二日に開始されるメキシコ・オリンピックを前に、急進的な学生運動を完全に沈黙させるような弾圧を加えることによってオリンピックの実施を確実にすることにあったと見られる。

他方、権力犯罪の範囲を「一〇月二日事件」だけでなく、七月二二日に始まった街頭騒動と学生運動の高揚そのものが権力側に弾圧の口実を与える挑発行為であったと見る向きもある。しかし、七月二二日に生じたUNAM系の進学課程校とIPNの進学課程校の学生による街頭騒動をきっかけとして、メキシコ・オリンピックに対する反対機運があった学生運動を弾圧する口実として、メキシコ政府が街頭騒動への弾圧や大学キャンパスの占拠を起こした可能性は否定できない。しかし学生運動があまりに高揚し、それにCMEMSLDに結集した教員グループや父兄を中心とする一般市民までもが学生運動に連帯することは予想していなかったに違いない。そのために「一〇月二日事件」を謀略的に引き起こしたと考えられる。メキシコ政府は、運動が学生にとどまらず知識人や一般市民までをも巻き込むようになり、体制に脅威を与えかねないと懸念したことから、運動全体の鎮圧を企んだものであろう。

◉「若者の叛乱」の意味①——オクタビオ・パスとカルロス・フエンテスの場合

次にメキシコの一九六八年のプロセスに関して、世界的な「若者の叛乱」と関連づける議論も行われた。この議論の代表的なものとして、二〇世紀のメキシコを代表する文学者・知識人であるオクタビオ・パス（Octavio Paz Lozano, 1914–1998）とカルロス・フエンテス（Carlos Fuentes Macías, 1928–2012）の二人の議論を見ておくと、いずれも世界的な現象の一環をなすものとの位置づけにおいては共通の認識を有し、とくに後発資本主義国であるメキシコで生じた現象は、周辺部の後発資本主義国に特有な性格をもつものと分析している。しかしながら、いずれも先進資本主義諸国と後発資本主義諸国で発生した同時代性の意味を深く追求する姿勢は見られなかった。

パスの議論において特徴的であるのは、学生運動とオリンピック開催を同じ歴史的現象の表裏のものと指摘している点であり、その点について「メキシコにおける学生運動とオリンピックの開催は相互補完的な出来事だった」と論じている［Paz 1970＝2009: 110］。その趣旨は、メキシコにおける資本主義の発展の結果、一方では中間層が成長して体制批判的な学生運動を生じさせたと同時に、その資本主義的発展の結果を政府はオリンピックの開催によって表現しようとしたということである。

パスは、一九六九年一〇月三〇日にテキサス大学オースティン校において行った講演をもとに加筆し、『ポスダタ（後記）』と題して一九七〇年に小冊子を出版した。その中でパスは、「一九六八年は軸となる重要な年だった。プラハ、シカゴ、パリ、東京、ベオグラード、ローマ、メキシコ、サンティアゴ……世界各地で抗議、騒乱、暴動が渦巻いた。中世に蔓延した疫病が宗教上の境界も社会的ヒエラルキーもおかまいなしであったように、若者の叛乱はイデオロギー上の分類を消し去った」と一九六八年に世界的に生じた出来事について言及し、「抗議の自発的な世界的発生」と表現した［Paz 1970＝2009: 97］。

パスは一九六八年に世界的に高揚した学生運動に関して、「あらゆる反体制の中で、学生は最も野心的であり、米国の黒人を例外として、最も怒りを募らせているセクターである、彼らの激高は特別に苦しい生活状況からではなく、学生たることに宿る逆説から発している。すなわち、大学や高等専門学校で（一般社会から）孤立して過ごす何年もの間、若者は男も女も、半ば特権的囚人、半ば危険を孕んだ無責任な人間として、人為的な状況のもとで過ごす」と、学生を社会的な特権階層であるとの認識を示している［Paz 1970＝2009: 98］。このような学生という社会的存在に関する認識を示した上で、パスは「若者の抗議は世界的現象であるが、世界各地でそれが独自の特徴を醸し出していることも事実である」と述べ、「メキシコの学生運動には、西洋と東欧のいずれの諸国のものとも類似点があった。私には、最大の類似性は東欧との間にあったと思われる。すなわち、ソ連の干渉に対してではなく、米国の帝国主義に対するナショナリズム。民主的改革への熱望。共産主義的官僚制に対してではなく、ＰＲＩに対する抗議。しかし、メキシコの若者の叛乱は、国自体がそうであるように、ユニークだった」と論じている［Paz 1970＝2009: 102–104］。パスは、メキシコの学生運動は「個別の階層の代弁者なのではなく、国民全般の意識の代弁者だったと強調しておきたい」と述べ、その上で「フランスの場合とは違い、メキシコの学生は、暴力に訴える革命的な社会改革を提案していたわけではなく、（中略）運動は改良主義的で民主的」なものであったと論じる［Paz 1970＝2009: 106–107］。すなわち、メキシコで求められていたのは、四〇年前に国民革命党[5]（ＰＮＲ）が始めた例外的な体制に終止符を打つことであったと論じ、運動は「民主化」という一語に集約することができるものであり、だからこそ学生は「政府と学生間の公開対話」を望んだのであったと主張した［Paz 1970＝2009: 107］。

その後、パスは一九七一年に出版されたエレナ・ポニアトウスカの『トラテロルコの夜』［Poniatowska 1971＝2005］の一九七五年版（英語版）のために執筆した「序文」において、「われわれの革命は不幸にも、ずいぶん前から二つの意味で歪曲されてしまっていた。すなわち、革命は政治の面では、政府を司る政党と、東欧の共産主義官僚政治に複数の意味で類似している官僚機構によって牛耳られていたし、経済と社会の面では、米国の巨大企業と緊密な結びつきのあった財界の寡頭支配層の想いのままになっていたのである。一九六八年、この見せかけの合意は粉みじんになり、突如メキシコのもう一つの顔が現れた。憤慨する若者男女の世代と、四〇年間国を支配してきた政治システムに激しく反対を唱えた中間層である」と述べ、さらに「一九六八年の騒乱は、発展した社会層と称されうるメキシコ社会のあの領域の中で、あの主に都市に住む社会層、換言すれば、全国人口の半分近くを占め、過去二〇～三〇年間にますます急速な近代化の進歩を遂げた層の中で、深い亀裂を突如として暴露した。（中略）露呈したのは、もう一つのメキシコ、ぼろぼろになったメキシコ、何百万人という絶望的なまでに貧しい農民と、都市に移住し今日の新・根なし草――都会の砂漠をさまよう放浪者――となった失業者の大群だった」と論じている［Paz 1975＝2005: 18–19］。一九六八年の出来事によって暴露され、露呈したのは、中間層ならびに離農して都市流民化した失業者の群れであった、すなわち資本主義的な発展の中で生じてきた矛盾であったと論じたのである。また、運動の主体となったのは「学生、中間層、そして知識人集団」であり、彼らの行動は「国民全体の総体的な不満の直接的表現」であったのであり、「メキシコ革命の動乱期が終息した後、根を下ろしていた政治システムの麻痺に直面したための深い不満」によって、国を「民主化」しようという呼びかけに都市住民層の大部分が即座に支援を寄せることになったと論じた［Paz 1975＝2005: 19］。

他方、フエンテスも二〇〇五年に出版した『68年――パリ、プラハ、メキシコ』において、一九六八年に世界的に生じた出来事の同時代性を指摘し、「六八年とはいかなる年であったのかを、まず明確にしておこう。それは、なぜかは容易には説明しがたいが、事件や運動、思いがけない人物が世界の互いに離れた土地で時を同じくして出現し星座のように輝いた、そうした年だったのだ」と述べている［Fuentes 2005: 114］。また同書において、そのような世界的な同時代性の中でのメキシコの特殊性に関して、「メキシコの運動は国際的というよりも国内的な母胎から生じているのである。この運動はカランサ以来のあらゆる政権が自らの根拠として申し立ててきた革命の正統性と『革命から生起した』政府にますます定着してきた抑圧的かつ反民主的で反大衆的な統治のしかたに見られる歴然とした反革命性との間に、明白な決裂が生じていたことを象徴している」［Fuentes 2005: 117］と指摘して、さらに「六八年以降の国のあゆみは、六八年以前と六八年の歴史なしには理解不能である」［Fuentes 2005: 119］と述べ、メキシコの歴史の連続性の中にメキシコ的な特殊性を論じた。

フエンテスは、そのような特殊性に関して、一九七一年出版の『メヒコの時間』において、「一九六八年は、メキシコの市民勢力の途轍もない目覚めを意味した。このことは、われわれの生活のあらゆる部面において明らかであった。就中《なかんずく》、大学においては。バロス・シエラ学長の民主的な処理は多様な結実をもたらした。（大学）統治評議会は、学長の辞任を承認することを拒んだ」と述べ［Fuentes 1971 = (1975) 1993: 220］、一九六八年の出来事が中間層の不満の噴出であったのであり、バロス・シエラUNAM学長が学生運動に同調し、同大学評議会が学長を支援したことも都市市民層の反体制的姿勢を表出するものであったと主張した。フエンテスはパスと同様に、一九六八年の出来事は中間層によって表現された運動であったと論じたのである。

このように、パスもフエンテスも、「若者の叛乱」の実態は新たに登場してきた中間層のPRIの一党支配に対する社会的不満の表れであったと認識していた。両者ともに、特殊性はメキシコ革命以来のPRIによる一党支配体制というメキシコの政治的な歴史の中でのみ理解できるものであると主張している。

たしかに、一九六八年の出来事は、PRIの一党支配体制を軸とした攻防戦であったことは事実であろう。しかし、もう一つの軸も必要なのではないか。それは、メキシコの学生運動の中心となった中間層と、米国、日本、フランスなどの先進資本主義諸国における中間層を、同時代的に同様の存在とみなすことができるかという点である。

◉「若者の叛乱」の意味②——セルヒオ・セルメーニョの場合

この点について、社会学者であるセルヒオ・セルメーニョ（Sergio Zermeño）は、先進資本主義諸国における中間層は「危機にある中間層」、メキシコのような後発資本主義国における中間層は「興隆期の中間層」であると論じて、メキシコ的な特殊性を強調している［Zermeño 1978: 48］。

先進諸国における一九六〇年代末から一九七〇年代初頭の学生運動を「危機にある中間層」の運動と

とらえる見方は、日本の小熊英二にも共通した見方である。序章第4節で詳述した通り、小熊は日本において若者たちの叛乱が起きた要因として、①大学生数の急増と大衆化、②高度成長による社会の激変、③戦後教育の下地、④高度成長による社会の激変がもたらした、若者たちのアイデンティティ・クライシスと「現代的不幸」からの脱却願望を指摘している。小熊は、一九六〇年代の日本は高度成長を達成し、多くの若者が大学へ進学する機会を得たが、大学が将来的な安定性をもたらす社会的存在ではなくなりつつあったことが、若者の大学批判、管理社会批判、産学協同批判、戦後民主主義批判、アイデンティティ危機をもたらし、「若者の叛乱」の背景となったと指摘した。

他方メキシコは、一九三四〜四〇年のラサロ・カルデナス政権以来、とくに一九五〇年代から六〇年代の間に年平均五〜六％の安定的な民族資本主義的発展を遂げてきており、中間層が大量に登場してきた。中間層は三部会制に基づいたＰＲＩ体制に取り込まれることはなく、ＰＡＮ（国民行動党）のような右翼勢力であれ、ＰＣＭ（メキシコ共産党）などの左翼勢力を軸にするものであれ、中間層の不満が蓄積されていた。そして、学生運動をきっかけに、教職員層や父兄を含む広範な都市中間層の不満の爆発をもたらした。

セルメーニョによれば、一九六八年のＵＮＡＭ学生の七六・八二％が中間層出身であり、ＵＮＡＭよりも階層が若干低い家庭の出身が多いＩＰＮにおいても約七〇％が中間層であった。他方、労働者層の出身比率ではＵＮＡＭが一三・五％、ＩＰＮが三〇％前後と、学生・生徒の大多数は中間階層の家庭出身ではあったものの、ＵＮＡＭに比べるとＩＰＮの方が階層的には低い家庭出身者が多く、街頭騒動での急進性もＩＰＮ系学生・生徒の方が激しかったとの分析もある。他方、農村から都市に移動してきた最貧層の民主化運動への参加は二〜三％と限定的なものであった［Zermeño 1978: 184–192］。

資本主義的な発展の中で登場してきた中間層が、どうして社会的な叛乱行為と見られるような行動の主体となるに至ったのか。セルメーニョは、メキシコは一九一〇〜一七年のメキシコ革命によって寡頭制支配を打倒したが、資本家勢力が脆弱であったため、資本家層が貧農や労働者を取り込んだポピュリスト型国家体制の下で資本主義的発展を遂げた一九六〇年代には、外国資本とも連携した資本家層が支配を強化して、国家体制がポピュリスト型から階級支配型国家に移行してきた、そのような国家体制の移行の中で新たに社会的存在感を強めてきた中間層は、制度的に職業が保障される基盤も持たず、また政治的にも事実上の一党支配体制を支えるPRIに有利な結果をもたらすことを目的とした選挙制度に見られるような「疑似民主主義」体制の下で憲法が保障した権利が侵害されているとの意識を深め、より広範な民主的権利を求める主張を強めたと論じている［Zermeño 1978: 72–98］。

セルメーニョが論じたポピュリスト型国家から階級支配型国家への移行期というとらえ方の是非については、異なる研究視角からの一九六八年論においては有効な議論であるとは受け入れつつも、本章はメキシコにおいて一八六八年に生じた出来事を世界的な視角からとらえ直すことを目的としているので、ここでは深く立ち入らないでおくこととする。しかし、メキシコの中間層が一九六〇年代後半に興隆期にあったというセルメーニョの見方は、パスやフエンテスとも共通した認識であることを確認しておきたい。

他方、パスは前記の通り、メキシコはPRIの一党支配体制の下で、政府官僚や党官僚からなる官僚制度に従属していたが、このことは東欧諸国が直面していた官僚体制とも共通する要因であるとして、メキシコで一九六八年に発生した学生等による民主化を求めた運動は、「プラハの春」に代表された東欧諸国における民主化運動と類似した現象であったと主張している［Paz 1975＝2005: 18］。このような視座に立てば、先進諸国における「若者の叛乱」と東欧社会主義諸国における民主化をともに世界的な革命運動であるとする「一九六八年歴史転換論」に、メキシコの例も含むことが可能となる。

その意味で、メキシコの事例は、周辺部資本主義国において一党支配体制の下で官僚制度が強化されていた中で、中間層を中心とした民主化運動が生じたことを意味するものであり、世界的な「一九六八年歴史転換論」から把握することを可能にするものであると言える。

メキシコにおいて一九六八年に発生した出来事は、エリート的な中間層が主体となり、労働者層を巻き込むことができなかった。資本制社会の次の階段の生産形態を創出しない限り、労働者層、プロレタリアートは次の階段の主体とはなりえない。マルクスが論じた通り、資本制社会において資本家層と対立するのはプロレタリアートであるものの、段階発展論の歴史的分析から見れば、資本制社会の次の社会の主体となるのは必ずしもプロレタリアートでなく[6]、その量的増加が国内需要の拡大の基盤となる中間層が過渡的な役割を果たしていることは、近年における中国、インド、ブラジルなどの新興諸国の経済成長のプロセスから見ても確実であると理解される。したがって、一九六八年のメキシコにおける民主化運動が労働者層主体ではなかったこと、また、民主化運動の中で過渡的な存在としての中間層が果たす役割について認識することが必要である。

その意味合いで、メキシコにおける一九六八年時点での中間層の民主化運動への支持率を確認しておく必要がある。民主化運動への支持は教員・医療関係者に高く、他のセクターでは公務員が四〇%、民間企業ホワイトカラーが三四%、主婦が二五%、女性商人が二二%、男性商人が二五%、農民は二〇%で、他方、労働者層では二六%（積極的に民主化運動を支持したのは石油精製、鉄道、電力部門の労働者）であった［Zermeño 1978: 196］。一方で、農村から都市に移動してきた最貧層の民主化運動への参加は、前記の通り二～三%と限定的なものであった。

ＰＲＩの労働部門に組み込まれていたメキシコ労働中央組織（ＣＴＭ）の統制下にあった労働者に支持を広げることが困難であったにせよ、結果的に成果をあげられなかったのは、強権体制の下で窒息しつつあった多くの中間層に支持を広げることに成功しなかったことに主因があったと考えられる。

［5］ おわりに

メキシコ・オリンピックは、一一二カ国の五四九八名が参加して、メキシコ・シティにおいて一九六八年一〇月一二日から二七日まで一六日間開催された。途上国において、ラテンアメリカにおいて、いずれも初めて開催されたオリンピックであった。

メキシコ・オリンピックの開催が決定されたのは、一九六三年に西ドイツのバーデン・バーデンで開催された第六〇回国際オリンピック委員会会合においてであり、一九六八年のオリンピック開催地の決定にかかる最終投票は、メキシコ・シティが三〇票、デトロイトが一四票、リオンが一二票、ブエノス・アイレスが二票という結果になり、メキシコ・シティ開催が決定された。行われた競技は一八種の一七二種目におよんだ。

開催に先立ち同年二月二日に開催されたＩＯＣ（国際オリンピック委員会）総会において、当時アパルトヘイト政策を行っていた南アフリカの参加を認める決議が行われた。これに抗議してアフリカ諸国二六カ国が出場ボイコットを発表。これにソ連、社会主義圏諸国も同調し、合計で五五カ国がボイコットを表明した。これを受けて、同年四月二一日に決議を変更して南アフリカの参加を認めないこととし、ボイコットは回避された。

メキシコ・オリンピックは、本章で考察したように世界的転換点となった年に開催されたこともあり、世界的な変革を目指す運動の影響を受けることになった。とくに、オリンピックの歴史上で記憶に残る事件となったのは、米国のブラック・パワーの影響であった。競技期間中の一〇月一七日夕刻、陸上競技男子二〇〇メートルの表彰が行われた際、一九秒八三で金メダルを獲得した米国の黒人選手トミー・スミスと二〇秒一〇の記録で三位となったジョン・カルロスが、黒人の貧困を象徴するためにシューズを履かずに黒いソックスを着用して表彰台でメダルを受け取った。さらにスミスは黒人のプライドを象徴する黒いスカーフを首に纏い、カルロスはKKK（Ku Klux Klan）などの白人至上主義団体によるリンチを受けた人々を祈念するためロザリオを身につけて、当時米国において盛り上がりつつあったブラック・パワーの象徴である黒手袋を掲げる「ブラック・パワー・サリュート」を行った。また、二〇秒〇六の記録で二位となったオーストラリアのピーター・ノーマンも両者に連帯して、三人で「人権を求めるオリンピック・プロジェクト（OPHR：Olympic Project for Human Rights）」のバッジを着用した。

カルロスは当初身につける計画だった自分の黒グローブを忘れたが、ノーマンがスミスのグローブを二人で分かち合うように勧め、スミスが右の手袋を、カルロスが左の手袋をつけることになった。米国の国歌が演奏され、星条旗が掲揚されている間じゅう、スミスとカルロスは目線を下に外し、頭を垂れ、黒い握り拳を掲げ続けた。

アベリー・ブランデージIOC会長は、オリンピックにおいて内政問題に関する政治的パフォーマンスを行うことは「非政治的で国際的な場としてのオリンピック」という前提に反すると考え、メダル授与式における彼らの示威行為に即座に反応して、スミスとカルロスを米国ナショナルチームから除名、オリンピック村から追放する命令を下した。米国オリンピック委員会はこれを一度は拒否したが、「それならば米国ナショナルチーム全体が追放されることになる」と通告を受けた。このIOCの脅迫によってスミスとカルロスはメダルを剝奪され、オリンピックから永久追放されるに至った。国際オリンピック協会の広報官は、彼らの示威行為が「オリンピック精神の基本原理に対する計画的で暴力的な違反」であったと述べた。しかし、スミスとカルロスの出身校であるカリフォルニア州立大学サンノゼ校は卒業生である二人の抗議行動を賞賛し、二〇〇五年に二〇フィートの銅像を建立した。

このように、メキシコ・オリンピックは世界的な流れの中の米国国内と世界全体の黒人解放運動に合流する動きを発生させると同時に、メキシコに発生した資本主義的発展の段階に生じた中間層の運動とも連動することになった。

前述の通り、メキシコにおいて一九六八年七月から一〇月に生じた事態は、一方では「プラハの春」に類似した強権主義体制の下での官僚制に対する抗議の現象であり、他方、メキシコ・オリンピックにおいても米国で一九六〇年代後半に顕著になったブラック・パワーが示されることになったという二重の意味で、世界システム論の視角から、「一九六八年歴史転換論」の立場で把握すべき現象であったと結論できよう。

第3章

ペルー 1968

フアン・ベラスコ・アルバラード大統領（在位1968–1975年）

一九六八年に軍事クーデターによって成立したベラスコ左翼軍事政権が、米系石油会社の接収や農地改革などの急進的な社会変革を実施するまで、ペルーの歴史においては、大土地所有者や商業資本家から形成された寡頭支配層をどのように打倒するかが社会変革の中心テーマとなった。その主体となったのは、近代的な産業資本家層、中間層、労働者層、および一九五〇年代頃から出現した「チョロ」と呼ばれる都市大衆層であった。

従属論の影響を受け、従属経済からの脱却を目指して輸入代替工業化路線をとったベラスコ左翼軍事政権は、ベラスコ大統領の病状悪化にともなう急進派の孤立と、軍内および民間の保守層の反撃によって、モラレス・ベルムデス将軍を担いだ軍内保守派のクーデターによって打倒された。

本章はベラスコ左翼軍事政権の成立の背景、経緯、およびクーデターに関与した軍人たちの傾向等、一九六八年にクーデターが発生した歴史的意味の再考を目的とするものであり、ベラスコ左翼軍事政権の全政権期間にわたる全体像の分析を目的とするものではないことをあらかじめ申し添えておく。また、ベラスコ軍事政権に関しては、大串和雄氏による日本においては唯一の総合的かつ体系的な研究である『軍と革命――ペルー軍事政権の研究』［大串 1993］があり、本章の記述において事実関係については同書を大いに参考にさせていただいたことを明記しておきたい。

［1］ はじめに

一九六八年一〇月三日、ペルーにおいて、フアン・フランシスコ・ベラスコ・アルバラード（Juan Francisco Velasco Alvarado, 1910–1977）陸軍総司令官兼三軍統合司令部議長指揮下の陸軍部隊がクーデターを決行してフェルナンド・ベラウンデ・テリー（Fernando Belaúnde Terry, 1912–2002）政権を無血で打倒し、当日中に空軍と海軍の賛同を得て軍事革命政府を樹立した。いわゆるベラスコ左翼軍事政権の発足である。クーデターの中心となったのは、陸軍の中でも少数派であったベラスコ中将を中心とする少将・大佐クラスの急進的将官・佐官グループであった。彼らは中間層の出身であり、陸軍や軍部全体に広がっていた寡頭制支配層や米系のＩＰＣ（国際石油会社：International Petroleum Company）に代表される外国資本に対する反感を共通の基盤として、中間派や保守派をも巻き込んで農地改革、基幹産業の国有化、自主管理型企業の創設、大衆動員組織の設立、非同盟運動など第三世界主義の推進、ソ連・キューバ等社会主義諸国への接近など急進的な改革を実施した。[1]

ベラスコ左翼軍事政権は、一九七三年以後のベラスコ将軍の体調の悪化や世界的な経済情勢の悪化に伴う急進派の影響力の低下により、急進的な路線の継続を保守派によって阻まれて、一九七五年八月にフランシスコ・モラレス・ベルムデス・セルッティ（Francisco Morales Bermúdez Cerruti, 1921–）中将を担ぐ保守派の軍内クーデターによって打倒され終焉を迎えた。ベラスコ政権時代に達成された急進的な成果の大半はモラレス・ベルムデス政権下で放棄され、ペルーは軍事政権時代に再編された新たな経済的支配層の下で保守的な資本主義的体制が強化されていくことになる。

ベラスコ左翼軍事政権は中間層を基盤に、中間層よりもさらに底辺層の地位向上を目指した改革を実施しようとしたが、目的半ばに主体勢力の政治的影響力の低下によって倒れることになる。したがって、ベラスコ左翼軍事政権を樹立した急進派将官・佐官クラスの運動は、周辺部資本主義社会における中間層を主体とした変革運動であったとみなされるべきものであり、世界的に一九六八年に発生した諸事件とも共通した一面を持った歴史的現象であったと言える。

[2]「ペルー革命」前史

◉寡頭制と新たな政治勢力の台頭

一五三二年に開始されたスペイン人によるインカ社会の征服と、それに続いたペルーにおける植民地体制の確立は、その後のペルー史の方向に大きく影響することになった。第一に、征服によってペルーは、早期に世界システムの中で従属的で周辺的な位置に置かれ、世界大的な資本蓄積過程に組み込まれた。この結果、とくに一九世紀に本格化した世界資本主義の「自由主義」段階において、ペルーは砂糖、綿花、羊毛等の主要産品の国際市場への統合と、それを基盤とした寡頭支配制の下で「飛び地経済」を形成し、その結果、国内市場の統合と工業化を妨げられる一方で、世界市場と密接に結びつき、その変動の影響を大きくこうむる脆弱な植民地型経済構造を定着させられることになった。

世界システムへの統合がペルーに残したもう一つの問題は、先住民・アフリカ系に対するスペイン人等の白人による経済的搾取と、それに伴うペルーの政治的・社会的・文化的分断である。ペルーの支配構造は、単に経済的支配にとどまらず、社会的・文化的・人種的支配を特徴とした。白人の先住民支配の論理は「排除」と「強制」であり、先住民は国民統合の対象から排除された。

このような国内の非同質性と「排除」「強制」の論理のために、ペルーではナショナル・アイデンティティの形成が遅れることになり、一八二一年の独立後も政治メカニズム（国家）は形式的に建設されたにもかかわらず、西欧やアメリカ合州国において成立したような国民意識の形成を基盤とした国民国家の建設は二〇世紀に至るまで達成されずに持ち越された。

植民地時代に世界システムの中で生まれた従属的構造と、先住民・アフリカ系の人々の政治的・社会的・文化的な分断という二つの問題は、一八二一年のスペインからの独立によっても解決されなかった。そして、一九世紀半ばから始まったグアノ（海鳥糞）の輸出と国家規模の詐欺的行為により、コスタ（海岸部 Costa）を拠点として国家に依存した商業資本家を生み出し、この商業資本家層はシエラ（山岳部 Sierra）の半封建的な大土地所有者層とともに寡頭制（Oligarquía）支配を形成する。彼らはこの過程で、コスタにおけるプランテーション経営に基づく輸出用農産物生産（とくに砂糖、綿花）、鉱業採掘、金融業に携わり、閨閥《けいばつ》によって結びついたきわめて少数の家族による寡頭支配層を形成することになる。

彼らの特徴は、投機と寡占と国家への寄生によって資産形成を図る傾向があったことである。寡頭支配層は資本家的な精神を有さず、寄生的体質を特徴とした。したがって、彼らはペルー国家に対する責任感を有さず、「民族資本家（民族ブルジョアジー）」の性格を持たない集団であった。

寡頭支配層は、一八七九～八三年に発生した太平洋戦争（ペルー・ボリビア連合とチリとの間に生じたタラパカ砂漠の硝石生産地帯をめぐる戦争）を経て、一八九五年の内戦を最後に私兵を有するカウディーリョ（地方ボス）の群雄割拠時代が終わり、一九一九年のアウグスト・B・レギア（Augusto Bernardino Leguía y Salcedo, 1863–1932）第二政権の成立まで寡頭制支配の全盛期に移行する。その後、寡頭支配層は、軍部を背後から支持しながら軍部を番犬的に利用する間接的支配の形態をとるようになった。しかし、このような寡頭支配制と軍部の関係に一九六〇年代から変化が生じた。その最大の要因は中間層の成長である。

ペルーでは一九二〇年代に、北部海岸部の没落しつつあった旧中間層（大土地所有の拡大によって没落した中規模土地所有者や独立農、大土地所有農場による地方的な商業支配のために没落した地方商人等）とリマ等の都市部の新興中間層（専門職、学生、官僚等）を基盤にしたアプラ運動（ＡＰＲＡ：Alianza Popular

Revolucionaria Americana アメリカ革命人民同盟）がビクトル・ラウル・アヤ・デ・ラ・トーレ（Víctor Raúl Haya de la Torre, 1895–1979）らによって設立され、一九三〇年にはアプラ運動の一国党であるペルー・アプラ党（ＰＡＰ：Partido Aprista Peruano）が結成された［小倉 2012: 82–121］。

しかし、ＰＡＰは寡頭支配層を憎悪した結果、彼らを支援する軍部とも敵対的な関係になり、とくにＰＡＰが陸軍の将校・下士官・兵士を反乱運動に動員するなど陸軍の秩序を破壊する行為を繰り返した。そのため、一九七〇年代後半まで軍部とＰＡＰの敵対関係が継続される結果となり、陸軍の主力を中間層出身者が占める時代になっても、軍部とＰＡＰの関係正常化は実現されず、このような傾向は、一九五〇年代以後のＰＡＰの保守化（マヌエル・プラド政権の支持、オドリア派との提携）によってさらに強められることになった。軍部はオドリア派と提携したＰＡＰの大統領選挙における勝利が予想された一九六二年七月にクーデターを決行したが、その背景にはＰＡＰに対する伝統的な敵対があったとされる。

第二次世界大戦後の輸入代替工業化の進展に伴って成長してきた中間層は、保守化したＰＡＰの傾向を嫌い、近代化と社会改革を目指す新たな政治勢力を形成していく。この政治勢力は人民行動党（ＡＰ：Acción Popular）、キリスト教民主党（ＰＤＣ：Partido Democrático Cristiano）、進歩社会運動（ＭＳＰ：Movimiento Social Progresista）の三党に代表される。これらの三党に共通する特徴は、都市部の専門職層を中核としていた点であり、彼らの志向する改革には富の量的拡大とそれに必要な社会の近代化を目指す開発主義と、富の再分配と権力の分権化を志向する改革主義の二つの側面が混在していた。

これら三党の中で一九六〇年代に実施された諸選挙において最も票を獲得したのは、フェルナンド・ベラウンデ・テリーを党首としたＡＰであった。ＡＰは、新中間層や新興資本家層の利害を代表するとともに、インカ社会に見られた協同性の再建を訴え、インカ社会で見られた共同体的伝統を賛美して「人民協力（Cooperación Popular）」を創設し、とくに土木事業（道路、学校等の建設）の公共事業化を提案した。また、農業改革と金融改革を提案した。

農業改革では農業用水の国有化を求め、農地の所有限度を設定する農地改革も主張した。しかし農地改革の目標は、未耕作地や生産性の低い農地を対象とし、農地の再配分よりも灌漑の拡大やセルバ地域への植民による農地拡大を強調したものであった。その一方、金融改革では国家による信用統制は含まれておらず、国際金融機関の資金を有効に使うことに重点が置かれていた。したがって、APの政治路線は社会改革よりも開発と近代化を目指すものであったと言える。

他方、一九五五年にオドリア政権の圧政に抗議する中から各地で勃興したキリスト教民主運動を母体として一九五六年一月に結成されたPDCは、一九四〇年代以来のペルーにおけるカトリック教会の急進化を反映した政治勢力であり、寡頭制の利害を前に中間層の利害と底辺層の利害が調和するという観念に基づいており、後にPDC関係者の多くがベラスコ左翼軍事政権に参加したことからも、同政権の政治理念に影響したと評価される。一九五六年に作成されたPDCの綱領は、資本主義とマルクス主義をともに非難して、国家と社会との間の中間団体の尊重を主張した。また、企業改革に関して「共同体企業（Empresa Comunitaria）」を主張しており、この点もベラスコ左翼軍事政権に影響を与えることになる。

MSPは、弁護士、ジャーナリスト、学者・研究者など知識人からなる集団であり、きわめて知的レベルの高い論陣を張ったが、一九六二年の選挙で惨敗してその政治的活動を低下させた。MSPは、構造改革、天然資源の国家統制、計画経済を提案したが、構造改革に関しては企業改革の最終目的は労働者による自主管理であり、その道筋として、労働者と資本家の共同経営から「共同体企業」に至る漸進的戦略を提起した。このような姿勢もあり、MSP党員からはPDCと同様にベラスコ左翼軍事政権に多くの協力者を輩出することになる。

なお、APとPDCは一九六三年六月の選挙に勝利して成立したベラウンデ政権の連立与党となるが、ベラウンデ政権の改革路線の迷走からともに左右分裂が発生し、PDCにおいては一九六六年末にルイス・ベドヤ・レージェスらの右派が分裂してキリスト教人民党（PPC：Partido Popular Cristiano）を結成し、他方APではベラウンデ政権下で首相を務めたエドガル・セオアネら左派が党内分派を形成し、ベラスコ左翼軍事政権成立後に分離して社会主義人民行動党（APS：Acción Popular Socialista）を結成した。

このような一九六〇年代後半に至る政治プロセスを概観する上で注意すべきは、当時の世論が中間層の急進化を背景として全体的に急進化していたという点である。一九六〇年代にはコミュニケーション手段の発達、社会変動もあり、保守派の政治勢力でさえも改革や開発を掲げざるをえなくなっており、いずれの政治勢力もが反寡頭制や反外国資本の姿勢を掲げるに至っていた。このような政治的雰囲気が、一九六八年一〇月に成立したベラスコ左翼軍事政権の姿勢を受け入れる環境を準備したと言える。

◉軍部の専門職業化

ペルー軍部の専門職業化が本格的に開始されたのは、一八九六年のフランス軍事使節団の招聘以降である。一八九六年から第二次世界大戦までは、ドイツ人教官を招聘した一九二〇年代と一九三〇年代の短い期間を除いて、フランス軍事使節団がペルー陸軍の専門職業化を指導した。フランス軍事使節団が導いた改革は、軍事法制の分野では、徴兵制や退役等の規則を定めた軍人身分法の整備などであった。フランス軍事使節団が改革を実施したさらなる領域は、教育訓練制度の整備であった。また、一八九八年には陸軍士官学校が創設された。一九〇四年には高等陸軍学校（ESG：Escuela Superior de Guerra）が設立されたが、ESGはフランスの高等陸軍学校（ESG）をモデルとしていた。ESGのカリキュラムの大部分は軍事に直接関係する科目で構成されていたが、一九二〇年代から国際政治の基礎的知識や政治経済学が導入され、一九三〇年代には天然資源論が科目に加えられた。さらに、一九四九年には戦略情報と地政学がカリキュラムに加えられた。他方、一九三〇年代には陸軍の各兵科学校（Escuela de Aplicación または Escuela de Armas）が整備された［大串 1993: 65–66］。

第二次世界大戦後には、米国が海軍だけでなく陸軍の専門職業化も援助するようになった。教育訓練面での米国の援助の経路は、軍事使節団と米国本土やパナマ運河地帯におけるペルー軍人の訓練を通じて実施された。一九四五年末、米国陸軍使節団が招聘され、四人の大佐が派遣された。これが初めての本格的な米軍陸軍使節団であった。米人軍事顧問はフランス人軍事顧問とは対照的に教壇に立つことはほとんどなかったが、多くの米軍の教範を導入した。一九五二年二月に米国とペルーの間に相互防衛援助条約が締結されて以降、米人顧問は軍事教育の補佐よりも、米国製武器の維持管理・監督を主要な業務とするようになる。また、当初の使節団にはウェストポイント士官学校を卒業したエリート将校も見られたが、一九六〇年代には軍事顧問の質は低下し、パナマで勤務経験のある将校やプエルト・リコ出身の将校などが派遣された［大串 1993: 67–68］。

第二次世界大戦後、冷戦の影響下で軍のドクトリンに重要な変化が生じた。第二次世界大戦以前はペルーの将校は政治思想に無知であったが、反共主義の傾向を強く持っていた。第二次世界大戦後に生じた変化は、反共主義が冷戦という国際政治と結びつけられ、米国が「西洋キリスト教文明」陣営の盟主として認められたことである［大串 1993: 68］。

一九世紀末の軍改革以来、軍事教育が将校の経歴の中で次第に重要性を増していった。ペルー陸軍の将校は、平均して現役軍務者の三〇%を学校で生徒または教官として過ごしたといわれる。一九六〇年には陸軍将官の六〇%が士官学校卒であったが、一九六〇年代にその比率は一〇〇%に達した。また、一九二九年には陸軍将官のわずか三一%が参謀将校（ESG卒業生）であったが、一九六〇年には九〇%、一九七一年には一〇〇%が参謀将校になった［大串 1993: 68–69］。

一九六八年一〇月のクーデターに関して、将校の覚醒要因として指摘されるのは軍における教育であり、とくに大佐の教育機関である高等軍事研究所（CAEM：Centro de Altos Estudios Militares）の影響である。CAEMは一九五〇年に創設され、翌年から教育活動を開始した。当初は陸軍だけの機関として創設され、陸軍高等研修所（Centro de Altos Estusios del Ejército）と称していたが、一九五三年にCAEMに改称された。CAEMの特色は教官層を中心とした研究活動を行い、軍内におけるドクトリン策定本部の役割を果たしたことである。

CAEM創設の基底にあった一つの重要な要因は、第一次世界大戦以降に出現した「総力戦」の観念である。「総力戦」においては、戦争は一国のあらゆる物質的・精神的諸力を総動員して遂行される。「総力戦」とは総動員体制である。戦争は単に軍事的手段によってのみ遂行されるのではなく、政治・経済・社会・心理を含むさまざまな領域を総動員して実施されるのであり、平時からそれらすべての領域において国力を高めることが目指される。また、戦争が非軍事的領域にもまたがるとすれば、軍人と文民エリートとのより密接な協働が不可決であるし、文民エリートがしばしば軍の必要性に無関心であることに鑑み、文民エリートに国防の必要性を理解させる必要がある。したがって、CAEMにおいては、国防の観点から非軍事的領域を研究すること、および国防の努力に向けて文民との緊密な協力関係を確立することが模索された。また、ペルーの実情に合った国防戦略の策定も、CAEM創設の目的の一つであった。さらに陸軍は、CAEMが三軍のより緊密な協同を可能にすることを期待していた［大串 1993: 72–73］。

一九五七年にCAEMは三軍統合司令部所属となり、陸軍だけの機関ではなくなった。CAEMの研修生は、当初は大部分が陸軍大佐で若干の空軍大佐を交えるのみであったが、一九五五年には文民が、一九五六年に初めて警察の大佐が、一九五七年には海軍大佐が参加するようになった。CAEMに派遣される大佐は将官に昇進が見込まれる高級幹部に類別される軍エリートであり、将官昇進者の中でCAEM卒業生が占める比率も上昇した。この傾向はとくに一九六二〜六三年の軍政以降顕著になり、一九六三〜六八年のベラウンデ政権期においては平均九〇%に達するまでになった［大串 1993: 73］。

CAEMのドクトリンによれば、国家が追求する究極の目的は国民の福祉である。そして国民の福祉を保障するものが、総合的国家安全保障（Seguridad Integral del Estado）である。総合的国家安全保障を達成するための諸措置は「国防（Defensa Nacional）」と称され、それは単に軍事的措置にとどまらず、政治的領域、経済的領域、心理的（もしくは心理社会的）領域でも追求される。国民の福祉は総合的国家安全保障によって保障されるだけではなく、総合的国家安全保障の必要条件でもある。したがって、CAEMの大佐課程はまず「国家の現実」と「国家の福祉政策」から勉強することになる。CAEMでは、共産主義勢力の活動を有利にしている帝国主義および国内の支配階層の近視眼的な利己主義が批判されるとともに、開発志向が強調され、改革に結びつく「反寡頭制」と「反帝国主義」の感情が醸成された［大串 1993: 75–77］。

しかし、この「反寡頭制」の感情は国民の惨状に無関心な寡頭制の利己主義に対する批判であり、「反帝国主義」は国益に反する政策をとる先進資本主義諸国に対する反発ではなく、資本主義への反発も生産手段の私的所有に基づく生産体制を否定したのではなく、他人の窮状を顧みない利己主義を否定していたにすぎなかった［大串 1993: 79］。このようにCAEMが「反寡頭制」「反帝国主義」の傾向をとり、CAEM卒業者が将官昇進者の一〇〇%を占めるようになると、総合的国家安全保障のドクトリンに立場に発する改革志向と開発志向が軍部の姿勢に反映されるようになった。

◉一九六〇年代のゲリラ運動

ペルーにおいて農民武装行動や農村ゲリラ運動が一時的に拡大したのは一九六二〜六五年であった。これらの活動を担った政治勢力は三グループに分類しうる。一つは一九五〇年代に結成されたトロツキスト系の革命的労働党（ＰＯＲ：Partido Obrero Revolucionario）の後継組織として一九六一年に結成された革命左翼戦線（ＦＩＲ：Frente de Izquierda Revolucionaria）、二つ目はキューバ革命の影響下でキューバにおいて一九六二年にペルー人によって結成された民族解放軍（ＥＬＮ：Ejercito de Liberación Nacional）であり、三つ目はＰＡＰの右傾化に反発した脱党者によって結成された「アプラ反乱派（APRA Rebelde）」を基盤に、キューバ革命の影響も受けて一九六二年に結成された革命的左翼運動（ＭＩＲ：Movimiento de Izquierda Revolucionaria）である。

ＦＩＲの設立当時の書記長はクスコ県出身のウーゴ・ブランコ・ガルデス（Hugo Blanco Galdos, 1934–）であり、ブランコはアルゼンチン滞在時にトロツキスト運動に参加し、帰国後、出身地であるクスコ県ラコンベンシオン・ラレス郡のチャウピマヨ農民組合を基盤に活動し、その後、同郡農民連盟書記長となった。一九六二年四月よりチャウピマヨ農民組合の活動の中で土地占拠運動を拡大し、これに対する治安当局の弾圧に対抗してレミヒオ・ワマン旅団の名の下で農民の自衛武装活動を展開したが、一九六三年五月に逮捕され、運動は徹底的に壊滅された。一九六二年一〇月にはチャウピマヨにおいてブランコと後述のＭＩＲ書記長のルイス・フェリペ・デ・ラ・プエンテ・ウセダ（Luis Felipe de La Puente Uceda, 1926–1965）が会合しており、ＦＩＲとＭＩＲの連携の可能性が協議された。

他方、ＥＬＮはキューバに渡航したペルー人青年によって一九六二年にハバナで結成された後、同年中にボリビアからマドレ・デ・ディオス県内に潜入したが、プエルト・マルドナードで治安部隊に察知された結果、銃撃戦で詩人のビクトル・エローが戦死するなど壊滅された。その後、一九六五年九月にはジャーナリストのエクトル・ベハル・リベラ（Héctor Béjar Rivera, 1935–）の指揮下で、ＭＩＲと連携してアヤクチョ県ラ・マル郡内のビルカバンバでゲリラ活動を開始した。しかし、同年一二月に軍の介入により同郡での活動も壊滅した(2)［義井 2004: 74; Ministerio de Guerra 1966: 68–69］。

他方、ＭＩＲは「アプラ反乱派」以来の書記長であるデ・ラ・プエンテの指導下で、一九六五年七月から全国各地でゲリラ活動を開始した。北部ではエクアドルと国境を接するピウラ県アヤバカ郡ワンカバンバにてゴンサロ・フェルナンデス・ガスコ（Gonzalo Fernández Gasco）指揮下の「マンコ・カパック（Manco Cápac）部隊」が、中部のフニン県サティポ郡ではギジェルモ・ロバトン（Guillermo Lobatón）指揮下の「トゥパク・アマル（Túpac Amaru）部隊」が、山岳部南部のクスコ県ラコンベンシオン・ラレス郡内ではルベン・トゥパヤチ（Rubén Tupayachi Solórzano）指揮下の「パチャクテック（Pachacútec）部隊」がゲリラ活動を拡大した。総指揮はラコンベンション・ラレス郡内のメサ・ペラーダに本拠地を置いたデ・ラ・プエンテが執った。同年八月には法律一五五九一号が公布されて軍がゲリラ運動の鎮圧に動員され、一二月末には全国各所でのＭＩＲの活動が鎮圧されることになる［Ministerio de Gierra 1966: 54–67］。

一九六五年におけるＭＩＲの活動は一年程度で軍・警察によって鎮圧されたが、一九六〇年代のペルーにおける農村ゲリラ運動では最大の運動となった。これらのゲリラ運動の鎮圧のため主に陸・空軍が動員され、とくに陸軍では北部の第一軍管区、中部の第二軍管区、南部山岳部の第四軍管区が対応し、情報部が情報収集および情勢分析の重要な任務を担った。それらの情報収集活動は情報部勤務将校にとって国の現実と接する重要な機会となった。

[3] 一九六八年一〇月三日「ペルー革命」

◉クーデターの経緯

一九六八年一〇月三日未明、リマ市リマック区内にある機甲師団の基地から出動した戦車が大統領官邸に侵入し、同時に国会議事堂、国営ラジオ局、リマ県庁等を陸軍の部隊が占領した。ベラウンデ大統領は拉致され、夜が明けてからアルゼンチンに追放された。クーデターに関与していなかった陸軍の各部隊は、数人の高官が退役を申請した以外は、揃ってクーデターを実行した陸軍首脳部に忠誠を表明した。同日未明、空軍と海軍はリマ市内のペルー軍人訓練センター（CIMP：Centro de Instrucción Militar del Perú）でクーデターを指揮する陸軍首脳部と交渉に入り、夜が明けてから三軍による軍政の最初の内閣が発表された。こうして革命評議会（Junta Revolucionaria）が設立された。この時、一般国民は知らされなかったが、軍内では秘密裡に「インカ計画（Plan Inca）」と名づけられた軍政の統治計画がすでに作成されていた。そして、一〇月二日付で作成された次のような声明を革命評議会が公表した。

「（前略）ペルー国民の切望と完全に一体化した革命評議会は、正当な社会的正義、活性的な国内的発展、および祖国に上位の方向性の追求を確実にする道徳的価値の再確立を達成するために軍部とともに戦うことをペルー国民に呼びかける」[Del Pilar II 1983: 285]。

また、一〇月三日に確立された軍事革命政府規約の第一条には次のように記されていた。

「ペルー軍部は、ペルー国民の切望を受けとめ、経済的混乱、行政上の道徳的退廃、安易な天然資源の対外的安売り、特権階級に有利な天然資源の開発、当局者の原則の喪失、ペルー国民の福祉と国の発展が求める緊急の構造的改革を実現することへの無能を終わらせる延期不可能な必要性を認識して、国民的な諸目的の実現に向けて国の指導を決定的に方向づけるために、国の指導を引き受ける」[Del Pilar II 1983: 286]。

これらの声明と規約から見ても、革命評議会および軍事革命政府が、反寡頭制、反帝国主義、反既成政治というかなりの急進的な性格を有していたことが理解される。

クーデターの準備は同年四月二一日に始まった。この日、陸軍総司令官兼統合司令部議長であるベラスコは、ＳＩＥ（陸軍情報機関）局長エンリケ・ガジェゴス・ベネーロ大佐および陸軍情報局第一次長のレオニダス・ロドリゲス・フィゲロア大佐と会合し、情勢の混乱を憂慮している、このままでは軍人による内閣、もしくは軍政を敷く必要が出てくるかもしれないと述べた。これに対して二人の大佐は、そのような事態に備えて、念のために今から統治計画を作成しておくべきだと応じた。

四月二五日、ベラスコは前記の二人の大佐および陸軍情報局第二次長であるオスカル・モリーナ大佐に、非常事態に陸軍がとるべき行動についての研究を命じ、この行動計画は五月一六日にベラスコに提出された。この計画は「インカ計画」と名づけられ、ナショナリズムを基調とし、農業改革、企業改革、税制改革、信用改革、行政改革の五つの改革を柱としていた。

五月二〇日、ベラスコは「インカ計画」をさらに詳細に策定するように命じ、他の数人の大佐を加えて部門別の研究が始まった。作業は情報部門の状況評価報告作成の体裁をもっていたため、参加した将校の多くはその本当の目的を知らなかった。この作業は一カ月で完了し、六月一九日に「インカ計画」第二次案がベラスコに提出された。ベラスコは統治計画の策定を進める一方、五月末から七月にかけてクーデターの実行に必要な人物を組織していった。それは陸軍監軍局長エルネスト・モンターニュ・サンチェス中将、第二軍管区総司令官マルドナード・ジャニェス少将、ＣＩＭＰ（ペルー軍人訓練センター）

長官エドガルド・メルカード・ハリン少将、リマ機甲師団総司令官アルフレッド・アリスエーニョ・コルネッホ少将、特殊部隊司令官ラファエル・オジョス・ルビオ大佐であった。これにベラスコ、陸軍人事局次長フェルナンデス大佐、陸軍情報局第一次長ロドリゲス大佐、SIEガジェゴス大佐を加えた五人の将官と四人の大佐から成るチームが秘密裏に結成された。この九人のチームが結成された時点で想定されていたのは、ベラウンデ大統領の下で軍人によって構成される危機管理内閣の組織ではなく、まさに軍事クーデターであった。「インカ計画」の加筆修正は四人の大佐によって続けられた［大串 1993: 129–131］。

しかし、クーデターが発生することを知っていたのはこれら九人だけではなかった。首謀者グループの友人であった第三軍管区総司令官アンヘル・バルディビア・モリベロン少将、騎兵科学校校長ペドロ・リヒテル・プラド大佐、ピウラ県スジャーナの騎兵師団長アルマンド・アルトーラ少将であり、陸軍外ではアルフォンソ・ナバロ海軍少将、海軍情報局長ギジェルモ・デ・ラス・カサス・フライシネ少将、ラス・パルマス空軍基地司令官ホルヘ・チャモー少将、空軍大佐二名（氏名不詳）、PIP（ペルー捜査警察）長官（氏名不詳）の六名であった。これら九名のいずれもが政権成立後に政府内で重要なポストを占めることになる。クーデターの前日の一〇月二日にはより多くの将校にクーデター計画が告げられた。クーデター・グループの最後の打ち合わせでは、クーデター後にIPC（米系石油企業）接収と農業改革を必ず実行することを急進派の大佐たちが要求し、将官たちはこれを約束した。

◉クーデターの原因

前記の革命評議会声明および軍事革命政府規約からも、ベラスコ将軍を中心とする急進派勢力が、寡頭制と既成政治のあり方、外国資本との関係、経済混乱に対して危機的意識を持ち、救国的使命を達成するとの意思を有していたことがうかがえる。

ベラウンデ政権下で経済情勢は困難な状態に陥り、一九六七年九月に実施された大幅な通貨切り下げからクーデターが実行された翌六八年一〇月に至る一年間は、経済と政局の混乱に終始した。ベラウンデ大統領の信用は失墜し、経済危機に対処する努力はPAPとオドリア派（オドリア国民連合）の連携によって阻まれ、さらに政府要人が絡んだ密輸事件が発生して、政局は一層混迷を深めていた。

一九六八年五月、PAPは政府に妥協の姿勢を示した。マヌエル・ウジョア・エリアス蔵相は国会の権限委任に基づいて、外資の銀行業参入を制限し、戦略的重要性を有する産業では外国資本の参加率を五〇％以下にし、通貨政策における国家の権限を強化する等、近代化志向と穏健なナショナリズムに沿った改革を実施した。ウジョア蔵相はさらに外債の借り換えにも成功したことから、経済危機打開の糸口がつかめたかに見え、政局はやや安定に向かった。こうして、残る当面の懸案は石油会社IPCの問題だけとなった。

ベラウンデ政権とIPCは同年八月一三日にタララ協定を締結した。この協定において、IPCはラ・ブレア・イ・バリーニャス油田を政府に返還することに合意したが、ペルー側はIPCが利権なしに採掘した石油代金の請求権を放棄した。その内容は、IPCの即時接収を主張してきた民族主義派にとっては受け入れがたいものであった。さらにIPCとの折衝にあたった国営石油公社総裁が辞任後の九月一〇日夜にテレビで演説し、公表されたタララ協定からは、自分が署名した一一ページ目が破りさられていたと表明した。この「一一ページ」と称されたスキャンダルが、国民の多くを激昂させ、政局を流動化させるに至った［大串 1993: 130］。

クーデターの準備が、前記の通り四月二一日に極秘裏に始められ、六月一九日には「インカ計画」第二次案がすでに作成されていたこと、七月にはクーデターの実行部隊の責任者の組織化が進められていたことを考慮すれば、「一一ページ」のスキャンダルの有無にかかわらず、ベラスコ将軍らはクーデターの実行の意思を固めていたことが確認される。

このようなクーデターに向かう政治的環境の中で、ベラウンデ政権末期には文民の開発主義・改革主義を目指す政治勢力の中に内部分裂が生じており、それが政府の行政的能力を低下させていた事実も見逃せない要素である。前記の通り、一九六六年末にはPPC（キリスト教人民党）がPDC（キリスト教民主党）から分離していたが、一九六七年末にはPDCが人民行動党との連立を解消していた。また、人民行動党内においても、セオアネらの急進派がベラウンデ大統領に反旗を翻し、同党も二派に分裂していた。このような政治環境の下で、中間層の成長を背景として形成された一九六〇年代の政治は、その開発志向よりも、開発の進展を阻害する諸要素の排除を目指す改革志向の傾向を強めた。「インカ計画」の作成に際して、人民行動党やPDCの政策綱領など諸政党の主張が参照され、ベラウンデ政権が公約しながらも実現できなかった改革が取り入れられた事実にも反映している。すなわち、ベラスコ左翼軍事政権は、ベラウンデ政権が遂行しえなかった社会改革を実行する主体として登場したのである。しかし、ここで指摘しておかねばならない点は、軍部が示した改革志向は国家機構による改革を目指すものであり、必ずしも民衆の積極的参加が想定されてはいなかった点である。したがって、軍事革命政府と軍事評議会による「革命」は、上からの権威主義的な改革という形をとることになる。

◉クーデターの中心勢力

前記の通り、クーデターの中心となったのはベラスコ陸軍総司令官兼三軍統合司令部議長のほか、モンターニュ・サンチェス中将、マルドナード・ジャニェス少将、メルカード・ハリン少将、アリスエニョ少将、ガジェゴス大佐、ロドリゲス大佐、モリーナ大佐、オジョス大佐、フェルナンデス大佐の五人の将官と五人の大佐のチームであった。クーデターの背景となる軍部の思想形成にCAEM（高等軍事研究所）が大きく影響したことは事実であるが、クーデターに参画した急進的な将官および大佐たちにはCAEM卒業生は少なく、メルカード・ハリン少将、ロドリゲス大佐、ガジェゴス大佐など、むしろ情報部門に勤務経験のある軍人が多くを占めた。また、アリスエニョ少将は陸軍情報学校で高等戦略情報課程を受講している。政権成立後にベラスコ派を形成した将官・佐官の中では、ホルヘ・フェルナンデス・マルドナード、アニバル・メサ・クアドラ・カルデナス、ラウル・メネセス・アラタが高等戦略情報課程を受講しており、リヒテルは情報部門で勤務経験があり、デ・ラ・フロールはフランスで反革命戦争ドクトリンを学び、ミランダはパナマ運河地域で反乱鎮圧課程を受講している［大串 1993: 121］。

このように、クーデターの首謀者や軍事政権成立後にベラスコ派の立場に立った将官・佐官の中には、情報部門での勤務経験者や高等戦略情報課程、反乱鎮圧課程を受講した軍人が多くを占めたことが顕著である。

一九六八年一〇月三日に組閣された内閣のメンバーは、表3－1の通りである。以後、閣僚は一九七五年の政権崩壊まで現役将官が独占した。

とくに、ベラスコ大統領の側近として路線の策定において重要であったのは、新設された大統領諮問委員会（COAP：Comite de Asesoramiento de la Presidencia）のメンバーたちであった。ベラスコ流の改革を推進する急進派の大佐が集められ、ベラスコ大統領を補佐して「ペルー革命」の大きな推進力となった。COAPの重要な職務は閣議に提出される法案をチェックし、最終法案の形に整えることであった。あらゆる法案はCOAPを通過しなければならず、COAPは回されてきた法案を大幅に加筆・修正する権限を有していた。このため、COAPはベラスコ大統領の庇護の下で大きな権力を持った。

ベラスコとこのCOAPのメンバーが、「革命中核」とも呼びうるグループを形成した。具体的には、

表 3–1　ベラスコ軍事政権成立時の閣僚（1968年10月3日組閣）

ポスト	氏　名
首相兼陸相	エルネスト・モンターニュ・サンチェス（陸軍，保守派）
海相	ラウル・リオス・パルド・デ・サラ（海軍，保守派）
空相	アルベルト・ロペス・カウシージャス（空軍，保守派）
外相	エドガルド・メルカード・ハリン（陸軍，改革派）
内相（統治警察相）	アルマンド・アルトーラ・アスカラテ（陸軍，ベラスコ友人，反共）
経財相（蔵相）	アンヘル・バルディビア・モリベロン（陸軍，穏健改革・保守派）
農相	ホセ・ベナビデス・ベナビデス（海軍，保守派）
勧業相	アルベルト・マルドナード・ジャニェス（陸軍，穏健改革・保守派）
動力鉱山相	ホルヘ・フェルナンデス・マルドナード（陸軍，急進改革派）
工業相	ホルヘ・カミーノ・デ・ラ・トーレ（海軍，保守派）
漁業相	ハビエル・タンタレアン・バニーニ（陸軍，改革派）
運輸通信相	アニバル・メサ・クアドラ・カルデナス（陸軍，急進改革派）
教育相	アルフレッド・アリスエーニョ・コルネッホ（陸軍，穏健改革・保守派）
保健相	エドガルド・モンテーロ・ロハス（空軍，穏健改革派）
住宅相	ルイス・エルネスト・バルガス・カバジェーロ（海軍，保守派）
労相	ロランド・ジラルディ・ロドリゲス（空軍，穏健改革・保守派）
司法宗教相	アルフォンソ・ナバロ・ロメーロ（海軍，保守派）
商業相	ルイス・バランディアラン・パガドル
食糧相	ラファエル・オジョス・ルビオ（陸軍，急進改革派）
大統領諮問委員会（COAP）委員長	アルトゥーロ・カベーロ・カリスト（陸軍，改革派）
国家企画庁長官	ホセ・バイレティ・マッキー

表 3–2　軍事政権に関わった39名の将校の覚醒要因

	覚醒要因	人　数
1	軍事教育 とくにCAEM，陸軍情報学校と三軍の参謀学校	17
2	ペルー各地に軍人が赴任，視察し，民衆の悲惨な生活を知るとともに支配層の奢侈に流れた生活に接したこと	15
3	ゲリラの危険	8（「革命戦争」1名を含む）
4	軍に入る前の現実との接触	7
5	外国での訓練・滞在	6（うち米国4名）
6	読書（とくにマリアテギ，アヤ・デ・ラ・トーレ，ゴンサレス・プラダなど）	5
7	兵卒との接触	4（うち陸軍が3名）
8	情報機関での経験	3
9	コミュニケーションの発達	3
10	文民の開発主義・改革主義	3
11	軍の社会活動	2
12	その他	7

出所：大串［1993: 70］

ロドリゲス、フェルナンデス（動力鉱山相）、グラアム、ガジェゴス（SIE局長）である。また、「準中核」と呼びうるのは、アルトゥーロ・バルデス、デ・ラ・フロル（運輸省補佐官）、ミランダ、メサ・クアドラ（運輸相）、メネセスらである。両者を合わせて「革命推進グループ」と評することができる［大串 1993: 146–147］。

その後、内閣改造が頻発したが、そのたびに顕著となったのはベラスコ大統領の路線に共鳴する急進改革派や穏健改革派の起用であり、そのような人事は海軍および空軍においても見られるようになる。こうしてペルー社会の改革を目指す人々が政権中枢に集められるようになっていった。

ベラスコ左翼軍事政権を体系的に研究した大串和雄氏は、政権に関わった三九名の三軍の将官・佐官ら将校に社

表 3–3　政権関係者の1968年以前における文民政党支持

氏　　名	政党支持
ホルヘ・フェルナンデス・マルドナード（急進派）	PDC（コルネッホ派）
レオニダス・ロドリゲス・フィゲロア（急進派）	PDC
アルトゥーロ・バルデス・パラシオ（急進派）	ベラウンデ
フアン・ベラスコ・アルバラード（急進派）	PDC，（ベラウンデも）
ホセ・アルセ・ラルコ	ベラウンデ
ミゲル・アンヘル・デ・ラ・フロル（急進派）	なし
ホセ・A. グラアム・ウルタド	PDC（コルネッホ派）
ラモン・ミランダ・アンプエーロ	PDC，（ベラウンデも）
匿名穏健進歩派	PDC，PAP
ガストン・ミランダ・オブライエン	PAP，後にベラウンデ
ホセ・ルナ・ガルシア（保守派）	ベラウンデ
アルトゥーロ・カージェ・ポマル（保守派）	ベラウンデ
エンリケ・シュロス・カルリン（保守派）	ベラウンデ

出所：大串［1993: 115］

会的な問題への覚醒要因に関する聞き取りを行っている。質問は「軍が、あるいはあなた個人が国の政治的・社会的現実に敏感になった」要因を問う形式で行われ、複数回答も可能とするものであった。大串氏はその結果を表３－２の通り掲示している。

この聴取結果では、覚醒要因を軍事教育の受講経験と回答した者が一七人であったのに対して、（一部複数回答があるとはいえ）ペルーの現実との接触であると回答した者は合計で三三人に達する。この聴取結果からも、将校の覚醒要因としてはＣＡＥＭ等における軍事教育以上に、ペルーの現実を認識したことが大きく影響したことが立証されたと言えよう。

また、大串氏は政権関係者の一九六八年以前の政党支持を調査して、表３－３のような結果を掲載している。この事実から、ベラスコ政権において中心的な役割を果たした人々の多くが、保守派を含めて、一九六八年のクーデター以前には中間層を基盤とした改革志向の政党を支持していたことが理解される。したがって、ベラウンデ政権が農地改革等において妥協的な姿勢をとるようになり、ＰＤＣさえもが連立を離脱するに至ったことへの失望が、クーデターの決行やその後のクーデターの容認に向けて決定的な要因になったと判断される。

［4］ベラスコ左翼軍事政権の展開

◉人事面の掌握

一九六八年一〇月二五日、閣僚人事に最初の変化が起こった。ロペス空相が辞任し、退役を申請した。辞任のきっかけは空軍内の昇進をめぐるトラブルであった。また、ロペスがベラスコ大統領を自分と対等とみなして従順に従わず、同様に気性の激しいベラスコ大統領と性格的に相いれなかったことが、辞任の遠因と考えられる。ロペス空相の辞任後、空軍の将官の間の投票で選ばれたジラルディ労相が一一月一日付で特別に中将に昇進して、空軍総司令官に就任した。労相の後任には、クーデターの協力者であったチャモー少将が就任した。

ロペス空相辞任に続く閣内の危機は、ベラスコの退役問題であった。ベラスコは一九六九年一月三一日に勤続三五年により定年を迎えることになっており、そのまま大統領職にとどまるか否かは微妙な問題であった。ベラスコを追い落とそうとする動きは一月に入り表面化した。ベラスコの知らぬ間に開かれた閣議で、ベラスコの退任が決定された。この策動を中心となって画策したのはモンターニュ首相、バルディビア蔵相、マルドナード・ジャニェス勧業相であった。ベラスコはベナビデス農相から事の次第を聞き、翌日、反撃に出て先手を打って革命評議会を招集した。革命評議会において陸・海軍の総司令官はベラスコの退任を支持したが、ジラルディ空軍総司令官がベラスコ留任を支持したため、ベラスコは留任を宣言した。政府規約第四条により大統領の任命には革命評議会の全員一致が必要であるが、ベラスコ解任にも全員一致が必要であるとの解釈がとられたのである。

この事件後、ベラスコの大統領権限は強化された。軍事革命評議会発足当初はベラスコと他の閣僚との関係は同輩中の首席に近かったが、一九六九年一月以降はベラスコが閣僚を服従させるようになった。この権威主義的傾向は時を経るにしたがって次第に強まっていく。モンターニュ首相はその後一九七三年一月末の退役時まで首相の地位にとどまったが、以後目立った働きはしなかった。その気性からして反ベラスコ派を率いることはなかったが、占めている地位の重要性から、モンターニュは閣内の保守派の代表的存在であり続けた。また、ベラスコに秘密の閣議があったことを隠したアルトーラ内相やベラスコ解任に向けて機甲師団総司令官を味方につけようとしたアリスエニョ教育相も、ベラスコの不信を買うことになった。逆にジラルディ空軍総司令官はその後、政権終焉時まで空軍内には少なかったベラスコの忠実な支持者となる。

一九六九年二月二八日にバルディビア蔵相が、三月一日にマルドナード・ジャニェス勧業相が失脚した。タララの製油所は一九六八年一〇月九日に国有化されて勧業省の管轄下に置かれたものの、IPC系石油企業の原油の精製を続けたが、その精製料を勧業省は受け取っていなかった。他方、バルディビア蔵相はIPCの海外送金を許可する省令に署名していた。これらの問題にベラスコが気づいた時、ベラスコは新聞社にその事実をリークして、新聞が調査を要求するように仕向けた。この結果、これら二閣僚は責任をとって辞任した。蔵相と勧業相の後任にはそれぞれモラレス・ベルムデス陸軍少将とフェルナンデス・マルドナード陸軍少将が任命された。バルディビアとマルドナード・ジャニェスは強制退役制度の創設により一九七〇年一月限りで退役となった。バルディビアは本来、一九七三年二月から一年間、陸軍総司令官を務める予定であった。

このようにベラスコ大統領は、一九六九年一月に自らの退任問題を乗り切って以後、政権発足当初は陸軍内の事情や陸軍と海・空軍との関係を考慮して任命してきた閣僚人事を有利に進め、「ペルー革命」の路線に忠実な急進的・進歩的な軍人を次々に入閣させて閣内を固めるなど、人事面を掌握して政権基盤の強化を図っていった［Philip 1978: 87–95］。

◉IPC（米系石油会社）の接収

クーデター翌日の一九六八年一〇月四日、軍事革命政権はベラウンデ政権がIPCと締結したタララ協定を無効と宣言し、九日にはIPCのラ・ブレア・イ・バリーニャス油田施設とタララ製油所を接収した。接収の断行は、保守政党も含めてほとんどの政党が歓迎せざるをえない国民的快挙であった。これによって一〇月三日以来続いていたクーデターへの抗議行動も終焉し、政府に対するいくぶん受動的な共感と変革への期待が生じ、クーデターを暗黙裡に容認する雰囲気が定着した。

軍事革命政権は、さらに翌一九六九年二月上旬にIPCの累積債務を理由としてペルー国内のすべてのIPCの資産を差し押さえた。IPC接収の一つの効果は、この問題をきっかけにして最初の急進的な協力者を得られたことである。IPC接収の法案作成や補償額を決める委員会には、元MSP（進歩社会運動）の活動家など民族主義的な人々が協力した。その後も、軍事革命政権に変革の潜在力を見出した急進的な人々は、政党政治の中で実現できなかった改革を実現すべく、政府のさまざまなセクターの協力者となっていった。MSPだけでなく、PDCや人民行動党セオアネ派の人々も政府に協力するようになった。

二月には、前述の通り、IPCによる精製料の未払いや海外送金許可の問題が露呈して、バルディビア蔵相とマルドナード・ジャニェス勧業相の更迭問題が生じ、この事件後、IPCの海外送金許可に責任のあった中央準備銀行が改組され、民間部門の代表が一掃された。こうして、ベラスコ大統領が陸軍内部で公約としたIPC接収を実行したことが、軍部内だけでなく民間人の間にも軍事革命政権に対する支持を増加させることになる。すなわち、軍事革命政権は急進的な措置を実行することによって支持基盤を拡大することになった。

◉農業・農地改革

農業改革は、農業構造改革と農地改革から成っていた。「ペルー革命」の最も重要な改革の一つは、貧農層に土地を再分配するだけでなく、寡頭制を打倒する意味をもった農地改革であった。農業省における農地改革法案の起草作業は一九六八年一一月から開始された。しかし、農業省の保守的な原案はベラスコ大統領とCOAP（大統領諮問委員会）によって拒否され、法案起草の主体はCOAPに移された。農業省の原案作成の過程では大土地所有者の利益団体である全国農業協会（SNA）に趣旨説明を行っていたが、COAPでは極秘裡に法案が作成された。また、COAPでは、元MSP系の官僚が法案の起草に参加し、元人民行動党急進派のセオアネも協力した。

ベナビデス農相は一九六九年六月一一日に辞任し、軍務に戻った。ベナビデスの辞任は、COAPで作成中であった農地改革法案に不同意であったためと言われているが、それだけが理由ではなく、保守的な傾向で寡頭制とも連携したベナビデス元大統領の息子であったベナビデスに対して反発する空気が政府内にあることを悟ったためでもあった。後任の農相にはホルヘ・バランディアラン陸軍少将が任命された。バランディアランは、少なくとも農地改革に関しては熱心な推進者であった。

同年六月二四日に公布された農地改革法は、地域によって多少相違があるが、コスタ（海岸部）の灌漑地では土地所有の上限を一五〇ヘクタール、シエラ（山岳部）では一五～五五ヘクタールに制限していた。また、十分に利用されていない土地、間接耕作地、労働条件が適法でない農場は全面的に収用されることになっており、土地所有者にとっては厳しい内容であった。旧土地所有者への補償は、家畜を除けば一定限度までは現金で、それ以上は譲渡不能な農業債権で支払われることになっていた。さらに、土地価格税用の一九六八年の申告額が評価額とされるように規定されており、それまでの脱税が報いを受けるように工夫されていた。

農地改革発表の翌日、農業における寡頭制の牙城であるコスタ北部砂糖プランテーションが農地改革の適用を受け、生産者協同組合に組織された。さらに七月にはベナビデス時代から準備されてきた水利法が公布され、水は国家管理の下に置かれることになった。

農地改革は複数の目的を有するものであった。最も重要な目的は、①社会的不公正を是正し、農民の生活水準を向上させる、②寡頭制の権力基盤を破壊する、の二点である。また、③国内市場の拡大による工業化の促進、④農業生産性の向上も重要な側面であった。工業化促進策として、農地改革では、農業債権保持者が特定の工業に現金で投資する場合には、それと同額の農業債権を工業の株式に転換できることになっていた。

農地改革はコスタから実施され、貧困と搾取が最も蔓延していたシエラは後回しにされた。最終的に農地改革終了が宣言されるには七年を要し、その過程では、改革の早期実施を要求する農民の圧力や、土地占拠等の実力行使が見られた。シエラが後回しにされたのは、シエラの大土地所有者よりも力の強いコスタの寡頭制が農地改革を妨害することを予防したためである。ベラスコ大統領はシエラから先に改革に着手することを提案したが、ＣＯＡＰのロドリゲス大佐は前記の理由から反対し、ベラスコも大佐の主張を受け入れた。農地改革の実施が遅れたところでは、良種の家畜を殺す等のサボタージュが行

表 3–4　農地改革の結果（1969–1975年）

	分配面積（ha）	分配土地価格（千ソーレス）	受益家族数（戸数）	家族ごとの土地価格（千ソーレス）
SAIS	2,494,427（43%）	1,388,727（14%）	59,210（25%）	23
CAP	1,933,037（33%）	7,837,876（81%）	98,081（41%）	80
農民グループ	919,210（16%）	349,996（4%）	26,405（11%）	13
共同体	420,373（7%）	99,428（1%）	46,025（19%）	2
個人農業	71,712（1%）	n.a.	10,721（4%）	7
合計	5,838,759（100%）	9,676,027（100%）	240,442（100%）	40

出所：Booth/Sorj eds.［1983: 33］

われた。改革の実施に七年の年月を要したことは、事務能力の限界が一因となったとみられる。

軍事革命政府が実施した農地改革の急進性は、その実施過程にも表れていた。政府は一九六九年一一月に、当初は認められていた民間主導による土地分割を厳しく制限する法律第一八〇〇三号を公布した。また、多くの農場は法定の労働条件を遵守しておらず、この理由によって七〇年代前半には、すでに分割された農場の一部が収用された。収容された土地の農民への割当ては、個人農、農業生産協同組合（ＣＡＰ）、農業公益組合（ＳＡＩＳ）、農民共同体のいずれかの形で行われることになっていたが、実際には集団的形態による割当てが多く行われた（表３－４）。このような農政当局の「集団化」の姿勢に危機感を持った各地の中農層は、政府に抗議の意志を表明するようになる。

主権回復の象徴としてのＩＰＣ接収に加えて、農地改革は、社会正義実現の象徴として軍事革命政権の急進性を明確にし、その正統性を著しく増大させることになった。また、ＩＰＣ接収と農地改革法公布以後、軍政府内部でも急進的政策に対する恐れやタブー感が薄れ、農業以外の部門でもさまざまな改革が立案・実行されていった［大串 1993: 150–152］。

◉教育改革

一九七〇年五月に教育改革の指針が発表された。教育改革委員会はCOAP（大統領諮問委員会）と直接に調整を図った。しかし、アリスエニョ教育相が「意識化」という言葉を使ったことが保守系の懸念を招いた。同年九月に教育改革の全体報告書が公表されたが、同報告書は批判と創造と協同に改革の基礎を置き、意識化、開発のための教育、教育への地域社会の参加等を柱としていた。一九七二年三月に、全体報告書の内容に即した教育改革法が公布された。教育改革は元MSPのアウグスト・サラサール・ボンディを中心とする急進的な民間人の主導で進められた。ベラスコ左翼軍事政権が推進した教育改革はラテンアメリカで高く評価された(3)。

他方で、国内的には軍内を含む保守派の懸念を招いた。保守系が誤解に基づき懸念したことは、国の「共産主義化」であった。彼らにとって、教育改革は「極左」が主導しており、生徒の意識化を図るなどはまさに「共産主義」そのものであった。さらに私立学校への統制が強化されたこと、とくにミッション系学校の宗教教育への干渉が懸念を増幅した。また、新しい教育理念によってペルー史の比重が減り、これまでのように英雄中心の歴史から大衆中心の歴史に変わったことも、愛国心が減少するという懸念から保守派の反発を招いた。

◉外交路線の転換

一九六八年一〇月に実行されたIPC接収から一九六九年六月の農地改革の実施に至る時期の政府の政策は、「反帝国主義」ナショナリズムを基調としていた。この時期の最も急進的な政策は、米国の圧力に対する民族主義的抵抗である。IPC接収に対して、米国はヒッケンルーパー修正条項および砂糖法修正条項による経済制裁をほのめかした。しかし、IPC接収は軍事革命政府にとって主権自体を体現しており、政府は断固として譲歩を拒否した。COAPでは、米国政府が経済制裁を適用した場合に、それに報復するためにペルー国内で米国人が持つあらゆる銀行口座、株式、財産を凍結すること等を内容とする法案を準備した。

また、政府はこれと並行して活発な外交を展開した。初期にとくに顕著であったのは、ソ連・東欧社会主義諸国との国交の樹立と、ラテンアメリカ諸国との協調である。社会主義圏への接近の一つの重要な目的は、通商上の新たな機会を開拓し、貿易の多様化を図ることであった。一九六八年一二月から一九六九年四月にかけて、ペルーはソ連、ユーゴスラビア、チェコスロバキア、ハンガリー、ポーランド、ブルガリアと外交関係を樹立し、それに伴ってそれらの諸国との通商や経済協力関係も増大した。ベラスコ左翼軍事政権は一九五〇年代の第二次プラド政権以来続いていた社会主義諸国への渡航禁止を解除するとともに、さらに第三世界主義を掲げて非同盟運動に積極的に関与するようになった。こうしてベラスコ左翼軍事政権は、第三世界主義・非同盟への傾斜、米国離れ、そして社会主義圏をも含めた等距離外交へと、外交路線の転換を図った。

IPC問題とともにこの時期に再燃した米国との摩擦は、領海二〇〇海里に関する問題であった。一九六九年二月、ペルー海軍は二〇〇海里水域で操業していた米国のマグロ漁船を拿捕した。これに対して米国は、武器輸出を禁止するペリー修正条項を暫定的に適用した。この措置が五月に明るみに出た時、ペルー政府は米国軍事援助顧問団（MAAG）を追放した。約一カ月の交渉の後、米国はペリー修正条項適用を公式には撤回したが、実質的には部分的武器輸出制限が継続された。米国軍事援助顧問団は、すでに移転が決定している軍需品の供給を監督するために、数人の要員のみがペルーに残ることになった［大串 1993: 143–144］。

一九七〇年九月にメルカード外相は国連総会等の場で、中国の国連への参加とキューバの米州機構（OAS）への復帰検討がペルーの立場であると表明した。ペルーは一九七一年四月に中国と通商協定を結び、同年八月に国交を樹立した。またキューバとは一九七一年六月に通商協定を結び、一九七二年七月に国交を回復した。

その後、一九七三年三月に陸軍はソ連とT55型戦車二〇〇両の購入契約を交わし（引き渡しは一九七四年）、空軍もヘリコプターおよびMIG21型戦闘機やSU22型攻撃機を購入するなど、ペルー軍部は兵器体系の主軸をソ連型に変更した。なお、海軍はソ連からの小型砲艦売却の申し入れを検討したものの、契約するには至らなかった。

◉労働共同体・社会所有

一九七〇年七月に軍事革命政権は工業一般法（法律第一八三五九号）および細則を公布した。その内容は、①基礎工業を国家が独占する、②工業部門の企業の課税前純益の一〇%をフルタイムで働く全従業員に分配する、③従業員六人以上または年間粗益が一定額以上の工業企業にフルタイムで働く全従業員によって構成される工業共同体（Comunidad Industrial）を設立する。工業共同体は企業の課税前純益の一五%を受け取り、それによって企業の株式の五〇%を所有するまで当該企業の株式を取得する、④工業を優先性に応じて四種類に分類し、差別的インセンティブを与える、⑤外資系企業に一定期間後の民族企業化を義務づける、というものであった。

工業共同体も農地改革と同様に複数の目的を持っていた。第一に、階級協調の理想が存在した。工業共同体は、労使間の社会的・経済的格差を軽減し、労働者を「所有者」にすることを通じて、階級的統合を促進して階級闘争をなくすことが考えられた。第二の目的として、生産増という開発主義的関心が強く存在した。工業共同体の受け取る利益は企業の収益に比例することから、労働者は生産増に利益を見出し、ストライキを控えるであろうと期待された。工業化を促進するため、工業共同体による企業の株式取得は原則として当該企業への再投資（増資）によることになっていた。また、資本家側にとっては、工業共同体が企業の株式の五〇％を取得するのを遅らせたければ、再投資を増やすことが一つの合理的選択であった。さらに第三に、所得再分配、およびそれまで経営側に偏っていた労使の力関係を労働者側に有利にすることも重要な目的の一つであった。

一方、政府は株の分散を避けるために、工業共同体が取得する株は譲渡不可能とし、また企業の株主総会と役員会においては、工業共同体は所有する株式の比率に比例してブロックとして投票することになっていた。軍事革命政権内の急進派は、工業共同体と労組が協力して労働者の地位向上のために闘うことを期待していた。

他方、全国工業家協会に代表される工業資本家層は、国家による基礎工業の独占化に対して反対を表明したが、工業共同体に対してはさらに激しく反対した。全国工業家協会は、工業共同体が集団的所有の一形態であり、私有財産制を否定するものであると主張した。企業家は利潤分配には妥協的態度を示し、個人単位での労働者の所有参加にも柔軟な態度を見せたが、労働者が企業の経営に発言権を持つことに対しては強く反対した。

その後、多くの企業家はサービス会社を設立して利潤をそこに移転させたり、偽装倒産したりと、あらゆる手段を講じてサボタージュを行った。そのため階級協調の理念とは裏腹に、工業共同体をめぐる紛争はむしろ労働者の階級意識を高め、資本家内部の強硬派を台頭させる効果を持つことになった。また、工業共同体をめぐる政府および軍内の反対も次第に増大していった。

一九七一年には、漁業、鉱業、通信の分野にも工業共同体と同様の「共同体」が設立され、将来は商業部門とエネルギー部門にも「共同体」を設立することが発表された。これらの「共同体」は、工業共同体も含めて、「労働共同体（Comunidad Laboral）」と総称された。

軍事政権の経済プロジェクトにおいて「労働共同体」と並ぶ重要性を有していたのは、「社会所有（Propiedad Social）」である。政府内における「社会所有」の起源は複数存在した。後に社会所有法案起草委員長になるバルデスは、一九六八年一二月にPDCの共同体企業法案を検討してから自主管理の構想を抱いていた。後に、全国社会動員機構（SINAMOS、次項で詳述）に参集した民間人スタッフも自主管理に関心を抱いていた。

ベラスコ大統領は、一九七一年五月一〇日に行った演説において「社会所有」部門に初めて言及し、同年一〇月二八日の演説では「社会所有」部門が将来のペルー経済において支配的になると述べた。一九七二年七月には、社会所有を扱う閣僚級委員会が正式に発足した。ベラスコ大統領は、同年七月二八日に行った社会所有部門の創設を発表した演説において「経済的多元主義」を提唱した。この演説によれば、将来のペルー経済においては社会所有部門が支配的になり、国営企業部門と「改革された民間部門（労働共同体をもつ私企業）」が共存するとされた。社会所有は、経済権力の民衆への移転と理解しうるものであった。

◉大衆動員システム

軍事革命政権が目指した「ペルー革命」においては、大衆参加が重要な要素として位置づけられていた。一九七一年六月二四日、軍事革命政権は法律第一八八九六号を公布して、民衆の動員と参加を促進する組織である全国社会動員機構（SINAMOS：Sistema Nacional de Apoyo a la Movilización Social）の創設を発表した。SINAMOSは政党ではなく、民衆の自律的参加の組織化を側面から援助することを目的とされた。

SINAMOSは一九七二年四月に公布されたSINAMOS組織法（法律第一九三五二号）によって活動を開始した。この法律によって、協同組合の奨励、都市貧民居住区の改善、民衆の参加による土木事業、民衆組織への法律的助言等を行ってきた各省庁の部門がすべてSINAMOSに統合された。この結果、SINAMOSには民衆の意識化・組織化という政治的側面と土木事業などの物質的・実務的側面とが共存することになった。

SINAMOSの長官にはロドリゲス・フィゲロア陸軍少将、次官にはカルロス・デルガードが就任した。デルガードをはじめとするSINAMOS中枢部の職員の傾向は、反政党主義、反ペルー共産党（PCP：Partido Comunista Peruano）を特徴としたアナーキズム的なものであった。一一カ所設置されたSINAMOSの地方本部長には二人を除いて各地に駐屯する三軍の将官が兼任したが、これはSINAMOSに対する軍のコントロールを保証するためであり、自律的な民衆運動に対する軍部の不信を表すものであった。

SINAMOSの設立は大きな紛争を惹起することになった。第一の紛争はSINAMOSに反対したPDC、PCP、急進左翼、既得経済権益集団、保守系言論機関等の政府外の諸勢力との摩擦であり、第二は政府・軍内の保守系将校の抵抗であり、第三は民衆動員の方法をめぐる政府部内の争いで、ペルー革命労働者中央組織（CTRP：Central de Trabajadores de la Revolución Peruana）の組織化に端を発したものであり、一九七四年以降にはSINAMOSの分裂を生じさせることになる。こうして、SINAMOSは政府の内外において多くのセクターから敵対され、孤立を深めていくことになる。

CTRPは「ペルー革命」を支持する労働者を結集するために政府が創設した労働組合全国組織である。一九七一年末にCTRPを組織する閣僚委員会が設置され、ロドリゲスSINAMOS長官、リヒテル内相、サラ労相、ヒメネス工業相、タンタレアン漁業相のほか、デルガードらが参加した。一九七二年二月、軍・警察の将校や労働運動活動家ら数十人からなるグループが招集され、組織化が開始された。労働者から自発的にCTRPが発生したように見せかけるために、組織化は秘密裡に行われた。組織化を率いたのはトーレス・ジョサ大佐が内務省で率いていた情報将校を中心とする軍人集団とその下で働くエージェントから成る「トーレス機関」とも呼びうる集団であった。

「トーレス機関」は、民衆組織作りの工作を実行した。彼らはまずCTRP組織化を進める労働運動指導者をリクルートし、また、まだ政治化されていない未組織労働層を中心としてCTRPの下部組織となるべき労働組合を新設していった。さらに、強力なペルー漁民連合とペルー運転手連合もCTRP設立に加わった。一九七二年一一月にCTRP創立大会が催され、同一二月に労働省に認可された。しかし、それに先立って同年中頃にはSINAMOSから出向していた職員は「トーレス機関」から離脱しており、SINAMOSとCTRPとの間に亀裂が生じることになった。SINAMOSは自発的な民衆の組織化を重視する路線を継続する一方で、CTRPは協同組合主義的な官製労働組合運動に転じていった[大串 1993: 166–170]。また、一九七四年にSINAMOS長官にルデシンド・サバレタ・リベラ陸軍少将が就任して以来、SINAMOSは従来の民衆の自律的組織化を重視する傾向と、民衆統制を目的とした工作アプローチを重視する傾向が共存するようになる。サバレタは、急進派と対立したタンタレアン漁業相、サラ労相（一九七五年一月からSINAMOS長官）、リヒテル内相、ヒメネス工業相、エドワルド・セグーラ・グティエレスSINADI（国家広報システム）長官とともに、権威主義的な協同組合主義的国家の建設を目指す「ラ・ミシオン」グループと他称される集団を形成することになる。こうしてベラスコ政権の後半期に、「ペルー革命」は、民衆の自発的組織化を重視する急進派と、民衆統制を重視する権威主義派の二つのプロジェクトに分裂していくことになる。

［5］ むすび――軍部ポピュリズムと中間層

ベラスコ左翼軍事政権が推進した「ペルー革命」は、一九七三年二月二二日にベラスコの腹部大動脈瘤が破裂し、右脚を切断した時点から、一命は取りとめたもののベラスコの求心力が徐々に低下し、失速を見せ始めた。さらに、一九七五年二月二八日にベラスコは脳卒中で倒れたが、一時的に回復して四月一一日の閣議に出席した。しかし、脳卒中後、癇癪癖と猜疑心が一層激しくなり、ますます権威主義的傾向を強めるようになった。

ベラスコに対する反発は、一九七三年頃からベラスコ追放が画策され始め、一九七四年には海軍の中佐レベル以上の約二〇〇人の将校が参加する秘密組織が結成され、カベロ統合三軍司令部議長に対してクーデターの働きかけが行われたが、さらに陸・空軍だけでなく警察に対しても働きかけが行われた。クーデター派は、一九七四年頃から後に一九七五年二月に首相兼陸相に就任したフランシスコ・モラレス・ベルムデス・セルッティを大統領に擁立すべく期待し、モラレス・ベルムデスもクーデター中核グループに参加するようになった。モラレス・ベルムデスは進歩派（急進派）の前では「革命的」であることを公言し、「革命」急進化を誓ってさえいた。したがって、急進派も彼が首相兼陸相に就任すれば革命プロセスの継続が保証されると考えていた。しかし、モラレス・ベルムデスはクーデター派に与していたのである。

ベラスコの失墜を加速したのは政府内の急進派との間に生じた亀裂であった。一九七五年六月五日、陸軍参謀総長メサ・クアドラ宅で昼食会が行われた際、出席したロドリゲス、グラアム、モラレス・ベルムデス、リヒテル内相、デ・ラ・フロール外相らが、ベラスコが取り巻きの友人を庇っている等の不満を述べ、このことを伝え聞いたベラスコが激怒して、急進派の中心であったロドリゲスとの関係が疎遠化し、ベラスコは「ラ・ミシオン」系の権威主義派との関係を深めた。こうして急進派もベラスコが権力を移譲することが望ましいと考えるようになる。

ベラスコ打倒のクーデターに先立って、海・空軍ともにベラスコ派の一掃が図られた。海軍ではベラスコと親しいファウラ海相の更迭、空軍ではジラルディ空相の更迭が画策された。同年八月二四日、モラレス・ベルムデス、グラアム、フェルナンデス・マルドナード、ロドリゲス・フィゲロア、ガジェゴスの五名がクーデター実行の日を九月一三日と定めたが、八月二九日未明にモラレス・ベルムデスが南部のタクナで蜂起し、ベラスコ政権が崩壊した。急進派もクーデターに同調していたという事実に注目すべきであろう。

しかし、クーデター派の大半は急進派の一掃を目指していたのであり、急進派自らベラスコを葬ってしまったために墓穴を掘ったと言えよう。それほどに、病状が悪化したベラスコが強権的な姿勢を強めるようになったことが、ベラスコと急進派の溝を深め、両者の失脚をもたらした。

ベラスコ政権の特徴は、一九六〇年代における中間層の改革志向から期待されたベラウンデ政権が改革を十分実現しえなかったことに対する失望から出現した軍事政権であったという点である。そして、このような中間層の意識を反映して、ポピュリズム型の改革を目指した。ポピュリズムとは、世界資本主義システムの周辺部に位置する途上地域において発生した、①一九三〇〜一九七〇年代に出現し、②産業資本家層、中間層、労働者、農民から成る階級同盟を基盤にし、③カリスマ性のある指導者が存在する時に高揚し、④輸入代替工業化路線をとる、という四つの共通性を有する運動および政権である。(4)この定義から見ても、ベラスコ政権がポピュリズム型の政権であったことは明らかであろう。とくに、ベラスコ政権においては陸軍の中間層出身の改革志向の将官・佐官が中心となって急進的な改革路線をとった。しかし、その改革が中間層を懸念させるまでに急進化したことが、軍内における急進派を排除しようとする傾向を強め、改革路線が挫折する結果になったと言える。

大串和雄氏は次のように述べている。

「中産階級は、七四年までに『革命』に不満を懐き始めていた。当初の民族主義の熱は冷め、彼らは軍人の腐敗の噂や特権に憤慨していた。また彼らは年々激しくなる下層階級の動員に脅威を感じ、政府が自分たちの犠牲で下層階級を優遇していると感じ始めていた。この時期に実際に中産階級の経済的利害が犠牲にされたとは言いがたい。（中略）マスコミの反共宣伝も中産階級を恐れさせた。以前から『共産主義＝悪』という図式が浸透していた彼らにとって、反共宣伝の効果は大きかった」［大串 1993: 189］。

もとより大串氏が述べる「中間階級」は中間層を意味するものであることを前提に論を進めれば、ベラスコ政権は中間層の改革志向を背景として成立したものの、急進派が底辺層の政治的・社会的参加を促進したことで、底辺層が優遇されているとの不安を中間層に与え、「共産主義」に対する潜在的な拒絶反応から中間層が「ペルー革命」に背を向け始めることになった。

ペルーにおいて一九六八年一〇月に発生した軍事クーデターが、一九五〇〜六〇年代に社会的に上昇してきた中間層の反寡頭制、反帝国主義の意識を基盤に発生したことは重要である。

一九六八年には世界的に「若者の叛乱」といわれる学生運動が盛り上がり、それは米国、フランス、日本などの先進資本主義諸国だけでなく、チェコスロバキア、中国などにおいても、民主化運動や主意主義的な変革運動を生じさせたことから、イマニュエル・ウォーラーステイン流の世界システム論に依拠した「一九六八年歴史転換論」を生じさせている。しかし、「一九六八年歴史転換論」に関しては、途上地域の国々において生じた諸現象のうち、ラテンアメリカについてはメキシコの事例が言及される程度にすぎず、本章で扱ったペルーの事例を「一九六八年歴史転換論」の立場から分析した研究は皆無に近い。

本章に論じた通り、一九六八年一〇月三日にペルーに発生した軍事クーデターの主体となった軍人たち、および彼らの中のベラスコをはじめとする急進派が中心となって一九六八年から七三年までに実施されたIPC接収、農地改革、労働共同体の設立と社会所有制の導入、大衆動員メカニズムの確立等の改革措置は、寡頭制支配や外国資本の支配に対して国の経済発展と民衆の社会福祉の観点から危機感を抱いた中間層の運動であったと評価される。ペルーにおいては、一九二〇年代にアヤ・デ・ラ・トーレによって創設されたアプラ運動の一国党であるPAP（ペルー・アプラ党）が中間層を軸とした多階級的なポピュリズム型の運動であったが、一九五〇年代にPAPが右傾化したこと、また一九六三年に成立した中間層を有力な基盤としたベラウンデAP（人民行動党）政権が本来目指した反寡頭制的な改革が達成できなかったという中間層の不満の結果として、ベラスコ左翼軍事政権が登場したと言える。

この意味合いで、ペルーの事例も世界的に一九六八年に生じた諸現象と同様に、資本主義の発展段階の中で中間層が社会的に重要な要素となっている一段階において生じた現象であると評価することができよう。ただし、先進資本主義諸国における諸現象は、発展した資本主義社会の中で社会的不満を高じさせた学生層や知識人層を中心とした社会現象であるのに対して、ペルーの事例は指摘したように、メキシコと同様に上昇しつつある中間層の社会的上昇や政治参加を拒まれている社会システムに対する反抗であるという異なる性格を有するものである。したがって、先進資本主義諸国で生じた現象と単純に同一視することはできない一面をもつものの、資本主義システムの中で中間層という存在が有する複雑性を問題提起する現象であることは否定できず、今後、「世界システム論」の中で中間層という存在をどのように位置づけるべきか、さらなる研究を必要とするテーマであることは否めない。

第4章 キューバ 1968

Vargas Llosa

El Comercio Gráfica Lima 12 may. (1971)

A-2064

Acusa de Stalinista al Régimen Castrista

París, mayo 12 (AFP). — El escritor izquierdista peruano Mario Vargas Llosa rompió con el Primer Ministro cubano, Fidel Castro, a cuyo régimen acusó de "stalinista" en una carta recibida esta mañana en la AFP.

Fechado en Barcelona, España, el texto de la carta está dirigido a la Directora de la Casa de las Américas de La Habana, Haydée Santamaría.

Tras presentar su renuncia al comité de la revista de dicha institución, a la que pertenecía desde 1965, Vargas Llosa expresó que tal actitud "es lo único que puedo hacer luego del discurso de Fidel fustigando a los "escritores latinoamericanos que viven en Europa" a quienes nos prohibió entrar a Cuba "por tiempo indefinido e infinito".

Luego se preguntó ¿Por qué le ha irritado nuestra carta pidiéndole que esclareciera la situación de Heberto Padilla?", el poeta cubano que en fecha reciente formuló su "autocrítica" después de estar detenido un mes en La Habana. "Como han cambiado los tiempos —agregó Vargas Llosa— recuerdo muy bien esa noche que pasamos con Fidel Castro, hace cuatro años, y en el que admitió de buena gana las observaciones y las críticas que le hicimos los grupos de esos "intelectuales extranjeros" a los que ahora llama "canallas".

"De todos modos —subrayó el escritor peruano— he decidido renunciar al comité y a dictar ese curso, desde que leí la confesión de Heberto Padilla y los despachos de Prensa Latina sobre un acto en el que los compañeros de Belkis Cuza

VARGAS LLOSA

Malé, Pablo Armando Fernández, Manuel Díaz Martínez y César López hicieron su autocrítica".

"Conozco a todos ellos afirmó Vargas Llosa— lo suficiente como para saber que ese lastimoso espectáculo no ha sido espontáneo, sino prefabricado como los juicios stalinistas de los años treinta".

"Obligar a unos compañeros, con métodos que repugnan a la dignidad humana —prosiguió el escritor peruano— a acusarse de traiciones imaginarias y a firmar cartas donde hasta la sintaxis parece policial es la negación de lo q' me hizo abrazar desde el primer día la causa de revolución cubana: "su decisión de luchar por la justicia sin perder el respeto por los individuos"

"No es éste el ejemplo de socialismo que quiero para mi país —expresó Vargas Llosa, antes de concluir — sé que esta carta me puede acarrear, inventivas: no serán peores que las que he merecido de la reacción por defender a Cuba".

Vargas Llosa, conjuntamente con otros escritores latinoamericanos —entre los que se contaban el argentino Julio Cortázar, el colombiano Gabriel García Márquez y el mexicano Carlos Fuentes— remitieron hace mes y medio una carta al Primer Ministro cubano Fidel Castro, interesándose por la suerte de Padilla.

Este último se encontraba detenido en la cárcel de La Habana, acusado por las autoridades cubanas de "actividades contrarrevolucionarias".

カストロ政権の文化人弾圧を批判する作家バルガス・ジョサ（1971年）

キューバにおいて一九六八年に生じた大きな出来事は、①一月に発生した親ソ派のエスカランテを中心とする「ミクロフラクシオン」グループの粛清、②三月にフィデル・カストロ首相（当時）が発表したすべての個人営業の廃止、③八月に発生したソ連とワルシャワ条約機構軍によるチェコスロバキア侵攻に対する支持表明、④一一月にキューバ作家・芸術家協会（UNEAC）が詩人エベルト・パディージャを「反革命」扱いにしたことに発した「パディージャ事件」の四つであった。

〔1〕はじめに

キューバにおいては、一九五九年一月に革命が成立して以来、農地改革などの社会改革推進を原因とした米国との関係悪化と、それを契機としたソ連との関係強化の中で、一九六二年一〇月にキューバ・ミサイル危機が発生した。しかし、ミサイル危機の決着の過程でキューバがソ連に対する批判的姿勢を強めたことから、一時的に関係冷却期が続いたが、一九六〇年代後半にキューバ経済が低迷化したために、一九六七〜六八年にソ連および東欧社会主義諸国からの経済支援を必要とする事態に至った。

このようなキューバ革命のプロセスの中で、一九六八年八月二三日に当時のフィデル・カストロ首相(Fidel Alejandro Castro Ruz, 1926–）が、ソ連・ワルシャワ条約機構軍によるチェコスロバキア侵攻を遺憾としながらも、社会主義圏を防衛する立場からこれを容認する姿勢を表明した。キューバの内外において、キューバがこのような従来の姿勢からは考えがたい姿勢をとったことに対する批判が強まった。このようなキューバに対する批判の高まりに対抗するかのように、キューバ革命政権による国内の批判的意見に対する取り締まりの強化が実施された。「パディージャ事件（El Caso Padilla)」（→本章第3節以降）は、このような文脈の中で発生したと考えられる。

本章は、一九六八年に発生し、一九七一年のパディージャの逮捕と彼による自己批判に至る、いわゆる「パディージャ事件」が有したキューバの革命プロセスの中における歴史的意味を考察することを主要な目的とする。

[2] キューバ一九六〇年代

◉亡命者

一九五九年一月一日にキューバ革命が成立して以来、有産階層および中間層を中心としてキューバを脱出して米国等に亡命する人々が続出した。一九五九年から六三年までの四年間に約二五万人が国外脱出した。とくに一九六五年には、フィデル・カストロ首相が九月二八日、マタンサス州カマリオカ港から一〇月一〇日までに脱出することを許可した結果（実際には一一月一五日まで延長された）、約五〇〇〇人が出国した。その後、一九八〇年に「マリエル事件[1]（El éxodo del Mariel）」が発生するまでの間に国外脱出した人々の数は不明だが、マリエル事件の際には一二万五〇〇〇人が脱出し、一九九四年に大量海上出国が発生した際には約四万人が脱出したとされる。二〇一〇年に米国で国勢調査が実施された際の、自己申告によるキューバ系の人々の数が一六〇万八八三五人であったことから考えると、一九五九年以降二〇一〇年までの出国者は約八〇万人であったと推定される。

キューバからの脱出者（亡命者）の流れは、①一九五九年から一九六八年まで、②一九六八年から一九八〇年まで、③一九八〇年から一九九〇年まで、④一九九〇年以降の四時期に区分しうると考えられる。

一九六八年に端を発した「パディージャ事件」に象徴される文化人・知識人の体制批判は、一九七〇年代の脱出志向の起点となったと考えられる。例えば、「パディージャ事件」が発生した際にキューバ政府に対する批判に参加した作家のカルロス・フランキ（Carlos Franqui, 1921–2010）は、一九六七年頃までに体制に批判的姿勢をとるようになり、イタリアに居住し始めたが、革命政権と決別したのは、「パディージャ事件」に先立って一九六八年八月に発生したソ連のチェコスロバキア侵攻を非難する共同書簡に署名したことがきっかけとなった(2)。

事件の当事者となったエベルト・パディージャ（Heberto Padilla, 1932–2000）が、コロンビアの作家ガブリエル・ガルシア・マルケスの援助でキューバ脱出を許可されたのは一九八〇年であった。この年に発生したマリエル事件を通じての亡命者の中には、詩人・作家で同性愛者のレイナルド・アレナス（Reinaldo Arenas, 1943–1990）も含まれていた。このように一九六八年から一九八〇年という期間は、脱出（亡命）の流れの中で明確に区分しうる一時期を構成したと考えられる。

他方、パディージャによる自己批判を中心とした一九七一年の「パディージャ事件」に接することとなった作家のノルベルト・フエンテス（Norberto Fuentes, 1943–）は、後述の通り、一九八九年七月に発生したオチョア事件をきっかけとして体制から離反し、一九九三年に海上から不法出国を試みたが失敗し、一九九四年にガルシア・マルケス、スペインのフェリペ・ゴンサレス首相らの仲介で出国許可を得て出国した。

このように、革命当初は同調していた文化人・知識人が体制に批判的となり、体制からの離反や亡命・出国が生じたのは一九六八年以降であったことは注目に値する事実である。この年には、トマス・グティエレス・アレア監督（Tomás Gutiérrez Alea, 1928–1996）によって映画『低開発の記憶（*Memorias del*

Subdesarrollo)』が制作されている。この作品は、エドムンド・デスノエス（Edmundo Desnoes, 1930–）が一九六五年に出版した同名の小説を映画化したもので、革命直後の一九六一年を背景として、キューバに残った有産階層出身の知識人の、心情的には革命を擁護しつつも革命の方向性とは相容れない行動パターンをとる心理的葛藤を扱った作品であった。この映画が一九六八年に制作されたという事実は、一九六八年という年が文化人・知識人が革命への支持か離反かという境目に立たされた年であったことを示すものであったと言える。

◉経済情勢と親ソ派粛清問題

ミサイル危機の収拾の過程で、当時のフィデル・カストロ首相は対ソ関係において「つかず離れず」の姿勢を続けた。例えば一九六四年一〇月にフルシチョフが失脚した際、カストロはソ連を訪問して新しい指導者となったブレジネフを表敬することはなかった。また、チェ・ゲバラは一九六五年二月にアルジェで開催されたアジア・アフリカ人民連帯機構会議における演説でソ連の対途上国経済外交を批判し、国内的には物理的刺激以上に精神的刺激を重視する姿勢は示していた。(3) 他方、カストロは一九六七年一一月にモスクワで実施されたロシア革命五〇周年記念式典にも招待されたものの、出席を辞退している。このようなキューバ側の反抗的な姿勢に対し、ソ連は一九六八年度の通商協定に関するキューバ側の要求を拒むなどの圧力を加えた。同年のキューバ経済は低迷状態にあった。一九六三年に発表された砂糖生産を基軸とした新しい経済政策の実施に伴い、一九七〇年の砂糖生産量を一〇〇〇万トンと設定する目標が掲げられ、その目標達成が目指された。

一九六八年からは大規模な動員が始まり、各地でサトウキビの植え付けや刈り入れが大々的に実施された。しかし、この計画の達成のために、トウモロコシや綿花、米など多くの作物の生産減少や、実現性の低い分野への投資による財政の損失などを生じさせていた。カストロはこの低迷した経済情勢下で、同年三月一三日に行った演説において小売業の国有化に向けて個人営業の全面廃止を発表し、さらに経済低迷を悪化させた。したがって、この時期にソ連との通商になんらかの不具合が生じることは、キューバ経済にとって死活問題であった。当時キューバは、国内的には一部地域における通貨の廃止など理想主義的な路線を堅持する一方で、世界共産党会議への欠席やキューバ国内の親ソ派の粛清など、ソ連との間では一定の自立性を強く意識した姿勢を堅持していた。

◉「ミクロフラクシオン」事件

とくに、そのような傾向の象徴として指摘しうるのが親ソ派の旧人民社会党（PSP：Partido Socialista Popular）系のアニバル・エスカランテ（Aníbal Escalante）らが粛清された「ミクロフラクシオン（Micro-fracción）」事件であった。エスカランテは旧PSPの立場から一九六一年に革命三組織が統合された「統一革命組織（ORI：Organizaciones Revolucionarias Integradas）」が結成された際、二五名からなる執行部の一員に選出された。しかし、一九六二年三月二六日に「セクト主義」と批判され、その後モスクワに滞在していたが、一九六七年一〇月からカストロ指導部に対立する旧PSP系グループの摘発が開始された際、その主犯格として告発され、禁錮一五年を宣告されて失脚した。旧PSP系ではカルロス・ラファエル・ロドリゲス（1913–1997）やブラス・ロカ（1907–1987）がその後もORIの後身である新共産党（PCC：Partido Comunista de Cuba）の幹部として生き残ったことを考慮すれば、「ミクロフラクシオン」事件は、単なる「七月二六日運動」グループ（バティスタ政権転覆のために結成されたカストロが率いた革命運動組織）と旧PSP系の対立ではなく、革命の指導権をめぐるカストロ派とエスカランテ派の対立であったと考えられる。「ミクロフラクシオン」グループは、カストロ指導部が進めていた路線に対して、①プチブル出身者による党の支配と人事権の掌握をプロレタリア指導に変更すべきである、②武装闘争のための主観的・客観的条件が存在しない場合における武装闘争に反対する、③短期間で行われる動員や幹部の移動が専門家と経験の蓄積の障害になっている、④二年間の農業下放が何らの問題解決にも寄与しておらず、士気を高めるには物質的刺激が必要である、⑤計画経済が十分に機能しておらず経済の調和的発展に寄与していない、⑥マルクス主義文献の配布が十分ではないために党がイデオロギー的に脆弱な状態にある、⑦日曜日ごとに実施される農業でのボランティア労働は輸送費を公示させるだけで実質的な成果を生んでいない、等々の批判を行った。明らかに当時のカストロ体制が展開していた路線を批判する内容であったが、とくにカストロ指導部を「プチブル出身者」と決めつけたことが大きな対立点になったものと思われる。また、「ミクロフラクシオン」グループは、党の路線に反対する姿勢を表明した文書をキューバ国内で広範に配布したほか、ソ連や東欧社会主義国の共産党幹部に党の路線に背反する姿勢を説明するなど、国際的にも党内の不和を知らしめる活動を行っていた。したがって、カストロ指導部は党の団結を重視する立場から、すなわち主張する路線の違いのみならず、その反党的な行動様式から「ミクロフラクシオン」グループの粛清が必要と考えたのであろう。

◉チェコスロバキア侵攻におけるソ連支持

このように親ソ派と目された「ミクロフラクシオン」グループを一九六八年一月にカストロ指導部が粛清したため、ソ連とワルシャワ条約機構軍のチェコスロバキア侵攻が発生した際、国際世論はキューバがソ連を非難するものと予想する向きが強かった。しかしながら、キューバが選択したのはソ連支持であった。その理由としてカストロ政権は、チェコスロバキアの主権が侵害されたことは正当化できないが、反革命的な動きが強まる傾向も見られ、帝国主義の手中に陥ることは阻止せざるをえないと主張した。すなわち、キューバとしては侵攻に賛成することはできないが、ドプチェク路線ではチェコスロバキアは帝国主義の手中に陥る可能性もあるために、あえて二者択一するならソ連支持を選択するということである。キューバのこの選択には一つの意志が存在したと考えられる。それは、侵攻を非難すればソ連との関係が完全に断絶してしまう危険性があったためであろう。

しかし、このキューバによる事実上のソ連支持は、キューバ革命以来、革命政権を支持してきた世界中の進歩的知識人、とくにラテンアメリカの変革志向を有する文化人・知識人のキューバ離反を生じさせることになる。キューバ国内においても前述のカルロス・フランキのような例が生じた。そして、チェコスロバキア侵攻の支持表明に続いて、ラテンアメリカの親キューバ派の文化人・知識人のキューバ離反を加速させることになったのが「パディージャ事件」であった。

［3］「パディージャ事件」の発生——一九六八年

一九六八年一〇月、エベルト・パディージャの批評的な詩集『ゲームの外で（*Fuera de Juego*）』が、キューバ作家・芸術家協会（UNEAC：Unión de Escritores y Artistas de Cuba）主宰のフリアン・デル・カサル詩賞を獲得した。審査委員会は三人のキューバ人、ホセ・レサマ・リマ、ホセ・サカリアス・タリェ、マヌエル・ディアス・マルティネス、および英国人の翻訳家ジョン・マイケル・コーヘン、ペルーの詩人セサル・カルボの五名から構成されていた。

その前年の一九六七年にパディージャは、雑誌『髭を生やした鰐《わに》（*El Caimán Barbudo*）』で、キューバの作家リサンドロ・オテロ（Lisandro Otero González, 1932–2008）の『ウルビーノの情熱（*Pasión de Urbino*）』に厳しい批評を加えていた。一九六四年、オテロはその本でスペインのセイス・バラール社のブレーベ図書賞を狙ったのだが、ギジェルモ・カブレラ・インファンテ（Guillermo Cabrera Infante, 1929–2005）が『三匹の淋しい虎（*Tres Tristes Tigres*）』で受賞した。

パディージャは自分が書いた記事でこう言い切った。当時、文化審議会の副会長だったオテロの作品のような、実に凡庸な作品が大きな注目を集めたが、この島ではカブレラ・インファンテの作品のように文学的水準がきわめて高い本について、政治的理由で語ることができないのは残念である、と。そして彼は、次のように締めくくっている。「キューバでは、単なる作家は、短編作家兼編集長や詩人兼編集長たちがその『編集』の名を隠れ蓑にして行う攻撃を受けずに、副会長である小説家を批評することはできないのが実情だ」。

この記事によって、パディージャは作品を発表する場を制限されることになった。なぜなら、当時すでに「革命の裏切り者」とみなされていたキューバ人作家の一人であるカブレラ・インファンテの作品を公然と賞賛していたからである。

カブレラ・インファンテは、革命当初は革命側につき、全国文化審議会委員長、『レボルシオン（*Revolución*）』紙（『グランマ』紙の前身）副編集長兼文学特集『革命の月曜日』担当を歴任した。しかし、一九六〇年末に弟のサバ・カブレラ・インファンテ（Alberto "Sabá" Cabrera Infante, 1933–2002）がオルランド・ヒメネス・レアル（Orlando Jiménez Leal, 1941–）とともに制作したハバナの若者たちの夜の喧騒を扱った短編映画『P.M.』が、一九六一年にカストロによって検閲され上映禁止となる。『革命の月曜日』紙上でも議論となったが、カストロに「反革命的」と断罪され、映画の制作費用を拠出した同紙が休刊に追い込まれたこともあり、体制と距離を置くようになった。同年六月三〇日にカストロが行った演説「知識人への言葉（Palabras a los Intectuales）」は、日和見的な姿勢をもつ知識人に対する最初の批判となった。

一九六二年にカブレラ・インファンテは在ベルギー大使館文化担当官として赴任し、一九六五年まで家族とともにブリュッセルに居住したが、母の死去に伴って帰国した際に情報局に逮捕されて四カ月拘留された後、国外に亡命した。『三匹の淋しい虎』は、カブレラ・インファンテがブリュッセル在勤中に執筆した作品であり、原作の『熱帯での夜明けの風景（*Vista del Amanecer en el Trópico*）』を改編した作品『彼女はボレーロを歌った（*Ella Cantaba Voleros*）』を改題したものであった。一九六四年に、リサンドロ・オテロと同様に、スペインのセイス・バラール社のブレーベ図書賞に応募した。作品は、一九五八年当時のハバナの青年三名の放埒な夜の生活を扱ったものであった。そのため、キューバ国内ではカブレラ・インファンテは「反革命」の誹りを受け、UNEACから「裏切り者」と非難されて追放された。(4)

このようなカブレラ・インファンテと彼の作品『三匹の淋しい虎』に関して、パディージャは、次のように述べて擁護した。

「この作品は疑いなく、これまでに書かれた中で最も輝かしく、最も創意に富んだ、最も深くキューバ的な小説の一つである。（中略）（カブレラ・インファンテは）これまでキューバ革命に反することを一行も書いてはおらず、一九六一年の精神性で彼に対する突発的な報告を作成した、熱心で匿名の警察以上に、わが国の現実を表現しただけである」[Padilla 1998: 91–92]。

パディージャの評論は、出版から一週間以内で発行部数五〇〇〇部のすべてを売りつくすほどの売れ行きを示したリサンドロ・オテロの『ウルビーノの熱情』に関して『髭を生やした鰐』誌が行ったアンケート調査への回答として書かれた。これに対して、『髭を生やした鰐』誌は、「パディージャの回答は要求に合ったものではない」として、パディージャへの反論を掲載した。同誌編集部は、「パディージャがカブレラ・インファンテに質問すべきであったのは、なぜ現在ロンドンの地下室に住んでおり、他の革命キューバの作家たちが行っているように、国のため、自国の読者のために執筆しながら、ベダード（ハバナのベダード地区）には住んでいないのか、という点である」と、カブレラ・インファンテの体制離反を批判した上で、パディージャをも批判した［Padilla 1998: 95–96］。この『髭を生やした鰐』編集部の姿勢を共産主義青年連盟（UJC）が支持した。

このような経緯を経て、翌一九六八年一〇月に開催されたフリアン・デル・カサル詩賞審査委員会が、「『ゲームの外で』は、その質で際立っており、表現力において完全さを有する詩人の存在を示している。（中略）われわれはこの本の中に、内容的にも現代の基本的な諸問題に関する厳しい視点と、歴史を前にした批判的態度を見出すことができる」との好意的なコメントを付して、パディージャの『ゲームの外で』の授賞を決定した。

しかし、同年一一月一〇日付の革命軍機関紙『ベルデ・オリーボ（*Verde Olivo*）』はただちにレオポルド・アビラ名の「パディージャの挑発」と題する論稿を掲載し、パディージャの授賞を非難した。アビラは、『ゲームの外で』に含まれた詩から、「私の手は、革命の中に沈み、恨みなく書き綴る」、「民衆の愛のために、目覚めろ。正当な人間的な時間が始まる」という二カ所を引用した上で、「一部の頁は疑いなく評価すべき詩的水準を満たしているが、本全体ではない。また他の詩は、パディージャが制作に九年を要したとはいえ、怠惰で、繰り返し、使い古しにすぎない」と批判的に評した。さらに、「パディージャは、長きにわたって革命に対する攻撃を準備した。助言を聞かず、犯罪的活動に入ることで、多少とも鋭い詩人であることを越えた活動を行った。数カ月前から、自分の例をスキャンダルにするために革命に対して挑発の機会を求めた。（中略）帝国主義に対する闘争において、彼は世界の敵と同盟することを選択した」との厳しい論評で締めくくった［Padilla 1998: 109–113］。

革命指導部に近い立場からこのような批判が出たことを考慮して、UNEACは一一月一五日付声明を発表して次のように弁明した。一〇月二八日にUNEACと審査委員会が合同会議を開催した上で、パディージャの作品とともに、体制の優等生そのものであった劇作家アントン・アルーファ（1935–）のUNEAC戯曲賞受賞作『テーベに背いた七人（*Los Siete Contra Tebes*）』もまた反革命的であるとして批判し、両者に対して、①両者の受賞作は出版する、②UNEAC指導部が両者の著作にノートを付して、イデオロギー的に革命に反対するものであるため、著作と同意できない旨を記す、③両者の作品に関する審査委員会の見解を、UNEAC指導部と審査委員会の幾人かの委員との間に存在した不同意の表現として挿入するという三点を決定した［Padilla 1998: 115］。

この声明はパディージャに関して、次のように記述していた。

「UNEAC指導部は両者の作品である詩と戯曲が受賞したことに不同意を表明する。（中略）UNEAC第五回文学審査会は、真に深遠なあらゆる社会革命に存在するイデオロギー闘争の典型的な現象がわが国に到達している時期に開催された。（中略）詩部門の受賞作は、その『ゲームの外で』というタイトルからも、著者がキューバの現実から自己排除していることを明白に示している。パディージャは、その詩の中に、そのディスクールを他の許容範囲に位置づけることを意図する曖昧さを残している」［Padilla 1998: 116］。

「この曖昧さのほかに、著者は二つの基本的態度を示した。一つは批評家的であることであり、もう一つは反歴史的であることである。批評家的であることは革命を特徴づける積極的な関与ではない一定の距離から行使される。（中略）反歴史的であることは、時間観念を、上昇する線としてではなく繰り返される円環として表現しながら、歴史的発展にある国民の集団的な要求に対して個人主義を高揚させることを通じて表現されている」［Padilla 1998: 117］。

「著者は、懐疑論であろうと批判的拒否であろうと、資本主義における自由主義知識人に典型的な態度の機械的な移植を行っている。しかし、移植を行う際に、大衆文化の非人間性に対して、消費社会の物象化に対して反対する、この正直で反逆的な知識人は、熱烈な革命的発展の中にその態度を維持し、客観的には反革命に転じる」[Padilla 1998: 118]。

「キューバ革命は、批判を排除することも、護教的な歌を歌うことの強要を提案するものでもない。また、知識人が批判なき合唱隊であれと意図するものでもない。革命の業績は、歴史を前に革命のよき防衛者であるが、しかし社会に批判的に位置する知識人は、道徳的に革命の建設にも貢献することを義務づけられていることを知らなければならない。現代社会を分析的に焦点とする場合、現代の諸問題は抽象的なものではなく、名を持ち、きわめて具体的に位置づけられていることを考慮しなければならない。何に対して闘わねばならないのか、何の名において闘わねばならないのかを定義しなければならない」[Padilla 1998: 118]。

「パディージャは、空想と変装の行使において、祖国が帝国主義に対しているという困難な時期に祖国からの明らかな不在と、存在しない個人的な戦闘性を正当化しようとしている。階級闘争の弁証法を性別間の闘争に転換し、寛大さと開放性に特徴づけられるわが国の革命のような革命の中で迫害や抑圧的雰囲気を連想させている。また、革命的なものと非効率さや不器用さを同一視している。国から脱出する反革命者や、民衆に対する犯罪で銃殺された者たちと同調している」[Padilla 1998: 119]。

パディージャは、UNEAC指導部によって、革命的意欲の欠如、その批評哲学、その歴史的軽視の姿勢、社会的必要性に対する個人主義の擁護、および革命の建設における道徳上の義務についての意識の欠落を非難された。UNEAC指導部は、パディージャが革命建設のプロセスの中でキューバが直面している諸問題を克服していく使命感を共有しておらず、革命プロセスの中で知識人が本来果たすべき役割を十分に認識せず、資本主義社会における自由主義派の知識人のような振る舞いをしており、このような姿勢は「反革命的」であると考えたのである。UNEAC指導部、すなわちキューバ革命の指導部は、作家、詩人などの知識人は、書きたいことを書いておればよいということではなく、その歴史的使命を全うすべきであるとの立場からパディージャを批判したと言える。その意味合いにおいて、パディージャに対する批判は、一九六七年にカブレラ・インファンテをパディージャが擁護したことに対する批判を含めて、革命プロセスが進行している国における知識人のあり方に関する根底的な問題を含んでいた。

『ゲームの外で』には、たしかに革命プロセスの進展ぶりから見て不都合と思われる記述が何カ所か存在した。例えば、次のような部分である。

君は、ずる賢さあるいはよき判断が十分であろうと考える。
ある日、君の家に入った時に、
破壊された椅子を、たくさんの破かれた本とともに見出すことを避けるために、
ただちに逃げ出すよう、旅券をさがすよう、
何か合言葉をさがすよう君に助言する。

真実を言いなさい、少なくとも、君の真実を。
そして、後にあらゆることが起こるに任せなさい、
大好きな頁が破られるに任せなさい、
戸口のドアが投石で壊されるに任せなさい、
人々が、君の体の前に群集するように、
まるで君が神童か死者であるかのように。

詩人を解雇せよ！
それはここではなすべくもない。
ゲームの中に入るな。
熱狂しないように。
メッセージを明確にしないように。
奇跡においてさえ気づかないように。
一日中思い悩みながら、常に反対すべき何かを見つけなさい。

「パディージャ事件」の発生後、スペインならびにラテンアメリカのスペイン語圏諸国の作家たちの中には、キューバ指導部によるパディージャに対する処置に反対する姿勢を示す決意をした者たちが現れた。スペインのフアン・ゴイティソロは、「カルロス・フランキの助言によって、私は（フリオ・）コルタサル、（カルロス・）フエンテス、バルガス・ジョサ、ホルヘ・センプラン、そしてガルシア・マルケスと接触し、ガリマール書店の中にあったウグネ・カルベリス（コルタサルの二番目の妻）のオフィスから、エベルト（・パディージャ）と電話で連絡を取ろうとした。彼の番号に何度電話をかけても通じないので、われわれ全員の名前が入った電報をアイデー・サンタマリアに送ることにし、その中で詩人に対する『中傷に満ちた告発に落胆している』ことを明らかにした後、『知的自由のためにカサ・デ・ラス・アメリカス（Casa de las Américas, キューバ政府が創設した文化機関）が企図するあらゆる活動』をわれわれは支持することを表明した。二日後に届いたアイデーの電報による返事にわれわれは仰天してしまった」と述べている。カサ・デ・ラス・アメリカスの長官であるアイデー・サンタマリア（1922–1980）

は、「はるか彼方から、パディージャに対する告発が中傷に満ちているかいないかがわかるとは不可解です。カサ・デ・ラス・アメリカスの文化路線は私たちの革命、キューバ革命の路線です。チェが望んだ通り、常に銃を構え、周囲に大砲を放つのです」と彼らを批判したと言う。こうして、一九五九年のキューバ革命成立以来、キューバ革命を擁護してきたラテンアメリカの作家・知識人とキューバ革命政権との間に摩擦が生じ始めることになった。しかし、「パディージャ事件」はこの一九六八年の出来事だけにとどまらず、一九七一年にさらに大きな形で再燃することになる。

一九六八年末にはまだ、欧米やラテンアメリカ諸国の進歩的知識人の間には、キューバにおける文化人・知識人への対処に対する批判の波浪は高まってはいなかった。同年一二月にハバナで文化人会議が開催されたが、その際、米国からは『ザ・ニューヨーク・レビュー・オブ・ブックス』編集長のロバート・シルバース、作家のルス・ロスチャイルド、スーザン・ソンタグとその息子のデイビッド・リーフ、ドイツからはハンス・マグヌス・エンツェンスベルガー、アルゼンチンのフリオ・コレタサルなどが参加し、体制側が最も危険視していたホセ・レサマ・リマ（José Lezama Lima, 1910–1976）との私的会合を持つこともできる環境はまだ存在していた［Padilla 1990: 171–173］。

［4］「パディージャ事件」の再燃——一九七一年

「パディージャ事件」が再燃し、本格化する契機となったのは、一九七〇年一一月にチリにアジェンデ人民連合政権が誕生し（→第5章）、チリとキューバの間に外交関係が樹立され、初代の臨時代理大使としてキャリア外交官であると同時に作家でもあるホルヘ・エドワーズ（Jorge Edwards Valdés, 1931–）が一九七〇年一二月七日に赴任してきたことであった［Padilla 1998: 133］。エドワーズは、本人自身は左翼的で、一九六〇年代には常にキューバ革命を擁護する姿勢をとったが、チリを代表する保守系の『エル・メルクリオ（*El Mercurio*）』紙の社主であるエドワーズ家の遠戚であったため、「エドワーズ帝国」の「ブルジョア知識人」［Edwards 1973＝2013: 11, 158］とキューバ政府からみなされ、その左翼的姿勢について疑問視されていた。

◉「ペルソナ・ノン・グラタ」――ホルヘ・エドワーズの追放

エドワーズに対するキューバ政府の警戒心が強まったのは、一九六八年初頭にエドワーズが在仏大使館在勤中にUNEACから招待されてキューバを初めて訪問し、その後、同年に実施されたUNEAC文学賞の審査委員に選ばれ、受賞作としてノルベルト・フエンテスの作品『コンダードの罪人たち（*Condenados de Condado*）』を推薦したことが契機となった。その後、エドワーズはフエンテスのほか、パディージャ、レサマ・リマらキューバ政府から警戒されていた体制批判的な知識人・文学者との交流を続けたことから、キューバ国内に反体制派を形成することを目的とした米CIAエージェントであると見られるようになった。また、チリにおいてアジェンデ人民連合政権の登場をもたらした一九七〇年九月四日に実施された大統領選挙キャンペーンの中で、保守系の『エル・メルクリオ』紙が国民党候補のアレサンドリを支援して、反アジェンデ・反人民連合のキャンペーンを大々的に行ったという事実もホルヘ・エドワーズに対する評価を悪化させた。

そのエドワーズがアジェンデ人民連合政権の初代臨時代理大使として赴任したことは、キューバ政府を警戒させることになり、エドワーズとキューバの知識人・文学者との接触が国家公安局によって監視された。そのような時期に、パディージャが執筆した『英雄たちが私の庭の草を食う（*En Mi Jardín Pastan Los Héroes*）』が国家公安局の批判を受けており、その内容が一九七一年三月二〇日のパディージャ逮捕の直接の口実とされた。公安当局側は、フィデル・カストロのニックネームが「馬」であったことから、パディージャの作品はカストロをあてこすって批判することを目的としているとこじつけた [Padilla 1990: 141]。パディージャはその作品のキューバ国内での出版は困難であると考え、エドワーズが関与しているバルセロナのセイス・バラル社に出版の可能性を打診してもらうためにコピーをエドワーズに渡したことが、反革命的行為として告発される直接の要因となったようである（作品は一九八〇年のパディージャの出国後に国外で出版された）。

一九七一年三月二〇日にパディージャが逮捕され、その二日後にエドワーズは「キューバ革命に敵対的な人間」「ペルソナ・ノン・グラタ（Persona non grata, 好ましからざる人物）」としてキューバ政府によって国外追放処分に処せられることになる。国外追放の前日の夜にカストロがエドワーズを訪問して三時間ほど懇談したが、カストロはエドワーズを通じて米CIAがキューバ国内の体制批判的な知識人を組織化しているとの見方を示し、「ペルソナ・ノン・グラタ」として国外追放すると告げた [Edwards 1973 = 2013: 352–376]。その際、カストロが「すべての革命がこういう段階を経て、管理統制を必要としたのである」と語っていたと記したエドワーズは、「実際にキューバで起きた文化革命は中国ほど過激なものではなかった」ものの、それは「一種の文化革命のことを指して」いたと述べている [Edwards 2001 = 2001: 177]。

エドワーズはその後もアジェンデ政権下で外交官として勤務し、在仏大使館に再赴任したが、一九七三年九月一一日に起こったピノチェッ将軍によるクーデター（↓第5章）後に外交官を辞任し、バルセロナに亡命してセイス・バラル社に勤務した。その後一九七八年にチリに帰国し、民政移管後は一九九四〜九六年にユネスコ大使、二〇一〇年には駐仏大使に任命されている。

◉パディージャの逮捕

前述の通り、一九七一年三月二〇日、パディージャとその妻で詩人のベルキス・クサ・マレー（Belkis Cuza Malé, 1942–）が国家公安局によって逮捕された。ベルキス・クサ・マレーは二日で釈放されたが、パディージャは四月二七日まで五週間にもわたって拘留された。

四月二日、メキシコ・ペンクラブがサルバドル・エリソンド（1932–2006）、カルロス・フエンテス、オクタビオ・パス、ホセ・レブエルタス（1914–1976）、ヘスス・シルバ・エルソグ（1892–1985）、フアン・ルルフォ（1917–1986）ら一九名のメンバー連名の抗議書をカストロ首相宛てに送り、「メキシコ・ペンクラブのメンバーであり、自立も求めるキューバ国民の闘いの共鳴者であるここに署名する作家たちは、詩人エベルト・パディージャの逮捕、ならびに貴首相が本件に関して出されたと通信社が伝えている声明に遺憾の意を表明します。われわれの共通の見識は、知的批判の権利はキューバにおいても、他の国においても同様であることを肯定しています。われわれは、エベルト・パディージャの釈放は、抑圧的で反民主主義的な行動を通じてキューバの芸術と文学の偉大な発展を終わらせないための基本であると思います」[Padilla 1998: 122]。

さらに抗議の動きはスペイン語圏諸国や一部欧州諸国にも広がった。『絆と権力――ガルシア＝マルケスとカストロ』の著者であるエステバンとパニチェリは次のように書いている。

「詩人の逮捕は、とりわけそのときまでカストロの革命を支持してきた知識人の間に、多くの反発と抗議を引き起こした。そしてたちまちキューバのスターリン主義化が差し迫っているという噂が広まった。かなりの数の作家がそのとき革命との繋がりや支持を永遠に断ち切ったが、その中にはバルガス・ジョサ、フアン・ゴイティソロ、カルロス・フエンテス、プリニオ・アプレヨ・メンドサ、オクタビオ・パス、サルトルらがいた。そして当然ながら革命家カルロス・フランキの名もあった」[Esteban／Panichelli 2004＝2010: 48–49]。

四月九日にフリオ・コルタサル（アルゼンチン）、カルロス・フランキ（キューバ）、カルロス・フエンテス（メキシコ）、フアン・ゴイティソロ（スペイン）、オクタビオ・パス（メキシコ）、ガルシア・マルケス（コロンビア）、バルガス・ジョサ（ペルー）、ジャン・ポール・サルトル、シモーヌ・ド・ボーヴォワールら三三名が署名した抗議書（第一抗議書）がカストロ首相宛てに送られた。その抗議書には、次のように記されていた。

「ここに署名した者たちは、キューバ革命の諸原則と目的に連帯するものであり、詩人であり著作家であるエベルト・パディージャが拘留されたことに対するわれわれの懸念を表明するとともに、彼の逮捕がもたらした状況を見直すよう要請するために本書簡をお送りします。

この逮捕に関して、現時点までキューバ政府が如何なる情報も提供していないため、チェ・ゲバラがさまざまな機会に革命の中における批判の権利の抑圧を告発した際に言及した、一九六二年三月に貴首相によって発せられた以上の暴力的で危険に満ちたセクト的傾向が再登場することを恐れています。

チリにおいて社会主義政権が登場し、ペルーとボリビアにおいて生じた新しい状況が、米帝国主義によってキューバに課せられた犯罪的な封鎖の解除を祝しているこの瞬間に、革命の中における批判の権利をこうした知識人や著作家に対する抑圧的措置の使用は、キューバ革命が象徴であり基準であった全世界の反帝国主義勢力の間に、とくにラテンアメリカにおいて、真に否定的な影響をもつものであります。

われわれの要望にお答えいただくことに感謝するに際し、シエラ・マエストラでの闘争が鼓舞し、貴首相、チェ・ゲバラ司令官、他の革命指導者たちの言葉と行動を通じて何回となくキューバ革命政府が表現してきた諸原則との連帯を再確認いたします」[Padilla 1998: 123–124]。

◉パディージャの自己批判と告発

四月二七日にパディージャは釈放されたが、その夜、UNEACの会合においてパディージャが自己批判を行い、そのテキストが『カサ・デ・ラス・アメリカス』第六五・六六号に掲載され、国内に出回り始める。この会合には、ビルヒリオ・ピニェラ（Virgilio Piñera, 1912–1979）、アントン・アルーファ、ロベルト・フェルナンデス・レタマル（Roberto Fernández Retamar, 1930–）、レイナルド・アレナスらが招待された。パディージャは、この会合での発言において、自らのそれまでの姿勢を自己批判するとともに、同僚の作家たちをも批判して、次のように述べた。

「私は国家公安局において何日も反省する時間をもった。私は、あなた方の多くが驚くかもしれない私の態度に関し、いくつかの点についてお話しする。多くの方々は、私が公に認識する能力があると信じることができるだろう。私は数多くの過ちを、まさに許しがたい過ちを、まさに非難されるべき、まさに言語同断な過ちを犯しました。しかし、このたびの経験の後で、再出発を望みつつわが人生をやり直すことができるため、真に心が軽く感じられ、真に幸福な気分を味わっています。この会合は私が要請しました。（中略）私はキューバ人そして外国人と手を組んで、革命を誹謗し、革命を絶えず侮辱してきました。私は自らの過ち、自らの反革命的活動によって、はるか遠い地点に達してしまいました。（中略）すなわち、反革命分子というのは革命に背いて活動し、革命を傷つける者のことです。そして私は、革命に背いて活動し、革命を傷つけたのです。これが私の真実である、これが私の大きさである、これが真に私であった人間である、これがこれらの誤りを犯した人間である、これが客観的には革命の利益のためではなく革命に反して働いてきた人間である、と言わなければなりません。（中略）私は、私自身がありたいと望んだように、革命的著作家、批判的著作家になりたかったと思います。私の個人的な意見、友人たちと共有できるような意見は、私が公に持たねばならない意見と同じ重さを持たなければなりませんでした」[Padilla 1998: 127]。

パディージャは、かつてリサンドロ・オテロの『熱情のウルビーノ』を批判し、一方でカブレラ・インファンテの『三匹の淋しい虎』を擁護したことも自己批判した。

「一九六六年にヨーロッパからキューバに戻った時、この帰国は恨みの印であったと形容することができる。キューバに帰国してまず最初に行ったことは、何カ月か後に、リサンドロ・オテロの『熱情のウルビーノ』の出版に際し、リサンドロ・オテロのような長年の真の友人に対して、冷たくまた不当に攻撃するために、文学雑誌の『髭を生やした鰐』が私に提供した機会を利用することであった。リサンドロは、私がヨーロッパから帰国した際、私が役所によって与えられた二カ月間の休暇のうち一カ月を過ごすために海岸の別荘を提供してくれた。最初に私が行ったことはこのリサンドロを攻撃することであった。リサンドロに恐るべきことを言ってしまった。そして、私が誰を擁護したのだろうか。私はギジェルモ・カブレラ・インファンテを擁護してしまった。われわれすべてが知っている、ギジェルモ・カブレラ・インファンテとは誰であったのだろう。ギジェルモ・カブレラ・インファンテは、革命側の人間ではなく、常に崩壊した者、とりわけ社会的に崩壊した者、慎ましい下層階層の人間、貧乏人、なぜ彼が青年期から人生に嫌気がさしたかについて私は理解できない人間、最初から革命と妥協できない人間であった。そして、私もギジェルモ・カブレラ・インファンテのこれらの諸特徴に遠くなかった。私が最初に行ったことは、革命の敵、ＣＩＡのエージェントと宣告されたギジェルモを、リサンドロ・オテロに対して擁護することであった。なぜだったのか。芸術的価値の名で擁護するために。ギジェルモ・カブレラ・インファンテの小説『三四の淋しい虎』に、どのような素晴らしき、非常にすばらしき芸術的価値を与えることができるのか。どんな例外的な価値が、『髭を生やした鰐』が長年の友人を攻撃するために私に提供した機会を利用するに値するどのような例外的な貢献を、その本はできるのだろうか。私は専門的な批評家ではなかった。政治的なものと文学的なものとの間の特別な違いを確立することは、私の義務ではなかった」[Padilla 1998: 128–129]。

そしてパディージャは、『髭を生やした鰐』の要請に応えて書いたコメントの中で革命を攻撃したと自己批判した。

「『髭を生やした鰐』のために私が書いた有毒な小さなコメントにおいて、私は三つの革命組織を攻撃した。例えば、私は自分が属する組織であるUNEACを目立ちたがり屋の殻であると攻撃した。私は、彼自身が明らかに示したように、彼自身が宣言することに努力したように、ブリュッセルに三年間いて革命の敵と結合したギジェルモ・カブレラ・インファンテのような反革命家を業務から切り離したことで外務省を攻撃した。さらに私は、ギジェルモ・カブレラ・インファンテの活動に関して報告した国家公安局の一同志を、文学的スタイルについて話しながら、あたかも文学的スタイルが真実と関係しているかのように、あるいは真実が文学的スタイルより重要でないかのように、攻撃した」[Padilla 1998: 129]。

さらにパディージャは、彼との連帯を表明した国際的な文化人・知識人を指して、次のように、資本主義諸国の知識人に典型的な姿勢であると批判している。

「私を支援したこれらの知識人たち、私と国際的に連帯したこれらの知識人たちは、近年の私の生き方を根本的には知らない。彼らの多くは、私がそれらの態度をとった事実を、私がなぜそれらの態度をとったのか、私がなぜそのような姿勢を示したのかを知らない。それは、資本主義世界の著作家たちの当然の態度である。これらの同志たちが革命の謙虚さに気づいた時に、私があなた方と自由に話すことができていることを見た時に、もしこれらが私の思想であったならば、私に要求すべき第一のことは、明日にさえ監獄に戻らなければならないとしても、何が真に私の思想であるべきかを言うべきこの瞬間の勇気であろう」[Padilla 1998: 130]。

パディージャはこのように、自己批判をした後、自分と同じ「過ち」を犯した者を告発したが、その中には、彼の妻ベルキス・クサ・マレー、友人であったノルベルト・フエンテス、パブロ・アルマンド・フェルナンデス、セサル・ロペス、ホセ・ヤネス、マヌエル・ディアス・マルティネス、ビルヒリオ・ピニェラ、ホセ・レサマ・リマの名があった。

「もし私が今ここで立ち上がるならば、私と同じような状況への道を歩んでいる多くの同志たちの名前を示すならば、（中略）彼らは私が真実を述べていることを知っているがゆえに、また、私がそうであった以上にもっと革命的であると感じなければならないゆえに、それらの同志たちは私に反論することはできないであろうと確信している」[Padilla 1998: 143–144]。

▼①ベルキス・クサ・マレー（Belkis Cuza Malé, 1942–）について

パディージャは妻ベルキスについて次のように言及した。

「なぜなら、例えばもし、このことで多く苦しんできた、妻であるベルキスの名前に言及するなら、どれだけの不快、嫌悪、怨恨を近年彼女が不可解にも蓄積してきたか、一連の私の欠点が彼女を苦しめたが、彼女は立ち上がって、私を否定することはできないだろう」[Padilla 1998: 144]。

ベルキスはその後、一九七九年にパディージャに先立って息子とともに出国し、パディージャは一九八〇年に出国を許可された。二人は、一九八六年にテキサス州フォート・ワースにキューバ文化センタ

ーとキューバ芸術ギャラリーである「カサ・アスル（青い家）」を設立し、二〇〇〇年のパディージャの死後、「青い家」は「エベルト・パディージャ」と名づけられた。ベルキスは今もフォート・ワースに在住している。

▼②パブロ・アルマンド・フェルナンデス（Pablo Armando Fernández, 1929–）について

パディージャはフェルナンデスに関して次のように述べた。

「同じことが、一人の長年の友人、家庭的な温かさを私に与えてくれた一人の友人であり、他の時期には革命のために多くの積極的なことを行ってきたが、近年は不快、嫌悪、病気、寂しさ、反革命的なことを示してきたパブロ・アルマンド・フェルナンデスに関して言うことができる」[Padilla 1998: 144]。

フェルナンデスは、一九六六年にカサ・デ・ラス・アメリカス詩賞の審査員を務め、一九六八年には同小説賞を『子供たちはお別れする（*Los Niños Se Despiden*）』で受賞し、一九七一年四月のパディージャによる批判後もキューバに残り、一九八五年にはカナリアス諸島で開催された第一回スペイン語国際会合に参加し、一九九二年にはセルバンテス賞の審査員となり、また一九九六年にはキューバ国民文学賞を受賞し、二〇〇八年にはラテンアメリカの詩を特集したトルコで開催された第四回エスミルナ国際フェスティバルに他のラテンアメリカの詩人とともに参加するなどキューバを代表する文学者として活躍した。

▼③セサル・ロペス（César López, 1933–）について

パディージャはセサル・ロペスについては次のように述べた。

「同様のことが、私が尊敬し、尊重するもう一人の親愛な友人であり、カサ・デ・ラス・アメリカス

において言及された、美しく、好ましく、尊重されるべき本である『その都市の最初の本（*El Primer Libro de la Ciudad*）』を書いたセサル・ロペスについても言える。セサル・ロペスは、私と一緒に、キューバ革命に関して敗北主義的で否定的な分析を行った。セサル・ロペスは詩に敗北の時期をもたらした」[Padilla 1998: 144]。

▼④ホセ・ヤネス（José Yanes, 1944–）について

ヤネスについてパディージャは次のように述べた。

「例えば私は、私が愛情を感じる、また私に反論はできないことを知っているホセ・ヤネスの名に言及する。彼が二年前に書いた詩と最近の詩がいかに異なるかを考えた。彼はその断腸の思いに満ちた詩をキューバから米国に行ってしまった母親に捧げた詩人である。ホセ・ヤネスは、その年齢と時代にふさわしくない詩と、敗北主義的な詩と、セサルの詩とも似た、私の詩とも似た詩とともに再び現れる」[Padilla 1998: 145]。

ヤネスは、一九六六年にフアリアン・デル・カサル国民文学賞を著書『語ること（*Hablar*）』にて受賞、一九六八年にこの著書をＵＮＥＡＣから出版、パディージャによる批判後は一九九八年に国外脱出して、その後はハワイに居住している。

▼⑤ノルベルト・フエンテス（Norberto Fuentes, 1943–）について

パディージャはフエンテスについて次のように述べた。

「私はもう一人の例外的な才能を有する若者について考える。私が好み、私の影響を受けているといつも言っていた若者である。（中略）私はノルベルトについて考える。ノルベルトは素晴らしい知的・

政治的経験を持っている。（中略）彼は長年、国家公安局と緊密に生きてきたし、国家治安局は彼に絶対的な信頼を置いてきた。国家公安局は、文盲撲滅運動活動家や農民家族を殺害した反革命分子と闘った兵士たちの英雄叙事詩をつくるように彼に報告書を提供した。その上で、私が持っていない素晴らしい経験を持っている革命時の日常的実践においてこんなにノルベルトと私が一致していることは正当ではありえないと私は言っていた。もしノルベルトと話すことができるなら、この瞬間にでも彼に会いに行けるのにと言ってきた」。

「私は、革命がわれわれを破壊しつくすために、彼と対決する、われわれと対決するための特別の機械装置を建設したことは知らなかった。私の逮捕の一日前に、国家公安局がわれわれを破棄しつくす人々として現れるテーマに関していつものように話しながら、彼と一緒にいたことを覚えている。私は完全にノルベルトがここに立ち止まったことを知っている。（中略）さらに私は、彼は美しい文学的な作品をつくることができることを知っているし、彼が私を否定しないことを知っている。なぜなら私は、彼がそのようにできないことを、誠実ではないことを、革命的ではないことを知っている。われわれが議論しなければ、何度もお互いに出していた正当化を見出すことはできないだろう。われわれは中央委員会がわれわれと話すためにわれわれを呼び出さなければならないと言いながら、われわれを正当化することは到底できないだろう。もしわれわれが革命家であったならば、責任をもってそこに立っていなければならないと感じるだろう。彼はキューバのジャーナリズムに多くの有用な貢献をなしてきた。さらにキューバ文学に対して美しい作品を与えてきたし、与え続けるだろう」。

「受け入れられない彼の最新の小説、彼が心配している小説、まだ自分の形をその中に見出しえていないと彼が言っている小説について話し合った。これは何らかの形で問題を再提起しなければならないという所属組織の深い返事であり、道徳的要求であろうか、私はそうだと言った。同志たち、革命はこのような事態に寛容であることはできないと私は理解している。あらゆる意味のないお喋りの空理空論を何日も議論し、話し合い、討議してきた。しかし、私の山積みされた過ちは価値を持っているし、われわれ一人ひとりのために模範的な価値を持たねばならない」[Padilla 1998: 146–147]。

フエンテスは、パディージャによる批判後も、批判された他の作家たちとは違って自己批判を行わなかった唯一の作家として姿勢を貫徹した。一九八四年には邦訳もある『キューバのヘミングウェイ（*Hemingway en Cuba*）』を出版し、一九八七年には『アーネスト・ヘミングウェイ——再発見（*Ernest Hemingway: Rediscovered*）』を出版したが、一九八九年に発生したオチョア事件に際してカストロ体制がオチョア将軍らを有罪として銃殺に処したことに対する違和から、カストロ指導部とは距離を置くようになった。一九九三年に海上脱出を試みたが失敗し、一九九四年にガルシア・マルケスなどの介入によって出国して、その後も積極的な執筆活動を続けている。一九九九年には『最後の聖地（*El Último Santuario*）』、二〇〇二年には『麻薬密売と革命的任務（*Narcotráfico y Tareas Revolucionarias*）』、二〇〇四年と二〇〇七年には『カストロ伝記　第一巻：他者の天国（*La Autobiografía de Fidel Castro I: El Paraíso de los Otros*）』、『第二巻：絶対的だが不十分な権力（*II: El Poder Absoluto e Insuficiente*）』を出版してカストロ批判を展開している。

▼⑥マヌエル・ディアス・マルティネス（Manuel Díaz Martínez, 1936–）について

ディアス・マルティネスに関するパディージャの言及は次の通りであった。

「私は、マヌエル・ディアス・マルティネスについて考え、彼を思い出していた。多くの若者たちが政治的に無関心であった時、マヌエル・ディアス・マルティネスは確信に満ちた急進的な闘士であった。私が大いに尊敬し、友好関係を築き、感謝しなければならないほどの連帯の証しを示してくれたマヌエ

ル・ディアス・マルティネスが、悲しむべき、痛烈な反体制的な態度をとることがどうして可能なのだろうか。この私の経験はすべての人たちに例として役立つものであると知っている」[Padilla 1998: 147–148]。

ディアス・マルティネスは、一九六七年に『生きるとはそのこと（*Vivir es Eso*）』でフリアン・デ・カサル詩賞を受賞、外交官として勤務する一方で文学活動を続け、一九九四年には『その冬のための記憶（*Memorias Para el Invierno*）』でラス・パルマス市賞を受賞、二〇〇五年には詩作品『踏切（*Paso a Nivel*）』をマドリッドで出版、詩集『歩む蝸牛（*Un Caracol en su Camino*）』をカディスで出版するなどスペイン語圏で活躍している。

▼⑦ ホセ・レサマ・リマ（José Lezama Lima, 1910–1976）について

レサマ・リマについてパディージャは次のように述べた。

「ここに来ているかは知らないが、私は単純な理由からレサマ・リマについて言及できる。キューバ革命（政権）はレサマに対して公平であった。革命（政権）は本年も彼の著書を二冊出版した。しかし、レサマの判断はいつも革命に対して公平ではなかった。これらの判断、これらの態度、これらの活動はよく知られている、あらゆる場所で知られている、国家公安局においても知られている。私は何も新しい事実を、とくに国家公安局に知らせているわけではない。国家公安局はレサマのそれらの態度を知っている。キューバ人の間に外国人の間に、意見はすべて、革命を中傷する書籍の分析を編成する観点を成している。レサマは公平ではない、私との会話において、私の前で外国人と行った会話において、公平ではなかった。革命に対して公平ではなかった。今、私は認めるためにここに来ることができると確信している。なぜならレサマは、とても誠実な人間であり、強制する能力を持つ人間であるからである。

レサマは、私の言っていることが道理であると言うためにここに来ることができるだろう。ただ一つの正当化は行動を矯正することである。その原則がマルクス・レーニン主義である革命が、革命がもつ寛大な理解の基準なしに、他の政治的・哲学的概念に、他の利益に依拠するようなレサマのような作品を出版するということをどうして説明できるだろうか」[Padilla 1998: 148]。

パディージャはレサマ・リマをこのように批判したが、一九六六年に出版されたレサマ・リマの小説『楽園(*Paradiso*)』はスペイン語圏をはじめ国際的にも高く評価された。しかし、レサマ・リマは同性愛的傾向から革命政権に冷遇され、「パディージャ事件」後はUNEACの役員職からも排除され、一九七六年に死去した[5]。

◉ラテンアメリカ知識人の幻滅と分裂

このようにパディージャによって批判された作家・詩人たちは、その後、カストロ政権から逃れて出国する者、亡命を試みる者と、キューバに残る選択肢を取る者とに分かれることになる。

パディージャは、前述のような妻や友人たちに対する批判を展開した上で、次のように総括して締めくくっている。

「同志たちよ、私はこれを終えるために真剣でなければならない。例外はあるだろうが、革命の後ろに、政治的に革命に牽引されている一部門があるとすれば、それは文化と芸術の部門であるという結論に達したことを私は告げなければならない。われわれが生きてきたこの緊張した一二年から一三年であったにもかかわらず、われわれは革命のこのような状態にはいなかった。一時にせよ、キューバ革命が達成してきた諸課題について再考してみよう。例えば、砂糖キビ刈りについて。どれほどの刈り取りに作家たちが参加しただろうか。ほとんどなかった。(中略)これがわれわれが直面している状況である。

（中略）要求するために、陰口をきくために、抗議するために、批判するために、その最初にいるのが作家たちの多数派である。もしわれわれが真剣に、深く分析するならば、自分自身のありようをよく見るならば、私を特徴づける、作家たちの多くを特徴づけるエゴイズム、独善、傲慢不遜、思い上がりが基本的な特徴であると見ることができる。それゆえに、イデオロギー的にはいつも、団結や共同労働の感覚は少ししかなく、悲観主義、幻滅、敗北主義、すなわち反革命と結びつかせるものである。懐疑主義、不和、憎しみ、反体制にだけ団結している。私は、私の過去と未来を分かつ機会を与えてくれたキューバ革命に感謝することに飽きることはない。革命は私にとても寛大であった。革命は私に仕事を、私の切望にあった、希望に沿った仕事を公正に示してくれた。革命は私に自由だけでなく、仕事を与えてくれた。私が議論した同志たちと持った対話は信じがたいものであった。対話する、それは言葉の問題ではない。私が話し合った人々は私を尋問することはなく、長く輝かしく驚くべき知的で政治的な説得であった」[Padilla 1998: 149–150]。

　このＵＮＥＡＣ主催の自己批判集会においてパディージャが行った表明の真の意図については多くの疑問が存在する。自己批判文を公表することが釈放の条件であったと見られるが、キューバを含むラテンアメリカの知識人の大半は、自己批判文はパディージャ自身の手では書かれてはいないと見ている。その一人、自己批判文の中で批判されているマヌエル・ディアス・マルティネスは、「我らの詩人は、『神曲』の書き手でないのと同じ程度にこの手紙の書き手ではない」と述べている。

　しかしながら、自己批判文はおそらくはパディージャ自身が書いたのであろう。ただし脅されながらである。というのも、そうした脅かしの手法は、キューバ革命の政治的抑圧システムにおいては一般化しつつあったと見られるからである。実際、パディージャに近い友人たちの証言によれば、パディージャはそのテキストであまりに多くの政治的過ちを告白しているが、それがむしろ彼が書き手であることを疑わせるという。

苦渋と偽りに満ちた自己批判の後、パディージャは釈放された。自己批判文で名前を言及された人々の大半は、自己批判の間に、マイクの前で釈明を行った。その時の経過について、ディアス・マルティネスは、「パディージャの自己批判はすでに公表されていたけれど、それを読むのと、あの晩あそこで直接聞くのとでは、大きな違いがあった。私はあれを人生最悪の時として記憶にとどめた。パディージャが話している間に、私の近くに座っていた人々が見せた呆気にとられた顔を、私は決して忘れないし、ましてやパディージャが、潜在的な革命の敵として彼の友人の名を挙げ始めた時――私たちのうちの何人もが『生ける屍』になっていた――、老いも若きもいたキューバの知識人たちの顔に浮かんだ恐怖の色を忘れることはない。私はロベルト・ブランリーの真後ろに座っていた。エベルト(・パディージャ)が私の名を挙げた時、親友のブランリーはわななきながら私の方を振り向き、まるで私がもう絞首台に連れて行かれるかのように、恐怖に満ちた眼ざしで私を見た」と述べている[Esteban/Panichelli 2004=2010: 53]。

パディージャは、一九九〇年に出版した自伝『他者の自画像(*Self-Portrait of the Other*)』において、逮捕から釈放までの三九日間について詳述している。同書の中でパディージャは、逮捕のきっかけはホルヘ・エドワーズに『英雄たちが私の庭の草を食う』の原稿コピーを渡したことであると述べるとともに、身柄拘束中は国家治安局のアルバレス中尉が尋問や誘導にあたったと述べている。どのように自己批判を誘導されたかについては詳述していないが、尋問の途中であまりのストレスからパディージャが病に倒れて入院した際にカストロが見舞いにやってきて、警護官に席を外させて二人だけで話し合う機会を作ったと述べている。その際、カストロは、海外では革命に反対する人々がいるが、パディージャにはその責任があると言い、知識人たちがキューバのために何か建設的なことをしてくれたことがあるか、彼らはいつも批判し、いつも欠点を探している、もしパディージャにまだ礼儀正しさと愛国心が少しでもあるのなら、それを示すのに遅すぎるということはないと言った。このカストロの言葉にパディージャは、長期刑判決の可能性が大きいことを見通して、カストロの望むことをしようと決め、友人の何人かを巻き添えにしつつ、自分の過ちを長々と告白する準備をする決意をしたようである［Padilla 1990: 149–166］。パディージャが自己批判をする決意を固めたのは、このように病床を見舞ったカストロとの二人だけの会話がきっかけであったと考えられる。

UNEAC主催のパディージャの自己批判集会が開催された前後の四月二三〜三〇日に開催された第一回全国教育・文化会議の閉会式に出席したカストロは、三〇日の閉会式において行った演説の中でパディージャ問題に関して言及したが、この演説のテキストは自己批判文と同じ『カサ・デ・ラス・アメリカス』第六五・六六号（五・六月号）に掲載されることになる。この演説の中でカストロは次のように述べた。

「われわれは、経済的帝国主義を、植民地主義にとって代わってきた、とって代わろうとしてきた、もう一つの繊細な植民地化の形態として発見した。それは、われわれが広範囲に発見した文化的植民地主義、政治的植民地主義である。ここでいくつかの表明があったが、それについて話すことを留めることは意味がない。会議とその合意事項は、それらの傾向を投石器で打ち破るために十分であると信じている。もしあなたがヨーロッパのリベラル派のブルジョア新聞を読めば、ヨーロッパにおいては、米国から九〇マイルに位置し、帝国主義の航空機、艦隊、何百万人もの兵士に、科学兵器に、生物兵器に、通常兵器に脅かされている一国の問題は、彼らの問題ではない。彼らの国は、われわれを沈没させようとし、あらゆる角度から封鎖しようとする帝国に対する英雄的な戦いを進めている国ではない。彼らの問題は、われわれに困難な条件においてその支えを構築しなければならない低開発国の諸条件を提起するこれらの問題ではない。われわれが対応しなければならない二〇〇万人以上の児童、若者たち、学生たちの諸問題、本、文房具、鉛筆、衣服、靴、家具、机、黒板、音響教材、チョーク、多くの場合には給食——学校で食事する五〇万人もの児童が存在するのだから——、教室、校舎を届けなければならない。非現実的な世界に生きるそれらの人々にとって、これらは問題ではなく、これらは存在しないのだ。これらがわれわれの問題ではないと信じるためには、現実に存在する問題を無視するためには、世界の現実から周縁化され、限りなく麻痺し、完全に狂っていなければならない」[Padilla 1998: 154]。

「何人かは私が今夜その問題に言及するだろうと言っていた。しかし、なぜ？ なぜ私がそれらのゴミたちに言及しなければならないのか。なぜ私がこの国の問題ではない問題をこの国の問題のカテゴリーに引き上げなければならないのか。なぜなのか、ブルジョア的なリベラル派の方々は、自分たちの真の深い問題は何であるかを知っている何百万人の労働者、農民学生、家族、教員たちが意見し、表明することを感じないし、触診しようともしないのか？

知的なゴシップに関係したいくつかのことは、われわれの新聞には現れなかった。それでは、新聞に現れないどのような問題が、どのような危機が、どのような秘密があるのか？ ブルジョア的なリベラル派の方々よ、これらの問題は、われわれの労働者の注目を引き、われわれの新聞の頁の注目を引くためには、あまりに重要ではないのだ、あまりにゴミにすぎないのだ。

われわれの問題は別である。もう歴史が現れるだろう。もう何らかの文学雑誌には小問題が現れるだろう。十分ではないだろうが。怠惰や退屈が、重要な問題のカテゴリーに引き上げるあらゆるコストを求めるそれらの問題を娯楽として、有用な学識として公にすることができる。なぜなら彼らは、帝国主義によって支払われ、骨の髄まで腐敗した、この革命から、キューバのような国々の諸問題から一〇〇〇マイルも離れた反革命的で、ブルジョア的なそれらすべての新聞は、それらが問題であると信じているのだ。そうではない。ブルジョアの方々よ、われわれの問題は低開発の問題である、あなた方が、搾取者たちが、帝国主義者たちが、植民地主義者たちがわれわれに残した遅れからどのように脱却するのか、数世紀もの間の略奪である犯罪的な不均等交換の問題からどのように防衛するのか、それらが問題なのだ」[Padilla 1998: 155]。

「彼らはわれわれに対して戦争状態にある。結構なことだし素晴らしい。正体が暴かれ、くるぶしまで裸にされるだろう。彼らは、妥協なしに、屈服の兆候もなく、米国から九〇マイルに位置するキューバのような国に対して、パリやロンドンやローマに住みながら月桂樹を得たいと思っている無礼な似非左翼主義者に口実を与えるのに役立つことはない数億人から成る世界の一部を形成する国に対して戦争状態にある。彼らの一部は、無礼な戦闘の砦にいるのではなく、一万以上の問題から離れて、最初の段階でラテンアメリカの諸問題のいくつかを表明することができた時に獲得したほんの少しの名声を使いながら、ブルジョア的サロンに生きている。しかし、キューバと一緒には、キューバのためには決して再び使うことはできないだろうし、防衛することもできないだろう。しかし、われわれが防衛しようとする時、彼らに『同志たちよ、われわれを擁護しないでくれ』と言おう。『われわれを擁護することはわれわれには都合がよくない』と彼らに言おう」[Padilla 1998: 156]。

「ブルジョア的なリベラル派の方々よ、ブルジョア的な中傷文書の書き手たちよ、CIAの手先たちよ、帝国主義の情報員たちよ、すなわち帝国主義のスパイである情報機関の人々よ、キューバには入口はない。キューバには入口はないだろう、UPIやAPにも与えないように、無期限に無限の期間、無期限に入口は閉鎖されている。これがこの点について述べるべきすべてである」[Padilla 1998: 156]。

このように、カストロはパディージャのような文化人を「ブルジョア的なリベラル派の人々」と呼び、彼らが客観的に果たしている役割とは、革命のために大衆とともに歩むことではなく、芸術的追求の名のもとで、帝国主義に、米国帝国主義に奉仕し、それによって革命を打倒しようとする陰謀に荷担することであると論じたのである。このような主張を、ソ連・東欧社会主義型の革命路線を最優先することを目的とした権威主義であると論難することは容易ではあるが、明らかに米国の直接的・間接的な介入によって一九六一年四月に発生したヒロン湾事件やその前後にキューバ国内で発生した数千件を超えるテロ事件やサボタージュ事件を考えれば、米国に資する芸術的活動はキューバ革命にとって害にしかならないとしたカストロらの革命指導部の判断を全否定することは現実主義的な視点からは難しい。

パデージャは、カストロ政権による文化人・知識人締めつけの張本人は、文化を毛嫌いしていたラウル・カストロ革命軍事相であったとみなし、(6) ラウルは革命プロセスを進展させる上で、文化は障害になりはするものの、決して革命の進展に寄与するものではないと考え、社会リアリズム以外の文学方法については否定的感覚しか持っていなかったと述べている［Padilla 1990: 146］。キューバ政府は「パディージャ事件」を体制批判的な知識人を一掃する好機と見て、一連の知識人・文学者を追い詰める機会ととらえたようである。パディージャによれば、キューバ政府が最も危険視していたのはレサマ・リマであり、レサマ・リマを排除するきっかけとしてパディージャを利用した。レサマ・リマは一九六六年の作品『楽園』を発表して以来、国際的にも評価され、またキューバ国内においても若い文化人・知識人に大きな影響を与えており、キューバ政府はこれら若い文化人・知識人がレサマ・リマの周辺に反体制派として結集することを恐れて警戒した［Padilla 1990: 167–173］。レサマ・リマは「パディージャ事件」以後、一九七六年の死に至るまでキューバの文学界から排除されることになる。

しかし、ラテンアメリカやヨーロッパの一部の知識人たち、とくに一九五九年一月のキューバ革命の成立以来、常にキューバ革命を支持する側にあった知識人・文化人たちには、「パディージャ事件」はキューバ革命の大きな転換であると受け止められた。一部の知識人がパディージャの自己批判は権力によって強いられたものであると憤り、さらにカストロの主張に反発してキューバ革命の路線に批判を強め、その時まで革命を支持し固い団結を誇ってきた知識人グループを分裂させることになった。

パディージャの自己批判から七日後、カストロの演説から四日後の一九七一年五月四日に、バルガス・ジョサのマンションでカストロ首相宛ての抗議書となる知識人たちの共同書簡が作成された。共同書簡には、カルロス・フランキ、カルロス・フエンテス、ファン・ゴイティソロ、バルガス・ジョサ、カルロス・モンシバイス（メキシコ）、ホセ・レブエルタス（同）、ファン・ルルフォ（同）、サルトル、ボーヴォワールら六〇名が署名した。ガルシア・マルケスとフリオ・コルタサルは署名しなかった。文面は四月九日に『ル・モンド』紙に掲載された抗議書よりも厳しく、革命の権威主義化、キューバ政府の孤立主義、対話の拒否に対する憂慮とともに、パディージャの自己批判に対する「恥ずかしさと怒り」を表明していた。バルガス・ジョサは文案を書いたことを認めている。五月二〇日に送られた共同書簡は次のように書かれていた。

「私たちは、自分たちの感じている恥ずかしさと怒りをあなたに伝える義務があると信じています。エベルト・パディージャが署名を行った嘆かわしい告白のテキストは、革命の合法性と正当性を否定する方法によってのみ得ることができたものです。前述の告白の内容と形式は、不合理な告発と筋の通らない主張とともに、UNEACで開催され、その中で当のパディージャと同志ベルキス・クサ、ディアス・マルティネス、セサル・ロペス、パブロ・アルマンド・フェルナンデスが自己批判という痛ましい茶番劇を受け入れざるをえなかった行事がそうであるように、スターリン主義の時代の最も下劣な時期を思い出させます。私たちにとり、人間の尊重と人間解放の闘いという点において模範的と思えたキューバ革命を、私たちはその初日から熱烈に支持してきましたが、それと同じくらい熱烈に、私たちはキューバが、教条的な反啓蒙主義や外国文化排斥、社会主義諸国においてスターリン主義が強いた抑圧システムを回避するよう勧告します。現在キューバで生じていることは、スターリン主義の明らかな兆しであった出来事に似ているのです。（中略）一人の人間に、最悪の裏切りや卑劣な行為を行ったことを馬鹿げた形で認めさせるような、人間の尊厳の無視は、相手が作家だからというのではなく、いかなるキューバの同志——農民、労働者、技術者あるいは知識人——であろうと、やはり同様の暴力や侮辱の犠牲者になりうるからこそ危険なのです」[Esteban / Panichelli 2004＝2010: 56–57]。

署名者たちはこの書簡によって、人権の蹂躙を終わらせること、そして、キューバ革命を社会主義の一つのモデルとみなせた革命の本来の精神に立ち返ることを求めていた。すなわち、革命プロセスの弱い時期を利用してシステムを混乱させようとする敵として問題にしているのではなく、同じくラテンアメリカのために社会主義的未来と関わろうとし、明らかな不当な暴力に対して見て見ぬ振りができず、奪うことが不可能な自由の侵害に対して妥協できない政治的同志として問題にしようというのである。しかし、カストロなどの革命指導部とは明確に意識や考え方が異なっていたし、ガルシア・マルケスやコルタサルが抱いていたキューバ革命のあり方に関する見解とも異なるものとなっていき、ラテンアメリカ知識人の分裂の契機となっていった。

［5］「パディージャ事件」の意味

一九七二年に『〈ブーム〉の個人的履歴書』を出版したホセ・ドノソは、一九六〇年代にラテンアメリカ文学の〈ブーム〉が生じたと論じ、その〈ブーム〉は「パディージャ事件」まで続いたと述べている。ドノソによれば、ラテンアメリカ文学の〈ブーム〉は、一九六二年にチリのコンセプシオン大学で開催された知識人会議が起点になった（↓第1章第5節）。この会議では、「ラテンアメリカ人は、自国の文学はもとより、ヨーロッパ文学、北アメリカ文学に関しても完全な知識を持ちながら、手段の欠如やエゴイズム、近視眼的な出版社やその販売方法のために、互いに隔離されており、同じ大陸の他の国々の文学についてはほとんど完全に無知であること」が一様に認識された［Donoso 1972=1983: 40］。そして、これらのラテンアメリカ知識人は、キューバ革命を擁護するという姿勢を共有していた。

このようなラテンアメリカ知識人の共同歩調は、「パディージャ事件」が起きるまで続いた。ドノソは、「コンセプシオン大学の知識人会議において、大陸と大陸の作家たち全体を統一する政治運動への共鳴という、急激にして強大な潮流を初めて私が経験したのと同様、パディージャ事件は、忠誠心とまるまる一〇年におよぶ作業を犠牲にして、その統一にひとつの終止符」を打ったと述べている［Donoso 1972=1983: 64］。キューバ革命の擁護が共通の姿勢となっていたが、その結束が「パディージャ事件」によって崩壊してしまったのである。

さらにドノソは次のように述べている。「もしも〈ブーム〉が、何か完全に近いまとまりをもったとすれば、――色合いの違いはあるものの――キューバの革命運動に対する信念であったと私は思う。そしてパディージャ事件によってもたらされた幻滅はその信念を破壊し、また〈ブーム〉のまとまりをも破壊したのだと私は思っている」［Donoso 1972=1983: 64］。

こうして、ドノソが指摘したように、「パディージャ事件」は一九六〇年代にキューバ革命擁護の姿勢で結束していた多くのラテンアメリカ知識人を分裂させる契機となった。知識人たちの「パディージャ事件」に対する批判は、一九七一年五月にカストロ首相宛てに送られたヨーロッパとラテンアメリカの知識人の共同書簡に要約されている。抗議書は、パディージャに対する扱いは「社会主義諸国においてスターリン主義が行った抑圧的体制」と表現していた。このようにヨーロッパやラテンアメリカの知識人たちは、カストロ体制がスターリン主義化したと見て、キューバ革命を擁護する姿勢を変更し始めたのである。

しかし、「パディージャ事件」は「スターリン主義化」という言葉で要約できる事件であったのだろうか。「パディージャ事件」を理解するためには、当時のキューバが直面していた諸問題、キューバが囲まれていた国際環境の中で改めて再考する必要がある。

まず、キューバが革命達成以来、一貫して日常的に米国からの攻撃の可能性に直面していた事実が考慮されねばならないであろう。一九六一年四月に起きたコチノス湾での反革命軍の逆上陸戦、翌六二年一〇月のキューバ危機に関連するカストロ政権打倒を目指す「マングース作戦」にとどまることなく、日常的にCIAを背景とした革命政権打倒工作が実施されていた。このような環境下では、純粋なイデオロギー論争だけで路線を決定することは困難な状況にあったわけであり、事態の進展に応じて臨機応変に対応する現実主義的な路線の操作が必要とされた。それゆえに、一九六八年中にキューバ国内で生じた諸事件は一見整合性に欠けるように見える様相を呈したものと考えるべきであろう。とくに、同年一月の親ソ派の「ミクロフラクシオン」グループの粛清、それに続いた三月の個人営業の全面廃止、八月のチェコ侵攻支持、知識人に対する締めつけの強化、これらは一見整合性に欠ける。一般的には、キューバは同年前半には理想主義的な独立路線をとっていたものの、後半にはチェコ侵攻支持を皮切りとして親ソ路線化を強めて行ったとの解釈が行われる。しかし、果たしてそうであったのか。同年の前後半の間に整合性に欠けると見られる現象が生じたが、そこにこそキューバ革命の特徴的な性格があったのではないだろうか。「パディージャ事件」も、親ソ化したキューバにおいて見られたスターリン主義化の結果として見るのではなく、キューバ革命の独自性という面から解釈する必要があると考えられる。チェコ侵攻支持とその後の知識人・文化人への締めつけの強化も、親ソ化やスターリン主義化という枠組みで理解するのでは不十分であり、キューバにとって必要な社会主義圏共同体を崩壊させかねない

「プラハの春」といわれた民主化運動を問題視した結果としての侵攻支持であったと考えられ、「パディージャ事件」もチェコスロバキアに類似した運動に発展することを予防したため生じた事件であったと解釈されよう。

米国からの日常的な脅威を前にカストロ政権がなすべきことは、革命を前進させること、経済発展を達成すること、そのために国民の団結と結束を固めること、米国に対決できる国際環境を堅持することであった。このような環境の中で、革命前の有産階層と中間層出身の知識人・文学者の中に革命路線に消極的な人々が体制批判的な姿勢をとることは考えられる。そして、カストロ体制が彼らに対する締めつけを強化し、革命路線に忠実であることを求めたのである。したがって、「パディージャ事件」に際して、一九七一年五月にヨーロッパとラテンアメリカの知識人がカストロ首相宛てに送った抗議書には、事実誤認が含まれていたと言える。彼らは、カストロ体制による文化人・知識人に対する締めつけの強化をソ連・東欧社会主義諸国にみられたスターリン主義化と同一のものとみなしたのだが、彼らは当時のキューバが必要としていた国民の団結と結束の強化という課題を十分に理解していなかったと言える。たしかに、文化人・知識人に対する締めつけの強化は表現の自由の侵害であり、スターリン主義は批判されるべきであるが、一九六〇年代にキューバ革命を擁護したヨーロッパやラテンアメリカの知識人の多くが「パディージャ事件」を契機としてカストロ政権から離反していった現象は、ある意味ではキューバの実情を軽視した姿勢であったとも言えよう。

[6] おわりに

本書は、ラテンアメリカ諸国において一九六八年に生じた現象を分析するものであるが、世界的な

「一九六八年現象」との関連でキューバにおいて一九六八年に生じた出来事を総括すれば、これまでに分析したメキシコやペルーなどの他のラテンアメリカ諸国と同様に、中間層に関わる現象であったと言える。先進諸国においては、資本主義経済の発展に伴って一九六〇年代に中間層が増加して大学進学者数も増加した結果、一九六八〜七〇年にはマスプロ教育に見られるような教育の質の低下が生じる一方で学費値上げが行われるなど、「若者の叛乱」と呼ばれるような現象が生じた。他方、途上国においては同様に資本主義経済の発展によって中間層が成長したものの、政治システムや社会制度がいまだ中間層の意向が反映できる水準には達していなかったため、中間層の不満が爆発するような現象を生じた。

一方、キューバにおいては、資本主義諸国の経済成長が見られた一九六〇年代に社会主義化を推進しなければならない状況下にあった。しかも、革命を打倒しようとする米国の脅威を眼前にして社会主義化を進展させねばならなかったキューバにとって、革命前からの中間層の動向は革命路線の推進にとって死活問題となっていた。一九六三年までに二五万人が脱出し、また一九六五年には約五〇〇〇人が脱出したとはいえ、国内にはいまだ革命に十分一体化できない階層が残っていたことは確実であり、「パディージャ事件」はそのような旧中間層出身の知識人層の去就が革命の前進を損なう可能性を増大させた時期に起きたことを考慮するならば、先進諸国と途上諸国の双方の資本主義システムの諸国とは異なって、中間層の社会的位置づけが異なる社会主義国であるキューバに生じた特有の出来事であったと言える。しかも、キューバにおいてはカストロ指導部が「ミクロフラクシオン」グループに批判された通り、旧「七月二六日運動」を出身母体とする中間層出身者から成っていたことを踏まえれば、さらに複雑な問題を内包していたと言える。カストロ指導部は、国民の意識高揚を助長するとともに、中間層の体制批判的な部分を締めつけることによって、一九七〇年前後に生じた革命の危機的段階を乗り越えようと企図したのであり、その象徴として起きたのが「パディージャ事件」であったと評価できよう。旧中間層のかなりの部分が一九五九年一月のキューバ革命を実行し、あるいは同調したが、革命プロセスの中で社会主義化を選択する中で、労働者派である「ミクロフラクシオン」グループを粛清してまでも、カストロ指導部が自立的なキューバ型革命路線を遂行していく過程で、急激な権威主義化に同調できない文化人・知識人に対する思想的締めつけを必要と判断したのが、一九六八年であったと判断される。

「パディージャ事件」に発した文化人・知識人の社会的姿勢を問題視する環境は文学活動に実質的な制限をもたらし、その結果、一九七〇年代初めにメキシコやペルーやアルゼンチンのようなラテンアメリカの他の国々では文学が隆盛を誇っていたのに対して、キューバにおいてはその時期には良質の作品が注目に値するほど欠けていることから、文芸批評の分野で「灰色の五年」と名づけられている事態を引き起こした。思想検閲が文学活動を停滞させるという結果が生じたのである。旧中間層出身者の文学活動が締めつけられた結果である。

第5章

チリ 1968

アジェンデ社会主義政権の誕生
（「TIME」1970年10月19日号）

一九七〇年、自由選挙によって樹立した世界史上初の社会主義政権として、サルバドル・アジェンデ政権がチリで誕生した。アジェンデ政権は農地改革や外資系鉱山会社の国有化などの政策を推し進めたが、一九七三年にピノチェッ将軍の軍事クーデターによって武力で圧殺された。チリはその後、一六年間にわたってピノチェッの強権的な軍事政権下に置かれることになり、クーデター発生時から政権末期までの期間に、軍、国家情報局、中央諜報局による拉致・処刑者約二〇〇〇名、強制的失踪者（行方不明者）約一二〇〇名など甚大な人権侵害が発生し、拷問被害者は四〇万名以上にもおよんだといわれている。

本章では、チリにおいて一九六八〜七二年の間に生じた中間階層を基盤とする二政党の動向から、アジェンデ政権の成立および崩壊過程を検証することにより、とくにチリの一九六八〜六九年が有した政治的意味を解明することを目指す。したがって、アジェンデ政権期の政治全般や政権崩壊に至る政治プロセスの分析を目的とするものではないことをあらかじめ申し添えておく。

〔1〕 はじめに

一九七〇年九月四日に行われたチリ大統領選挙において、人民連合（ＵＰ：Unidad Popular）の候補サルバドル・アジェンデ・ゴッセンス（Salvador Isabelino del Sagrado Corazón de Jesús Allende Gossens, 1908–1973）が三六・三％を得票し、その結果、憲法の規定に従って議会の両院合同総会において決選投票が実施されるはずであったが、三位のトミッチ候補を擁したキリスト教民主党（ＰＤＣ：Partido Democrata Cristiano）がアジェンデ支持を決定したこと、および二位に入った国民党（ＰＮ：Partido Nacional）のホルへ・アレサンドリ・ロドリゲス（Jorge Alessandri Rodríguez, 1896–1986）候補が辞退したことから、アジェンデの勝利が確定し、一一月四日に選挙で選ばれた社会主義政権が世界で初めて成立した。

アジェンデ政権は、一九七三年九月一一日に発生したアウグスト・ピノチェッ・ウガルテ（Augusto José Ramón Pinochet Ugarte, 1915–2006）陸軍総司令官が率いる軍部のクーデターによって打倒されて崩壊したが、アジェンデUP政権が成立した過程、および政権成立後の加盟政党の分裂・再編の過程には中間階層の意向が大きく影響した。したがって、チリにおいては一九六〇年代後半から一九七〇年代初頭に至る間、中間階層に基盤を置く諸政党の動向が重要な意味を持った。

［2］チリ政治・経済の特徴

◉経済構造と経済情勢

チリは、スペインによる植民地支配下で〈中枢—周辺〉関係の中で従属的な位置を強いられ、一九世紀初頭の独立後は鉱山業者、大地主、銀行家等が外国資本と連携した寡頭支配層を形成したが、とくに一九世紀後半からイギリス資本が硝石産業に、二〇世紀に入ると米国資本が銅産業に投資し、重要基幹産業を外国資本が押さえるという周辺資本主義国特有の経済構造が定着しだした。第一次世界大戦中のドイツにおける空中窒素固定法の発明により、世界市場におけるチリ硝石の地位は低下し、この結果、一九二〇年代を転機として一九世紀以来優位にあったイギリス資本は後退し、チリにおける米国資本の相対的優位が確立した。

そして、二〇世紀初頭からの萌芽的な産業資本の出現と鉱山労働者を中心とした労働運動の成長により、チリ社会における近代化の動きが芽生え、一九二〇年代のアレサンドリ政権期（一九二〇～二五年）以後、チリの政治権力の中心は、伝統的な大地主、鉱山業者、銀行家の独占状態から、次第に都市の資本家階級、中間層との共存状態へと変化した。こうした近代化プロセスの中で、一九二二年にはチリ共産党（以下、「共産党」）が、一九三三年にはチリ社会党（以下、「社会党」）が結成された。

その後、一九三〇年前後の世界経済恐慌と先進資本主義諸国の経済ブロック化によりチリは貿易立国としての立場を維持できなくなり、従来の自由貿易主義・自由主義的経済政策から保護貿易主義へと転換し、輸入代替産業の振興を中心とした工業化を開始した。とりわけ一九三八年の人民戦線政権の成立後、経済への国家の大規模な介入を通じて、計画的な工業化を推進し、一定の成果をあげるとともに、ラテンアメリカではあまり類をみない確固とした議会制民主主義の定着、ならびに安定的な中間層と強力な労働者階層の成長がみられた。この時期から軍部の政治不介入の原則を堅持したが、政党レベルでは、一九三三年に社会党が結成され、一九三九年には保守党から分裂し中間層に支持基盤を置く国民ファランヘ党（PDCの前身）が結成された。一九三六年には急進党・社会党・共産党による人民戦線が結成され、一九三八年に実施された大統領選挙において急進党のペドロ・アギーレ・セルダ（Pedro Aguirre Cerda, 1879–1941）が勝利して人民戦線政権が成立した［吉田 1979: 17］。

◉人民戦線

共産党は、コミンテルン（共産主義インターナショナル）から派遣されたペルー共産党書記長のエウドシオ・ラビネスの指導下で、反教権的な自由主義者、中産農民、新興の企業者層とのゆるやかな同盟を急進党に提案した。だが、それは共通の政治路線によるよりも、共通の利益に基づいて集結したものであった。チリの人民戦線の実際の形成基盤は、中道左派の急進党が政治的主導権を掌握したいという強い欲求をもっていたこと、および共産党が急進党のそうした姿勢を支援したことにあった。一九三八年の大統領選挙において人民戦線を形成した共産党・社会党・急進党に支援された急進党の候補者アギーレ・セルダは、本来保守的な地主であった。アギーレ・セルダは、理論的にはそれと闘うために人民戦線が形成されたファシスト勢力の協力をも得て勝利した。その背景には、一九三八年九月五日に起こった事件があった。この日、ゴンサレス・フォン・マレアスが率いるチリの「ナチ運動」は大統領官邸の近くにある「労働共済基金」を占拠して、ミュンヘンのビアホール決起の模倣を演じた。アルトゥーロ・アレサンドリ・パルマ（Arturo Alessandri Palma, 1868–1950）政権（一九三二～三八年）はこれに対して厳しく対処した。ナチ党は、選挙に出馬を計画していた元大統領のカルロス・イバニェス・デル・カンポ（Carlos Ibáñez del Campo, 1877–1960）とともに、戦術転換をして人民戦線の支持にまわった。こうして、アギーレ・セルダは実施された選挙において僅差で保守党のグスタボ・ロス候補を破った。

チリ人民戦線は、マルクス主義者、急進党員、およびファシストをも含む奇妙な政治ブロックとなった。共産党はモスクワからの指令に従って、アギーレ・セルダ政権の閣僚のポストを受け入れなかった。社会党はどの程度まで参加するかという問題をめぐって深刻な分裂をみせたが、結局三つのポストを受け入れ、厚生大臣には、後に一九七〇年に大統領となるサルバドル・アジェンデが就任した。しかし、急進党は社会党の望む国有化の推進計画の実行に乗り気でないことがやがて明らかになった。一九四〇年には三人の有産階層出身の急進党員であるウンベルト・アルバレス、クリストバル・サエンス、ビクトル・ミリエールが内閣に加わったことで、この政権は右傾化し始めたが、社会党はこれに反発して閣外に出た。

共産党がはじめて入閣したのは、ガブリエル・ゴンサレス・ビデラ大統領（Gabriel González Videla, 1898–1980）の政権期（一九四六～五二年）であった。同政権は、当選の承認を取りつけるため右派の自由党に密約を与えたため、政権就任当時から制約を受けていた。ゴンサレス・ビデラ政権の内閣は当初三人の急進党員、三人の自由党員、そして三人の共産党員からなっていた。社会党は閣外にあったので、共産党は、労働組織の要所から競合組織であった社会党員を排除するために新たに入手した権力を利用した。しかし社会党は、こうした共産党のやり方にやがて仕返しをすることができた。共産党は中産層を基盤とする急進党や右派の自由党と提携したことによって、かつての左派の間で孤立し、ゴンサレス・ビデラが共産党を排除しようと決めた時には、手の打ちようがなくなっていた。ゴンサレス・ビデラは五カ月後、「冷戦」という環境下で、内閣から共産党員を排除することを決め、さらに一九四八年には「民主主義防衛法」をつくり、この党を非合法化した。この法律はさほど厳格には適用されなかったとはいえ、共産党は一九五八年まで非合法化された［Moss 1973＝1974: 47–51］。

◉人民行動戦線（FRAP）の成立

チリは第二次世界大戦に際して連合国側につき、その原料補給地（銅の低価格輸出等）となったが、他のラテンアメリカ諸国と同様に、世界大戦の終了と米ソを軸とした東西冷戦の本格化とともに、一九四八年のリオ・デ・ジャネイロ条約による米州機構（OAS）の結成を経て、米国の「裏庭」へと再編された。他方、国内においては人民戦線が一九四〇年代の初めに解消され、前述の通り、一九四八年にはチリ共産党は非合法化された。

一九五〇年代から再び保守陣営が政権を握り、一九三〇年代に開始された工業化が、五〇年代半ばにはすでに輸入代替の比較的容易な第一段階を終え、工業化の第二段階に入ったが、米国資本が握る銅産業が支配的なモノカルチャー経済体制を脱却するまでには至らず、この時期より、それまでの産業の保護育成の結果としての独占化の傾向と経済の著しい停滞、インフレの昂進、国際収支の悪化、労働者による激しい賃上げ闘争等、その後のチリ経済に特徴的な事態が定着し始めた。

このため、この一九五〇年代半ばから、保守系のイバニェス政権は、米国から経済使節団を招き、その勧告に基づいて、それまでの国家主導型の成長政策を転換して、物価安定・インフレ克服策として厳しい緊縮財政政策、民間主導型の経済、外資依存型政策等、自由主義的な経済政策を導入したが、これは失業、賃上げの抑制等、国民に一方的で多大の耐乏生活を要求するものであり、大きな効果をもたらさず、国民の不満を醸成しただけで、労働運動はますます活発となり、一九五三年に諸党派を統合して結成された「チリ労働者中央組織（ＣＵＴ：Central Unitaria de Trabajadores de Chile)」を主軸とした大規模な経済闘争と共産党を非合法化した「民主主義防衛法」の廃止を求める政治闘争が展開され、保守政権に不満を抱く中間層を基盤とする政党であるＰＤＣ（キリスト教民主党）も一九五八年に結成された。一九五八年の大統領選挙を前に共産党と社会党によって人民行動戦線（ＦＲＡＰ：Frente de Acción Popular)が結成され、一九五八年と一九六四年の大統領選挙にはアジェンデを擁立して闘った。

一九五八年の大統領選挙は激戦の末、保守勢力の小差の勝利に終わり、アレサンドリ保守党政権が成立したが、保守勢力の小差による勝利はチリ社会における労働者と中間層の政治勢力の成長、そして保守勢力の退潮傾向をはっきりと示したものであった。この傾向をさらに促進した要因は、保守政権が継続した自由主義的経済政策、ならびに一九五九年のキューバ革命の成功とその社会主義化がラテンアメリカ諸国に与えたインパクトであった。

◉アレサンドリ保守党政権

一九五八年の大統領選挙に勝利した保守党のアレサンドリ政権は、イバニェス政権の自由主義的経済政策を踏襲したが、インフレの抑制には成功したものの、経済成長は鈍化し、遊休資本設備が増大し、失業率も増加した。このため保守政権に対する不満と批判は強まり、労働運動が激化するとともに経済政策に対する批判も激しさを増した。この時期に、アレサンドリ政権の物価安定化政策を経済学的に批判し、インフレの元凶は、保守勢力の「通貨学派」が言うように金融当局による過剰流動性供給にはなく、むしろ農業部門における低生産性にあり、これを支えている大土地所有制に問題があるとして、農地改革を含むチリ社会の構造的改革＝近代化を主張したのが、PDC（キリスト教民主党）およびECLAC（国連ラテンアメリカ・カリブ経済委員会）の「構造学派」の経済学者群であり、チリ経済の現状をめぐるこの「構造学派」と「通貨学派」の論争はチリだけでなく、ラテンアメリカにも大きな影響を与えた。

またキューバ革命は、第三世界における反帝国主義・民族解放の闘争を一歩進めたものとして画期的であっただけでなく、ラテンアメリカの現代史を二分するほどの衝撃的な事件であった。その影響は、左翼陣営の側では従来の既成左翼の平和革命路線＝民族民主革命と対決する、ラテンアメリカ諸国におけるゲリラ闘争の激発として現れ、ラテンアメリカの支配階級である地主・資本家から成る寡頭勢力に大きな脅威をもたらした。このため保守陣営は、一九六〇年代の初めにケネディ政権の主張の下に、キューバ型の革命を未然に防止することを目的とした「進歩のための同盟」を大陸的な規模で実施することを容認した。これは米国の資金援助により、ラテンアメリカ諸国で、農地改革、税制改革、教育改革などの諸改革を通じて経済成長を促進し、民衆の生活水準を引き上げ、政治の安定をはかろうとする「上からの近代化路線」であり、実態としては、米国が西半球の安全のためにラテンアメリカの保守勢力に「改革」という一定の譲歩を迫り、その代償として米国を主導者とする「反共同盟」を構築するということに真の狙いがあった。

この大陸的な規模での近代化路線はチリにも影響を与え、一九六二年にはアレサンドリ政権のもとでチリ史上初めての農地改革法が施行されたが、これは農地改革への糸口を開いただけの名目的なものに終わった。

以上のような諸要因（経済の停滞、インフレの昂進、左翼勢力の拡大、保守陣営の退潮傾向、「進歩のための同盟」など）を背景として、一九六四年にエドゥアルド・フレイ・モンタルバ（Eduardo Frei Montalva, 1911–1982）PDC政権が成立した。フレイ政権が成立したのは、①一九六三年の地方選挙でPDCがすでにチリで最大の政党に成長していたという実績があった上に、②チリ経済社会の修正資本主義的な構造改革の諸政策を「自由の中の革命」のスローガンのもとに提示して中間層をつかむとともに、大衆政党としてのイメージ化に成功し、そして、③一九六四年の大統領選挙の前哨戦と目された一九六四年三月のチリ中央部のクリコ州での下院議員選挙で左翼統一候補が当選したために、退潮著しかった保守陣営が左翼勢力の伸長に不安を抱き、自力では勝てないとみて独自の候補を立てず、PDC候補のフレイ支持にまわったからであった。

◉フレイPDC（キリスト教民主党）政権と農地改革

PDCは、一九五七年に創立された中間層に支持基盤を持つ政党で、一九六〇年代の初めにはそれまでの小党から地すべり的にチリ最大の政党へと躍進し、「自由の中の革命」を標榜して左右の勢力に挑戦、一九六四年から一九七〇年まで政権を担い、銅資源の漸次的国有化（チリ化政策と呼ばれた）、農地改革、経済成長、保護主義的な地域的市場アンデス共同市場への加盟、その他、チリ経済・社会の構造的改革と近代化を図った中道改良主義政党であった。フレイPDC政権は、一九五九年のキューバ革命以後の反共・改良主義の同盟である「進歩のための同盟」において、ラテンアメリカにおける民主主義と近代化の模範例として米国が最も期待した改良主義政権であった。

ＰＤＣの源流は、一九二〇年代後半から五〇年代にかけてのチリ社会とチリのカトリック教会（教徒）の動きと密接な関係があった。すなわち、チリでは一六世紀のスペインによる征服以来、歴史的にずっとカトリックの影響が強く、一九二五年に国家と教会の分離が行われたが、それまでカトリックといえば、これを信仰の領域に限定する家父長主義的・権威主義的カトリックを指し、政治的には一九世紀以来の支配者政党である保守党支持、社会的にはキリスト教社会秩序、経済的には自由放任主義的資本主義の擁護を意味していた。チリにおいては二〇世紀に入って社会問題が深刻化し、鉱山労働者を中心とした労働運動が活発化して、これを弾圧する悲惨な事件が多発したが、一九一〇年代半ば頃からレオ一三世の回状（一八九一年）を契機として、キリスト教会は信仰の問題ばかりでなく、民衆の現実の苦悩にも関心を寄せ、その解決に積極的に取り組んでいくべきだとする考え方がカトリック教会（とくに司祭）の中に芽生え始めた。この新しい考え方は、「社会キリスト教教義（Los Principios Social-Cristiano）」と呼ばれ、伝統的な大土地所有層の斜陽化、都市工業資本家と労働者階層の伸張、中間層の出現、都市化などのチリ社会の近代化が始まった一九二〇年代に影響力を拡大し始め、とりわけ世界経済恐慌の影響を受けた激動期であるイバニェス政権期（一九二七〜三一年）に現実の社会に対する批判的倫理として、とくに中産層の学生・青年層に多大な影響を与えた。

世界経済恐慌は当時一次産品輸出国であったチリに大きな被害をもたらしたが、この時期の政治的・経済的・社会的大混乱の中でイバニェス独裁政権の打倒に参加し、それまでの自由放任主義的経済体制に疑問を抱いた保守党青年部の人々（エドゥアルド・フレイ、ベルナルド・レイトンに代表される）が、ほぼ同時期にチリ社会の「社会問題」に目を向けた。彼らはカトリック教会内の進歩的な運動（アルベルト・ウルタド、マヌエル・ラライン、ホセ・マリア・カロなどの諸神父に代表される）と連動して、フランスの思想家ジャック・マリタンのカトリック的共同体思想を拠り所としつつ、一九三〇年代の末に保守党から分かれ、その後五〇年代にかけて形成したのがPDCであった。その潮流は、従来のカトリックと区別して「社会キリスト教主義」と呼ばれ、その後カトリック教会内においても次第に主流派を形成、その方針は、キリスト教的ヒューマニズム、政治的民主主義（反独裁、反共、反ファシズム、反権威主義）、修正資本主義、労働者の企業経営への参加を主張する（ユーゴスラビアの自主管理方式に似た）共同体主義（Comunitarismo）にあった。

これらの政治的・経済的・社会的方針は、とくに一九五〇年代に左右の勢力との厳しいイデオロギー闘争を経て形成されたもので、例えば当時の高率のインフレ抑制政策をめぐっての保守政権の通貨学派とPDCの構造学派との論争はとくに有名である。他方のキリスト教会は、共産党の非合法時代（一九四八～五八年）に農民運動に関与し、一九六〇年代初頭には、「進歩のための同盟」による農地改革に呼応して教会所有地を農民に開放してチリの農地改革の先駆けとなった。このような立場が政策として実施されたのが「自由の中の革命」のフレイPDC政権時代で、このうち「共同体主義」のほぼ唯一の実現例が「アセンタミエント」と呼ばれる農地改革（共同経営）方式であった。

一九六〇年代の末にこの潮流にはさらに変化が生じた。フレイ政権の行き詰まりと七〇年の大統領選挙を前にして、ジャック・チョンチョル・チャイト（Jacques Chonchol Chait, 1926–）、オスカル・ギジェルモ・ガレトン・プルセル（Óscar Guillermo Garretón Purcell, 1943–）に代表されるPDC左派は、大統領選挙に前後して脱党、統一人民行動運動（MAPU：Movimiento de Acción Popular Unitaria）を形成してUP（人民連合）と合流し、またカトリックの一部も急進化して、神学博士で経済学博士のジェスイット派のゴンサロ・アローヨ神父（Gonzalo Arroyo, 1925–2012）をリーダーとする「社会主義を目指すキリスト者運動（Cristianos por el Socialismo）」を結成してアジェンデ政権を支持した。

したがって、一九六〇年代末からアジェンデ時代にかけて、政治的には、保守の国民党、中道革新の

ＰＤＣ、左翼のＵＰの三大潮流に対応するかたちで、キリスト教（会）も右派の家父長主義的なカトリック（エミリオ・ルイス・タギレ神父がその代表）、中間派（主流派）の社会キリスト教派（ラウル・シルバ・エンリケス神父がその代表）、左派（少数派）の革命的カトリック（ゴンサロ・アローヨ神父がその代表）に分かれていた。

以上がＰＤＣとカトリック教会の略史であるが、ＰＤＣはアジェンデＵＰ政権時代にチリ最大の単独政党としてアジェンデ政権の成立とその崩壊に最大の役割を果たした。すなわち、アジェンデ政権の登場を支持したＰＤＣは、最初は改革プロセスを見守っていたが、主要産業・企業の接収・国営化や農地改革などの急進的な行き方を前にして、「アジェンデ政権はソ連と同じ全体主義的な社会主義を目指している」としてその民主性を否定し、一九七一年の中頃からアジェンデ政権に敵対するようになり、アジェンデ政権による「違法で強権的な」支配を糾弾し、政治的民主主義の尊重と国家・党の支配によらない労働者の経営参加の実質化を主張してユーゴ型の「民主主義的社会主義」、あるいは「共同体的社会主義（Socialismo Comunitario）」を対置した［吉田 1979: 36–38］。

ＰＤＣは一九六四年の大統領選挙で圧倒的な勝利を収めるとともに、翌年にはさらに党勢を拡大し、このため当時、ＰＤＣ政権は今後三〇年間は存続するだろうといわれていた。事実、近代的・大衆的な政権として出発したこのＰＤＣ政権は、米国資本が握る銅資源の漸次的国有化（チリ化政策）、本格的な農地改革の着手、経済成長政策、所得再分配政策、労働組合・大衆組織の育成など、チリ経済社会の近代化を推進したが、しかし、六年の任期の後半（一九六七年頃）には、経済成長の鈍化、失業・インフレの増大、農地改革の停止（一〇万戸の自作農の創出を公約していたが二万数千戸に終わった）など、行き詰まりをみせた上、労働争議・小作争議を弾圧したりしたため、多くの批判にさらされるようになった。

とくに、農地改革の停滞は、その後ＰＤＣを大きく分裂させる原因となった。チリ社会に定着していた伝統的なラティフンディオ（半封建的な大土地所有制）は閉鎖的な家長制の世界であり、そこでは、地主と彼のために働く住み込み小作農（インキリーノ）との間には強い個人的なつながりがあった。しかしそうした世界は、新しい地主階級（身分の証しとして、あるいは、インフレに対するヘッジとして土地を買った実業家と鉱山主）と新しい労働者階層の出現によって徐々に崩壊していった。

この新しい農業労働者層はアフェリーノと呼ばれ、地主の敷地内に住まないで近くの村落に住む賃金労働者であり、したがって、住み込みの小作層よりも独立心が強く、かつ経済動向の影響を受けやすかった。小作農自体は、大土地所有者であった旧家が身売りをし始めたため、自分たちの主人に対してそれほど忠誠心をもたなくなっていった。事実、一九二五年から一九六〇年の間に中央平野の農場の六〇%が所有者を変えたのである。

一九五八年にアレサンドリ保守党政権が発足した頃には、農地改革への強力な圧力が形成されていた。チリの最も裕福な農業地帯である中央平野はその後入植が進み、人口が過密となった南部地方とは対照的に、常に大土地所有制が支配的な地域であった。一九五五年に南部の生産年齢人口の約半数が土地を所有していたのに対して、中央平野ではその比率は五分の一以下であった。しかし一九二〇年代から一九三〇年代に少数の左翼活動家が短期間介入したのを除けば、農民の反抗運動はほとんど起こらなかった。

アレサンドリ政権の土地改革案が成立した一九六二年頃には、農民はまだ重要な政治勢力だと考えられてはいなかった。キューバ革命は多くのラテンアメリカ人民にショックを与えていたが、圧倒的に都市社会となっていたチリにおいてその影響が反映されるということは少なかった。アレサンドリ政権時代、右派諸政党に制限付きの農地改革を受け入れさせたのは、農民の反抗姿勢に対する危機感ではなく、むしろ選挙を有利にするための戦術であり、さらに米国主導の「進歩のための同盟」による改革への要請にある程度配慮したものであった。

一九六一年の国会議員選挙における右派の大敗（この選挙でPDCはチリ第二の政党となった）は、アレサンドリ政権に参加していた急進党員に危機感を持たせた。急進党は、常にチリの他の政党よりも多くの職業政治家と公務員から成っており、彼らは、仕事と社会的地位を政治活動によって奪われるという危険を冒すよりは、時勢の吹いていると思われる方向に姿勢を調節する傾向を持っていた。入閣していた他の二党（保守党と自由党）の指導者たちも、自前のより限定された改革法を発布することにより、急進的な土地再分配計画への圧力をかわす機会を模索した。彼らの用いた戦術は、変革への急進的な圧力に対するガス抜き効果的反応であった。その結果が一九六二年に公布された法律第一五〇二〇号であった。同法は農地改革においては控えめな法律であった。

チリの農村では一九六〇年代の半ばまで、小作農と季節労働者の労働に主として依存していた、商品作物を生産する大規模な地主的土地所有（フンド）と零細農（ミニフンディオ）とが支配的な経営方式であった。五〇〇ヘクタール以上の規模のフンドが農場数の上では三％であったが八六・九％の土地を所有し、一方、一〇ヘクタール以下の零細農が農場数の上では七三・一％であったが一・一％の土地しか所有していなかった。こうした土地所有・農業経営のあり方が、農業生産力の停滞と農民の貧困の原因であり、ひいては経済発展の阻害要因でもあって、このためチリは巨額の食料輸入を毎年行わねばならなかった。

アレサンドリ政権の農地改革法は、接収を受けた農場主に対する補償金を時価で支払うことを規定しており、時価は地方名士から成る委員会で決定されることになっていた。政府は延払いの原則を承認していた（農場主には一時手付金と一五年満期の債権によって支払われることになっていた）が、補償金が時価で支払われなければならないという規定は、政府の土地接収能力に、財政上厳しい制限があるということを意味していた。いずれにしても、アレサンドリ政権は農地改革に真剣に取り組んだのではなかった。一二〇〇戸足らずの家族が、「放置されている」とか「開発状態が悪い」とかいう理由で接収された七万ヘクタールの土地の再分配を受けたにすぎなかった。

農地改革を急ごうとしたのはＰＤＣであった。一九六四年に成立したフレイ政権は一九六七年に自らの改革法を通過させるまでにすでに、一九六二年の法律とアレサンドリが設立した二つの政府機関——農地改革公社（ＣＯＲＡ：Corporación de la Reforma Agraria）と農牧業開発研究所（ＩＮＤＡＰ：Instituto de Desarrollo Agropecuario）——によって備わった権限をより強力に利用した。この二つの機関はＰＤＣ党内左派の勢力圏となった。まだ二〇代であったラファエル・モレノ（Rafael Adolfo Moreno Rojas, 1936–）がＣＯＲＡの実行委員長に、後にアジェンデＵＰ政権の農業大臣となったジャック・チョンチョルがＩＮＤＡＰを担当することになり、本来の技術機関から有力な農民運動の拠点へと急速に移行していった。チョンチョルは以前、国連のラテンアメリカ経済委員会（ＥＣＬＡ）に勤務し、農地改革のためのアドバイザーとしてキューバに派遣されたことがあった。フレイとその閣僚の多くは、土地改革を担当させた若手過激派たちの急進主義には同調してはいなかった。しかし、フレイたちは、この農業改革案が青年急進派のエネルギーを転換し、また銅山の「チリ化」法案のような穏健な立法のための支持をとりつけるために役立つことを計算していた。

一九六七年に成立した農地改革法によって、フレイ政権は土地を再分配するためのより強力な権限を得た。接収を受けた農場主に対する補償金は、農場主自身が納税申告の際に行った評価額によって分割で支払われるようになった。農場主は一％から一〇％のみを一時手付金として受け取り、残りは二五年間にわたり低利率で支払われることになった。このことは、慢性的なインフレが進行するにつれて、政府の負担が次第に減少していくことを意味していた。個人の土地所有の限度は最高八〇「基準」ヘクタールと改定されたが、実際の物理的な面積は土地の質によって差異があったので、不毛地の多い南部アイセン県においては、個人農場が一万ヘクタールにもなる場合もあった。また、別個の立法によって、一家族が所有地を小地域に区分して所有し続けるということは不可能になった。しかし政府は、とくに効率の高い農場主にはより大きな農園を保有する権利を承認する用意があった。この分類にあてはまる農園に対する法的な最大限度は三二〇「基準」ヘクタールと設定されたが、農場の効率を評価する基準は明確化されていなかった。

アレサンドリ政権の改革法が、放置されて十分に耕作されていない土地を対象としていたのに対し、フレイ政権は大農園の耕地の現実的な面積を重視していた。そうすることによって、PDCは土地分配の方策として、当時開発経済学者の間に影響力をもっていた「構造学派」に依拠していた。

土地再分配の計画を推し進めながらも、生産の諸問題にある程度の関心を示し続けたことはPDCの功績である。事実、一九六五年から一九七〇年までの農業生産の成長率が、就任前の一〇年間の年平均成長率の二倍となった。他方、PDCが当初に約束したほどの土地分配は進まないことを決定づけたことも事実である。三五万戸に上る土地のない家族のうち一〇万家族に農地を与えるというフレイの約束は実現されず、約三万五〇〇〇家族が彼の改革の恩恵を受けただけであった。さらに一九六八年以後、政府が土地分配に対してより慎重な態度をとったことが、一九六九年にチョンチョルらが離脱することになった原因の一つであった。

それでもフレイ政権は、任期が終わるまでには三四〇万ヘクタールにおよぶ一三〇〇以上の農場を接収した（表5－1）。接収された大農園の半分は、「開発状態が悪い」という理由であった。また、接収された土地の多くは新しいアセンタミエントに譲渡された。これは一時的な定着を目的として創出された制度であり、二年間から五年間とどまることができ、期限が来た時、農夫たちはどういう形で土地を保有したいかを決定することになっていた。ＰＤＣ自体は、「共同体主義」に基づいて土地の集団所有を主張していた。アセンタミエントは、ＣＯＲＡ（農地改革公社）の職員と彼ら自身の委員会とによって共同経営されることになっていた。その理論的根拠は、集団農場が利益を生み始めた時に返還すればよい前貸金という形で資金を与えることにより、ＣＯＲＡが農夫たちの始業を援助するというものであった［Moss 1973＝1974: 104–109］。

実際には、アセンダード（アセンタミエントの参加者）には、この前貸金を給料とみなすことで満足する者が多く、給料の不足は少量の穀物を栽培し、それを私利のために売ることによって補うことができた。後にチョンチョルは、私有大地主や全国農業組合（ＳＮＡ）に対するのと同様の激しい口調でこの制度全体を攻撃した。後の国営農場制を正当化するにあたって、彼はアセンタミエントは怠慢と排他性を助長したと主張した。アセンダードは、接収された農場の小作農（インキリーノ）であった人々が多く、部外者を集団農場に入れることを拒否していたし、時には実際により不幸な季節労働者（アフェリーノ）をひどく安い賃金で雇い、下働きさせていた。監視が遠くて行き届かなかったため、彼らはしばしば元の快適な一日五時間労働の習慣に戻ってしまうという現象も見られた［吉田 1979: 103–108］。

表 5–1　キリスト教民主党（PDC）による農地の収用

年	農場数	灌漑地	非灌漑地	合計（ha）
1965	99	41,260	499,923	541,183
1966	265	57,877	468,326	526,203
1967（＊1）	131	20,142	115,155	136,297
1967（＊2）	86	30,443	119,285	149,728
1968	223	44,681	612,566	657,247
1969	314	54,479	807,362	861,841
1970	201	30,987	504,182	535,168
合計	1,319	279,869	3,128,919	3,408,788

＊1　法律第15020号（1962年）によるもの.
＊2　法律第16040号（1967年）によるもの.
出所：吉田［1979: 61］

一九五〇年代からＰＤＣ系の「構造学派」の経済学者群は、保守陣営の「通貨学派」とのインフレと経済停滞

表 5–2　アセンタミエントの設置（1965–1970年）

	1965	1966	1967	1968	1969	1970	合計
アセンタミエント数	33	62	151	158	229	277	910
面　積（千ha）	287	146	355	725	1,078	461	3,052
灌漑地	16	17	48	54	68	53	257
非灌漑地	271	128	307	672	1,010	408	2,975
受益家族数	2,061	2,109	4,218	5,644	6,404	8,703	29,139

出所：吉田［1979: 61］

の問題の解明に関する論争を通じて、従来の土地所有・経営方式を批判し、農地改革の必要性を提起してきたが、フレイ政権は「一〇万戸の自作農の創設」をスローガンに、八〇ヘクタール以上の「基礎灌漑地」を持つフンドを改革の対象とする農地改革法を議会において二年がかりで制定、一九七〇年までの六年間に全耕地の一八%にあたる土地を接収した。

フレイ政権の農地改革はチリの歴史上初めての本格的な農地改革として大きな意義を持つものであったが、その方式は、接収した農地を直接農民に配分するというかたちをとらず、フンドの農民と農地改革公社による過渡的な（三～五年）共同経営方式を導入、この過渡期間の終了後、農民の総意に基づいて土地を配分し自作農の所有・経営形態にするか、農民自身の共同所有・経営形態にするかを決めるというものであった。これがいわゆるアセンタミエントと呼ばれる農地改革方式である。これによって、約三万家族の土地なき農民が受益者になった（表5－2）。これは保守陣営のアレサンドリ政権（一九五八～六四年）が行った農地改革に比べると、面積の上で五倍、受益農民家族数で八倍に相当していた。

フレイ政権による農地改革の実態を見てみると、旧来のフンドが収用されて、地主が八〇ヘクタールの基礎灌漑地を保留地として機械類、諸施設等とともに確保し取り去った後に残された農地を共同経営地として設定、生産から流通に至るまで農地改革公社と農民が共同的に経営するものであった。具体的には、アセンタミエントの農民は、農民全員による「農民会議」を形成し、この中から選出された議長他計五名による「経営評議会」によって、農民の意向を反映しつつ、アセンタミエントの経営が行われた。

CORA（農地改革公社）は、資本を提供し、技術的な援助を行うものとされた。この際、農民が旧来のフンドの時代に給付されていた家屋や家屋周辺の小片地＝自留地はほぼそのままとされた。したがって、農民は自留地と共同経営地の双方で働き、アセンタミエントの生産物を将来売却して得られる前払いである賃金を受け取っていたのである。

この共同経営の実権は、アセンタミエントの農地の大部分が非灌漑地で、機械類、農耕機具が不足していたためにCORAによる大量の投資を必要としたが、フンドに比較して、生産性、経済性、農民の生活水準の向上等の側面でまずまずの成績をあげた［吉田 1979: 60］。

［3］一九六八〜六九年の政治過程

◉急進党（PR）の急進化

急進党（PR：Partido Radical）は、一八六三年一二月に自由党から分裂し知識人層によって結党された反教権主義な急進主義を特徴とする、主に公務員、専門職、中小企業経営者、教員、組織労働者管理層等の多様な新興中間層を基盤とする政党である。一九三六年に社会党や共産党とともに人民戦線を結成し、一九三八年の大統領選挙にアギーレ・セルダを擁立して勝利し、人民戦線政府を樹立した。一九四一年のアギーレ・セルダの死後、同年に実施された大統領選挙では同党のフアン・アントニオ・リオス（Juan Antonio Ríos Morales, 1888–1946）を擁立して勝利したが、人民戦線政府はリオス政権下の一九四二年に事実上解消された。その後、一九四六年の大統領選挙には急進党はゴンサレス・ビデラを擁立して急進党・自由党・共産党連立政権を樹立したが、ビデラ政権は一九四八年には共産党を非合法化するに至り、人民戦線の枠組みは完全に消滅した。しかし、急進党はアギーレ・セルダ政権からゴンサレス・ビデラ政権の三政権期に合計一四年間にわたって急進党主導の政権を維持した。

その後、一九五二年以後は野党の立場に転じ、一九五八年に成立したアレサンドリ保守党政権を支持して党員を入閣させ、一九六二年には保守党や自由党とともに民主戦線（ＦＤ：Frente Democrático de Chile）を結成するなど、右傾化傾向を強めた。他方、キューバ革命の成立後に党内にアルベルト・バルトラ・コルテス（Alberto Baltra Cortés, 1912–1981）ら急進的な社会変革を主張する左派が台頭し始めた[Wolpin 1972: 159–162]。一九六四年に実施された大統領選挙には党内右派のフリオ・ドゥラン・ネウマン（Julio Antonio Gastón Durán Neumann, 1918–1990）を立候補させたが、得票率は四・九％にとどまり、五六・〇％を得票してフレイを勝利させたＰＤＣの躍進を前に、同じく中間層を基盤とする政党としてその政治的影響力を低下させた。他方、下院議員選挙においては、一九六一年には二一・四％を獲得して一四七議席中の三九議席を確保する勢力を維持していたが、一九六五年の下院議員選挙では得票率は一三・三％に低下させて議席数も二〇議席に減少するなど退潮傾向に陥った。

急進党は一九六五年に開催された党大会以後、ウーゴ・ミランダ、カルロス・モラレス・アバルスアや青年指導者のパトリシオ・バルデスらの党内左派が勢力を拡大して左傾化を開始し、一九六六年頃より急進党主流派はフレイＰＤＣ政権に対する戦略的な代替案を提示する能力を持たないことを露呈し始め、その結果、一九六七年には上院議員補選では社会党候補を支持するなど、同年に開催された第二三回党大会に向けて左派の勢力がさらに強まり、急進党の姿勢を「革命的」と称するまでに至っていた。

一九六九年六月に開催された第二四回党大会は左傾路線を再確認する画期的な大会となった。フリオ・ドゥランらの右派は追放され、急進民主党（DR：Democracia Radical）を結成した。左派が主導権を掌握した急進党は、同年四月中旬に開催された中央委員会においてFRAP（人民行動戦線）を拡大して中間層を基盤とする諸政党にも連携を呼びかけた共産党の呼びかけに応じ、UP（人民連合）結成に加わることになった。共産党のコルバラン書記長はFRAPの拡大に関して次のように述べていた。

「われわれは一九六四年にFRAPを提示したが、わが国は当時、共産党と社会党だけに最多数の支持を与える用意はなかった。現在でも状況は変わっていないので、われわれはさらに広範な社会・経済基盤をもつ人民運動を創出しなければならない」[Moss 1973＝1974: 51–52]。

こうして急進党は、党内右派の追放（およびDRの結成）という党内分裂を経て、一九三六年に結成された人民戦線に次いで再び共産党や社会党と連携するようになり、UPに公務員をはじめとする重要な中間層の基盤を提供することになった。

◉キリスト教民主党（PDC）の分裂

他方、前記の通り、フレイPDC政権が掲げていた農地改革は当初、自農層一〇万戸の創出を目指して開始されたが、結果的には受益者となったのは三万戸にとどまった。このため、農地改革の停滞を批判するPDC党内左派の不満が拡大していった。とくに、チョンチョルやガレトンらの左派は、一九六九年三月に南部のプエルト・モント市のパンパ・イリゴイエンで発生した農民による土地占拠が暴力的に弾圧されたことを契機として分離傾向を強め、その結果、五月に開催されたPDC全国評議会において左派の批判が表面化し、五月一九日に左派が離脱してMAPU（統一人民行動運動）を結成した。MAPUは、共産党等の呼びかけに応えて、一九六九年一二月にハイメ・ガスムリ書記長（1944–）名で書記長としてUP結成に参加した。この時、PDCを離党してMAPU結成に参加した党員には、アルベルト・ヘレス（1927–）、フリオ・シルバ・ソラル（1926–）、ビセンテ・ソタ（1924–）らの下院議員の中堅層や、チョンチョルやガレトンのほか、ラファエル・アグスティン・グムシオ・ビベス（1909–1996）、ホセ・ロドリゴ・アンブロシオ・ブリエバ（1941–1972）、ファン・エンリケ・ベガ（1943–）、フェルナンド・アビラ、トマス・モウリアン、ホセ・アントニオ・ビエラ・ガージョ、ハイメ・エステベス、ホセ・ミゲル・ヘレス、エンリケ・ロハス、マリア・アントニエタ・サア、エンリケ・コレア・リオス、カルロス・モンテス、エドゥアルド・アケベド、エドゥアルド・ロハス、ゴンサロ・オヘダ、サムエル・ベージョ、ファン・ルス、オマル・ジョフレ、ウラディス・ゴエデ、ルイス・ケサダ、フランシスコ・マンシーヤらの若手の党幹部がいた［Casals 2010: 237］。チョンチョルはフレイ政権下では農牧業開発研究所（INDAP）の所長であったが、アジェンデ政権においては農相に就任して農地改革を加速させることになる。

MAPUの結成に参加した人々や、なおもPDCに残った左派の人々の多くは、イエズス会のゴンサロ・アローヨ神父が指導した「社会主義を目指すキリスト者運動」と連動していた。この運動は一九六八年八月にコロンビアのメデジンで開催された第二回ラテンアメリカ司教会議（CELAM）で噴出した「解放の神学」派の運動の一角をなすものであった。

「解放の神学」は一九六二年にカトリックの原典である聖書への立ち返りと、教会の刷新および現代社会の中における教会の再位置づけを企図した第二バチカン公会議や、一九六七年に教皇パウロ六世が発表した回勅「ポプロールム・プログレシオ（諸民族の進歩推進）」の影響を強く受けた。この回勅は第三世界の発展に関する諸問題について語り、とくに資本主義の弊害について論じていた。第二回ラテンアメリカ司教会議は、第二バチカン公会議の精神を、構造的・社会経済的な不正を要因として高じたラテンアメリカ諸国の諸問題の解決のために適用・実現しようとの目的で開催され、ラテンアメリカの置かれている抑圧された状況を認識・分析し、そのような抑圧からの「解放」を検討する必要があることが確認され、声明文が発せられた。また、この会議では、ブラジル等において一九五七年頃から進められていた「教会基礎共同体」運動への支持が公式に表明され、事実上「解放の神学」が肯定されたかのように受け取られた。チリにおける「社会主義を目指すキリスト者運動」もこのような「解放の神学」の一角をなすものと考えられた。このように、第二回ラテンアメリカ司教会議で肯定された「解放の神学」派の運動は、チリにおいても一九二〇〜三〇年代に形成された「社会キリスト教」派の流れをひくPDC左派やMAPUの運動に大きな影響を与えたのである。

一九七一年七月、ガスムリやアケベドらのMAPU代表団が同年七月二六日のキューバ革命関連式典に参加するため招待されてキューバを訪問した。一行はキューバ滞在中にフアン・エンリケ・ベガ駐キューバ・チリ大使とともにフィデル・カストロ首相（当時）と会見したが、その際カストロは、MAPUがマルクス主義路線に転じることなく、キリスト教左派にとどまるよう説得した。しかし、アケベドらのMAPU指導部はこの説得を拒否し、反ソ的なマルクス主義路線を明確にしていくことになり、翌一九七二年一〇月に開催された第二回党大会でMAPUは分裂することになる。

◉人民連合の成立

PDC（キリスト教民主党）の分裂によるMAPU（統一人民行動運動）の結党を踏まえ、共産党は路線的に同党に接近しつつあった急進党を主な対象として、より本格的にFRAP（人民行動戦線）を拡大して中間層をも包摂する統一戦線の結成を目指した呼びかけを行った。その結果、急進党、MAPUに加えて、中間層を主な基盤とする小規模な政党である独立人民行動（API：Acción Popular Independiente）

と社会民主党（PSD：Partido Social Demócrata）がこれに応えた。

他方、社会党では党内がFRAP拡大路線に一本化されていなかった。一九六七年には元書記長のラウル・アンプエロらのグループが選挙重視路線をとろうとする指導部の戦術に反対して除名され、人民社会主義連合（USOPO：Unión Socialista Popular）を結成した。しかし、その後も党内は統一されず、左派のカルロス・アルタミラノとアドニス・セプルベダを中心とした左派がFRAP拡大路線に抵抗し続けたが、一九六九年七月一一〜一三日に開催された中央委員会総会において、党内右派・中間派が主導権を握って、「国の現実を客観的に分析した結果、一九七〇年の大統領選挙を放棄することはできず、党内外の情勢からわが党はその戦いに参加しなければならないし、参加すべきであるとの結論をくだし」［人民戦線史翻訳刊行委員会訳 1971: 293］、アジェンデを擁立してUP結成に参加した。共産党は、同年一一月に開催された第一六回党大会において、さらに同盟を拡大する可能性を残しつつ、確保された広範な同盟を強化する必要性を強調して、「人民政府樹立のための人民連合」路線を再確認した［Casals 2010: 242］。

一九六九年一二月一七日に前記の四政党と二運動の六組織が「人民連合の基本綱領」に合意し、同月二六日、共産党委員長のルイス・コルバラン、社会党委員長のアニセート・ロドリゲス、急進党のカルロス・モラレス、PSDのエステバン・レイトン、MAPUのハイメ・ガスムリ、APIのアルフォンソ・ダビドの六名が書記のラウタロ・オヘダとともに「人民連合協定」に署名した。「基本綱領」は次のように記されていた。

「前文　人民連合の調整委員会を構成する各政党、各運動は、それぞれの独自の哲学や政治的な立場をそこなわずに、わが国の現実を以下のように特徴づけ、共同行動の基礎となる綱領的な提案を行うことで、完全に一致した。ここにそれを発表し、人民の検討に委ねるものである」［人民戦線史翻訳刊行委員会訳 1971: 207]。

そして、内容的には、「チリはいま、深刻な危機を生きている。それは経済的・社会的な停滞のなかに、一般化した貧困のなかに、そして労働者、農民、その他の被搾取階層のなめている、あらゆる種類の後退のなかに現れている。それは同時に、事務労働者、専門家、中小企業家の直面している困難の増大や、婦人、青年の就業の機会の極端な低さに現れている。チリにおけるこれらの諸問題は、解決することができる。わが国は、銅をはじめとする鉱物資源、大きな水力発電能力、広大な森林、海産物に恵まれた海岸線、十分すぎるほどの農業用地など、豊かな資源をもっている。さらにチリには、その国民の労働と進歩に対する意欲があり、また技術的・専門的な能力もある。では、失敗はどこにあったのか。チリにおいて失敗したものは、現代の必要に照応しない制度である。チリには、帝国主義に従属し、外国資本と構造的に結びついている一部のブルジョアジー、国の基本的諸問題——それらは、まさに彼らが決して自ら放棄することのない階級的特権から生まれているのである——を解決することができない一部のブルジョアジーに支配される資本主義国である」との基本的認識から諸問題の実態を詳述した上で、社会的所有、私的所有、混合分野からなる混合経済に基づく「新経済の建設」を掲げて構造的な変革を提起した。また、「国が必要としている革命的な変革は、チリ人民が権力を握り、それを実際に、かつ有効に行使した時、はじめて実現される」と「人民権力」の樹立を掲げ、「労働者、人民が権力を実際に行使する新国家を建設するために、現在の諸制度を変革すること」を主張した［人民戦線史翻訳刊行委員会訳 1971: 207–232]。

また、一二月二六日に署名された「人民連合協定」は、「われわれは、掲げられるに至った綱領的諸目的が、われわれがかちとろうとする『人民政府』の実施する国の政治についての新しい概念とかたく結びついたものであることを知っている」と述べ、「わが国が緊急に要求している抜本的な変革を真にもたらす政府をかちとるという確固たる目的をもって大統領選挙をたたかう」と表明し、さらに大統領選挙が実施される「一九七〇年九月以降も連合をまもり、チリを帝国主義と搾取と貧困とから解放するにあたり、回避することができないあらゆる段階に確固たる決意をもって一致してたちむかうであろう」と、大統領選挙をこえて、チリの構造的変革に向けて連合を継続することを主張した[人民戦線史翻訳刊行委員会訳 1971: 197–198]。

大統領選挙に向けて、社会党では同年(一九六九年)八月開催の中央委員会総会においては四回目の立候補となるアジェンデを擁立することに否定的な意見も多く、賛成一三票、棄権一四票でようやくかろうじてアジェンデ擁立を決定した[Casals 2010: 254]。他方、共産党は当初、詩人パブロ・ネルーダ(Pablo Neruda, 1904–1973)を、急進党はアルベルト・バルトラを、MAPUはチョンチョルを、PSD(社会民主党)とAPI(独立人民行動)はラファエル・タルードを擁立した。UP(人民連合)に加盟した六組織の間での調整ではアジェンデとタルードが残り、最終的にアジェンデを擁立することで合意に達し、一九七〇年一月二二日にUPはアジェンデを大統領候補に指名した[Casals 2010: 256]。UP内部だけでなく、社会党内部にもアジェンデ擁立に関して否定的な傾向が存在したことは留意しておくべきであろう。

[4] 一九七〇年大統領選挙とアジェンデUP政権の成立

◉一九七〇年大統領選挙

大統領選挙の実施に向けて、一方では一九六九年一〇月二一日にサンティアゴ市内のタクナ兵営を拠点とする砲兵連隊が連隊長ロベルト・ビオー・マランビオ将軍の指揮下で立てこもり事件を起こし、他方、一九七〇年に入ると選挙を通じた権力掌握に批判的な姿勢をとる極左派の革命的左翼運動（MIR：Movimiento de Izquierda Revolucionaria）による選挙批判活動が拡大されるなど、大統領選挙に先立って、UP（人民連合）の勝利に向けて否定的な政治的事件も多発した。

MIRは社会党から派生したマルクス主義革命前衛（VRM：Vanguardia Revolucionaria Marxista-Rebelde）を前身として一九六五年八月に結成され、大都市における民兵の反乱を伴ったゼネストと南部諸県における長期にわたるゲリラ活動とを一体化した活動によって革命を達成することを目的とした運動を展開し始めた。とくに、一九六七年にルシアノ・クルス（1944–1971）、ミゲル・エンリケス・エスピノサ（1944–1974）、アンドレス・パスカル・アジェンデ（1943–）、バウティスタ・フアン・ショウベン、クロタリオ・ブレストらの若手グループが主導権を掌握してから学生や南部の農民を基盤に勢力を拡大し、議会制民主主義と体制内改革を否定して武装闘争路線を強化しており、一九七〇年代初頭の政治情勢を複雑化させていくことになる。

一九七〇年九月四日、大統領選挙が実施された。結果はアジェンデが一位となったものの、いずれの候補も過半数を制することができなかった（表5–3）。

一九六四年に実施された大統領選挙においてはPDCのフレイが五六・〇%を得票していたことと比較するなら、PDCの停滞と、一九六六年に保守党と自由党の保守二党が合同して結成された国民党が善戦したことが確認で

表 5–3　チリ大統領選挙の得票数（1970年9月4日）

候補者	得票数	得票率（%）
アジェンデ（UP：人民連合）	1,075,616	36.3
アレサンドリ（国民党）	1,032,278	34.9
トミッチ（PDC：キリスト教民主党）	824,849	27.8

出所：吉田［1979: 15］

きる。他方、アジェンデがＦＲＡＰ（人民行動戦線）の候補者として出馬した前回一九六四年の大統領選挙での得票率三八・九％を下回り、三六・三％しか得票できなかったことが、その後のアジェンデ政権成立後に同政権が直面する問題を引き起こすこととなる。

ＵＰはアジェンデの勝利を目指して、三位となったＰＤＣに対して、ＵＰへの参加、あるいは予定された国会の上下両議員合同会議における決選投票でのアジェンデ支持を申し入れた。アジェンデＵＰ政権成立の可能性が高まる情勢の中で、これを阻止する目的で九月一〇日には極右テロ組織である「祖国と自由」が結成され、軍は憲法を遵守するとの表明を行ったレネ・シュナイダー陸軍総司令官が一〇月二二日に暗殺される事件など、ＵＰ政権の発足を阻止しようとする諸事件が発生した。しかし、一〇月一五日に下院においてＵＰとＰＤＣによって「民主主義保障条項」が可決されたことによりアジェンデ当選が決定し、一〇月二四日上下両院合同会議においてアジェンデが大統領に指名された。

◉アジェンデ政権の路線

ＵＰの理念は、前掲の「基本綱領」や一九七〇年一一月の政権成立直後に発表された「人民政府の最初の四〇項目施策」[Cockcroft ed. 2000: 278–281] に示されたが、二文書を要約すれば、ＵＰが掲げた変革の方針は、人民の革命過程への参加を促進することを強調し、人民の諸要求の実現と平等主義を社会的理念とするものであり、議会主義の下での社会主義を目指した民族民主革命を課題とした平和革命路線であるが、「廃止すべき対象については明瞭」でも、「建設すべき社会の具体的な未来像」は不明確なものであった [吉田 1979: 26]。アジェンデ政権は、社会主義社会建設に向けた前提となる過渡期社会の構築を目指して、「人民権力の樹立」「新経済政策」を達成する経済政策として銅鉱山の国有化、独占企業の国有化、農地改革、所得再分配等を実施した。

しかし、アジェンデ政権は議会内外で少数派であったため立法能力に限界があり、前記の諸政策の実施のためには、一九七一年七月に公布された銅鉱山の国有化に関する憲法修正法を除いて、新しい諸法案を議会に提出することを断念し、既存の諸法律、大統領権限の拡大解釈に近い方法で動員しなければならないという限界を有していた。このため、社会変革に向けた法的措置を新たに採用して改革を進めていくという方法をとることはできなかったため、改革の前進のためには既存法律の拡大解釈や大衆の動員という強引な手法をとらざるをえず、そのためこのような方法が政権発足には協力を得たPDCとの対立の拡大や国民党等の反共野党勢力や大企業・地主等の反動勢力の抵抗を増幅させ、UP政権が二年一〇カ月という短命で終わる結果をもたらすことになる。

アジェンデ政権は、反動勢力の基盤の一つである地主階層の基盤を一掃するため、フレイPDC政権が徹底化できなかった農地改革を政権初期から加速的に実施し、一九七二年末までの二年間に八〇ヘクタール以上の地主をほぼ完全に一掃することに成功した。

アジェンデ政権の農地改革は、社会主義社会建設のためのチリ社会の革命的変革の一環として位置づけられ、大土地所有経営の徹底的な解体、農民運動組織の拡大、改革部門における新しい経営形態の導入、大規模な投資・援助等をその主要な内容としていたが、三年間で終わったこの過程は、地主階級との階級闘争の過程であるとともに、新しい農業経営のあり方を模索し実験した過程でもあった。このことはこの過程の全体が困難に満ちたものであったことを意味していたが、これはアジェンデ政権の農業政策が「上からの」改革であったことと、UP内部の各諸党派の方針の対立により、新しい農業経営のあり方が各諸党派によるさまざまな「実験場」と化してしまったことなどによっても加重された。

アジェンデ政権は、一九七〇年末に成立して以来、まず大土地所有制の全面的な解体を目指して急速で大規模なフンド接収を推進、その速さは政権成立後一年でPDCの六年間の接収実績にほぼ匹敵するほどであったが、これと並行して農民によるストライキとフンドの実力占拠が急増した。

ストライキは、一九六〇年代にPDC政権が本格的な農地改革に着手した頃から増え始め、一九六九年には一一七二件、一九七〇年には一五八〇件であったが、一九七一年には一七五八件に達した。またフンドの実力占拠は、一九六九年には一四八件、一九七〇年には四五六件であったが、一九七一年には一二七三件にも上った。これらのストライキや実力占拠の特徴は、フレイ政権期に発生したそれらがほとんど経済的要求（賃上げ、その他）に発したものであったのに対して、アジェンデ政権期のそれらはフンドの早期接収を政府に要求するものが多かったこと、そしてこれらがチリの歴史上類例をみないほど、件数が大規模なことであった。とくに実力占拠の特徴は、アジェンデ政権を改良主義と批判し、武装闘争による「人民権力」の樹立を主張した極左のMIRの指導によるものであったこと、南部の先住民族で歴史的に抑圧され続け、土地を奪われてきた少数民族のマプーチェ族による「土地奪還運動」によるものであったこと、の二点であった。

アジェンデ政権の農地改革案は、PDCの改革路線とは質的に異なっていた。アジェンデ大統領就任後の二年間に、政府は三五〇〇以上の農場を接収し、その全面積は五〇〇万ヘクタール以上におよんだ。すなわちそれは、一九七二年の終わりまでに、いわゆる「改革済み地域」の中に約四九〇〇の農場が加えられていたことを意味する。この中には、さまざまな理由で接収された多くの小農地ばかりでなく、フレイの法律によって土地所有の限度として定められた八〇「基準」ヘクタール以上のほとんどすべての土地が含まれていた。社会党とPDC左派の過激派は一九六七年の法律を変えたがった。社会党は限度を二〇「基準」ヘクタール、MIRは上限五「基準」ヘクタールに定めることを主張したが、政府は国会においては少数派の立場にあったので、現行の法律に融通性をもたせるという形に甘んじなければならなかった。小地主たちはまもなく、実際の面積に関係なく、農場を接収するためにCORAの職員を利用することができる法的口実は多数あるということに気づかされた〔吉田 1979: 110〕。

チリは一九六〇年代前半まで、大土地所有者と賃金労働者との格差が極端に大きなラテンアメリカ諸国の一つであった。一九六五年以前には、農民の一・三%にあたる一〇〇〇ヘクタール以上の土地を所有する農場主が、全耕地の約四分の三を所有していたと推定されている。フレイの改革は、このパターンを根本的に変えたのである。そしてUP政権においてチョンチョル農相の指導下にまったく新しいパターンが現れ、農業経営を国が独占しようとしたのである。一九七二年末までに、農地の約四分の三が「改革済み地域」の中に加えられたと推定されている。

UP政権の経済政策の基本方針は、帝国主義・独占体・寡頭地主の支配を終わらせ、社会主義社会の建設のための前提条件を創り出すことにあった。農地改革はこの方針の重要な一環であった。農地改革に関して、UPはまず第一に、「農地改革は、国の社会・政治・経済機構の中で促進される全体的な改革と同時的かつ補完的な過程と考えられるものであり、したがってその実現は他の全政策と不可分のものである」とする基本的な考え方を持っていた。すなわち、農地改革は社会全体の変革過程の一環だとする理念である。

第二に、その具体的な措置としては、PDC政権時代の農地改革法（一九六七年）の徹底的適用と、その部分的な変更を考えていたことである。これはPDC政権の農地改革の経験への批判と、UPが議会内で少数派のため、新しい農地改革法を立法化できなかったことから導き出されたもので、要約すれば、①地主制の全面的な解体。その際に、地主に保留地（八〇ヘクタール）に関する優先的な選択肢を与えないこと、農地ばかりでなく機械施設、農機具、家畜も収用すること、②改革部門は優先的に協同組合的所有形態に組織し、フンド（農園）別のその組織化をやめて地域別にすること、小農や下層農民もその受益者とすること、③農業生産の増大と合理化のため、農業への投資・信用供与・技術援助を拡大し、生産と流通を国家あるいは協同組合の管理におく、④農民の組織化を促進し、農地改革の過程に農民を参加させ、農業政策を農民本位のものとするために、その中心的機関として、全国的および地域レベルに「農民評議会（Consejos Campesinos）」を置くことなどからなっていた。このうち、PDCの農地改革と異なる新しい政策は、①の、土地以外の資本も接収する、②の、改革部門の協同組合的所有形態への組織化、④の農民評議会の設置、である。したがって、UP政権の農地改革の具体的な構想は、PDC政権の改革の延長、そしてその農民の主体化にあったと言うことができる。

その具体的な過程であるが、UPは議会で少数派であったため独自の農地改革法案の提出をあきらめ、まずPDC政権の農地改革法の徹底化を図った。その最大のものがフンドの接収であった。UP政権は、PDC政権時代のINDAP（農牧業開発研究所）所長で、フレイ政権の不徹底な農地改革に抗議して辞任し、MAPU（統一人民行動運動）を結成してUPに合流したジャック・チョンチョルを農業相に任命し、「急速で、ドラスティックで、大規模」なフンドの接収を実行した［吉田 1979: 121–122］。

一九七二年までに、すなわち政権成立後わずか一年半の間に三二八二農場、灌漑地約三七万ヘクタール、非灌漑地約八八万ヘクタール、非農地（山林・荒地）約四〇〇万ヘクタールを接収した。PDC政権期の改革を加算すると、一九六五～七二年の間に、基礎灌漑地、約三五・五％の農地が改革部門に編入された（表5－4）。

このように大規模かつ非常に速いペースで大農場の接収が実施されたのは、PDC政権が主として生産性の低い伝統的な形のフンドを優先的に接収したのに対し、アジェンデ政権は農村における「人民権力」を確立する上からも、近代的なフンドを含む八〇ヘクタール以上の基礎灌漑地を持つすべてのフンドを接収したからである。アジェンデ政権は、これをPDC政権の農地改革法に基づいて行った。大土地所有経営についてのこの基準に従えば、一九七二年六月までにチリの大土地所有経営の解体はほぼ完了した。

アジェンデ政権の農地改革のさらなる特徴は、農民の組織化を通じて農地改革の過程への農民の参加を促進したことであった。これには農民組合と農民評議会の二つがあった。農民組合は、チリの歴史ではＰＤＣ政権下で初めて大規模に促進され（その推進者はジャック・チョンチョル）、主として小作農・零細農・雇農の賃金・営農条件の改善のため組織化されたものであり、アジェンデ政権が成立した一九七〇年末には約一四万人の加盟者が存在していたが、アジェンデ政権はこれをさらに促進し、一九七二年四月までにその加盟者数は七〇％増加して約二五万三〇〇〇人に達した。

表 5–4　1965–1972年の農場の接収（単位：ha）

	1965–70	1971	1972	1965–72合計
農場数	1,412 (28.4%)	1,373 (27.6%)	2,192 (44.6%)	4,977
灌漑地	290,601 (42.7%)	177,581 (26.1%)	211,984 (31.2%)	680,167
非灌漑地	3,802,738 (45.0%)	1,848,260 (21.7%)	2,800,705 (33.3%)	8,451,703
合計	4,093,339 (44.8%)	2,025,841 (22.2%)	3,012,690 (33.0%)	9,131,870

出所：吉田［1979: 122］

これらの農民組合は、アジェンデ政権下での階級闘争を反映して政治的に分裂、社会党・共産党系の「ランキル」農民組合が加盟者の四六％を、ＰＤＣ系の「トリウンフォ」農民組合が二一％、「リベルタ」農民組合が一六％、そして「トリウンフォ」農民組合から一九七一年に分裂したＭＡＰＵ系の「労農同盟」が一五・五％を、それぞれ擁していた。

次に農民評議会であるが、これは当初からの構想でもあり、一九七〇年一二月、アジェンデ政権成立直後に政令でその創設が公布された。この農民評議会は、各農場の農民組合、アセンタミエント、協同組合等から選出された代表一名によって構成される農村レベルでの農民評議会を基礎として、県レベル、全国レベルにも設けられ、それぞれのレベルで農民の代表と政府の役人が対等の条件で、農地改革の進め方、農業政策のあり方を討論し実現していくものとされ、農民の農地改革・農業政策への参加を保証するものとして、一九七二年半ばまでに全国レベル一、県レベル二〇、農村レベル二六〇の農民評議会が創設された。この農村レベルの農民評議会はチリの農村の約八六％で設置された［吉田 1979: 123–124］。

また、アジェンデ政権は新しい土地所有・経営形態の創出を図った。UPは接収したフンドを優先的に協同組合的所有形態に組織替えすることを構想していたが、UP内部に方針の食い違いもあって、この新しい土地所有・経営形態の具体化については大きく立ち遅れていた。このため当初は、PDC政権の農地改革法の範囲内で大土地所有経営の接収を行い、接収されたフンドには従来通り、アセンタミエントを導入した。

そして、アジェンデ政権は、政権成立後ほぼ一年経った一九七一年八月末になって、ようやくこのアセンタミエント方式に代えて、新しい農民的な土地所有・経営形態として、「農地改革センター（CERA：Centro de Reforma Agraria）」を導入することを決定し、その創設を政令で公布した。またこれとは別に、とくに林業分野で国営農場的な「生産センター」を同時に導入することを決定した。

農地改革センターは、従来のアセンタミエントのさまざまな欠陥を改良主義的に修正していこうとするものであった。すなわち、アセンタミエントは、接収されたフンドごとに導入され、その構成員は旧フンドの上層農民が中心であり、農地が構成員の間で分配されるか、協同組合所有とされるかが決定されるまで（三〜五年）の期間の、農民とCORA（農地改革公社）との過渡的な共同経営であったが、旧フンドに類似した労働力・経営の構造等さまざまな欠陥を持っていた。だが、農地改革センターは、アセンタミエントと同じく過渡的な組織とされたが、アセンタミエントとは異なって、①農民の農業経営への参加の拡大、②農業生産の計画化、③労働力雇用の拡大、④生活条件の向上等々を目的とし、農業改革センター内の農民の経済的・社会的共同性の増大を追求しようとするものであった。このため接収されたフンドのうち、近接するフンドを統合するかたちで地域的なものとして導入され、さらに小作農の他に、雇農・季節労働者・零細農等の下層農民をもそのメンバーとするものであった。

農地改革センターの農民は、アセンタミエントの農民と同様、旧フンド時代の諸権利（家屋、自留地等）を認められていたが、例えば保有地は、灌漑地の場合は〇・五ヘクタールまで、非灌漑地の場合は一ヘクタールまでと制限されていた［吉田 1979: 124–125］。

［5］ 急進党・PDCの再分裂・再編

◉キリスト教左翼（IC）の成立

UP政権による改革が、立法上の限界から既成の諸法律を利用したり、実力占拠をも実行する形で前進される中で、与党の急進党と野党のPDCの内部にさらなる分裂と再編の動きが生じた。アジェンデ政権は、一九七〇年一〇月にUP政権発足を可能にしたPDCとの連携関係を重視し、とくに「第三派（Terceristas）」と呼ばれたPDC内の左派と、UP政権発足に協力した中間派のトミッチ派をUPに取り込もうと努力した。しかし、UPが議会内での少数派であるために議会内外で強引な形で進められる改革の進展の中でトミッチ派がUPから距離を置き始め、右派のフレイ派が党内の主導権を回復した。これに対して、ボスコ・パラが率いる党青年部の支持を受けた左派は、指導部が公式にせよ非公式にせよ国民党とあらゆる種類の合意を求めることをも禁止するよう党評議会を説得した。しかし、この提案は否決され、逆にアジェンデ政権の「全体主義的で排他的な精神」を批判する決議が採択された時、ボスコ・パラや数名の青年指導者、およびフェルナンド・ブセラ、ハイメ・コンチャ、アルベルト・ハミーリョ、ルイス・マイラ、ペドロ・ウラ、ペドロ・ビデラの六名の下院議員が脱党して、一九七一年七月三〇日にキリスト教左翼（IC：Partido Izquierda Cristiana de Chile）を結成した。ICには、一九六九年五月のPDC分裂によって結成されたMAPUに参加したチョンチョル農相のほか、グムシオ、シルバ・ソラル、ヘレスがMAPUを離脱して合流した。同年一〇月二四日に開催された設立総会においてICは、「キリスト教的で人間主義的な革命組織」と自己定義した。(1)

しかし、この分裂とICの結成は、アジェンデやUP側が望んだようには、すなわちUPが議会内で多数派を占めることを成功させるほどの分裂をチリ最大の単独政党としてのPDCにもたらすことはできなかった。PDCを離党した「第三派」は予想外に少数にとどまったためであった。他方、左派の反逆分子を排除することに成功したフレイ派は、さらに国民党や民主急進党との戦略的な連携を深めていくことができるようになった。したがって、PDCからの左派の分離は、結果的にはUPに有利には働かず、逆に不利な状況を強化することになった。

◉急進党の再分裂

一九六九年六月に党指導部の左傾化に反発して右派が離党した急進党では、一九七一年三月に実施された下院議員選挙において急進党が大幅に退潮したことを、支持基盤である中間層のUP路線に対する反発であると危機感を強めたルイス・ボサイとアルベルト・バルトラの二人の上院議員をはじめ、ルネ・アベリウク、エウヘニオ・ベラスコ、マリオ・パピ、マリオ・スチャルペなどの改革消極派が、アジェンデ政権の成立後に加速される改革路線、とくに農地改革に伴う実力行使や工場占拠の増加を前にUP路線から離反傾向を強め、同年八月二日に急進左翼運動（Movimiento de Izquierda Radical）を結成し、その後、急進左翼党（PIR：Partido de Izquierda Radical）を結成して一九七二年四月六日にUPを離脱した。[2] その後、一九七三年七月にはチリ社会民主党（Partido Social Democracia de Chile）に党名を改称した。

PIRの成立は、急進党が左傾化して一九七一年に開催された第二三回党大会において「急進党は社会主義政党であり、その闘争は社会主義社会の建設に捧げられている。（中略）われわれは現実の解釈手段として歴史的唯物論と階級闘争の理念を受け入れる」との宣言を発したことが、公務員、ホワイトカラー労働者、教員など中間層の本来の支持者の多くを失い、また重要な党員の離反を招いたことが背景にあると理解される。急進党の分裂は中間層の分裂を背景とするものであり、とくにPIRの成立は改革路線の加速化に危機感を強めた一部の中間層の右傾化を意味するものであった。

◉統一人民行動運動（MAPU）の分裂

一九七二年八月二一日に反政府ストが開始され、一〇月末までの約二カ月間、チリ社会はUPおよびその改革を加速させようとするUPの枠外のMIR（革命的左翼運動）と、それと連動する社会党左派、MAPU急進派などの急進左派と、同年八月一八日に結成された国民党、PDC、DR（急進民主党）によって結成された民主同盟（CODE）に分裂して抗争が激化した。このような国内の対立を緩和するため、アジェンデ政権は軍人を閣内に迎えて「軍民内閣」を成立させた。「軍民内閣」の組閣により、国内紛争は一定程度緩和され、このような政治環境の中で一九七三年三月四日に実施された総選挙ではUPは躍進したが、三日後にMAPUの分裂が生じた。

分裂の原因は、実力闘争を重視する急進派と、共産党と連携して合法路線を重視する穏健派の対立であった。まず、穏健派のガスムリがフェルナンド・フロレス蔵相の支援を得て、党中央委員会の半数を招集して会合し、アケベドやガレトンを含む二五名の中央委員の除名を強行した。除名された者は、中央委員会会合が定数を満たしていなかったことを理由に決定の無効を主張した。他方、中央委員会の会合と並行して、サンティアゴ市内では穏健派が党本部を占拠し、また公用車と系列のラジオ局「ラジオ・カンデラリア」を確保し、これに対して急進派が反撃するなど市内で抗争を展開した。ガレトンなどの急進派も独自の中央委員会を開催し、ガスムリ一派を正式に追放し、新たに党本部を設置して対抗した。共産党と急進党はガスムリ一派を、社会党左派とIC（キリスト教左翼）はガレトン派を支援した。こうして、UPは共産党、急進党、MAPU労農派（カズムリ派）などからなる合法路線派と、社会党左派、MAPUガレトン派、ICとこれらと連携したMIRからなる実力闘争路線派に分かれて革命推進のための主導権の争奪戦を展開することになる。(3)

こうしたUPおよびMIR(4)を巻き込んだ路線対立が、国内混乱を助長し、反UP派に政権打倒を目指す行動を加速させることになった。一九七三年四月一九日にはエル・テニエンテ鉱山で、五月一一日にはチュキアマタ鉱山でストライキが発生して国内混乱が悪化し、五月二五日には軍内右派が六月二七日に向けたクーデター敢行を決定、六月三日には「祖国と自由」による共産党本部襲撃事件、六月二七日には立憲派のプラッツ陸軍司令官暗殺未遂事件、六月二八〜二九日にはクーデター未遂事件が発生し、七月二五日にはトラック業者が無期限ストに突入し、同三一日には運送業者、商店がストライキに突入して、八月四日には全土に非常事態宣言が布告される事態に至った。こうして、八月二三日にプラッツ将軍が辞任し、翌二四日に後任の陸軍司令官に就任したピノチェッ将軍指揮下で、九月一一日にクーデターが強行され、アジェンデUP政権が崩壊するに至った。

［6］チリ一九六八〜六九年の意味

一九七〇年に登場したアジェンデUP政権が成立するには、一九五八年と一九六四年の大統領選挙において共産党と社会党で結成されたFRAP（人民行動戦線）を拡大して、中間層をも社会変革に動員するために急進党やPDCのような中間層を基盤とする政党に連携の枠組みを拡大する必要があった。このような連携は、一九六〇年代後半に加速した中間層の急進化が必要条件となった。とくに、保守勢力の伝統的基盤となっていた大土地所有制とその後身である地主制を解体するために農地改革の実現が不可避であった。保守勢力の退潮を前に急速に勢力を拡大したPDCは、一九六四年の大統領選挙にフレイを擁立して、PDC政権を成立させ、フレイ政権は一九六七年に新たな農地改革法を成立させた。しかし、フレイ政権の農地改革は一〇万戸の自作農創出を掲げたものの、実際には三千数戸を創出するにとどまった。そのため、PDC内の左派にもフレイ政権に対する批判は強まり、左派は一九六九年五月にPDCを離脱してMAPUを結成するに至った。こうしたキリスト教勢力の左傾化の背景には、一九六八年八月にメデジンで開催された第二回ラテンアメリカ司教会議（CELAM）における「解放の神学」の是認が大きく影響したものと考えられる。とくに、「基礎共同体」の組織化とその拡大は各国のキリスト教会に影響し、チリにおいてもアロヨ神父が主導した「社会主義を目指すキリスト者運動」がUP支持を表明するに至った。

このようなキリスト教勢力の動向を踏まえて、共産党では一九七〇年大統領選挙に向けてFRAP拡大路線をとり、一九三〇年代の人民戦線の経験を踏まえて中間層を基盤とする急進党にFRAP拡大路線への参加を呼びかけた。その結果、同年六月の急進党の第二四回党大会では一九六〇年代に顕著になったキューバ革命の影響を受けて左派が台頭し、左派が主導権を掌握した結果、右派を追放して、FRAP拡大路線に同調してUP結成に参加した。このように、PDC左派の台頭と急進党の左傾化を通してUP結成が実現したのである。

表 5-5　1960年代チリの国民総生産の推移（単位：%）

	1961	1962	1963	1964	1965	1966	1967	1968	1969	1970
GNP	6.2	5.0	4.7	4.2	5.0	7.0	2.3	2.9	3.1	3.4
1人当たりGNP	3.6	2.4	2.1	1.6	2.4	4.6	0.0	0.6	0.7	1.0

出所：吉田［1979: 135］

このような中間層を基盤とした諸政党の左傾化に背景には、一九六〇年代前半における経済成長と一九六七年以後に生じた経済停滞があったと推定される（表5－5）。

すなわち、一九六〇年代前半までに達成された安定的な経済成長の結果、中間層の成長が生じたが、一九六七年以後の経済停滞の中で中間層の社会的不満が蓄積し、それは中間層の急進化と中間層を基盤とする諸政党の左傾化をもたらし、UP形成に向けて有利な政治環境を生み出したと考えられる。

しかしながら、アジェンデUP政権の成立後、UPが議会内で多数を占めていないことを原因として、とくにPDC内に残った左派が党内で少数派に転落し、UP政権の路線に反対する右派が主導権を掌握するにおよんで、反UP勢力の団結が強められた。他方で改革案が議会を通過できないという情勢の中で、UP内における路線の対立が激化、実力闘争を主張する社会党左派がUP枠外のMIR（革命的左翼運動）と連携して土地占拠や工場占拠を強化する情勢となり、改革路線に必ずしも同調していなかった中間層の保守化をもたらす結果となった。

このような中間層の保守化は、PDCにおける右派の主導権掌握（と左派の分離によるIC：キリスト教左翼の結成）、および急進党の再分裂（とPIR：急進左翼党の結成）に典型的に見られた。こうして、チリの政治情勢は二極化し、少数派であったために政治的主導権を失ったUPの崩壊に至ったと考えられる。

このような一九七〇年代初頭に生じた政治情勢には、同時期のUP政権下にお

表5–6 アジェンデ政権期の経済成長率

	1970	1971	1972	1973
経済成長率	3.6%	7.7%	–0.1%	–3.0%

出所：吉田［1979: 141］

ける経済停滞が背景として存在していたと考えられる（表5–6）。

一九六八～六九年におけるUP成立に至る政治情勢と、UP政権成立後の一九七二～七三年における政治情勢には、中間層の動向が大きく影響したことが指摘できる。すなわち、一九六〇年代後半における中間層の社会的不満がUP成立をもたらし、次の一九七〇年代初頭における中間層の政治的・社会的急進化に対する危機感がUP政権崩壊をもたらした大きな要因であったと判断される。

このような政治情勢の変化は、隣国ペルーで生じた事態（→第4章）と同じ特徴をもつものであったと結論しうる。すなわち、一九六八年一〇月にクーデターを通じて成立したペルーのベラスコ軍事政権は、中間層を基盤とした人民行動党（AP）のベラウンデ政権によって実施された改革措置の不徹底に不満を増幅させた中間層の消極的支持を確保したが、一九七三年頃まで進んだ軍内急進派によって推進された社会変革が逆に中間層を離反させる結果を生じた。このプロセスはチリで生じた現象と類似した傾向を持つものであったと指摘しうる。それゆえに、チリにおいて一九六八～六九年に生じた事態は、中間層の動向が中心となって生じた社会・政治的現象であったと結論づけられよう。

［7］ おわりに

以上のように、一九六八～六九年のチリにおいて生じた諸現象も、世界的な「一九六八年」現象の枠内で発生した出来事であったと考えられる。その意味で、一九六八年に世界的に発生した諸事件は、これまで認識されてきたよりも、周辺資本主義諸国においてより広範囲に生じたと考えられ、チリで生じた出来事も、このような世界的に生じた出来事と同一の世界史的な事件であったと判断される。それゆえにこそ、「一九六八年」が世界史的に持った意味合いをより詳細に検証する必要性が指摘できよう。本章も、そのような必要性を改めて立証したものと考える。

第6章

パナマ1968

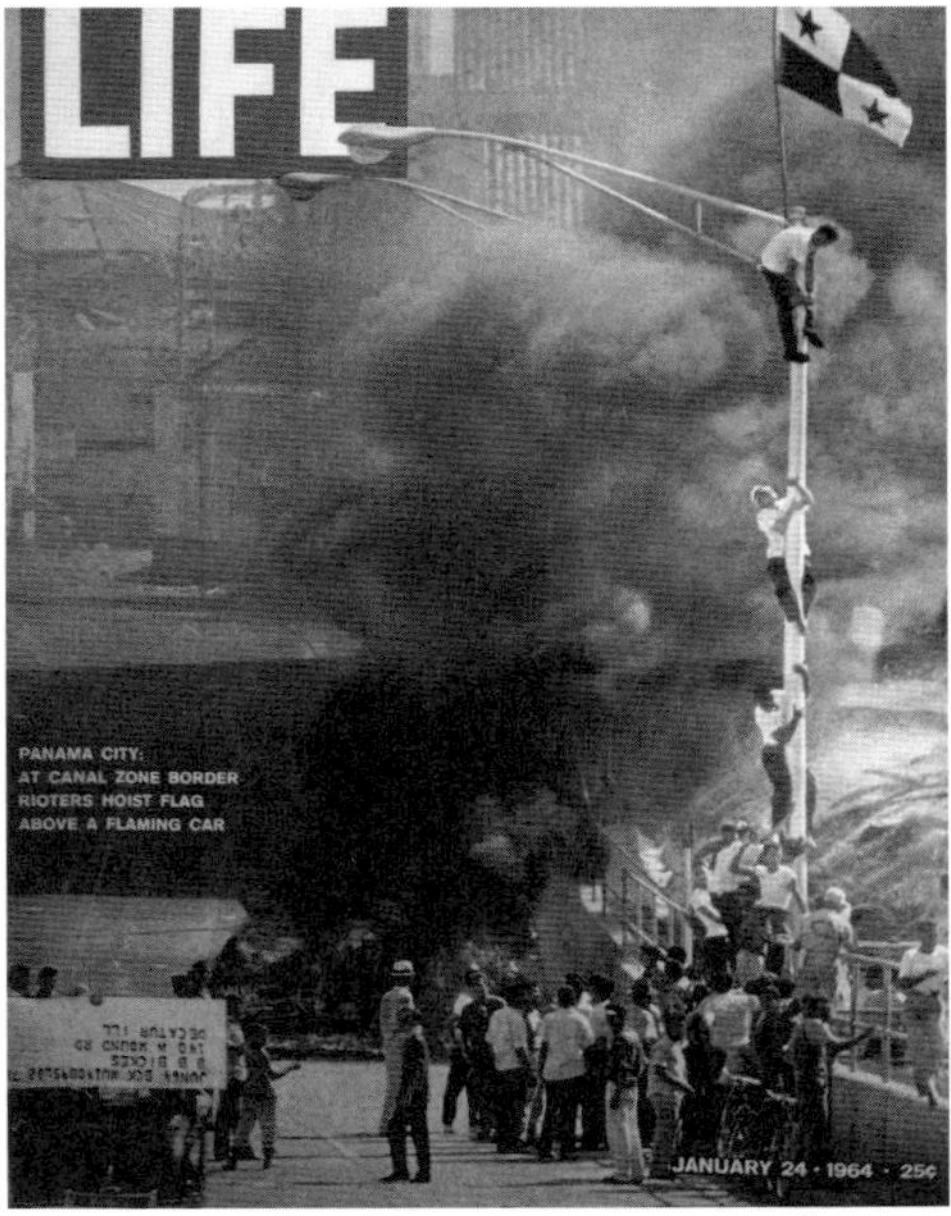

パナマ運河地帯で発生した「国旗事件」
（「LIFE」1964年1月24日号）

中米地峡のパナマにおいては、反米ナショナリズムが高揚する中で一九六八年一〇月一一日、トリホス中佐らによる軍事クーデターが発生した。

本章では、米国に主権を侵害されてきたパナマの歴史を概観し、他のラテンアメリカ諸国において生じた諸事件と同様に、「世界システム論」を視野に入れながらパナマの「一九六八年」を考察し、このクーデターがパナマ史の中で持った意味を考察する。

[1] はじめに

パナマは、一九〇三年に米国との間で運河条約を締結して以来、一九一四年の運河完成後に運河地帯を米国の管理下に置かれ、主権国家としての主権を侵害されてきた。運河返還による主権の回復を求めるパナマ国民の要求は、とくに一九五〇年代末から顕在化し、数度にわたり運河の即時返還を求める大きな抗議行動が行われた。一九三〇年代以後は、米国と連携した寡頭支配層に対抗して中間層出身のアリアス兄弟が数度にわたり大統領に就任したが、徐々に保守化していった。

このような政治環境下で、一九六八年一〇月一一日にオマル・トリホス・エレラ（Omar Efraín Torrijos Herrera, 1929–1981）国家警備隊中佐（当時）を中心とするクーデターが発生し、国家警備隊内部の権力闘争を経て、一九六九年にトリホスが全権を掌握した。トリホスは、「一九七二年憲法」で規定された「パナマ革命の最高指導者」の立場から、米国との間で運河返還を目指して新条約締結交渉を開始し、一九七四年の原則合意を経て、一九七七年六月に交渉が終了し、同年九月七日に新条約調印式がワシントンで挙行された。新条約は一九九九年一二月三一日正午に運河は返還されると規定していた。トリホスは一九七八年一〇月に辞任したが、その後も一九八一年七月三一日に航空事故で死亡するまで指導者として大きな影響力を行使した。トリホスの死亡原因に関しては陰謀説が絶えない。

［2］　米国帝国主義とパナマ運河

◉スペイン人の入植

パナマ地域に初めてスペイン人が到達したのは、一五〇〇年のバスティダス一行であり、彼らはエスパニョル島からパナマ地峡まで地峡探検を行った。次に一五〇二年一一月にコロンブスが第四回航海の際、パナマのカリブ海沿岸をコスタリカ方面より西から東に航行し現在のダリエン地域の沿岸に到達した後、再び西に引き返してポルトベーロ付近に到達したのが最初であったといわれる。

その後、一五一〇年にスペイン人集団がパナマ地域に入植のために到来し、カレドニア湾に近い地点に、米州大陸でのスペインの最初の植民都市であるカスティーリャ・デル・オーロとなる、サンタマリア・ラ・アンティグアという拠点を建設した。この植民地の行政を任せられたのがバスティダス一行に加わっていたバルボアであり、彼は一五一三年九月にパナマ地峡を横断して太平洋に達した。翌一五一四年七月にペドロ・アリアス・ダビラ（通称「ペドラリアス」）がダリエンに植民地を建設する目的で、二〇〇〇名の乗組員を率いてアンティグアに到達して、太平洋岸一帯の調査を行った。ペドラリアス一行の中に後にインカを征服したフランシスコ・ピサロがいた。バルボアはペドラリアスが派遣したピサロによって反逆罪の汚名を着せられて捕らえられ、一五一九年一月にアクラで処刑された。一五二一年、太平洋岸に旧パナマ市が建設され、一五三五年にアウディエンシア（司法・行政・立法を司る王室機関）が設置され、同市は南米とカリブ海からスペインを結ぶスペイン植民地統治の拠点、交通の要衝となった。

その後、一五七三年と一五九六年の二度にわたりイギリスのフランシス・ドレイクがノンブレ・デ・ディオスを襲撃し、同じくヘンリー・モーガンが一六六八年にポルトベーロを、一六七一年にパナマ・シティを襲撃した。一六九九年から一七〇二年にはスコットランド人が入植のため来航したが、植民地化は失敗に終わった。また、一八世紀にはフランスのユグノーがサンブラス諸島に入植しようとしたが、これも失敗し、パナマ地峡はスペインによる支配が貫徹された。

他方、要衝機能としては、一五一五年にはアントニオ・デ・グスマンが太平洋岸からノンブレ・デ・ディオスを結ぶ「カミノ・レアル」と称された地峡横断ルートを開拓し、このルートはパナマ・シティとノンブレ・デ・ディオスを結ぶルートとして植民地時代に多用された。その後、一八五五年に地峡を横断する米州大陸初の大陸横断鉄道が敷設された。

◉パナマ運河建設と米国支配下の「独立」

運河に関しては、一五二四年にエルナン・コルテスが地峡地帯に運河を建設することを提案して以来、数度にわたり運河建設候補ルートの調査が行われ、四つのルートが探索された。その後、一九世紀初頭からパナマ地峡での運河建設に関心が持たれ、一八二〇年代から探検家や資本家が地峡運河の利権を確保するため、当時のグランコロンビア共和国との交渉を試みた。一八三八年にヌエバ・グラナダ共和国政府が地峡横断鉄道、道路もしくは運河の敷設権をフランスの会社に譲渡した。一八五五年には地峡横断鉄道が完成した。

一八六九年にスエズ運河を完成させたフェルディナン・ド・レセップスがパナマ運河建設に乗り出してパナマ運河会社を設立し、一八八一年に掘削が開始された。しかし、一八八九年に五分の二を掘削したところでパナマ運河会社が倒産し、掘削工事が中断された。一九〇一年に米国のグラント大統領がパナマ・ルート案でコロンビアと交渉する権限を議会から得た。その後、議会はルーズベルト大統領に運河工事の権利と資産をフランスの新会社から四〇〇〇万ドルを超えない金額で入手すること、コロンビア政府から運河ルートに沿って幅一〇キロの土地を入手することと運河建設にあたることという三つの条件と権限を与え、運河建設権は新パナマ会社に引き継がれた［国本／小林／小澤 2004: 90–91］。

米国政府はこの権限に基づいて、ジョン・ヘイ国務長官がコロンビア政府と条約交渉を行い、一九〇三年一月に米国政府が資金を支払うことを条件にパナマ運河を建設し、それを支配することを決めた「ヘイ・エラン条約」を締結し、米国議会はこの条約を批准したが、コロンビア議会が批准を拒否したため中断した。一方、パナマ国内には辺境のパナマ地方を軽視するボゴタの中央政府に対する反発感情が存在し、コロンビアからの分離・独立を目指す運動が広がっていた。一八五五年には地峡交通以外の内政面で主権を持つ連邦制が確立されたが、一八八五年に中央集権主義の保守派が政権に就いて連邦制を廃止、翌八六年にはパナマ地方は州に格下げされた。経済的にも、パナマ鉄道をめぐって得られた利益はすべて中央政府に吸い上げられ、運河建設工事がもたらした景気上昇も建設中断とともに終わっていた。一八九九年から一九〇二年まで、パナマ地方を含めたコロンビア全土で展開された保守派と自由主義派の内戦を通じて、パナマでは自由主義派が勝利したことも、独立の機運を強める背景となった。

コロンビア議会による条約批准拒否は、パナマ地方の人々に失望感を与え、ホセ・アグスティン・ランゴ上院議員らを中心とするパナマ地方の有力者は独立計画を進めようとした。そして、マヌエル・アマドールが米国に赴き、レセップスの下で運河建設に関わっていたフランス人のフィリップ・ビュノー・ヴァリラと出会い、ビュノー・ヴァリラがアマドールに対してパナマ独立のための軍事作戦、独立宣言案、資金の提供を約束した。一九〇三年一一月三日、パナマは独立を宣言し、米国は一一月一三日にこれを承認した。ビュノー・ヴァリラがパナマの全権公使として米国に赴き、一一月一八日にヘイ国務長官との間に「ヘイ・ビュノー・ヴァリラ条約」を締結し、一二月二日に同条約は批准され発効した。

この運河条約は、第一条で米国はパナマの独立を保障し保全する、第二条でパナマは米国に対し永久に運河建設・維持・管理・保護のため運河から両側一六キロの運河地帯の使用・占有・支配を承認する、第三条でパナマは前記地帯において米国が主権者のように所有し、それを「永久に使用・占有・支配する」権利を行使することを認める一方で、パナマによる主権上の権利・権限・機能の行使を排除する、第四条で運河建設に必要な水源を使用する権利を与える、第一四条は条約によってパナマが米国に与えた諸権利の代償として条約批准時に一〇〇〇万ドル、条約発効後九年目から年二五万ドルが支払われること等を規定していた。

こうしてパナマは運河および運河地帯（幅一六キロ、長さ八三キロ）における国家主権を奪われ、米国の支配下に置かれることになった。運河は一九一四年に完成した。一九〇三年の運河条約の締結後、米国は確保した諸権利の実際の運用にあたり、条約の拡大解釈によって支配権を拡大し、米国の利益拡大を図った。まず、パナマの軍隊を解散し、第二にパナマの通貨制度を米ドル化、第三に米国は運河地帯を植民地化した［国本／小林／小澤 2004: 98–99］。

このように、一九〇三年の独立以来、米国によって「建国」され、米国によって支配されたパナマは、主権国家として自立するために闘争してきた。独立時の一九〇四年に公布された「一九〇四年憲法」はパナマが国防を米国に依存し、政治安定のための軍事介入権を米国に認め、ほぼ属国として独立したことを示している。「一九四一年憲法」では人権差別の条項を撤廃し、国民国家形成に向け道を拓いた。そして、「一九四六年憲法」ではパナマの民族主義が明確に主張され、女性の参政権と先住民の権利が認められ、主権国家と国民統合を目指す基本理念が明示された。一方、「一九七二年憲法」は「国政は行政府と国内治安を担当する国家警備隊の協議によって行われる」として、事実上の軍部である国家警備隊（Guardia Nacional）の政治介入権を認めた。「一九七二年憲法」が国家警備隊の政治介入を認めたことが、パナマの政治を不安定にし、その後、クーデター未遂が発生する大きな原因となった。(1)「一九八三年改正憲法」はこの国家警備隊を国防軍（Fuerzas de Defensa）という名称に変更し、軍部の政治介入を排除した。

◉パナマの経済・社会構造

パナマは一六世紀初頭に始まるスペイン人らによる地峡横断ルートの確立がルーツとなり、国際交通の要衝として発展したこともあり、一七世紀から現代に至るまでサービス産業が最大の基幹産業を形成している。現在は、太平洋岸のパナマ・シティとカリブ側のコロン市に経済活動の七四％が集中し、パナマの経済構造はパナマ運河の管理運営を含むサービス業が産業の八〇％以上を占めている。このサービス部門には運輸、港湾、通信分野のほかに、コロン自由貿易地区、船籍登録、金融、商業、法務、観光など多種多様なものが含まれる。

コロン自由貿易地区は、一九四八年に自由貿易のための特別地区として運河の大西洋側の入口に建設されたもので、一九五二年に活動を開始し、香港に次ぐ世界第二位の規模をもつ自由貿易地区に発展した。コロン市に隣接した三五ヘクタールの特別地区に約二〇〇〇社が店舗と事務所を設置している。特別地区は総面積四〇〇ヘクタールに達し、ここに直接輸入され、加工されて再輸出される。その規模は二〇〇一年の場合、パナマの輸入総額の一・六倍、輸出では六・九倍に達する［国本／小林／小澤 2004: 26–27］。

船籍登録サービスは、便宜置籍船制度と呼ばれるサービスで、二〇〇二年の統計では、世界の約一〇

％に相当する一万一五七隻の船がパナマ籍となっている。パナマが便宜置籍国となったのは、一九二二年に米国の海運会社ユナイテッド・アメリカン・ラインが二隻の定期船を遊覧船として使用する目的で船籍をパナマ籍に移したことに始まり、一九二五年にあらゆる国の船舶に対して便宜置籍を認める法律を制定した。第二次世界大戦後、世界的に民主化が進み、労働者の保護規定が整備され、企業に課される義務が厳しく規定されるため、船会社が規制のより緩やかな国へ船籍を移動させたことが背景となって、パナマに登録された船舶数が増加した［国本／小林／小澤 2004: 222–223］。

他方、一九七〇年に設置されたオフショア金融センターとしてのパナマには世界の主要銀行が進出しており、金融・保険分野における経済効果も大きい。一九七〇年に「銀行法」が公布され、銀行業務に対する規制が緩和され、為替規制がないことと世界的規模のコロン自由貿易地区が存在することなどにより、パナマに多くの外国銀行が進出し、パナマ・シティの繁華街であるスペイン通りに国際金融センターと呼ばれる一角が形成された。

また、パナマは運河だけでなく、空路においても国際航空路線が交錯する南北アメリカ大陸の中継点であり、世界の主要な航空会社が乗り入れている他、米国の主要都市との間に直行便が運航されているため、乗り継ぎ地点として重要な機能を果たしている。

パナマ経済は、一九五〇年代から一九七三年の第一次石油危機に至る間、すなわち米国が冷戦の下でパナマにおける軍事基地を拡張し、対ラテンアメリカ政策に重点を置いた時期、年平均六・四％の成長率を達成した。石油危機によってパナマ経済は一時的に停滞したが、一九七八年に成長を回復し、一九八〇〜八五年には年平均五％の成長率を記録した。しかし、一九八〇年代後半にはラテンアメリカ全体に影響を与えた対外債務危機のためマイナス成長に転じた。

パナマの社会構造の特徴は、多くのラテンアメリカ諸国のように大土地所有者からなる寡頭支配勢力が強力に成長しなかったことであり、権力の基盤は都市部の商業・サービス業にあった。他方、国民感情の特徴は、一世紀近くにわたって米国が支配し管理した運河の存在によって、反米と親米が混在することである。富裕層だけでなく、余裕のある中間層においてもできるだけ子供を米国で教育を受けさせることが親米派を育てたが、同時にパナマ大学では中間層の多くが反米勢力となった。パナマ国内で高等教育を受けた中間層の多くは、経済的に恵まれない教師、弁護士、会計士、医師などの専門職や自営業に就いている。これらの上層と中間層の下に位置する圧倒的多数の国民からなる下層は、都市部の住民と農村部の人口に分けられる。この下層で多数を占めるのが、メスティソ（白人と先住民の混血）とアフリカ系黒人であり、この下層にも属さずに社会的に周縁化されている先住民集団が人口の一〇％を占めている。

パナマが抱える深刻な社会的問題は、地域格差と階層間格差である。都市と農村、上・中層階層と下層の間にある格差は大きい。二〇〇三年現在のジニ係数（所得分配の不平等さを測る指標）は〇・四八五である。二〇世紀初頭の独立以来、パナマの政治と経済を独占しているのは「二〇家族」ともいわれる寡頭勢力で、彼らはメスティソを極力避ける白人集団である。経済成長とともに台頭し拡大してきた中間層は主としてメスティソであり、総じて高等教育を受け、専門職に就いているが、経済的には必ずしも恵まれておらず、上層に対する反感は強く、政治権力への挑戦者である［国本／小林／小澤 2004: 30–33］。

［3］パナマ・ナショナリズム

米国は、第二次世界大戦下の環境において、パナマ国内の多くを軍事基地化する目的で一九四二年に「軍事基地貸与条約」をパナマとの間に締結したが、この条約に対する強硬な反対派であった大統領のアルヌルフォ・アリアス・マドリ（Arnulfo Arias Madrid, 1901–1988）は政権の座から追放された。

アリアス一族は、独立以来の寡頭支配層に反発する勢力として登場した。寡頭支配層は米国との関係を重視し、運河地帯から生み出される経済的利益にあずかろうとし、政治的にも米国への依存を深めた。しかし、次第に米国に従属する寡頭制に対抗する勢力が登場した。その代表的な組織が「アクション・コムナル（AC：Acción Comunal）」であった。一九三一年一月、ACは国家警備隊本部と大統領官邸を急襲し、寡頭制を基盤とするフロレンシオ・アロセメナ大統領（Florencio Harmodio Arosemena, 1872–1945）を辞任に追い込み、寡頭制支配の時代は終焉した。

「一九三一年革命」後、ACの指導者であり、コスタリカ移民の子孫で中農層の出身であるアルモディオ・アリアス・マドリ（Harmodio Arias Madrid, 1886–1962）が、反米主義を掲げ、中間層以下のパナマ人や西インド諸島系黒人勢力の支持を取りつけて臨時大統領に就任した。アルモディオ・アリアスは、米国支配に終止符を打つため米国との交渉を開始したが、世界大恐慌直後の国内経済情勢下で失業・貧困問題に対処するために労働者や農民のための基金を設立、貧民救済支援プログラムを打ち出し、その財源を確保するために米国に経済支援を求めたことから、米国への譲歩を余儀なくされることになる。しかし、アルモディオ・アリアスは一九三六年に、米国の不干渉、パナマの「保護国」からのステイタス変更、運河地帯の返還（ただし明確な期日は言及なし）、運河地帯の商業の一部のパナマ人への開放など、運河条約の改正を勝ち取った。

アルモディオの後を継いだのは弟のアルヌルフォ・アリアスであった。アルヌルフォは、「一九三一年革命」から頭角を現し、独自の政党である国民革命党（PNR、後にPP：Partido Panameñista）を結成、一九四〇年には三九歳の若さで大統領に就任した。その基盤は兄アルモディオが築いた地方の小土地所有者、牧畜業者、商人、大学・教員・学生層であり、中央集権的で干渉主義的な政治を望む中間層を主体としていた。アルヌルフォの特徴は、運河建設以来、主権を侵害してきた米国と、これと連携して利益を貪ってきた寡頭制に対する民衆の反発を背景にナショナリスティックな姿勢を強調したことである。彼は反米主義を明確に打ち出し、「パナマ人のためのパナマ」を政治スローガンに掲げた。また、国家の社会的責任を強調し、社会保障制度の充実を図ることを主張した。

ところが、アルヌルフォ・アリアスのナショナリズムは、外国企業や外国人商人に対する排外主義的な圧力や、国内の非白人系移民（西インド諸島出身黒人、アラブ系、中国系）の市民権剝奪などの過度の純血主義に行き着き、公共の場におけるスペイン語使用の義務づけや、外国音楽をかける飲食店に罰金を科すなど、右傾化した国粋主義的なものであった［国本／小林／小澤 2004: 150］。しかし、「反米」「反寡頭制」を掲げたアルヌルフォ・アリアスは民衆の支持を得た。他方、彼は「一九四一年憲法」を制定したが、新憲法では大統領権限が強化され、強権的な管理社会の建設が目指された。このため、兄のアルモディオを含む多くの国民の不安をかき立てることになり、クーデターによって打倒され、一時ブエノス・アイレスに亡命した。アルヌルフォ・アリアスは一九四八年に再度大統領に当選したが、官僚の汚職を放置し、ネポティズム（縁故主義）的な人材起用や不正蓄財など政治が著しく腐敗したため、再びクーデターで打倒された。

しかしながら、アルヌルフォ・アリアスは一九六八年に再当選し、大統領に返り咲いた。この際にはこれまで天敵であった寡頭制支配層の支持を確保するまでに保守化した。彼は、国家警備隊の有力者を次々に首都から遠ざけ、その影響力を急激に減じようとしたために国家警備隊の反発を招き、次節で述べるように、一〇月一日の大統領就任から一〇日後の同月一一日にトリホス中佐やマルティネス少佐らの率いる国家警備隊のクーデターによって再び打倒された。

アリアス兄弟は、寡頭支配層の対米従属を批判し中間層を支持基盤として登場したが、兄弟ともに右傾化したため、ネポティズム的な人材起用をしたこともあり、アリアス一族に対する批判は拡大して、アルヌルフォ・アリアスは再三にわたってクーデターを招いて打倒された。

［4］反米ナショナリズムと一九六八年一〇月クーデター

パナマにおける反米ナショナリズムの象徴的な事件として、一九五八年、五九年、六三年に国旗掲揚問題に端を発した騒擾事件が発生した。これらの事件においてはデモ隊が国家警備隊やこれを支援する米国と衝突して死傷者を出した。

一九五八年には、反米ナショナリズム運動が激化することを恐れたアイゼンハワー米大統領が、パナマに対する経済支援を強化し、運河地帯の指定された公共空間においてパナマ国旗の掲揚を承認する提案を行ったが、米国議会によって否決された。

ケネディ政権はパナマの反米ナショナリズム運動を鎮静化させるために、パナマ人懐柔策として、運河地帯におけるパナマ人労働者に対する人種差別の撤廃や賃金引き上げなどを約束し、一九六三年にはさらに運河地帯の軍以外の特定の公共施設において米国国旗と並んでパナマ国旗の掲揚を義務化することをパナマ政府に約束した。しかし、指定の場所以外の公共スペースや通行する船舶上でのパナマ国旗の掲揚は拒否し、運河地帯におけるパナマ人労働者の比率を増やす要求は却下するなど、米国の権益や威信に関わる事柄については譲歩しなかった［国本／小林／小澤 2004: 176–178］。

◉一九六四年「国旗事件」

このケネディ政権が認めた米国国旗と並んでのパナマ国旗掲揚の義務化が、一九六四年一月に「六日間の騒乱」と呼ばれるナショナリズムの爆発を生むきっかけとなった。パナマ人は義務化を歓迎したが、米国が運河地帯を支配するのは当然だと考えるゾーニアン（運河地帯在住の米国人）が不満を募らせたのである。

その日、運河地帯のバルボア高校の米国人生徒の一団が、使っていない旗竿に米国旗を掲揚した。学校が始まると、教師が旗を引き下ろしたが、生徒はさらに別の旗を揚げた。その夜、生徒たちは、当局が旗竿を持ち去るのを警戒して、何人かが徹夜した。翌朝、彼らはまた旗を掲げた。このニュースはたちまち運河地帯との境界線を越えて広がり、その夜、約二〇〇人のパナマ人学生が国旗を持って運河地帯に入り込み、米国旗に並べて掲揚しようとした。運河地帯警察はこの行為を阻止し、六人の生徒だけがパナマ国旗を旗竿の下まで運ぶのを許した。米国籍の高校生と大人の一団が敵意を見せるデモを行い、米国歌を歌った。取っ組み合いが始まり、パナマ人学生は警官と米国人暴徒に連れ去られ、混乱のなかでパナマ国旗が引き裂かれた。

これが火付け役となった。一面に火が広がった。数千人のパナマ人が境界線の柵に殺到し、付近に停めてあった車をひっくり返し、街灯を叩き壊し、鉄道駅を襲撃した。運河地帯の警察が催涙ガスを使い、後には拳銃やショットガンを使って暴徒を境界線の外へと追い返した。暴徒は市内の商店の略奪を始めた。最初は米国人所有と思われる店、やがて商品を無差別に襲った。とくに銃砲店が狙われた。境界線のパナマ市側に立つパンアメリカン航空の事務所ビルが放火された。翌朝、焼け跡から略奪をしていたと思われるパナマ人六人の死体が発見された。運河地帯警察は米国陸軍の応援を求め、兵士は装甲兵員輸送車でやってきたが、戦車が使われているという噂が広まった。群衆は境界線の柵を越えて、ライフルやリボルバーで射撃した。境界線の内側に歴史的に由緒を有する、大振りで優美な木造の米国のホテルがあった。暴徒はこのホテルに襲いかかり、火炎瓶で放火しようとし、また反対側の貧民街から窓を狙って射撃する者もあった。米国側当局は電話でパナマ政府と連絡を取り、パナマの国家警備隊を出動させようとしたが、パナマ側はこれに応じなかった。米兵に負傷者が出るようになり、深夜になって指揮官は狙撃兵を動員してホテル内部に配置し、柵越しに見える射撃の構えの者に対する射殺命令を出した。

ラジオ放送が出来事を報じ、数時間後に同様の事態がコロンでも発生した。群衆が運河地帯に入り込み、銃に着剣した米軍兵士が押し返し、建物が焼かれ、暗い街路では乱射された弾丸が飛び交った。いずれの都市でも柵を中心に戦闘が一晩中続き、その後、二日二晩にわたって何度も火の手が上がった。パナマ人は運河地帯内部に深く入り込むことはせず、運河に近づくことはなかった。米軍と運河地帯警察は境界線を越えることはしなかった。米国籍の一般市民の大部分はそれぞれの家に閉じ籠もった。ある者は敵意をあらわにし、ある者は動揺していた。やがて、やっとのことでパナマの国家警備隊が街上に姿を見せ、暴動は突然に収まった。調査の結果、米兵一〇名が負傷し、一方パナマ人二一人が死亡、約四五〇人が負傷し、そのうち一〇人が病院に収容されたことが判明した。死者のうち三人ないし四人は、貸しアパートのバルコニーで死亡した少女を含めて、米国の狙撃兵により射殺されたとみられる。

この事件がきっかけとなり、パナマ国内では反米的な論調が急速に高まり、これを深刻に受けとめた親米・保守のチアリ政権も米国との国交断絶を宣言した。両国の国交は米州機構（ＯＡＳ）の仲介で回復されたが、この事件は米国支配下での抑圧事件としてパナマ国民の記憶に強く残ることになり、反米運動に大義名分を与えることになった［国本／小林／小澤 2004: 178］。

◉一九六八年一〇月クーデター

このような反米感情の悪化の中で、一九六八年一〇月一日に再登場したアルヌルフォ・アリアス政権は、反米感情の高まりを背景として、同年一〇月一一日、オマル・トリホス・エレラ中佐とボリス・マルティネス・サラサール少佐（Boris Néstor Martínez Salazar, 1933–）が率いる国家警備隊のクーデターによって打倒された。アリアス大統領は運河地帯に避難した後、米国に脱出した。

国家警備隊がアリアス大統領を打倒したのは、同大統領が過去の関係もあり、国家警備隊を軽視する傾向にあったため、彼を「独裁者」と決めつけて打倒の口実とした。同日午後、アリアス大統領は夫人とともにパナマ・シティ中心街のルックス映画館で映画を鑑賞していたが、その間に国家警備隊が行動を起こした。

クーデター後、ただちに臨時統治評議会が組織され、ホセ・マリア・ピニージャ・ファブレガ大佐（José María Pinilla Fábrega, 1919–1979）らがメンバーとなり、共同議長にピニージャ大佐とボリバル・ウルティア・パリージャ大佐（Bolívar Urrutia Parrilla, 1918–2005）の二人が就任した。臨時統治評議会は、憲法上の保障を停止し、議会を解散させ、一八カ月以内に選挙を実施すると発表した。

しかし、クーデター後に国家警備隊の内紛が生じて権力闘争が発生した。一九六九年二月二五日にトリホスは、「祖国の農民たち（Campesinos de la Patria）」と題する急進的な農地改革案を同月二一日に無断で発表したマルティネス少佐をはじめ同グループの将校たちを追放処分にし、三月にトリホスは少将に昇進するとともに国家警備隊司令官に就任して全権を掌握した。また、同年一二月一六日にトリホスがメキシコ公式訪問中に、ラミロ・シルベラ・ドミンゲス大佐、ピニージャ大佐、ウルティア大佐、アマド・サンフル・アテンシオ少佐らを中心とするトリホス打倒を目的としたクーデターが発生した。トリホスは情報局長のアレハンドロ・アラウス・バレンシア中佐や、後に腹心となったマヌエル・アントニオ・ノリエガ中佐（Manuel Antonio Noriega, 1934–）らの支援を得て反乱を鎮圧し、ピニージャとウルティアを解任し、シルベラらを国外追放処分に付した。統治評議会議長の後任にはデメトリオ・バシージヨ・ラカス（Demetrio Basilio Lakas Gahas, 1925-1999）が任命され、一九七二年一〇月一一日にバシージョが「一九七二年憲法」に基づいて六年の任期で大統領に就任した。トリホスは、一九八一年七月末の死まで、事実上の国家最高指導者ではあったが、法的には国家元首である大統領職には就かなかった（表6-1・6-2）。

一九六八年一〇月一一日のクーデターにおいて、トリホスが重要な役割を果たしたことは事実であるが、他方で実質的な行動メンバーはマルティネス少佐、サンフル少佐、フェデリコ・ボイド・チャプマン少佐らであったとする証言もある。しかし結果的には、一九六九年二月二五日にトリホス側が仕掛けたマルティネス追放クーデター、そして一二月一六日のトリホス打倒クーデターの失敗の結果、トリホスは一九六八年クーデター後の権力闘争に勝利して反対派を排除し、全権を掌握した。

一九六八年クーデターの首謀者の中で最も行動的であったとされるマルティネス少佐は、クーデター当時、ダビッド市に本部を置いた北部地域の司令官であった。彼は、国立大学で学士号を取得した後、メキシコの軍事学校を卒業し、一九五五年一一月に国家警備隊に少尉として任官した。

他方、トリホスは中間層下層の出身であり、地方農村部の教員であった両親（父親はコロンビア出身のホセ・マリア・トリホス・ラダ、母親はパナマ人のホアキナ・エレラ）の間に生まれた。トリホスは奨学金を得て留学したエル・サルバドルの士官学校で英才教育を受け、その後、運河地帯にあった米国の米州学校で職業軍人としての形成を終えた。一九五二年に国家警備隊に入隊するや否や、一九五九年にベラグアス州セロ・トゥテで発生した武装蜂起事件の鎮圧に活躍するなど反体制運動や暴動の鎮圧において特異な才能を発揮し、参謀将校として辣腕を振るうようになった。一九六六年には中佐に昇進し、一九六八年一〇月クーデターの中心となった。一九六九年三月には国家警備隊司令官に就任し、同年一二月に全権を掌握すると、反米・反寡頭制の姿勢を打ち出し、反米ナショナリズムの傾向を強めていた多くの国民

表 6–1　パナマ大統領・指導者（1969–1989年）

年	肩書き	氏　名
1968–69	臨時統治評議会議長	ホセ・マリア・ピニージャ・ファブレガ
1969–78	大統領	デメトリオ・バシージョ・ラカス
1978–82	大統領	アリステデス・ローヨ
1982–84	大統領	リカルド・デ・ラ・エスプリエジャ
1983–89	国家最高指導者	マヌエル・アントニオ・ノリエガ
1984	大統領	ホルヘ・エンリケ・イジュエカ・シバウステ
1984–85	大統領	ニコラス・アルディト・バルレッタ
1985–88	大統領	エリック・アルトゥーロ・デル・バージェ
1988–89	大統領	マヌエル・ソリス・パルマ

表 6–2　パナマ国家警備隊司令官（1969–1989年）

年	肩書き	氏　名
1969–81	国家警備隊司令官	オマル・トリホス・エレラ
1981–82	国家警備隊司令官	フロレンシオ・フロレス・アギラル
1982–83	国家警備隊司令官	ルベン・ダリオ・パレデス
1983–85	国家警備隊司令官	マヌエル・アントニオ・ノリエガ
1985–89	国防軍司令官	マヌエル・アントニオ・ノリエガ

の支持を得た。街頭には、「オマル（・トリホス）の理想は自由。ミサイルでは理想は殺せない！」という政治スローガンが掲げられた。

　トリホスは硬軟自在に権力を行使した。一方では、都市の労働者階層と連帯する姿勢を明確にして、労働法を整備するなどして労働者層の取り込みを図った。また、農村部においても、農民組合を支援し、学校、診療所などを建設し、農村社会のインフラ整備を図るとともに、農村から都市への急激な人口移動を防ぐために努力した。これらの政策は貧困層の味方というイメージ戦略と相まって、トリホスのカリスマ的人気を確保する上で役立った。一九七二年八月には制憲議会選挙を実施し、「一九七二年憲法」を公布したが、第二七七条は「オマル・トリホス・エレラ少将をパナマ革命の最高指導者に任ずる。革命プロセスの諸目的の遂行のため、六年間にわたり以下（略）の権限を授与する」と規定していた。

他方、トリホスは自由な政党活動を禁止し、大学の自治や学生の反政府運動を弾圧するなど、国民の政治的権利を奪っていった。トリホスは国家警備隊を強化して市民運動を抑圧するとともに、腹心であったノリエガ中佐（トリホス死後に最高指導者として独裁体制を築いた人物）の指揮するG２と称された諜報機関を通じて政敵を拉致・拷問・暗殺するという強権的な政治体制を強化した。とくにトリホスは、くすぶっていた国民の反米ナショナリズムを煽りつつ、運河地帯の奪還を最終目的とする主権回復運動を先導することに努力した［国本／小林／小澤 2004: 181］。

トリホスは、米国からの基地返還にも努力し、一九七〇年に国内コクレ州にあったリオ・アト基地の返還を実現し、そこに軍事教育センター、第六山岳狙撃・装甲中隊、マチョ・デ・モンテ特別旅団、ロス・ルドス重装備中隊を設置し、一九七四年には国家警備隊の一機関で将校育成を目的とした士官学校に相当する「トマス・エレラ将軍」軍事学院を設置した。

トリホスは、第三世界諸国との関係を緊密化しながら、米国に対する国際的圧力をかけた。とくに、ニカラグアでソモサ政権打倒に向けて闘っていたＦＳＬＮ（サンディニスタ民族解放戦線）に便宜を図ってパナマを利用することを容認したほか、軍事政権によって抑圧されていたラテンアメリカ諸国からの亡命者を庇護するなど、左翼的姿勢を強調する政策を展開した。

［5］　運河条約改定

トリホスは、強まる反米ナショナリズムを背景として米国との運河返還交渉に力を入れ、もし運河条約交渉が失敗に終わった場合、ゲリラ闘争を開始すると公言して米国の決断を迫った。このようなトリホスの強硬姿勢を前に、米カーター政権は、運河の経営権がパナマに移管された場合でも、運河と船舶航行の安全が確保できるならば、米国の国益は保たれると柔軟に考えるようになる。同政権はこの立場から「永久中立化案」を練り上げ、運河返還後も米国の防衛線を存続させることを条件とする新条約案をパナマ側に提示し、トリホスもこれを受け入れた［国本／小林／小澤 2004: 182］。基本合意は一九七四年で、この基本合意に基づいて交渉は一九七七年六月まで行われた。

その結果、一九七七年九月七日にトリホスとカーター大統領との間で新条約（トリホス・カーター条約）が締結された。ワシントンで行われた調印式には、イギリスの作家でトリホスの友人であったグレハム・グリーンやコロンビアの作家ガブリエル・ガルシア・マルケスがトリホスの要請でパナマ側代表団に加わった。また、パナマ代表団には一九六四年の暴動事件の際に米国海兵隊に殺された学生の母親も加わっていた［Greene 1984＝1985: 140］。他方、カーター大統領は、アルゼンチンのホルヘ・ビデラ大統領、チリのアウグスト・ピノチェッ大統領、ボリビアのウーゴ・バンセル大統領、パラグアイのアルフレド・ストロエスネル大統領などのラテンアメリカの軍事独裁者をも調停式典に招待した。キューバのフィデル・カストロ国家評議会議長は招待されず、ニカラグアのソモサ大統領は内乱に追われて招待を断った［Greene 1984＝1985: 133］。トリホスはワシントンに向かう途上でキューバ上空を通過した際にカストロに無線でメッセージを送り、カストロが招待されなかったことへの遺憾の意を伝えた［Greene 1984＝1985: 135］。カストロやグリーン、ガルシア・マルケスとの関係を見れば、トリホスがラテンアメリカの中でどのような位置にいたかがうかがえる。

カーター大統領は調停式典における演説の中で、「一九〇三年条約は、ラテンアメリカとのより良き関係にとって障害になっていた」と述べ、新条約は「相互の尊敬と協力の象徴」であると強調した。これに対してトリホスは、カーター政権の決定を米国の自由主義の賜物であるとしつつも、新条約が正しく履行されなければ「永続的干渉の道具になりかねない」と指摘した［国本／小林／小澤 2004: 182］。

この新条約の締結によって、従来のパナマ運河と運河地帯に関する不平等条約は一応破棄された。両国の代表によって構成される運河委員会が運河の管理・運営を行い、一九九九年一二月三一日正午に運河地帯におけるすべての財産（軍事基地や米国人居住区を含む約一五万ヘクタールの土地や河川など）がパナマに返還され、この土地に対するパナマの主権が完全に回復されることなどが規定された［国本／小林／小澤 2004: 183］。

また、パナマ国民にとって微妙な問題であった国旗掲揚問題に関しては、第七条において、①パナマの全領土内においてパナマ共和国国旗が光栄ある状態で掲げられること、②運河委員会本部など一定の公共空間において米国国旗をパナマ国旗とともに掲揚してもよいこと、③指定された場所以外での米国国旗の掲揚に関しては両国の合意に従うことなど、これまで争点であった国旗掲揚問題に関して明確な法的規定が示された［国本／小林／小澤 2004: 179］。

新条約の内容についてはパナマ国内で賛否両論の反応があった。条約調印前には、米国の即時撤退を望む一万五〇〇〇人もの市民が参加したデモが発生した。また、トリホス自身も十分には満足してはいなかった［Greene 1984＝1985: 144］。トリホスは即時返還を目指していた。これが理由であったかは不明だが、トリホスは新条約締結の翌一九七八年に国家警備隊司令官の地位を継続しながらも、「一九七二年憲法」が規定した種々の権限が期限切れとなる六年目にあたる同年に「革命の最高指導者」の地位を辞した。そして、クーデター一〇周年の一九七八年一〇月一一日に政党禁止令を解除するにあたって、社会民主主義的傾向とナショナリズムを特徴とする民主革命党（ＰＲＤ：Partido Revolucionario Democrático）を結成し[2]、その後もＰＲＤを通じて、一九八一年七月末に死去するまで絶大な政治的影響力を維持し続けた。

［6］　おわりに

トリホスは、一九八一年七月三一日にパナマ・シティ西方九〇キロのセルバ地帯にある別邸に向けてパナマ空軍の軽航空機で移動中に機体に爆発が生じ、機体の墜落によって死亡した。機体発見にも数日を要するような密林で生じた事故であったために、墜落の原因究明が遅れた。この墜落事件に関しては機体に爆発が生じたとの生存者の証言があるもの、ほとんどの証言書類が一九八九年一二月末に生じた米軍のパナマ侵攻の際に紛失するなどしたため、事故の原因はいまだに明らかではない。陰謀説が存在するが、あくまでも可能性にとどまるものが多く、立証されてはいない[3]。

一九六八年一〇月一一日にトリホス中佐（当時）を中心とする国家警備隊のクーデターが生じた背景には、前述したように中間層出身のアリアス兄弟が寡頭支配層に対抗する政治運動を開始し、何度にもわたって政権を掌握したものの、次第に改革姿勢を低下させたことがあった。「反米」「反寡頭制」という政治姿勢のいずれにおいても、一九五〇年代末から急進化した中間層・下層の人々の社会的不満に応えられるものではなくなり、とくに運河地帯における米国の主権侵害に憤激し運河地帯の早期返還を求める国民の要望に応えられなくなった。さらに、アリアス大統領と確執を持っていた国家警備隊がこのような政治的環境を利用したであろうことも指摘しうる。

国家警備隊の改革志向派の代表としてトリホスが全権を掌握し、国家警備隊内の内紛を克服して全権を掌握し、運河返還交渉を米国に働きかけることになる。運河返還交渉は、結果的には一九七七年九月にカーター政権との間で新条約締結に至るが、新条約は返還時期を一九九九年一二月三一日正午としており、即時返還を目指していたトリホスにとっては内容的に必ずしも満足できるものではなかった。

一九六八年一〇月に生じたクーデターは、その後の国家警備隊の内部紛争を経て、一九六九年末にはトリホスの指導権確立をもたらし、運河返還交渉の推進や社会制度の充実など、ナショナリズムと社会制度重視に基づく政治体制が構築されるに至った。その背景には、アリアス兄弟の政権の登場以後に見られた中間層の社会的上昇と彼らの不満の高まりという現象があったと判断される。パナマにおいては中間層の強力な軸は中小企業主、商店主、専門職（医師、弁護士、会計士等）であり、中間層以上に層が厚いのは公務員と教員である。トリホスの両親はともに教員であり、トリホスの後妻セニア・エスピノも教員であった。この意味合いにおいて、トリホスは典型的な中間層出身者であった。

他方、トリホスがパナマの最高指導者としてナショナリスティックな第三世界主義的な外交政策を展開したのは、一九七〇年前後に世界的に途上諸国の間に強い経済ナショナリズムの傾向が現れた時代であったことも留意しておくべきであろう。

要するに、一九六八年にパナマに生じたクーデターは、「第三世界」の途上諸国における経済ナショナリズムの高揚という国際環境の中で、同年に他のラテンアメリカ諸国において生じた諸事件と同様に、「世界システム論」を視野に入れた中間層論から総合的に分析し直すべき事例であると思われる。

第7章 ブラジル 1968

邦訳も公刊されたマリゲーラの『都市ゲリラ教程』
（三一新書，1970年）

ブラジルで一九六四年に起きたクーデターによって成立した軍事政権は、学生、知識人、カトリック関係者などの急進化を前に弾圧姿勢を強め、とくに一九六八年には大衆運動や左翼運動に対する弾圧を強化した。

一九六八年二月、ブラジル共産党を離脱したカルロス・マリゲーラが「民族解放行動（ＡＬＮ）」を結成して都市ゲリラ闘争を開始した。ＡＬＮは他の武装組織と共闘して一九六八〜六九年に軍事政権に対する武装闘争を強化したが、一九六九年一一月にマリゲーラが戦死し、活動も先細りとなり、ゲリラ運動全体が壊滅状態に陥った。

これらの武装組織のメンバーの大半が、学生、軍人、知識人であることから、一九六八年にブラジルで発生した都市ゲリラ闘争の主体は、主に中間層出身者であったと言える。本章では、ブラジルにおける資本主義的発展プロセスの中で生じたゲリラ事件が、どのような中間層の動向を要因としたものであったかを考察する。

〔1〕はじめに

ブラジルにおいては、世界経済恐慌下の一九三〇年にジェトゥリオ・ドルネジャス・ヴァルガス（Getúlio Dorneles Vargas, 1882–1954）政権が成立して「新国家」体制を確立し、第二次世界大戦中の輸入困難期に、軍部をも巻き込んだ国家主導の輸入代替工業化を開始した。また一方で、ヴァルガス政権は労働者保護政策を実行し、労働者層を体制内に取り込むことを図った。

ヴァルガス政権は一九四五年に一旦終焉したものの、ヴァルガスは一九五一年に再び大統領の座に返り咲き、より本格的なポピュリズム路線を敷き、工業化、社会インフラ整備に力を入れたが、最低賃金引き上げ問題で資本家層の利益を代弁する一部軍人の圧力を受けて自殺し、政権は崩壊した。

ヴァルガス後も、クビシェッキ、クアドロス、ゴラールの歴代政権の下で、基本的には経済開発と労働者保護を軸とするポピュリズム路線が続いたが、改革志向を鮮明にしたジョアン・ゴラール（João Goulart, 1919–1976）政権（一九六一年〜）は一九六四年に軍事クーデターによって打倒され、ウンベルト・デ・カステロ・ブランコ（Humberto de Alencar Castelo Branco, 1897–1967）軍事政権が成立。ブランコは一九六七年に大統領を辞任し、同年に飛行機事故で死亡するが、その後ブラジルは一九八五年まで続いた軍事政権期に入った。

［2］ヴァルガス「新国家」体制以後

一九三〇年にワシントン・ルイス・ペレイラ・デ・ソウサ（Washington Luís Pereira de Sousa, 1869–1957）政権の後継者問題を契機として有力諸州のエリート層の分裂が生じ、同年三月一日に実施された大統領選挙ではワシントン・ルイスが指名したサンパウロ州知事のジュリオ・プレステス・デ・アルブケルケ（Júlio Prestes de Albuquerque, 1882–1946）が勝利し、リオ・グランデ・ド・スル州知事のドルネジャス・ヴァルガスが第二位となった。この結果、一九二六年六月に反サンパウロのミナスジェライス、リオ・グランデ・ド・スル、パライーバ、他の州が結成した「自由同盟」の若い政治家や「テネンテ」[1]と呼ばれた中間層出身の青年将校は開票結果に不満を抱き、プレステスの大統領就任を阻止しようと策動し始めた。同年七月に「自由同盟」の副大統領候補であったジョアン・ペソア・カルバルカンティがレシフェで殺害される事件が起こり、青年将校の革命運動は活気づき、一〇月三日に両州において武装蜂起が勃発した。一〇月二四日に陸海軍の将軍たちが自由同盟を支持して臨時軍事評議会を結成し、ワシントン・ルイスを辞任に追い込んだ。臨時革命評議会は権力に居座ろうとしたが、民衆のデモとリオ・グランデ・ド・スル州の部隊を率いてリオ・デ・ジャネイロに到着したヴァルガスが「一九三〇年革命」と呼ばれる軍事クーデターを起こし、一一月三日に臨時大統領に就任した。

ヴァルガスは以後、第二次世界大戦後の半ば隠遁生活をしていた六年間を除いて、一九五四年に自殺するまで一八年間にわたってブラジルを統治した。ヴァルガスの当初の権力基盤は、中間層出身の「テネンテ」たちとミナスジェライス州やリオ・グランデ・ド・スル州などの寡頭支配層であった。

「一九三〇年革命」はいずれかの新しく登場した社会階層の代弁者が起こしたものではなく、中間層は「自由同盟」を支持したが、同質的ではなく、新興階層であったため、まだ独自の綱領を作成することができなかった。企業家も全国的な広がりをもつ独自の階層としてよりも、農業や商業を含む地域的な利害の一部として行動していた。「一九三〇年革命」の勝者は、社会的にも政治的にも多様な勢力から成っており、共通した敵に対抗して結束していたにすぎなかった。一九三〇年以降、大きな断絶もなく権力エリートの交代が生じた。伝統的寡頭支配層が没落し、軍人、技術官僚、若い政治家、さらに企業家が浮上した。

ヴァルガス政権は、早くから経済および財政と政治に関する決定権を独占しようと努め、多様な利害の仲裁者となった。一九三〇年以降、新しい国家が誕生した。これは次のような点でそれまでの寡頭制国家とは異なっていた。第一に、徐々に工業化の推進に向かった。第二に、社会面では都市の労働者に一定の保護を与え、国家権力主導で労働者を階級同盟に引き入れた。第三に、軍部（とくに陸軍）に対して基幹産業を創出する、あるいは国内秩序の維持を保障する担い手としての中心的な役割を与えた[Fausto 2001＝2008: 275–276]。

ヴァルガスは一九三七年一一月一〇日、大統領選挙が実施される前にクーデターを起こして新しい政治体制の樹立を宣言し、フランシスコ・カンポスが起草した新憲法が公布され、「新国家(Estado Novo)」という名の独裁体制が始まった。

「新国家」は権威主義的なかたちで樹立され、大規模な大衆動員は行われなかった。民衆運動と共産党はすでに弾圧され、抵抗できなかった。「新国家」は過去との根本的な断絶ではなかった。「新国家」の機関や政策の多くは、一九三〇年から一九三七年にかけて徐々に形成されたものであった。しかし、それらが統合され、新しい体制の下で一体化されたのは一九三七年一一月以降であった。こうして、「一九三〇年革命」直後から開始された中央集権化は完成した。

「新国家」の樹立とともに、経済・財政政策の基本方針が転換された。一九三七年一一月以降、国家は輸入品の国内生産による輸入代替と基幹産業の育成に積極的に乗り出した。一九四二年まで輸入代替工業化政策には全体的な計画がなく、個別の分野ごとに考えられていた。同年八月、第二次世界大戦にブラジルが参戦し、戦争が長引くにつれ、政府は経済統制の導入を決定し、「経済動員調整局」を設置した。工業化政策は民族主義に結びつけられてきたが、一九三七年憲法は鉱物資源と水力の開発をブラジル人に制限し、その漸進的民族化は、経済的・軍事的防衛に必須の産業と同様、政令で定めるとされた。また、ブラジル国内で営業する銀行と保険会社も民族資本に限定し、外国企業の民族化の期限も政令で定めることとされた[Fausto 2001 = 2008: 306–307]。

「新国家」は、権威主義的であるとともに、近代化を推進する国家として構築され、長く続くはずであったが、実際には八年も持たないうちに終わりを告げた。とくに、ブラジル国内の政治状況よりも、ブラジルの国際的な立場に起因していた。ブラジルが参戦した時点での国際情勢がブラジルの反政府勢力を勢いづけ、政府内での対立を招いた。「新国家」の構想者で軍部の支柱であったゴイス・モンテイロ将軍（Pedro Aurélio de Góes Monteiro, 1889–1956）も離反した。

一九四五年一二月二日に大統領と憲法制定議会議員の選挙が実施されることになったが、ヴァルガスが弟のベンジャミン・ヴァルガスを連邦府警察長官に任命したことから、一〇月二九日にモンテイロ将軍とエウリコ・ガスパル・ドゥトラ将軍（Eurico Gaspar Dutra1883–1974）指揮下の部隊が、大統領官邸を包囲し、「新国家」体制は崩壊した。ヴァルガスは故郷のリオ・グランデ・ド・スルのサンボルジャに引きこもり、臨時大統領には連邦最高裁長官のジョゼ・リニャーレス（José Linhares, 1886–1957）が就任した。

同年一二月に実施された大統領選挙ではドゥトラが五五％を得票して勝利した。ドゥトラ政権は、労働党の支援を得て選挙に勝利したにもかかわらず、労働者のストライキを禁止したり、保守派の全国民主同盟（UDN：União Democrática Nacional）に接近して労働党の政治参加を排除したり、一九四七年五月には共産党を非合法化するなど右傾化を強めた。経済面でも統制経済から自由主義経済に路線を転換した。ドゥトラ政権は一九四七年から輸入許可制に移行し、二重為替制度をとって消費財の輸入を制限し生産財の燃料の輸入を優先させるとともに、労働者に対しては賃金抑制策をとった。

一九五〇年一〇月に実施された大統領選挙ではヴァルガスが労働党から出馬して当選し、翌五一年一月に大統領に復帰した。軍部もヴァルガスを支持した。労働相には労働党のジョアン・ゴラールを起用し、五月一日のメーデーには労働者の団結と政権への支持を訴えた。ヴァルガスは、一九三〇年から四五年までの権威主義的独裁者からポピュリスト型政治家へとイメージ転換を図った。ヴァルガスは、都市の民衆の動員を基盤に、工業発展を最大の政治課題とした。若い有能な技術官僚を登用して、製鉄・石油化学・エネルギーなどの基幹産業の保護育成、および道路・港湾などの社会インフラの充実に努め、そのために国立経済開発銀行を創設した。工業化に不可欠なエネルギー供給のため、石油と電力の事業には国家も参加する方針で臨み、石油の国有化と精油事業を独占する半官半民のペトロブラス石油公団設立法案を国会に提出した。国会ではUDN（全国民主同盟）が反対したため、可決までに二年を要し、軍内も賛成派と反対派に二分された。結果的にはヴァルガスの経済ナショナリズム路線が中間層、労働者層、学生など大衆の支持をも獲得した。

UDNはヴァルガスを窮地に追い込むために方針を転換して、ペトロブラス（ブラジル石油会社）の国家独占化を主張し、一九五三年一〇月、連邦議会は民間の参加を排除する案を議決した。その結果、ヴァルガスの思惑を超えて国家統制色が強くなった。また、ヴァルガスは一九五二年から外国企業の新規設立を禁止し、国外への利潤送金を制限したことから国際金融機関の信用を失ったが、これに対して、ヴァルガス政権は一九五四年に国営電力会社エレトロブラスを設立して一段と民族主義的な経済路線を強化した。

その一方で、工業化推進に伴う大量の通貨発行は激しいインフレを引き起こし、政権の基盤である労働者階層の生活を直撃した。労働者は大幅な賃金引き上げを要求して、一九五三年三月にサンパウロで三〇万人規模の長期ストライキに突入した。ゴラール労相が一〇〇％の賃金引き上げを認めるという憶測が流れたため、ゴラールはアルゼンチンのペロン政権的な組合主義国家の設立を目指していると批判していた軍部が、ゴラールを労相に任命したヴァルガスへの批判を強めた。一九五四年二月に佐官クラスの一部軍人八一人が「大佐たちのマニフェスト」を発表して、最低賃金の引き上げに反対した。数日後、ゴラールは一〇〇％の最低賃金引き上げを提案したが、辞任に追い込まれた。

ヴァルガスは一九五四年五月一日、メーデーの日に一〇〇％の賃金引き上げを発表して労働者の支持をつなぎとめようとした。しかし、雇用者側は賃上げを認めず、社会的緊張が高まった。そしてヴァルガスが政敵のカルロス・ラセルダ（Carlos Frederico Werneck de Lacerda, 1914–1977）の排除を図ろうとして暗殺に失敗したことから、ヴァルガスが辞任しなければ軍部のクーデターは避けられない事態に至った。こうして追い詰められたヴァルガスは、八月二四日に自殺した。

ヴァルガスの自殺によって副大統領のカフェ・フィーリョ（João Augusto Fernandes Campos Café Filho, 1899–1970）が大統領に就任した。フィーリョの在任期間は数カ月にすぎなかったが、工業化に必要な生産財の輸入が無税で自由化され、外国企業には一〇年間の免税措置をとるなど企業誘致が図られた。一九五五年一〇月に予定された大統領選挙に向けてヴァルガスを支えてきた社会民主党と労働党は、社会民主党のジュセリーノ・クビシェッキ（Juscelino Kubitschek de Oliveira, 1902–1976）を大統領候補に、副大統領候補にはジョアン・ゴラールを立てた。選挙ではクビシェッキとゴラールが勝利し、敗北したUDN（全国民主同盟）は軍部の一部と謀ってゴラールの副大統領就任を阻止するためのクーデターを計画したが、エンリケ・ロト陸軍相（↓本章第3節）が事前に行動を起こして計画を阻止した。

一九五六年一月に大統領に就任したクビシェッキは、大土地所有制の改革には着手しなかったが、労働者との連携を図り、労働者層の要求に応じた。クビシェッキは、ヴァルガスの路線をさらに拡大し、任期の五年間に五〇年分の発展をもくろみ「メタス計画」を策定した。クビシェッキはこの野心的な計画を通じて、ブラジルが大国としての自信と誇りを持てることを目指した。その社会経済開発目標は、エネルギー・輸送・食糧・基幹産業・教育・首都ブラジリアの建設におよび、この目標達成によって新しい雇用の拡大と生活水準の向上を図ろうとした。開発計画は膨大な資金を必要とし、多国籍企業の資本に依存せざるをえなかったが、クビシェッキは外国資本の導入に反対する民族主義者に配慮して、石油・鋼鉄・輸送・エネルギーなどの基幹産業に関しては国家統制を維持した。

「メタス計画」は多国籍企業の要求と合致し、自動車をはじめ家電製品などの消費財生産部門に多額の外国資本が流入した。フォードやゼネラル・モーターズ（GM）などの多国籍企業がサンパウロの工業地帯に集中した。自動車産業の導入は高速道路の建設を促進し、国内各地を結ぶ高速道路網が形成された。

開発計画の中でもクビシェッキが最も重視したのは新首都ブラジリアの建設であった。一九五六年に建設が開始され、一九六〇年四月二一日に落成式が執り行われた。新都建設を含む「メタス計画」は目覚ましい成果をもたらした。一九五五年から一九六一年にかけて鉄鋼と機械類は一〇〇%以上、自動車に至っては六〇〇%という成長を記録し、年間平均七%の経済成長を達成した。しかし、この急激な経済成長には所得の集中と対外依存の悪化という弊害が伴った。経済成長を享受できたのは工業資本家と中間層で、工業部門の利潤は七六%増に達したが、最低賃金の伸びは一五%にすぎなかった。また、急激な工業化と新首都の建設は三九・五%(一九五九年)というインフレを引き起こし、労働者階層の生活を直撃した。また、積極的な外資導入で、自動車産業を典型的な例として、外国資本の支配が強化された。クビシェッキ政権に対しても、初期は楽観主義的な展望が見られたが、政権末期には幻滅と不満が拡大した。インフレ率は三〇%に上昇、対外債務も三八億ドルに達して、ブラジル経済は危機的な状況を迎えた[金七 2009: 198–206]。

[3] ゴラール政権

一九六〇年一〇月に実施された大統領選挙では、キリスト教民主党という弱小政党の出身であり、サンパウロ州知事として政治の腐敗を正して財政を立て直したカリスマ的な政治家であるジャニオ・クアドロス(Jânio Quadros, 1917–1992)が、「ほうき」を選挙運動のシンボルとして腐敗した政治家の一掃を訴えた。クアドロスは保守的なUDN(全国民主同盟)の支持を得ていたにもかかわらず、労働者の圧倒的な人気を集め、選挙では社会民主党、ブラジル労働党、ブラジル社会党の三党が連携して擁立したエンリケ・ロト将軍（Henrique Batista Duffles Teixeira Lott, 1894–1984）を破って当選した。民衆はクアドロスに大きな期待を寄せた。他方、副大統領にはブラジル労働党のジョアン・ゴラールが当選し、労働党は引き続きその存在感を示した。

一九六一年一月の就任と同時にクアドロスは、クビシェッキ前政権が解決を先送りした経済危機を克服するために一〇〇％の平価切り下げを行って輸出優遇策をとり、小麦と石油の輸入補助金を削減した。さらに増税と賃上げの凍結を断行し、銀行の融資条件を厳しくした。しかし、この一連の政策は物価の高騰をもたらし、労働者はもちろん中小企業家や中間層に犠牲を強いる結果となった。労働者階層は賃上げの凍結、物価の高騰に抗議した。議会を支配している社会民主党と労働党に対抗するためには院外の民衆の支持が唯一の頼りであったクアドロスにとって、彼らの離反は大きな打撃となった。

クアドロス大統領は、外交面では米国のキューバ介入に反対し、ソ連をはじめ社会主義諸国との関係を強めた。また、クアドロス大統領がかねてより農地改革に前向きな態度を示していたことに保守勢力は不安を募らせていたが、一九六一年八月にブラジリアを訪問したキューバのチェ・ゲバラにクアドロス大統領がブラジル最高位の勲章「南十字星勲章」を授与したこともあり、クアドロス大統領とUDNの関係は決定的に断絶した。

グアナバラ州知事のカルロス・ラセルダは、クアドロス大統領の外交路線、とくに容共的な姿勢を批判した。そして、ラセルダが一九六一年八月二四日夜に、クアドロスがクーデターを計画しているとテレビで暴露したことから、翌二五日にクアドロス大統領は突如、在任八カ月足らずで辞任を表明した。クアドロスは、自ら辞任の理由を明らかにしなかったが、閣僚が大統領の権限許可を認めることを条件に辞任の撤回を要請してくるものと期待していたようである。彼はまた、軍部も中国訪問中のゴラール副大統領の大統領昇格を認めるはずがないと踏んでいた。しかしクアドロス大統領の予測に反して、連邦議会も軍部もクアドロスの辞任を容認した。前政権の不正が暴かれることを恐れていた社会民主党とブラジル労働党も辞任に賛成した。民衆も彼の残留を求める示威行動を起こさなかった。

軍部は大統領の辞任は認めたが、ゴラール副大統領の昇格には難色を示した。憲法は大統領が辞任した場合、副大統領の昇格を規定しているので、UDNはゴラールの副大統領辞任あるいは憲法修正を要求した。それに反発した民衆は憲法遵守を求めて街頭デモを展開し、ゴラールの出身地リオ・グランデ・ド・スル州では知事のレオネル・ブリゾーラ（1922–2004）がゴラール昇格運動の急先鋒に立ち、同州の第三軍管区司令長官もブリゾーラ知事を支持した。国論は二分された。内戦の危機に直面して、一九六一年九月二日に連邦議会は緊急事態として憲法を修正し、大統領制を議員内閣制に代える妥協策で危機を克服した。議員内閣制の採用は大統領の権限縮小を意味した［金七 2009: 206–208］。

一九六一年九月七日にゴラールは正式に大統領に昇格した。保守勢力から組合主義共和制をもくろむ危険なポピュリストとみなされていたゴラールは、反対派を考慮して資本主義体制を堅持すると宣言するとともに、社会民主党とUDNからも閣僚を登用し、首相には社会民主党のタンクレード・ネヴェス（1910–1985）が就任した。

大統領としての権限を大幅に縮小された上に、ゴラールが受け継いだのは破局的な経済危機であった。物価上昇率は一九六〇年の二五・四％から、大統領に就任した翌一九六一年には三四・七％に達した。国際収支の赤字と財政赤字が大幅に増加し、その赤字を補塡する外国からの借款や融資の調達も困難な状況であった。この難局を乗り切るために、セルソ・フルタード企画相（1920–2004）の下で「経済社会開発三カ年計画」が実施された。その内容は、国民の生活水準の向上に必要な年率七五％の経済成長を維持しながら、一九六二年に五五％に達したインフレ率を一九六五年には一〇％に抑制しようというものであった。しかし、この計画にはインフレ抑制のために賃上げの凍結が組み込まれていたため、労働組合は一斉に反対した。翌一九六三年にインフレ率は抑制されるどころか八〇%に達した。しかも小麦と石油の補助金が撤廃された。物価の急騰は労働者のストライキを招き、経済成長率は一・五%にとどまり、「三カ年計画」は早くも行き詰まってしまった。

一九六三年一月、予定を繰り上げて議員内閣制の当否を問う国民投票が実施された。全投票数一二三〇万票のうち九五〇万票が反対票を投じ、大統領制が復活した。それはゴラールの信任投票でもあった。「三カ年計画」が失敗した後、政権を直接担当するようになったゴラールは、経済危機に加えて、社会的・地域的不平等の拡大、食糧危機などブラジルが直面している緊急の課題を克服するために、改めて「基礎改革」を推進して社会の抜本的な構造改革を実現しようとした。その改革には外国企業の利潤送金の制限、教育・税制改革が含まれていたが、ゴラールの最大の目標は農地改革であった。

ブラジルでは植民地時代初期に大土地所有制が確立し、独立後もそれが是正されるどころかさらに規模拡大が進んでいた。一九六〇年における土地所有状況は、三万一一七五の農場主がブラジルの農地の七二七〇万ヘクタールを所有する一方で、一五〇万の農場主がわずか五九〇万ヘクタールしか所有していない状態にあった。ブラジルの農業従事者は大きく農場経営者・小作人・農業労働者の三つに分類されるが、農業労働者とは自分の農地を持たず他人の農場に雇用されて働く賃金労働者である。問題は、ブラジルには小作人の小作料が不当に高くまた不当な無償労働を強いられる場合が多いという点と、農業労働者が圧倒的に多いという点にあった［金七 2009: 208–210］。

一九五〇年代まで農民は組織的に活動することはなかったが、一九六一年一一月にベロオリエンテで全国農業労働者会議が開催され、北東部でフランシスコ・ジュリアン（Francisco Julião Arruda de Paula, 1915–1999）が大土地所有の無償接収を通じた小作人に対する農地の再分配を目指した農地改革を求めて「農民同盟」を結成し、独自の農民解放運動を展開する一方［Julião 1968＝1976: 136–150］、ブラジル共産党（ＰＣＢ：Partido Comunista Brasileiro）は農業労働者に対する労働法の適用、組合化に力を注いでいた。ヴァルガス時代にはまったく考慮されていなかった農業労働者の存在が、いまや政治的に無視しえなくなっていたのである。一九六三年三月、農業労働者に対しても都市の労働者と同じように、労働時間の制限や最低賃金を定めた「農業労働者規約」が制定された。以後、続々と農業労働者の組合が結成され、農地の不法占拠が激化した。ゴラールの提唱した農地改革は、地主の利益を擁護する社会民主党とＵＤＮから猛烈な反対を受けた。またしても現政権批判の先頭に立ったのはカルロス・ラセルダであった。同年一〇月、所有者への事前の賠償なしで土地を接収するという憲法修正案が連邦議会で否決されたことから左右の対立が激化した。

一九六〇年代にブラジルが置かれた国際情勢も政局に大きく影響した。革命キューバがラテンアメリカ諸国の武力闘争を支援していた一方で、米国は外資利潤送金制限法などの民族主義的政策を制定したゴラール政権を革命政権とみなして、反ゴラールの州だけに支援を限定した。この差別的な支援に左翼勢力が反発し、民衆の力によって「基礎改革」を実現させようと、一九六三年一〇月にサンパウロで七〇万人規模のストライキを実施した。

ゴラールはついに左転回した。民衆の力を信じたゴラールは、連邦議会の頭越しに政令で「基礎改革」を強行突破する決意をした。一九六四年三月一三日にリオ・デ・ジャネイロのセントラル駅前で三〇万人規模の大集会が挙行された。ゴラールは民衆の前で石油の精製工場の国有化ならびにダム・鉄道・高速道路周辺の土地の有償接収に署名した。さらに非識字者および下級軍人に投票権を付与する用意のあることも発表した。集会が第一軍管区の部隊によって守られたことで、ゴラールは少なくとも陸軍の一部の支持を取りつけたかたちとなった。六日後の一九日、左翼の集会に対抗して、サンパウロで保守カトリック系の女性団体の呼びかけで、三〇万人の市民が「神とともに自由を求める家族の行進」を実施した。左右の対立が深まった。

険悪化した事態の成り行きを早めたのは、リオ・デ・ジャネイロにおける一万二〇〇〇人の水兵たちの反乱であった。三月二五日に彼らは俸給の引き上げを求めて軍規に反する行動をとった。鎮圧のために派遣された海軍憲兵隊も反乱に合流した。最終的に反乱の指導者は逮捕されたが、労働組合の圧力を受けてゴラールは恩赦を付与して反乱の指導者を釈放させた。規律を重んじる軍のヒエラルキーが破られたことで、ゴラールに好意的であった多くの将校たちもゴラールから離反していった。

一九六四年三月三一日、オリンピオ・モウラン・フィロ将軍（Olímpio Mourão Filho, 1900–1972）が率いるミナスジェライス兵営部隊がリオ・デ・ジャネイロに向けて進軍を開始した。サンパウロの第二軍管区の部隊もリオ・デ・ジャネイロに向かった。この軍事蜂起に対して、ゴラールはなんら抵抗することもなく、民衆も立ち上がることはなかった。労働者と癒着して官僚的体質に染まった労働組合もただ手をこまねいているだけであった。UDN、グアナバラ州知事のカルロス・ラセルダ、サンパウロ州知事のアデマール・デ・バロス（1901–1969）も軍事行動に賛意を表明した。同日夜、アマウリ・クルエル第二軍管区司令官（1901–1996）がゴラールに電話して辞任と左翼系顧問の解雇を求めたが、ゴラールは辞任に応じなかった。ゴラールは出生地で支持基盤であるリオ・グランデ・ド・スルに移動して抵抗を試みようとしたが失敗し、四月一日にリオ・デ・ジャネイロを脱出して空路でブラジリアに向かったが、保守派が多数を占めた議会がゴラールを支持せずに辞任を迫ったことから、同日夜にはポルト・アレグレに到着した。四月二日、アウロ・ソアレス・デ・モウラ・アンドラデ国会議長（1915–1982）名でゴラールは解任された。こうして「無血革命」のうちにゴラール政権はあっけなく崩壊した。ゴラールはポルト・アレグレからウルグアイに亡命した。

陸海空三軍の司令官からなる軍事評議会が行政権を掌握すると、米国はただちに新政権を承認した。四月二日、憲法の規定に従って、下院議長のラニエリ・マジーリ（Pascoal Ranieri Mazzilli, 1910–1975）が臨時大統領に就任した。ゴラール政権の崩壊は、労働者出身の大統領の出現に乗じた労働組合の攻勢の激化とその社会主義的な要求に危機感を抱いた中間層が、労働者階層との同盟関係を反故にして軍政に救済の道を見出そうといたことにあった［金七 2009: 211–212］。このクーデターにより、多くの知識人、政治家、大衆運動指導者が政治的迫害を恐れて国を後にした。貧困の原因は構造的なものであり、根本的な構造転換が必要なことは聖職者にとっても否定できなくなっていた状況の中で、権威主義的な軍事政権が登場したために、カトリック教会はほぼ一〇年にわたって沈黙させられることになる。そのような逼塞した政治的環境の中で、一九六八年から土地ゲリラ運動が登場することになる。

［4］一九六四年クーデター

軍部は、憲法に基づいてラニエル・マジーリ下院議長を大統領に就任させることでクーデターの合憲性を装い、一九六四年三月三一日の「革命」はブラジルを腐敗と共産主義から守り、民主主義を再生するために始まったと主張した。新体制は、いわゆる「軍政令」によって国家構造の変革を開始したが、「憲法に基づく権力の行使」として正当化した。陸海空三軍司令官は、同年四月九日に軍政令第一号を公布し、形式上は一九四六年憲法を維持したものの、国会の役割をはじめ、多くの変更を加えた。

ブラジル軍事政権の特徴は、代議制を維持したことである。実際の権力は別の機関に移り、民主主義の基本原則は侵害されたものの、軍事政権は当初は明示的には権威主義的性格を認めなかった。短い期間を除いて国会は形式的には機能し続けたし、公民権を侵害するような規則は暫定的なものとして定められた。軍政令第一号も一九六六年一月三一日に失効することになっていた。この政令は、国会における間接選挙で新しい大統領を選出することを定めていたが、一九六四年四月一五日にウンベルト・デ・カステロ・ブランコ将軍が大統領に選ばれた。任期は軍政令第一号が失効する一九六六年一月三一日までとされた（しかし、一九六四年七月の連邦議会によって任期は一九六七年三月まで延長された）。

軍政令第一号には、行政権を強化し、国会の権限を制限するための多くの措置が含まれていた。①大統領が国会に提出する法案は、上下両院でそれぞれ三〇日ずつの審議期間が認められたが、三〇日以内に終了しない場合は自動的に可決されたものとみなされることになった。多くの場合、審議が長引いたため、政府提出の法案が「審議期限切れ」で可決された。②大統領は、新たな支出費目を創設したり、支出額を増やしたりする法案の提出権を付与された。③国会議員の不逮捕権は停止され、軍最高評議会には議員資格の剝奪と一〇年間の政治的権利の停止を決定する権限が付与された。④その他の公務員の終身雇用と解雇されない権利は、公職追放を容易にするために六カ月間停止された。⑤「国家、国家資産、政治的・社会的秩序に対する犯罪行為」の責任者を裁く機関として警察・軍審問会（ＩＰＭＳ）が設置された。こうした例外的権力を行使して、拘禁や拷問を含む、軍事政権に反対する者に対する迫害が行われた。しかし、この時点ではまだ完全に道が閉ざされていたわけではなかった。裁判所に訴えて人身保護令で身を守る可能性は残されていたし、報道の自由も相対的には認められていた。

しかし、政局は徐々に軍政府による恐怖支配の様相を濃くしていった。一九六四年六月、軍事政権は国家情報局（ＳＮＣ）を創設し、国民の管理・監視の強化を図った。初代長官に就任したのは、中心的な構想者であり、後に大統領に就任するコスタ・エ・シルバ将軍（Artur da Costa e Silvanota, 1899–1969）であった。ＳＮＣの任務は「国家安全保障、防諜活動、および国内反乱行為に関する情報の収集と分析」とされたが、実際には行政権と同等の重要な権力行使機関に変貌し、「国内の敵に対する闘い」のために独力で活動するに至った［Fausto 2001＝2008: 388–391］。

［5］ マリゲーラらの都市ゲリラ闘争

◉反政府運動の高揚と弾圧

ゴラール政権期に重要な役割を担った学生は、カステロ・ブランコ軍事政権の下でとりわけ弾圧の対象とされた。早くも一九六四年四月一日にはリオ・デ・ジャネイロの全国学生連盟（ＵＮＥ：União Nacional dos Estudantes）本部が襲撃されて放火された。同年一二月にはＵＮＥは解散を命じられ地下活動に入った。最も激しい弾圧は農村で展開された。とくに北東部では、フランシスコ・ジュリアンが指導した「農民同盟」の関係者が集中的に迫害された［Julião 1968＝1976: 150–161］。都市では多くの労働組合が軍部隊に包囲され、幹部が逮捕された。一般に大規模な労働組合は狙い撃ちされ、五〇〇〇人以上の組合員を擁する組合の七〇％が介入を受けた。

公職追放では、一九六四年中に四九人の裁判官が追放され、五〇人の国会議員が資格を剝奪された。最初に公表されたリストに載った四〇人の下院議員のうち、ブラジル労働党（ＰＴＢ：Partido Trabalhista Brasileiro）所属議員が一八人と最多で、一方、ＵＤＮ（全国民主同盟）所属議員は一人もいなかった。文民公務員では一四〇〇人以上が、軍人も約一二〇〇人が職務から外された。とくにナショナリズムや左翼的立場を鮮明にしていた人々が公職追放の対象とされた。

議員資格の剝奪や政治的権利の停止の対象となった著名人としては、ジョアン・ゴラール、レオネル・ブリゾラ、ジャニオ・クアドロス、ジュリアーノ・クビシェッキも含まれた。クビシェッキは、ゴイアス州選出の上院議員であったが、次期大統領選挙の有力な文民候補と見られており、議員資格の剥奪は立候補阻止を狙った軍政府の意図であることは明白であった。

一九六六年以降、弾圧の第一波が過ぎ去ると、反政府勢力は態勢の立て直しにかかった。カトリック教会の多くの幹部が政府に対決姿勢をとり、とくに北東部ではオリンダ・レシフェ大司教のドン・エルデル・カマラ（Hélder Pessoa Câmara, 1909–1999）が活躍した。学生たちもまた、UNE（全国学生連盟）を中心に活動を再開した。

政界では、表舞台から排除されたカルロス・ラセルダがかつての政敵ジョアン・ゴラールとジュリアーノ・クビシェッキに接近し、「拡大戦線」を結成した。亡命先のモンテビデオに集まった拡大戦線の指導者たちは、ブラジルの再民主化と労働者の復権を要求する闘いを提案した。

反政府運動は一九六八年に絶頂を迎えた。三月、リオ・デ・ジャネイロで開催された小さな抗議集会において一人の学生が治安部隊に殺されたことがきっかけとなり、大規模なデモ行進に発展した。その学生の埋葬には数千人が集まり、そこで繰り返された暴力によって大衆の怒りが高まった。五月にはサンパウロ大聖堂に集まった労働者が抗議集会を開き、六月には学生と治安部隊との衝突から二八人の死者が出た「流血の金曜日」事件が起こった。これに抗議して、学生だけでなくカトリック教会や中間層もが結集し、大規模な動員の基盤となった。民主化要求運動に参加した多様な勢力の団結は、一九六八年六月のリオ・デ・ジャネイロの「一〇万人デモ」で最高潮に達した。

これと並行して、ミナスジェライスのベロオリゾンテ大都市圏のコンタージェンとサンパウロ大都市圏のオザスコで労働者による攻撃的なストライキが実施された。コンタージェンのストライキは自然発生的なものであったが、一万五〇〇〇人の労働者が参加する大規模ストライキに発展した。オザスコのストライキは労働者と学生によって周到に準備されたもので、ある大企業の占拠から始まった。製鉄労働者が主要工場の生産を麻痺させた。しかし、重装備の軍隊が介入して実力で占拠する労働者を排除した。オザスコのストライキには、武装闘争のみが軍事政権を打倒できると考えた左翼勢力の影響が見られた。一方、これらの急進左翼グループは、キューバ革命やグアテマラ、コロンビア、ベネズエラ、ペルーなどのラテンアメリカ諸国のゲリラ運動から強い影響を受けていた。

ブラジル共産党（ＰＣＢ）は武装闘争に反対したが、一九六七年に老練な党員であるカルロス・マリゲーラ（Carlos Marighella, 1911-1969）に率いられたグループがＰＣＢから離党して「民族解放行動（ＡＬＮ：Ação Libertadora Nacional）」を結成した。また、すでに「人民行動（ＡＰ：Ação popular）」が武装闘争を開始していたほか、多数の左翼的な軍人を擁する「人民革命行動（ＶＰＲ、後述）」など新しい組織が登場した。

◉マリゲーラ『都市ゲリラ教程』

マリゲーラは、一九一一年一二月に北東部のバイーア州サルバドルでイタリア系移民のアウグスト・マリゲーラを父に、アフリカ系で旧奴隷の娘であったマリア・リタ・ド・ナシミントを母として生まれた。サルバドルの中学に学び、その後同市の技術専門学校に進学したが、一九三四年に中退し、ＰＣＢに入党し、リオ・デ・ジャネイロに移転した。一九三六年には反乱罪で逮捕され、翌三七年七月まで獄中生活を送った。出獄と同時に地下に潜り、一九三九年に再び逮捕され、一九四五年に恩赦によって釈放されるまで獄中にあった。一九四六年にバイーア州選出の下院議員に選出されたが、一九四八年に共産党の非合法化に伴って議員資格を剝奪された。一九五三年から五四年までソ連と中国を訪問し、中国には一年以上滞在し、滞在中に毛沢東とも会見した。

一九六四年に発生したクーデターの際に、リオ・デ・ジャネイロの映画館において情報局員によって銃撃を受け、胸部を負傷して逮捕されたが、翌六五年に人身保護令によって釈放された。翌六六年一二月に武装闘争路線の立場をとり、ＰＣＢ中央執行委員会に対して辞表を提出したが、サンパウロ委員会には所属し続けた。

一九六七年八月にマリゲーラは、ハバナで開催された「アジア・アフリカ・ラテンアメリカ人民連帯機構（ＯＳＰＡＡＡＬ：Organización de Solidaridad de los Pueblos de África, Asia y América Latina）」会議に出席し、武装闘争路線への信念を強めて帰国したが、ＰＣＢはマリゲーラの出席資格を否定する電報をハバナに送っている。マリゲーラはキューバからの帰国後、翌一九六八年二月にＡＬＮ（民族解放行動）を結成した。一九六九年九月、後述の通り、ＡＬＮは「一〇月八日革命運動（ＭＲ８：Movimento Revolucionário Oito de Outubro）」とともにチャールズ・エルブリック米国大使の誘拐事件を起こした。一九六九年一一月四日、マリゲーラはサンパウロ市の中心街に近いアラメダ通りで情報局の待ち伏せ攻撃を受け戦死した。当日午後八時にマリゲーラはカトリック神父との会合場所に赴いたが、この会合は治安当局側が待ち伏せ攻撃を仕組んだものであったため、マリゲーラは銃撃を受けて死亡した[2]。

マリゲーラは、一九六六年一二月にＰＣＢを離党するに際して中央執行委員会宛てに書簡を送った。その中でマリゲーラは、①中央執行委員会は、国家基幹産業の労働者・農民への党の直接的影響力を欠き、まったく非能率的で機動性・柔軟性を喪失している。四月クーデターに際して政治的準備不足、とりわけイデオロギー的準備不足を露呈した、②中央執行委員会は「広汎な統一戦線」に幻想を抱いているが、それは階級和解にすぎず、共産党の任務は階級的自立を目指すことである、③革命的な戦略・戦術なくしては平和的解決や再民主化という幻想の結果をもたらすことになる。解決方法は唯一武装闘争、革命的な方針、人民による武装蜂起の準備のみである、④中央執行委員会はブルジョアジーの指導性に対する幻想にとらわれてしまっている。最も重要で根本的な問題は権力の問題であるが、革命は大衆を統一して権力を奪取すること以外のなにものでもないにもかかわらず、中央執行委員会は平和的議会主義を信用しブルジョアジーに対する条件つき降伏を唱えている、などを主張した。要するに、マリゲーラはPCBのブルジョアジーをも含む統一戦線路線を批判して、権力を奪取する方法として、平和的議会主義ではなく、武装闘争路線を掲げたのである［Marighella 1969＝1970: 25–39］。

そして、マリゲーラは一九六八年一二月に「ブラジル人民への呼びかけ」と題するメッセージを発し、「最近のわれわれ人民の闘いとその経験は、われわれにブラジルがゲリラ戦争の段階に入っていること、すべてのかたちの武装行動、すなわち奇襲、待ち伏せによる攻撃、武器の強奪、破壊工作等々の存在意義を明確にした。大衆によるデモ・集会、学生によるデモ・ストライキ・占拠、そして権力に捕縛された革命的政治家を取り戻すための警官やゴリラ（軍人）の誘拐等々しかりである。今、われわれが努力しなければならないことは、革命闘争の強化を勝ち取るために、全国の革命勢力の戦略的配置を遂行することである。そして、さまざまな作戦行動を実現するために革命勢力を統合することは、その前提として存在している」と述べ、戦術として「ゲリラ戦の実践、大衆による広汎な戦線の組織化、大衆からの支持獲得」の三点のいずれかの戦術を選択することを提起した［Marighella 1969＝1970: 56–64］。マリゲーラが呼びかけた戦術がゲリラ戦だけではなく、ゲリラ組織の統合、大衆戦線の組織化など広範な戦術を有していたことが理解される。

しかし、このようなマリゲーラの提起が、当時のブラジルが置かれた客観的な社会的状況下において適切であったかどうかは異論もありうるところである。もっとも、キューバ革命後の、とくに一九六七年七月のOSPAAAL会議開催後のラテンアメリカ諸国において、一部の革命運動に共通して持たれていた意識を表現したものであることは否定しがたい事実である。とくに、ブラジルにおいては一九六四年のクーデター以後、他のラテンアメリカ諸国よりも軍事独裁が先行して全面展開していたことを考えれば、都市ゲリラ戦術が緊急に必要とされていたと主張しうる情勢であったと言いうる。しかし、マリゲーラが構想していたのは、都市ゲリラ戦だけではなかった。マリゲーラの死後、その後継者となったジョアキン・カマラ・フェレイラ（Joaquim Câmara Ferreira, 1913–1970）によれば、都市での権力側との闘いは常に劣勢に立たされるが、農村においては状況が異なり、民族解放軍を建設できる可能性があるのは農村であると考えている、と述べている。

マリゲーラが関わったとされている事件は、一九六八年一一月にグアナバラで発生した銀行現金輸送車襲撃事件、一九六九年八月一五日にサンパウロの隣接都市であるジアデマで発生した放送局占拠事件（マリゲーラの音声を録音した「反独裁国民宣言」と題するテープを約三〇分間放送）、同年九月四日に発生したチャールズ・バーク・エルブリック米国大使誘拐事件等である。

◉ゲリラ闘争の先鋭化と軍事政権による徹底弾圧

ALNなどの武装組織は、一九六八年から活動を開始した。サンパウロの米国総領事館では爆弾事件が発生した。活動資金の調達を目的とした強盗事件も頻発した。これらの諸事件は、軍部強硬派に対し、「一九六四年革命（クーデター）」は敗北しつつあり、反逆者を一掃する新たな手段が必要であると認識させた。制約された自由をすら停止する口実は、些細な出来事が発端となった。マルシオ・モレイラ・アルベス下院議員が国会演説において、ブラジリアで予定されていた独立記念日の軍事パレードの阻止を国民に訴えたことが軍部に対する侮辱と受け取られた。一般国民はモレイラ・アルベス下院議員の演説にはほとんど関心を持たなかったが、演説原稿が三軍に配布された。軍内では怒りが高まり、三軍大臣は最高裁判所に対し、軍の尊厳を侮辱した容疑でモレイラ・アルベス議員の刑事裁判を開くよう要求した。審理開始には連邦議会の許可が必要であったが、意外にも、連邦議会は同議員の不逮捕特権の停止を否決した。その決定から丸一日と経たない一九六八年一二月一三日、コスタ・エ・シルバ大統領は軍政令第五号を公布して国会を閉鎖した。

軍政令第五号は、それまでの軍政令とは異なり、期限が定められていなかった。大統領は再び国会を一時的に閉鎖する権限を獲得したが、それは一九六七年憲法が認めていないものであった。公務員を解雇したり強制的に退職させたりする権限と同様、議員資格を剝奪したり政治的権利を停止したりする大統領権限が復活された。軍政令第五号は、権威主義体制の強化を図るものであった。

軍政令第五号を境に、軍部の権力中枢は、情報部門、監視・拷問など反体制派に対する弾圧行為を実行した司令部にいた軍人たちの手に握られた。議員資格の剝奪や政治的権利の停止、公職追放の波が再び襲い、多くの大学教授も追放されて失職した。メディアへの検閲が行われる一方、拷問が政府の不可欠の業務となった。

軍政令第五号が布告された結果、武装闘争グループの活動が先鋭化した。一九六九年七月にサンパウロ軍管区本部に対する爆発事件が発生して兵士一人が死亡、これに対して左翼活動家の一斉検挙が実施された。他方で、軍事政権はひたすら、反体制運動に対して理不尽な非人道的な対応をとるようになり、軍事独裁政権の様相を強化していくことになる。

一九六九年八月、コスタ・エ・シルバは脳溢血で倒れ、職務続行が不可能になった三軍の大臣は、憲法の規定を破って副大統領のペドロ・アレイショ（Pedro Aleixo, 1901–1975）の昇格を阻止し、軍事評議会を組織して大統領の職務を代行することを決定した。

武装闘争を重視する急進左翼グループは、外国の外交官を誘拐し、投獄されていた政治犯との交換を要求する活動を実行した。そのうち最大の政治的事件となったのは、ＡＬＮとＭＲ８（一〇月八日革命運動）の学生活動家たちが共闘し、一九六九年九月四日にリオ・デ・ジャネイロで起こしたチャールズ・

バーク・エルブリック米国大使の誘拐事件であった（大使は九月七日解放）。実行犯たちは大使との交換で一五人の政治犯の釈放を勝ち取り、メキシコに亡命させることに成功した。九月二九日に主犯と目されたビルヒニオ・ゴメス・ダ・シルバが情報局に身柄拘束され、拷問の末に死亡した。また、一九七〇年三月一一日には、大口信夫駐サンパウロ総領事の誘拐事件が発生し（総領事は五月一一日解放）、獄中メンバー五人と交換された。同年六月一一日にはフォン・ホレベン西独大使の誘拐事件も発生した（大使は六月一六日解放）。一二月にはスイスのブシェル大使の誘拐事件が発生した。

軍事評議会は、国家安全保障に「有害もしくは危険な」国民すべてに適用される国外追放令を創設した。この法律はまず、米国大使と交換された政治犯に適用された。また、武装闘争の実行犯に死刑を導入した。ただし、公式に死刑が執行されることはなく、現場での超法規的な殺害や拷問死させる方法が用いられた。しかも、これらは失踪として片づけられた。一九六九年以前は、海軍情報センター（CENMAR）が拷問を行った最も悪名高い機関であったが、同年、サンパウロの陸軍第二軍管区付属の「バンディランテ作戦本部（OBAN）」が登場し、活動を開始した。さらに、バンディランテ作戦本部は「国内防衛作戦センター・作戦情報部（DOI－CODI）」と呼ばれた機関に引き継がれた。DOI－CODIは多くの州に活動拠点を広げ、軍事政権下で超法規的に非人道的行為を行う中心的機関となった。

軍事政権が行った弾圧は有効に機能し、武装闘争の活動家だけでなく、専門職に就く若者を中心とした同調者も影響力を低下させ、これによって政府は武装グループを一般大衆から孤立させることに成功した。急進左翼勢力は、チェ・ゲバラの呼びかけに応えて、ブラジルに新しいベトナムを創り出そうとしたが、これを実現することはできなかった。

マリゲーラが率いたALNは、マリゲーラの死後、ジョアキン・カマラ・フェレイラが引き継いだが、カマラ・フェレイラも一九七〇年一〇月二三日に治安当局との戦闘で死亡した。その後はサンパウロで活動していたユリ・ハビエル・フェレイラとアナ・マリア・ナシノビッチが引き継いだが、彼らも一九七二年に死亡し、最後はカルロス・エウヘニオ・サルミエント・ダ・パス（Carlos Eugênio Paz）が一九七三年頃まで活動していたが、その後フランスに亡命した。

◉ゲリラ闘争の終焉

一九六九年一月にカルロス・ラマルカ・ディオゲネス（Carlos Lamarca, 1937–1971）が左翼系の学生や軍人を結集した「人民革命行動（VPR：Vanguarda Popular Revolucionária）」を結成、VPRもALNなどとともに武装闘争を開始したが、ALNや一九六九年中に結成された「民族解放司令部（COLINA：Comando de Libertação Nacional）」との共闘作戦を実行することが多かった。

また、一九七〇年にはPCB（共産党）から分離した「チラデンテス革命運動（MRT：Movimento Revolucionário Tiradentes）」が結成され、ALN、VPR、MR8（一〇月八日革命運動）と共闘関係に入ったが、他の武装組織と同様に治安当局によって殲滅された。MRTは、ブラジル独立の先駆者であるチラデンテス（本名：ジョアキン・ジョゼ・ダ・シルバ・ハビエル、Joaquim José da Silva Xavier, 1746–1792）にちなんで命名されたゲリラ組織で、フランシスコ・ジュリアンが創設した「農民同盟」に関わった活動家によって結成された。

残されたのは、PCBを除名されたグループによって一九六二年に結成された「（毛沢東主義の）ブラジル共産党（PCdoB：Partido Comunista do Brasil）」が、パラ州東部のマラバ付近のアラグァイ河流域に建設し始めていた農村ゲリラの拠点だけであった。一九七〇年から七一年にかけて、七〇人ほどのゲリラは農民と連携し、農民に耕作方法や衛生管理法を教えた。陸軍は一九七二年にその拠点の存在を察知したが、都市ゲリラに対するほど迅速に掃討できなかった。陸軍部隊がこの毛沢東主義のブラジル共産党を壊滅したのは、一帯を国家安全保障地区に指定した後の一九七五年のことであった。ただし、農村ゲリラの存在やそれに対する掃討戦は、報道禁止措置により、一般国民には知らされなかった。

一方、合法的な反政府勢力は、好景気と弾圧、そして白紙投票運動の影響もあって、メディシ政権期(一九六九〜七四年)(↓本章第6節)にその影響力を最低のレベルまで低下させた。一九七〇年に実施された、上院議員の三分の二の改選を含む連邦議会選挙では、翼賛与党の国家革新同盟(ARENA)が大勝利を収めた。

メディシ政権は弾圧の手を緩めなかった。政権に敵対する少数派ではあるが有力な社会勢力と、好景気を背景にそれなりの生活を享受する一般大衆をはっきりと区別し、前者を弾圧する一方、後者には少なくとも反体制感情を和らげるために派手な宣伝が行われた。

[6] ブラジルの奇跡

カステロ・ブランコ政権(一九六四〜六七年)は、政治面では、軍政令第一号で目的とした緊急の制度的改革を進めた後、「制限された民主主義」の確立を目指した。また、経済面では経済システムを改革し、資本主義的な経済発展を促進するとともに、それによって共産主義の脅威を抑え込もうとした。これらの目的を実現するためには、ゴラール政権末期から続く壊滅的な経済・財政状況に立ち向かい、農村や都市の労働者大衆を管理し、行政改革を断行する必要があった。

壊滅的な状態にあった経済・財政の再建のため、ロベルト・カンポス企画相(Roberto de Oliveira Campos, 1917–2001)とオタビオ・ゴヴェイア・ブリョンイス財務相(Otávio Gouveia de Bulhões, 1906–1990)

の下で、「政府経済行動計画（ＰＡＥＧ）」が策定された。ＰＡＥＧは、公的部門における赤字削減、民間資金の導入、賃金の抑制を骨子としていた。連邦政府は、各州の歳出削減のため、連邦政府の承認なしに州が融資契約を結ぶことを禁止する法律を提案した。連邦の財政均衡は、公営企業の経営改善、石油製品や小麦のような基礎物資への補助金の削減、税収の増大で達成された。公営企業の経営改善と基礎物資への補助金の削減は、当初、生活費の高騰を引き起こした。また、電気・電話などの公共料金の引き上げや、ガソリンやパンの値上げを招いた。税収の増大は、著しく不備であった国家機構の改革によって実現された。また、滞納されていた支払いの価値修正が導入されたため、滞納が減少した。

賃金の抑制は、物価上昇率を下回る賃金改定方式を設定して行われた。これは、企業に有利なようにストライキを阻止し、労働力の入れ替えを容易にする措置と合わせて実施された。一九六四年六月に国会で成立したストライキ法は、合法的なストライキを事実上不可能にする官僚的手続きを定めた。政府はまた、都市労働者の最も貴重な権利の一つであった、勤続一〇年以上の労働者の雇用の保障を廃止した。これは労働法典（ＣＬＴ）によって保障された権利であったが、一九六六年に雇用の保障に代わって、一種の雇用保険である勤続期間雇用基金（ＦＧＴＳ）が創設された。

農村では、カステロ・ブランコ政権による弾圧は、土地問題の解決を目指す施策とともに進められた。一九六四年一一月、連邦議会は農地改革と農業政策の推進のために「土地憲章」を採択した。しかし、この法律は、それに続いて導入された他の措置と同様に、大部分は実行されないままに終わった。

カンポス、ブリョンイス両大臣は、国際貿易で重要な方針転換を図った。両大臣は、当時主流であった、国際的競争のために輸出には厳しい構造的限界があるという説を斥け、ブラジルの潜在能力が過小評価されていると考えた。そこで、天然資源や農産物のみならず、工業製品の輸出促進政策を展開した。とくに輸出部門への外国資本の参入に期待をかけた。一九六四年八月には、国会における「審議期限切れ」によって外国資本および利潤の海外送金に関する新しい法律が成立した。これにより、米国をはじめ、諸外国の投資家から批判を浴びていた一九六二年の利潤送金禁止法が廃止された。

政府経済行動計画は所期の目的を達成した。歳出削減と税収増により、政府の年間財政赤字は、一九六三年の対GDP比四・二％から一九六四年には三・二％へ、一九六五年には一・六％まで減少した。一九六四年には高水準にあった物価上昇も徐々に改善し、一九六六年からはGDPも成長に転じた。

政府経済行動計画が奏功した背景には、政治的に権威主義体制が確立され、社会的犠牲を強いる環境が整えられたことがあったと指摘しうる。権威主義体制ゆえに、カンポス企画相とブリョンイス財務相は、何ら抵抗手段を持たない労働者層に集中的に犠牲を強いる措置を講じることができた。危機的な対外債務問題は、IMF（国際通貨基金）の了承と、「進歩のための同盟」を通じた米国政府からの多額の援助で、一時的にせよ回避された。

一九六五年一〇月三日、一一州で直接選挙による地方選挙が実施された。この頃にはすでに「一九六四年革命（クーデター）」の熱気は冷めていた。有権者を腐敗根絶の宣伝で惑わせることは難しく、中間層の経済状態も悪化していた。いわゆる軍部強硬派による立候補阻止にもかかわらず、グアナバラとミナスジェライスのような有力州で野党が勝利した。この選挙結果は軍部を震撼させた。カステロ・ブランコ派と敵対する強硬派は、政府の弱腰が原因であると批判した。そして、軍部が決定システムを掌握し、共産主義と腐敗との闘いを一層推進するために権威主義体制の強化を主張した。

強硬派の圧力を受け、地方選挙からわずか二四日後の一九六五年一〇月二七日、カステロ・ブランコ政権は軍政令第二号を公布した。軍政令第二号は、正副大統領の選出方法について、国会における公開の記名投票で過半数を得た候補を当選者とすると規定した。また、大統領権限を強化し、国家安全保障に関わる事項について政令を公布することができるとした。これ以降、政府は国家安全保障の概念の拡大解釈によって、政令を使って重要な問題に対処するようになった。
さらに軍政令第二号は、政党を廃止した。新しい政党法は事実上、二つの政党の結成を強制した。一つは、政府寄りの政治家を結集させたARENA(国家革新同盟)であり、UDN(全国民主同盟)とPSD(社会民主党)の一部が結集した。もう一つは野党のブラジル民主運動(MDB)であり、PTB(ブラジル労働党)とPSDの一部が結集した。

カステロ・ブランコ政権は、新たな議員資格剥奪のために一九六六年一〇月から一カ月間閉鎖されていた連邦議会を招集して、一九六七年一月、連邦議会で新憲法の承認を得て国家機構の改革を完成した。一九六七年憲法には行政権の権限、とくに国家安全保障に関わる権限を拡大した法律がとり入れられた。

カステロ・ブランコ派は、大統領の後継者を擁立できなかった。新大統領には、アルトゥール・コスタ・エ・シルバ将軍が、新副大統領には文民でUDN出身のペドロ・アレイショが選ばれ、一九六七年三月に新政権が発足した。コスタ・エ・シルバは軍部強硬派と権威主義的ナショナリストの期待を一身に背負っていた。権威主義的ナショナリストは、米国に接近して外国資本を優遇するカステロ・ブランコ派の路線に不満を抱いていた。大統領に就任したコスタ・エ・シルバは強硬派の単なる傀儡にはならなかった。彼は反対派諸勢力とも回路を開いて異なる意見に耳を傾けようとし、同時に労働界で攻勢に出て、政府寄りの組合の結成と信頼のおける組合指導者の養成に努めた。

一九六九年八月のコスタ・エ・シルバ大統領の辞任に伴って発足した軍事評議会が大統領職務を代行した時期は、政治的に暗黒の時代であったが、軍事政権は経済面では目覚ましい成果をあげていた。ゴラール政権崩壊直後の相対的に短期間の景気後退を経て、カンポス企画相とブリョンイス財務相が財政を立て直すと、アントニオ・デルフィン・ネット財務相(1928–)が金融緩和を行って経済成長の促進に努めた。同時に、インフレ抑制のために価格統制を導入した結果、一九六八年に二五・四%にまで達した物価上昇率は下降に転じた。

一九六八年には自動車、化学、電機をはじめ、製造業の顕著な業績回復が見られた。建設業も、主に国立住宅銀行（ＢＮＨ）が提供した資金が奏功して大きく飛躍した。一九六八年から一九六九年にかけてブラジルは著しい成長を遂げ、ＧＤＰではそれぞれ一一・二％、一〇％（一人当たりで八・一％と六・八％）の伸びを記録し、「経済の奇跡」と呼ばれた現象が始まった。

一九六九年一〇月半ば、軍事評議会は正副大統領が空席であると宣言し、一〇月二五日に軍政令第六号を発して、連邦議会で新たに選出する日程を発表した。三軍最高司令部はエミリオ・ガラスタズ・メディシ将軍（Emílio Garrastazu Médici, 1905–1985）を大統領候補に、アウグスト・ラデマケル海相を副大統領候補に選んだ。メディシ将軍は、コスタ・エ・シルバ政権期に国家情報局（ＳＮＩ）の長官を務めた。しかし、多くの国民にとってメディシは無名の人物であった。しかも、メディシ自身が権力の行使を好まず、政治の運営は閣僚たちに任せきりとなった。その結果、ブラジル史上で最も厳しい圧政が行われた時期に大統領権力が稀薄化するという逆説が生じた。

一九六四年以降、ブラジルでは通信手段が飛躍的に発展した。個人向けの金融が緩和され、テレビを保有する家庭が激増した。一九六〇年に都市でテレビがある家庭はわずか九・五％にすぎなかったが、一九七〇年には四〇％に達した。政府は、一九六五年四月に開局した全国ネットワークを有する政府系のグロボ・テレビを通じて、「大国ブラジル」を煽り立てる宣伝を行った。

「奇跡」は一九六九年から一九七三年まで続いた。経済の高度成長に比して相対的に低いインフレ率が達成された。ＧＤＰの成長率は年平均一一・二％におよび、一九七三年には最高の一三％に達した。一方、年平均の物価上昇率は一八％以下にとどまった。

「奇跡」の要因は、まず潤沢な資金があった世界経済の恩恵を受けたことが挙げられる。ブラジルなどの比較的進んだ途上諸国は、とくに米国金融機関を通じた中東産油諸国からのオイルマネーを獲得した。これらの非産油国の対外債務総額は、一九六七年の四〇〇億ドルから一九七二年には九七〇億ドル、一九八〇年には三七五〇億ドルに増加した。

外国資本が流入した最も重要な部門は自動車産業であり、自動車産業に牽引されて工業生産は年率三〇%を超える伸びを示した。消費者向け金融が拡大されるとともに、小型車・商用車中心の生産方針が変更されて中型車の製造が認められたため、ゼネラル・モーターズ（GM）やフォード、クライスラーが大規模な投資を行った。

国際貿易も大きく成長した。経済成長を持続させるためには、一定の資本財の輸入を増やすことが必要であった。一方、有利な条件での信用供与や減税・免税など、さまざまな輸出振興策によって工業製品の輸出が促進され、輸出品目が多様化した。輸出品目の多様化によって単一産品への依存度を低下させる努力が成功した。一九四七年から一九六四年まで、コーヒーは輸出総額の五七%を占めていたが、一九六五年から一九七一年には三七%へ、一九七二年から一九七五年には一五%へと減少した。また、徴税も改善され、財政赤字の削減と物価上昇率の低下をもたらした。

しかし、「奇跡」には弱点や弊害もあった。第一の弱点は、金融システムと国際貿易への過度の依存であった。両者は好条件での外国からの融資の獲得や外国資本の導入、輸出拡大の鍵であった。また、経済成長は石油など、特定の輸入品の需要を高めた。軍事独裁期の経済政策は、外国資本と国際貿易への依存に加え、過小評価した物価上昇率をもとに賃金引き上げ率をあらかじめ設定する制度によって資本蓄積を優先させた。自動車産業の成長は中高所得者層に恩恵をもたらす一方で、非熟練労働者の賃金は抑制され、社会格差の拡大をもたらした。所得の集中が一層激化し、最低賃金は一九五九年一月を一〇〇とすると、一九七三年には三九まで低下した。

「奇跡」のもう一つの否定的側面は、経済成長が達成されたにもかかわらず、その一方で社会政策の遅れあるいは放棄とすら言える状況が生じたことである。これは「奇跡」が終わっても尾を引いた。軍事独裁期とそれに続く時代のブラジルは、自然環境や地元住民を一切考慮しない「野蛮な資本不義」に象徴される経済モデルが支配的であった。自然環境も悪化した。メディシ政権が進めたアマゾン横断道路建設計画は、アマゾン地域の自然環境喪失という否定的イメージを振り払うため、同地域の支配権を確保するとともに、北東部の労働者を農業入植地に定着させることを目指した。しかし、大規模な自然破壊をもたらし、土木建設業者を肥え太らせた末に失敗に終わった［Fausto 2001＝2008: 404–406］。

［7］ おわりに

ブラジルにおいては、カステロ・ブランコ軍事独裁政権の下で、軍事政権による弾圧に抵抗する目的で反政府運動が高揚し、一部にマリゲーラが創設したＡＬＮ（民族解放行動）のような武装組織が武力闘争を開始した。

ブラジルにおいては、一九世紀の帝政時代から都市部に職人や商人とその従業員等の旧中間層に加えて、都市機能が複雑化するに伴って生まれた国家・地方公務員や、医師、弁護士、教員、ジャーナリスト等の専門職をはじめ企業の中間管理職、軍の下級将校等の中間層が発生した。中間層は総じて、都市の資本家層および農村の大土地所有者層と労働者階層の間に位置する階層であり、大土地所有が拡大した農業資本主義発展の最終段階で前記のような新中間層が生まれた。

中間層の政治的表現としては、一九二〇年代に登場した軍の青年将校である「テネンテ」の出現がある。以後中間層は、比較的裕福なエリート支配層に近い人々と、労働者階層の利益に共鳴する下層の中間層に分かれ、コーヒー生産資本本位の経済政策が招いた物価の高騰と実質賃金の低下、家賃の値上げは労働者階層と中間層に共通の問題となり、また、中間層は政治の政策決定から排除されているということに不満が生じていた。

第二次世界大戦後のブラジルは、一九五〇年代前半のヴァルガス第二政権期とクビシェッキ政権期から工業化と社会インフラ整備を軸に資本主義的発展が進展したが、その陰で労働者階層と共通の問題に直面した中間層の急進化が見られた。

一九六八年に最高潮に達した軍事政権の弾圧に抗議した大衆運動の高揚や武装闘争の開始は、地盤沈下した中間層が労働者層や貧農層と連携する形で、中間層を主体として展開された社会運動であったと評価できる。

したがって、ブラジルで一九六八年に生じた都市ゲリラ闘争は、ブラジル独自の資本主義的発展の過程の一つの段階で生じた現象であるが、同時に他のラテンアメリカ諸国や、さらには先進諸国において生じた「一九六八年現象」と同様に、資本主義的発展の一段階において生じた諸問題に、十分な政治的参加の機会を持たなかった中間層の抗議・抵抗行為であったとみなすことができよう。ゆえに、ブラジルにおいて生じた「一九六八年現象」も世界的な広がりを持つ「一九六八年」論の枠内で改めて分析すべき現象であると言える。

第8章 アルゼンチン 1968

EVITA MONTONERA
Revista oficial de Montoneros
AÑO 1 N°3 MARZO 1975 3 PESOS

Tucumán:ajusticiamiento del traidor Chavez Mar del Plata:detención del explotador Dazeo-Lanzamiento del Partido Peronista Autentico-Santa Fe se ajustició al vandorista Acuña-Buenos Aires:ataque al jefe de las AAA-Córdoba:ajusticiamiento del consul norteamericano Egan-Villa Constitución,huelga en Acindar,Metcon y Marathon-Rosario;once bombas en empresas imperialistas-Lomas de Zamora:emboscada a un patrullero-Desarme de policías en todo el país-Chaco:Destrucción de la casa del ministro de Bienestar Social-Lucha por las paritarias-Ensenada:ataque al Batallón de Infantería de Marina N°3-Rosario:ajusticiamiento del van-

モントネロスの機関紙「Evita Montonera」

アルゼンチンにおける「一九六八年」は、一九六六年に成立したオンガニーア軍事政権が推し進めた自由主義的な経済政策の結果として社会格差が拡大するなか、キューバ革命や第二回ラテンアメリカ司教会議の影響のもと、強化された弾圧に対する抗議に発した労働者・中間層による武装闘争の開始に象徴される年であった。一方で、その国内的背景の一つとして、一九五五年九月に発生した軍事クーデターによって、ポピュリズム運動であった「ペロニズム（ペロニスモ Peronismo）」の指導者であるフアン・ドミンゴ・ペロン（Juan Domingo Perón, 1895–1974）が追放状態にあったことに対するペロン派の人々のペロン崇拝も存在した。

本章は、一九六八年に端を発した武装組織によるゲリラ活動の起源とその活動のプロセスを跡づけて、アルゼンチンの「一九六八年」の意味を検証することを目的とする。

［1］ はじめに

アルゼンチンの「一九六八年」においては、一九七〇年代初頭に武装闘争を激化させていく「ペロニスタ武装勢力（ＦＡＰ：Fuerzas Armadas Peronistas）」が結成され、他方、「革命的労働者党（ＰＲＴ）」が闘争の主要形態として武装闘争を確定していた。翌一九六九年にはペロン派の武装組織「モントネロス（Montoneros）」が結成され、一九七〇年にはＰＲＴが「人民革命軍（ＥＲＰ：Ejército Revolucionario del Pueblo）」を結成し、武装闘争が本格化していく。

一九七一年三月から七月までの間には、全国で武装闘争に関係する事件が三一六件発生するまでに激化し、軍部も武装組織の鎮圧を図る一方で、「国民和解」を図ることを余儀なくされる状態になった。

この結果、一九七三年五月にペロン派のカンポラ政権が成立し、同年六月にはファン・ペロンが帰国、翌一九七四年一〇月にはペロン第三期政権が成立した。しかし、ペロンがモントネロスを切り捨てたこともあり、二大ゲリラ組織であるモントネロスとERPの武装闘争は継続され、結果的には一九七六年三月のクーデターでイサベル・ペロン政権を打倒して権力を掌握した軍事独裁政権によって武装組織の大半が壊滅される。

〔2〕ペロニズムの形成

アルゼンチンでは、一八〇六年六月と一八〇七年七月の二回にわたってイギリスが行ったラ・プラタ地方への侵攻が失敗し、イギリスがラテンアメリカに対する経済的進出に政策を転じて以来、一九世紀を通じてアルゼンチンへのイギリス資本の投資が増加した。一八一六年の独立後、大土地所有者層（地主層）が寡頭支配層を形成し、イギリス資本と連携して国内支配を確立した。二〇世紀に入り、一九二〇年代には米国資本がイギリス資本にとってかわり、国内寡頭支配層は米国資本と連携して政治的支配を継続していたが、一九一〇年代頃から新たな都市中間層が登場し、政治面においても産業資本家層や労働者と連携して寡頭制打倒を目指す傾向を示し始めた。

一九三二年にアグスティン・ペドロ・フスト（Agustín Pedro Justo, 1876–1943）政権が成立して以来、地主層を支持基盤とした保守支配が続いていたが、一九四三年六月四日に軍部がクーデターを起こし、軍部が再び政権を掌握した。このクーデターを主導したのは、統一将校団（GOU）という軍内部の秘密結社であった。このGOUを中心に軍がクーデターを起こした背景には、第二次世界大戦をめぐるアルゼンチンの外交路線の問題があった。すなわち、一九三二年以来政権を掌握していた保守派は、一九世紀以来の伝統的なイギリスとの関係を重視し、米国の唱道するパンアメリカン運動に批判的で、日米開戦後も当時の保守派であった国民民主党（ＰＤＮ：Partido Demócrata Nacional）のラモン・カスティーヨ大統領（Ramón Antonio Castillo, 1873–1944）は中立的姿勢を堅持して、枢軸国との断交を求める米国との対立を深めていた。しかし一九四三年に入ると、チリが枢軸国との断交に踏み切ったために、アルゼンチンは西半球で唯一の非断交国として孤立してしまった。加えて世界大戦の趨勢が連合国に有利に展開しつつあったことから、カスティーヨ政権は次第に中立外交を変更していった。一九四三年九月に予定された大統領選挙を控え、カスティーヨが断交支持派と目されていたロブスティアノ・パトロン・コスタス（Robustiano Patrón Costas, 1978–1965）を保守党の後継大統領候補に推した。しかしながら、大戦以来一貫して中立外交を支持してきた軍の一部は枢軸国との断交に強く反対し、パトロン・コスタスが保守党の大会で大統領候補に選出されることが予定された六月四日にクーデターを起こしたのであった。

このような経緯から、クーデターは外交政策と密接に関連して起こったのだが、それ以外にも、ブラジルの軍事力が強化されつつあるのに、自国の軍備強化を米国の武器貸与法による援助を得てカスティーヨ政権が行ってきたことに対して軍内部で不満が高まっていたことや、保守支配体制下での腐敗・汚職の増大から文民政府への不信感を募らせていたことなどの要因も無視できない。いずれにせよ、一九四三年のクーデターは軍の独自の判断に基づき実施されたものであった。それだけに軍事政権は、国民の支持をとりつける必要に迫られていたのであり、その任にあたったのがＧＯＵの有力メンバーの一人であったフアン・ドミンゴ・ペロン大佐であった。

クーデター後、陸軍省次官に任ぜられたペロンは、国民の支持を得るには労働者の支持が不可欠と考え、一九四三年一〇月に国家労働局長（同年一一月に労働福祉庁に改組される）に就任すると、積極的に労働者との接触を開始した。そして彼らの要求に耳を傾け、それらを次々と実現していった。労働争議に介入して、労働者に有利に解決したり、恩給制度の受益者を拡大し、労働組合の結成にも力を入れた。ペロンによるこうした上からの労働者保護政策に対して、共産党や社会党の労組の一部はデマゴギーとして反発したが、労働者の大勢は、ペロンの政策を好意的に受け入れた。その一因は、一九三〇年代以降、資本主義システムの浸透の結果として農村人口の都市への移動が進み、都市部では都会生活になじめず、労働運動の経験の少ない労働者が急増していたことであった。彼らはいわゆる「操作されやすい」大衆を形成し、実際に容易にペロンの親労働者政策に吸引された。第二に、旧来の労働運動の指導者も一九三〇年代の保守支配の下で、彼らの経済的・政治的権利が抑圧されていただけに、その反動として労働者の権利を大幅に認めていくペロンに熱烈な支持を寄せたことを指摘しうる。

こうして労働者の間に熱狂的な支持を得ていったペロンは、一九四四年には労働福祉庁長官、陸軍大臣、副大統領を兼任し、軍事政権の中で最大の実力者にのし上がっていった。だが、ペロンのあまりに労働者寄りの政策は、地主層や企業家だけでなく軍内部にも強い反発を引き起こし、一九四五年一〇月九日に陸軍の一部の反乱にあってペロンは公職を追放され、ラ・プラタ州のマルティン・ガルシア島に幽閉されてしまった。しかし、一〇月一七日、労働者大衆はペロンの釈放を求めて大規模なデモを大統領官邸前の「五月広場」で展開し、ペロンの釈放に成功した。この事件を機に自発的な大衆運動としてのペロニズムが誕生し、その指導者としてペロンは一躍大衆の支持を集めた。そして、一九四五年一一月に結成された労働党の大統領候補として一九四六年二月二六日に実施された大統領選挙に臨んだペロンは、五五%という高い得票率で当選を果たした。

こうして発足したペロン政権は、政策面では軍政時代にペロンが実施した諸政策を踏襲し、それを一層発展させた。その政策はペロニズムがモットーとした「社会正義」「経済的自立」「政治的主権」の三つに要約される。「社会正義」とは、社会的弱者を保護して、社会的不平等の是正を目指すことであり、労働者のための年金制度の拡充や労働者の組織化の推進が図られた。また、大統領夫人のマリア・エバ・ドゥアルテ・デ・ペロン（María Eva Duarte de Perón, 1919–1952）も自ら組織した「エバ・ペロン財団」を通して、救貧活動に力を入れた。「経済的自立」とは、一次産品の生産と輸出に依存した経済を工業化によって改革し、また、国有化により、外資による公共事業の支配を終焉させ、自立的経済を構築することを意味していた。とくに、国有化としては、一九四八年にイギリス系鉄道の国有化を実施した。また、「政治的主権」とは、自主外交を意味し、具体的には米ソのいずれの陣営にも属さない「第三の道」が目指された。米国の唱道により一九四七年に締結された米州相互援助条約や一九四八年に設立された米州機構（OAS）に対しても、参加を拒否こそしなかったが、米州諸国の中では最も消極的姿勢をとった。

このようにペロンの政策は、労働者保護を軸とする社会政策と経済・外交面での民族主義を特徴としていた。またその支持者が労働者のみならず、一部の工業資本家を含む多階級にわたっていたことから、ラテンアメリカのポピュリズムの一例と言うことができる。ポピュリズムとは、周辺資本主義諸国において、①一九三〇年代から一九七〇年代に成立し、②産業資本家、中間層、労働者、農民の多階級同盟を基盤とし、③カリスマ性を持つ指導者が登場した時に高揚し、④政権に到達した時には輸入代替工業化路線を採用するという四点を共有した社会運動および政権のありようである。

ただし、ペロニズムにおいては、農地改革を志向せず、穏健な改革を唱えたにとどまったこと、労働者の支持が圧倒的に重要であったことなどは、他のラテンアメリカ諸国のポピュリズムと異なる点であった。他方、労働者の支持が多かったことは、多くの地主や工業資本家にペロン政権に対する脅威を植えつけることになった。とくに地主層は、ペロン政権の農牧産品買い上げ策、すなわち「アルゼンチン貿易振興団」を組織して、農牧産品を安く買い上げて高価格で輸出するという政策に強く反発し、出荷を手控えるなどして抵抗した。このため、一九四〇年代後半には干ばつに苦しんでいた農牧業部門の生産高は一層落ち込んでしまった。さらに、労働者に対する高賃金政策がインフレを助長したことなどが重なり、経済は一九四九~五〇年頃には危機的様相を呈し始めた。一九四九年にはペロンも賃上げを生産性の枠内にとどめる政策を打ち出さざるをえなくなり、一九五〇年代初めには工業化優先策を是正して農牧業の振興にも力を入れるに至った。

このようなペロンの軌道修正は、ペロン派陣営にも幻惑感を与え、一九五一年に再選されたものの次第にペロンへの批判がペロン派陣営内外から高まっていった。大衆から聖母の如く慕われたエバ・ペロンが一九五二年に急死したこともペロン政権にとって大きな痛手となり、一九五四~五五年に、離婚法や売春法をめぐってカトリック教会と対立したことが政権の命取りとなった。カトリック教会の影響が強い国柄だけに、ペロン派内部にも教会との対立に消極的になる者も少なくなかったし、一九四六年に大統領に就任して以来とってきた強権的な政治スタイルは、中間層から強い反発を招いていた。こうしてペロン政権が内政面でさまざまな行き詰まりを見せる中で、一九五五年九月にエドゥアルド・ロナルディ将軍(Eduardo Ernesto Lonardi Doucet, 1896–1956)が陸軍を率いて蜂起し、九年三カ月におよんだペロン体制は崩壊し、ペロンはウルグアイに亡命した後、スペインに亡命した。

[3] 一九五五年以後のアルゼンチン政治

一九五五年九月にペロン政府を打倒して政権の座に就いたロナルディ将軍は、「勝者も敗者もない」をスローガンに、全国民の大同団結を図り、ペロン派との和解に努めた。しかし、長年ペロニズムと敵対してきた軍内部の反ペロン派は、ロナルディの穏健な路線に満足できず、五五年一一月、彼を辞任に追い込み、強硬派のペドロ・エウヘニオ・アランブル将軍（Pedro Eugenio Aramburu, 1903–1970）を大統領に据えた。彼は軍内部の強硬派の意向に沿ってペロン派を厳しく弾圧し、一一月一五日に労働総同盟（CGT：Confederación General del Trabajo de la República Argentina）が呼びかけたゼネストに対しても軍隊を動員して阻止するなどタカ派ぶりを発揮した。その後もペロン派の指導者を次々と公職から追放し、一九五六年四月には一九四九年憲法の効力を停止して一八五三年憲法を復活させ、さらに一九五六年六月に生じたペロン派軍人の蜂起の際には、首謀者二七名を銃殺刑に処した。経済政策の面でも国家による貿易統制を廃し、外国資本の導入に努めるなど、伝統的な国際主義的経済政策への復帰を試みた。

こうした強引な「脱ペロニズム」政策は、ペロニズムを解体させるには至らず、むしろ逆にその政治力を強大化する結果を招いてしまった。アランブル政権の下で、従来享受していた諸権利が次々と剝奪されるのを目のあたりにした労働者は、過ぎし良き時代としてペロン時代を懐かしみ、彼の政権復帰を切望するようになったからである。政府がペロンによる公金横領をはじめとする数々の悪事を暴露しても、労働者はまったく意に介さなかった。むしろ厳しい弾圧を受けるなかで、大衆の間に芽生えてきたこの心情的なペロニズムは、上からの締めつけが強まるほど、ますます広がりをみせたのだった。こうして、軍部とペロニズムの対立という戦後アルゼンチンの政治を長らく特徴づけてきた基本的構図が、アランブル大統領時代（一九五五〜五八年）につくり上げられていくのである。しかもこの対立が政治勢力間の闘争にとどまらず、経済政策やイデオロギーの対立をも包含していたことが、事態を一層複雑なものにしたといってよい。すなわち、軍部は大雑把に言って、農牧業を経済発展の軸にすえ、ＩＭＦなどの国際機関との協調を重視し、外資導入による工業化を図る傾向が強かった。これに対してペロニズムを中心とする民族主義派は、民族資本による工業化に力点をおき、ＩＭＦとの協調に批判的であった。このように、ペロン派と軍部の対立は経済路線の対立がからんでいただけに、めまぐるしい経済政策の変動を引き起こし、それが政情不安に拍車をかけた。

まず、一九五八年二月の民政移管選挙では、急進党非妥協派（急進党は一九五七年に人民派と非妥協派に分裂していた）のアルトゥーロ・フロンディシ（Arturo Frondizi, 1908–1995）が当時なお非合法化されていたペロニスタ票を得て勝利し、五月に大統領に就任するとまもなく、ペロン派に対して恩赦を実施した。経済政策の面でも民族主義的な路線を打ち出していった。しかしながら、石油開発を進める上で、外資系企業の協力が不可欠であることを悟ったフロンディシは、次第に国際強調路線へと転じ、一九五八年一二月にIMFとの協定締結に踏み切った。こうした変化はペロン派を激怒させたが、一方、一九六二年三月の議会選挙でペロン派が大量進出を果たしたことは、軍部内にフロンディシ政権への不信を一挙に募らせ、同月、軍のクーデターによってフロンディシは失脚した。この後、下院議長のホセ・マリア・ギド（José María Guido, 1910–1975）が臨時大統領に就任し、一九六三年七月に民政移管のための大統領選挙を実施した。この選挙で、独自の候補者を擁立することを禁止されたペロニスタが白票を投じたため、急進党人民派のアルトゥーロ・ウンベルト・イリア（Arturo Umberro Illia, 1900–1983）が二六％という低い得票率にもかかわらず、大統領の座を射止めた。彼はフロンディシの国際主義路線を改め、外資系企業との石油契約を破棄するなど民族主義に転じたが、インフレの昂進や外資の大幅減少を招いた。加えて、ペロニスタ系労組による工場占拠などの過激な行動は、イリア政権を一層窮地に陥れたのだった。

工場占拠という新たな強い闘争戦術は、野党に下ったペロン派の過激化を示していた。すなわち、ペロン派はペロン大統領時代には、土地改革を主張することなく比較的穏健な要求をするにとどまっていたのに対し、野党に下ってからは、その一部は社会主義への傾斜を深め、とくにキューバ革命の成功後は、ゲリラ運動を支持するグループさえ出現した。こうしたペロン派の過激化は、労働運動にも影響を与え、一九六四年には工場占拠を含む闘争が計画・実施され、約三〇〇万の労働者が参加し、一時的に占拠された工場数は一万二〇〇〇にも達した。イリア政権は、労働攻勢に的確に対処できず、社会不安が高まっていった。こうした状況を座視できなかった軍部は一九六六年六月、フアン・カルロス・オンガニーア将軍（Juan Carlos Onganía, 1914–1995）に率いられてクーデターを起こし、イリア大統領は辞任を余儀なくされた。

こうして始まったオンガニーア軍事政権は、従来の軍政とはいささか異質であった。従来の軍政が二～三年で終わっていたのに対し、オンガニーアは就任早々、国の経済・社会・政治面での抜本的改革を唱え、この改革を「アルゼンチン革命」と称し、その実現のためには少なくとも一〇年の年月を要すると述べた。要するに、二〇世紀のアルゼンチンでは初めての長期政権を目指す軍政であったのである。さらに、経済面での改革を実施するために官僚にテクノクラートを登用し、国家主導型の協業化を目指したことも従来の軍政とは少なからず異なっていた。また、労働運動に対して厳しい弾圧を実施し、こうした支配体制は、たびたび「官僚主義的権威主義体制」とも呼ばれている。

この体制の特色の一つは、賃上げの抑制などにより物価を安定させ、外資の導入を促すことにあった。オンガニーア政権も当初は賃上げの凍結などによりインフレの抑制に少なからぬ成果をあげた。一九六〇年代にほぼ毎年二桁を繰り返していた物価上昇率は、一九六九年には七・六％まで低下した。ところが、このインフレ抑制策は労働者に大きな犠牲を強いるものであったために、彼らの不満は次第に募り、一九六九年五月には、軍政の長期化に反対する学生と労働者の共闘による大規模な反政府運動が内陸部の主要都市コルドバを中心に勃発した。「コルドバッソ」として知られるこの騒動は、オンガニーア政府の威信を傷つけ、さらに追い打ちをかけたのが都市ゲリラの暗躍だった。

［4］アルゼンチン一九六八〜七〇年

キューバ革命に触発されて、アルゼンチンでも一九六〇年代の前半には北西部を中心に農村ゲリラが組織されたが、いずれも失敗に終わっていた。ところが、一九六〇年代後半になると都市ゲリラ運動が活発化し、ペロン派の中からも一九六八年にはペロニスタ武装勢力（FAP）、一九六九年にはモントネロスといった都市ゲリラ組織が相次いで誕生した。

◉ペロニスタ武装勢力（FAP：Fuerzas Armadas Peronistas）

FAPは、モントネロスと同様に「第三世界司祭運動（MSTM：Movimiento de Sacerdotes para el Tercer Mundo）」に属したヘラルド・フェラニ神父（Gerardo Ferrari）らの参加を得て、一九六八年にエンバル・エル・カドリ（Envar El Kadri, 1941–1998）の指導下でペロン派の武装組織として結成された。トゥクマン州タコ・ラロに拠点を建設したが、一九六八年九月一七日に武装行動を実行した後、九月一九日に警官隊に急襲されて逮捕者を出した。その後、一九六九〜七〇年に武装闘争を再開し、一九七〇年一月六日にはビジャ・ピリオン地区の派出所を攻撃し武器を奪った。

一九七一年に内部分裂し、エドゥアルド・モレノ（Eduardo Moreno）、エルネスト・ビジャヌエバ（Ernesto Villanueva）、アレハンドロ・ペイロウ（Alejandro Peyrou）らの分派が追放され、彼らはモントネロスに合流した。他方、FAP全国コマンドを名乗る分派が、一九七三年五月二二日には機械労働者組合の指導者ディルク・クロウステルマン（Dirck Henry Kloosterman, 1933–1973）を米CIAスパイの疑いで殺害するなどの活動を行った［Larraquy 2010: 4174］。

一九七〇年には、キリスト教民主主義系のペロン派青年組織である「貧民団（Descamisados）」が映画館を占拠して宣伝行為を行ったり、ITTジェネラル電気の支配人を誘拐して身代金として一〇〇万ドルを奪う活動を行うなど、小規模の集団による武装活動が増加した［Larraquy 2010: 4185］。

◉モントネロス（Montoneros）

アルゼンチンにおいてゲリラ組織が登場した背景としてキューバ革命の影響を指摘しうる。ペロンは一九五五年の軍事クーデターに伴い国外亡命した際に、アルゼンチンにおける彼の代弁者としてペロン第二期政権時代の下院憲法問題委員長等を歴任したアイルランド系のジョン・ウィリアム・クック（John William Cooke, 1919–1968）を指名した。クックは一九六〇年に妻アリシア・エグレンとともにキューバを訪問して以来、フォキズム（↓第1章註1）と大衆を国内支配諸階級や帝国主義に対する武装闘争に立ち上がることを提案する政治・軍事的戦略を深化させるべきだと主張するようになった。クックはこのように武装闘争を呼びかけることで、ペロン派左派に大きな影響力を持った。

クックは、一九六一年四月に米CIAの支援を受けたキューバ反革命軍がヒロン湾に逆上陸した際にキューバ革命軍側の民兵として参加し、一九六二年には再度キューバを訪問し、アルゼンチンでの武装革命闘争のための統一戦線を組織することを目的として、ペロン派の抵抗運動のグループ、共産党からの分派グループ、トロツキスト系の「労働者の言葉」からの分派グループなどをキューバに集めて、彼らとカストロやチェ・ゲバラとの会合の機会を設けた。結果的には、この際に戦略的な統一性を有する統一戦線の創設は見送られたが、キューバ側は参加したすべてのグループに、それぞれの信じるやり方でアルゼンチン国内での武装革命闘争を進めていくように指導し、そのために必要となる準備を提供することを確約した。

これが発端となり、一九六二年から一九六四年の間に、ゲバラがその創設を直接的に指導したサルタ州の農村ゲリラ組織である人民ゲリラ軍（ＥＧＰ：Ejército Guerrillero del Pueblo）をはじめとして、アルゼンチンでは最初の都市ゲリラとなる国民革命武装勢力（ＦＡＲＮ：Fuerzas Armadas de la Revolución Nacional）や、後にメンバーの大半がモントネロスに合流したタクアラ革命的民族主義運動（ＭＮＲＴ：Movimiento Nacionalista Revolucionario Tacuara）などの武装組織が登場した［廣瀬 2005: 199–201］。クックはペロンの後継者になるものと予想されていたが、一九六八年九月にブエノス・アイレスで病死した。クックと並んで、ペロン派が武装闘争を開始する上で大きな影響を与えたもう一人の人物は、聖職者のカルロス・ムヒカ・エチャグェ（Carlos Francisco Sergio Mugica Echagüe, 1930–1974）であった。ムヒカはフロンディシ政権時代の外相であったアドルフォ・ムヒカとブエノス・アイレス州の大土地所有者の娘であったカルメン・エチャグェの息子であり、一九五四年にはブエノス・アイレス市のサンタ・ロサ・デ・リマ教区で貧困家庭の救済に従事するようになり、一九六〇年代には国立ブエノス・アイレス高校のカトリック学生青年同盟の顧問となった。

ムヒカは、一九六八年に「第三世界司祭運動（ＭＳＴＭ）」の結成に参加した。ＭＳＴＭは、一九六二年一〇月一一日から一二月八日まで開催された第二回バチカン公会議が公会議史上初めて五大陸から参加者があった公会議となり、その影響下に一九六七年にブラジルのオリンガ・レシフェ司教のエルデル・カマラ（→第７章第５節）がアジア、アフリカ、ラテンアメリカの一八人の司教を組織し、第三世界の人々の貧困状態を克服することを提起して起草した「一八人宣言」と、一九六八年八月にメデジンで開催された第二回ラテンアメリカ司教会議（ＣＥＬＡＭ）の合意書の影響を受けて結成された。ＭＳＴＭは、経済・政治・文化権力の社会化や生産手段の私的所有の廃止を主張し、当時アルゼンチン国内にいた司祭五〇〇〇人のうち八〇〇人が加盟していた。

一九六四年にムヒカがカトリック学生青年同盟の顧問をしていた国立ブエノス・アイレス高校に、カルロス・グスタボ・ラムス（Carlos Gustavo Ramus, 1947–1970）、フェルナンド・アバル・メディナ（Fernando Abal Medina, 1947–1970）、マリオ・エドゥアルド・フィルメニッチ（Mario Eduardo Firmenich, 1948–）が入学し、カトリック学生青年同盟に加入したことから、ムヒカの影響下で同盟の活動が活発化した。彼らはMSTMの影響を受ける一方で、ペロン派学生同盟にも加入してペロン派の運動に参加するようになった。一九六七年七月にはメディナがクックとともにハバナで開催されたラテンアメリカ連帯機構（ＯＬＡＳ）の会合に参加した。メディナは翌年にもノルマ・アロスティト（Esther Norma Arrostito, 1940–1978）とともにキューバを訪問しており、武装闘争の訓練を受けて帰国し、武装グループの組織化を開始した。

このように、一九六九年にペロン派の武装組織であるモントネロスの創設者となったメディナ、ラムス、フィルメニッチの三名は、キリスト教、マルクス主義、ペロニズムの影響を受けるようになった。これら三名以外のモントネロスの幹部としては、ノルマ・アロスティト、ダルド・カボ、ラウル・ヤグエル、フェルナンド・バカ・ナルバハ、ロドルホ・バリンベルティ、ホセ・パブロ・ベントゥラらがいた。

モントネロスなどの武装組織が登場した背景には、一九六九年五月に発生した「コルドバッソ」と呼ばれた弾圧事件があった。一九六六年にクーデターで登場したオンガニーア軍事政権が、経済政策ではＩＭＦの処方箋に従った調整策を採用し、外国資本に対する国内市場開放策をとり、また労働政策では最低賃金委員会の廃止、給与凍結策、土曜半日制の廃止、労働紛争強制仲裁制度の導入、ストライキ抑制法の公布、失業賠償法の改悪等を行った。また、「共産主義弾圧法」を制定し、政党活動の禁止ならびに大学への干渉を強め、「反民主主義活動調査局」の下で政治活動家や組合活動家の追及や逮捕を行って強権支配を強化したことから、労働運動の高まりなどの反発が強まっていた。とくに、北部のコルドバ州では学生が大学を占拠したり、左翼的な労働組合であったイタリア系のフィアット自動車工場労組がオンガニーア政権に対してＩＭＦとの関係断絶等を求める政治活動を行ったりするなど、社会的抗議が高まり、一九六九年五月初旬より街頭での警官隊との衝突が発生していた。コルドバ市では、五月二九日に急進党系の学生一人が街頭行動中に死亡したことから、橋梁の閉鎖、街路でのバリケード設置などの抗議活動が連鎖的に拡大したため、オンガニーア政権はコルドバ市に陸軍部隊を派遣して鎮圧した。さらにブエノス・アイレスではペロン派のＣＧＴ（労働総同盟）本部を家宅捜索して幹部を逮捕するなど弾圧を行った。このような弾圧に反発して全国的に大きな騒擾事件が多発したため、一九七〇年六月に三軍司令官会議は社会混乱の拡大を懸念して強権策の強化を拒否してオンガニーア大統領を辞任させた。このような「コルドバッソ」に代表される一九六〇年代末の社会情勢の下で、一九六九年にモントネロスがペロン派の正式な武装組織として結成された。モントネロスはペロンの帰国と、ペロンの下での社会変革の推進を目指したが、当初の路線はブルジョア民主主義革命の枠内にとどまるものであった。

モントネロスが初めて公の場に登場したのは、一九七〇年六月一日であった。その二日前の五月二九日、前記の三名とノルマ・アロスティトが「ピンダポイ作戦」を実行して、ペドロ・エウヘニオ・アランブル将軍——一九五五年にペロン政権を打倒した軍事クーデターの首謀者であり、一九五五年から一九五八年まで大統領となり、その間にペロン派を弾圧した人物——を自宅から誘拐した事実を公表した時であった。六月一日にモントネロスは『コミュニケ』第一号を発出して、誘拐の事実と、アランブルをブエノス・アイレス州内で人民裁判にかけて死刑を宣告し、フェルナンド・アバル・メディナがアランブルの死刑を執行したと公表した。

その後、モントネロスは一九七二年に国民革命軍（ＥＮＲ：Ejército Nacional Revolucionario）と、一九七三年一〇月には革命軍（ＦＡＲ：Fuerzas Armadas Revolucionarias）と合併した。ＥＮＲからモントネロスに移った幹部にカルロス・カリデ（Carlos Caride, 1940–1976）、ロドルフォ・ワルシュ（Rodolfo Jorge Walsh, 1927–1977）、オラシオ・メンディサバル、ダルド・カボ、ノルベルト・アベガルらがいた。他方、ＦＡＲは、キューバ革命の影響下でカルロス・オルメド（Carlos Olmedo）、マルコス・オサティンスキ（Marcos Osatinsky, 1933–1975）、ファン・パブロ・マエストレ（Caso Juan Pablo Maestre）、ロベルト・キエト（Roberto Jorge Quieto, 1938–1976）、フリオ・ロケ（Juan Julio Roqué, 1940–1977）、ロベルト・ペルディアらのアルゼンチン共産党（ＰＣＡ：Partido Comunista de la Argentina）の青年組織である共産主義青年連盟（Fede）のメンバーが主体となって結成されたマルクス・レーニン主義組織であった。

モントネロスとこれに合流したＥＮＲやＦＡＲは、一九七三年六月二〇日のペロンの帰国までの間に次のような活動を遂行した。

- **一九六九年六月二六日**……ＦＡＲがロックフェラー米国副大統領の訪問に抗議して、ブエノス・アイレス市のスーパーマケット一三店に放火。
- **一九七〇年三月七日**……メディナ、アロスティト、フィルメニッチ、ラムスが率いるモントネロスの一隊が、ブエノス・アイレス州のサンイグナシオ派出所を襲撃。
- **一九七〇年四月二九日**……前記の一隊がブエノス・アイレス市の連邦第七警察署を襲撃、武器・制服などを奪う。
- **一九七〇年五月二七日**……メディナ、アロスティト、フィルメニッチ、カプアノ・マルティネスが同市内の駐車場を襲撃し、車両二台を奪う。

・**一九七〇年五月二九日**……二七日の襲撃で奪った車両を用いて、前出のアランブル元大統領誘拐を実行。
・**一九七〇年七月一日**……モントネロスがコルドバ州ラ・カレラで作戦を展開し、警察署を襲って武器を強奪したほか、コルドバ州立銀行支店や電話局を襲撃。退却時に治安部隊に捕捉されて多数が負傷、逮捕。
・**一九七〇年七月三〇日**……オルメド、オサティンスキ、キエトらのFARの三六人が約一〇分間に大ブエノス・アイレス圏のガリン市を占拠して銀行襲撃、警察署占拠・武器強奪、駅占拠を行う。
・**一九七〇年九月一日**……メディアらがブエノス・アイレス市近郊のラモス・メヒア町でガリシア銀行支店を襲撃して三万六〇〇〇ドルを強奪。
・**一九七〇年九月七日**……モントネロスの幹部がブエノス・アイレス市内のバーで会合を開いていたが、支配人から密告を受けた警官隊が包囲して銃撃戦となり、メディナ、ラムスらが戦死。フィルメニッチとアロスティトは逃亡。その後、九月七日は「モントネロスの日」と命名される(1)。
・**一九七一年四月二九日**……マエストレらのFARの約三〇人が走行中の陸軍車両を襲って武器を強奪。
・**一九七一年七月一三日**……FARのマエストレ夫妻が武装集団に襲われてマエストレが死亡、妻は拉致され行方不明。
・**一九七一年一一月**……モントネロスがカセロスにあるイタリア系自動車会社フィアットの労働者と連帯のため工場を占拠し、車三八台を焼き討ち。
・**一九七二年三月一八日**……モントネロスの四人が新勢力党(Prtido Nueva Fuerza)の政治家ロベルト・マリオ・ウサル(Roberto Mario Uzal, 1915–1972)の自宅を襲い、拉致しようとしたが抵抗され退却。
・**一九七二年四月四日**……モントネロスがエクトル・イリバレン大佐を殺害。

◉**人民革命軍**（ERP：Ejército Revolucionario del Pueblo）

モントネロスおよびこれに合流したFAP、ENR、FAR以外の武装組織として、トロツキスト系の革命的労働者党（PRT：Partido Revolucionario de los Trabajadores）の軍事組織であった「人民革命軍（ERP）」がある。

PRTは、一九六五年五月二五日に、マリオ・ロベルト・サントゥチョ（Mario Roberto Santucho, 1936–1976）らを中心とする「インドアメリカ人民革命戦線（FRIP：Frente Revolucionario Indoamericano Popular）」と、ナウエル・モレノ（本名：ウーゴ・ブレサノ、Nahuel Moreno (Hugo Miguel Bressano Capacete), 1924–1987）、レアンドロ・フォテ（Leandro Fote）、アンヘル・ベンゴチェア（Ángel Bengochea）、ミルシアデス・ペーニャ（Milcíades Peña, 1933–1965）らを中心とした「労働者の言葉（PO：Palabra Obrera）」が合流して結成された。

POはトロツキスト系のグループであり、第四インターナショナルの労働者組織への加入戦術をとって、とくにペロン派の労働組合に対して積極的な加入戦術を行っていた。他方、FRIPはサントゥチョが一九六一年に妻アナ・マリア・ビジャレアル（Ana María Villarreal）とともにラテンアメリカ諸国を歴訪した際にペルーに立ち寄り、ビクトル・ラウル・アヤ・デ・ラ・トーレ（→終章第2節）と会見したことから、一九二〇年代のアヤ・デ・ラ・トーレや彼が創設したアプラ運動の革命論［小倉 2012 参照］の影響を受けたことが「インドアメリカ」という用語に見られる。このように、ラテンアメリカの先住民的な起源の再興を軸とした反帝国主義論を展開する組織であり、一九六一年七月に結成され、トゥクマン州、エル・チャコ州、サルタ州を基盤としていた。このイデオロギー的に異質な二つの組織が合流して結成されたことで、ERPはその後再び分裂することになる。

ＰＲＴは、一九六八年八月に開催された第四回党大会開催前、党内に拡大した武装闘争路線に反対してナウエル・モレノらの旧ＰＯ系のメンバーが分裂し、ＰＲＴ「真実」派（PRT-La Verdad）を結成した。他方、サントゥチョらの分派はＰＲＴ「戦士」派（PRT-El Combatiente）を名乗った。ＰＲＴ「真実」派はその後、社会主義労働者党（ＰＳＴ：Partido Socialista de los Trabajadores）を結成した。

ＰＲＴ「戦士」派は第四回党大会において、権力掌握の中心的戦略として武装闘争を採用し、①革命は大陸的な反帝国主義・社会主義革命である、②産業プロレタリアートとその同盟者である都市小ブル・貧農を主体とする、③主要な矛盾は帝国主義および国内ブルジョアジーと労働者階層・貧困化した中間層・貧農との間に存在する等、目指すべき革命の性格規定を行った。

一九七〇年七月中旬にＰＲＴ中央委員会は再び三分裂したが、サントゥチョらの多数派は同年七月三〇日に第五回大会を開催し、「社会主義・労働者の革命戦争を開始するため」にＥＲＰ（人民革命軍）を結成した。毛沢東主義的な長期人民戦争論をとり、ゲバラ流のフォキズムをも採用した組織である。主要メンバーはマリオ・ロベルト・サントゥチョとその妻アナ・マリア・ビジャレアルのほか、ルイス・プハルス（Luis Enrique Pujals, 1941–1971）、エンリケ・ゴリアラン・メルロ（Enrique Haroldo Gorriarán Merlo, 1941–2006）、ベニト・ウルテアガ（Benito Jorge Urteaga, 1946–1976）、ドミンゴ・メンナ（Domingo Menna, 1947–1976）、ジョセ・ホエ・バクステル（José Joe Baxter, 1940–1973）、ホルヘ・カルロス・モリナ（Jorge Carlos Molina）らがいた。一九七三年以降は正規ゲリラ軍（大隊・中隊・小隊・分隊編成）の創設を目的とし、トゥクマン州、パラナ州、ブエノス・アイレス市などに中隊規模の武装部隊を編制した。

ＥＲＰが一九七四年末までに実行した主な活動には次のものがあった。

・**一九六九年初頭**……サントゥチョ率いる集団がベレン・デ・エスコバルの銀行を襲撃し、二一万三〇

○ドルを強奪。

・**一九七〇年九月**……ロサリオ州内の警察署を襲撃。

・**一九七二年三月一七日**……ペドロ・アガロティ全国憲兵長官の自宅を襲撃して同人を殺害。

・**一九七三年四月一〇日**……イタリア系企業家オベルダン・サジュストロを誘拐して殺害。

・**一九七三年四月三〇日**……エルメス・キハダ海軍提督を殺害。

・**一九七三年五月**……企業家アロン・ベイレンソンを誘拐し、一〇〇万ドルの身代金と交換して同人を解放。

・**一九七三年六月一八日**……米国人ジョン・トンプソンを誘拐し、三〇〇万ドルの身代金と交換して解放。

・**一九七三年九月六日**……ブエノス・アイレス市内の陸軍衛生本部を襲撃し、自動小銃一五〇丁と弾薬を強奪。

・**一九七三年一一月一五日**……トゥクマン市の小学校を占拠。

・**一九七三年一一月二九日**……コルドバ市の小学校を占拠。

・**一九七三年一二月六日**……エッソ精製所の支配人ビクトル・サムエルソンを誘拐し、翌七四年四月、身代金の一四五〇万ドルと交換に解放。

・**一九七四年一月一九日**……ゴリアランとウーゴ・イルルスン（Hugo Alfredo Irurzún, 1946–1980）が率いる兵士に変装した八〇人がブエノス・アイレス州のアスル兵営を襲撃し、監視所等を占拠。撤退の際に五人が死亡、一二人が逮捕された。

・**一九七四年四月三〇日**……エルメス・キハダ海軍提督を殺害。

・**一九七四年五月**……サントゥチョが指揮する集団がトゥクマン市を占拠、党旗を掲揚。

・**一九七四年七月一五日**……モントネロスが、ラヌッセ政権時代に内相であった急進党のアルトゥロ・モル・ロイグをレストランで暗殺。

・**一九七四年八月一一日**……ビジャマリア地区の弾薬工場とカタマルカの第一七空輸歩兵連隊駐屯地を同時攻撃。前者はイルルスンとファン・マヌエル・カリソ（Juan Manuel Carrizo, 1940–1976）が指揮し、内通者の手引きで実行。二人が死亡、九人が逮捕された。その後、第一七連隊と交戦し、弾薬が尽きた後に降伏したが九人が処刑され、「カピヤ・デ・ロサリオの虐殺（Masacre de Capilla del Rosario）」と呼ばれる。

・**一九七四年一二月一日**……「カピヤ・デ・ロサリオの虐殺」の報復のため、陸軍将校九人の殺害計画を立て、大尉一人を殺害。

・**一九七四年一二月**……カトリック教徒の大学哲学教授カルロス・アルベルト・サチェリを殺害。

ＥＲＰは、一九七三年三月実施の大統領選挙において選出されたペロン派のエクトル・ホセ・カンポラ（Héctor José Cámpora, 1909–1980）は反革命的な指導者に従属する脆弱な政府であると決めつけて武装闘争を継続したが、カンポラ政権に対しては休戦を維持した。しかし、一九七四年六月のペロンの帰国に際して後述の「エセイサの虐殺」が生じて以降、ペロン派内で反革命クーデターが発生していると情勢分析して武装闘争を再開した。

［5］ペロンの復帰とモントネロス

一九七〇年五月二九日にアランブル元大統領がモントネロスのコマンドによって拉致され、処刑される事件が発生した責任をとって六月にオンガニーアは退陣し、ロベルト・マルセーロ・レビングストン将軍（Roberto Marcelo Levingston, 1920–2015）が後を継いだ。レビングストンは前政権とは異なり、中小の民族資本家の保護に努めたが、一九七一年三月、アレハンドロ・ラヌーセ将軍（Alejandro Agustín Lanusse, 1918–1996）に取ってかわられた。ラヌーセは、ますます激化しつつある都市ゲリラ運動が国に深刻な亀裂を引き起こしていると判断し、ペロン派を含む国民に大同団結の必要性を主張して「大国民的合意（GAN：Gran Acuerdo Nacional）」を唱え、そのためにペロン派との和解を図った。同年四月には特使としてフランシスコ・コルセリをスペインに派遣して亡命中のペロンと会見させ、ペロン帰国を打診したほか、同年九月三日にはアランブル政権下で奪われていたエバ・ペロンの遺体をペロンに返還した。同年末には、モントネロスの密使がスペインにいたペロンと会合し、帰国への可能性を協議した。

そして、ラヌーセ政権は一九七三年三月一一日に実施された大統領選挙ではペロン自身の出馬こそ許さなかったが、一九五五年以降はじめてペロニスタ党が独自の大統領候補者を擁立することを認めた。このため、エクトル・ホセ・カンポラ、アントニオ・ベニテス、ホルヘ・アルベルト・タイアナの三名が候補者として取り沙汰されたが、最終的にはカンポラが出馬した。カンポラはペロン派を糾合したフスティシアリスタ解放戦線（FREJULI：Frente Justicialista de Liberación）から出馬したが、結果的には得票率は四九・五％しか獲得できず過半数に達しなかったため、二一・三％を得票して二位になった急進党のリカルド・バルビン（Ricardo Balbín, 1904–1981）との間で決選投票が行われるはずであったが、バルビンがカンポラの勝利を認めて決選投票への出馬を辞退したため、カンポラが大統領選挙に勝利した。

そして一九七三年五月二五日にカンポラ政権が成立し、一八年ぶりにペロニスタ政権が復活するが、カンポラはペロンの帰国実現を最大の任務として努力した。この結果、六月二〇日にペロンがスペインから帰国することになった。カンポラ政権は発足早々、一九六〇年代末以降のペロン派の左傾化を反映して、逮捕されていた多数のゲリラを釈放したり、外資系銀行の国有化に踏み切るなど思い切った政策を次々と打ち出していった。これは軍部のみならずペロン派内の中間派や右派に警戒心を抱かせ、ペロン派内部では左右の対立が激化していった。

この対立は、一九七三年六月二〇日、ブエノス・アイレス市のエセイサ空港で行われたペロン帰国歓迎集会においてペロン派同士の銃撃事件にまでエスカレートした。銃撃は、後に第三期ペロン政権において社会福祉相となり、ペロン死後はイサベル夫人を背後から操ったといわれるホセ・ロペス・レガ(José López Rega, 1916–1989)が、左派の群衆に向かって「トリプルA(アルゼンチン反共同盟、AAA：Alianza Anticomunista Argentina)」のような右派民兵集団に発砲させたことから始まり、ペロン派左右両派の相討ちとなる事件、いわゆる「エセイサの虐殺」に発展した。

ペロン派内部では、党内の融和を図る上でペロン本人の大統領就任を求める声が急速に高まった。こうした声に応じて七月一三日、カンポラは在職わずか四九日で辞任し、同年九月二三日に実施された大統領選挙では副大統領にイサベル夫人(マリア・エステラ・マルティネス、María Estela Martínez de Perón (Isabel Perón), 1931–)を従えたペロンが国民投票の六二%という高い支持を得て当選した。ペロンは一〇月一二日に大統領に就任したが、翌一九七四年七月一日に死亡した。ペロンは死の直前には、「元首不在法」を変更して、大統領選挙で二位となった急進党指導者のバルビンが後継大統領に就任することを望んだが、この望みは実現されず、副大統領であったイサベル夫人が昇格した。しかし一九七六年三月二四日、軍部のクーデターによってイサベル政権は打倒された。

ペロンは、モントネロスが武装闘争を激化させていることを批判して、一九七四年五月一日のメーデーの日に大統領官邸のバルコニーから五月広場に結集した群衆に向けて行った演説において、モントネロスを「愚か」「未熟」と表現してその路線を否定した。これにより、モントネロスはこの時点で、ペロン派の正式な武装組織としての地位を喪失した。

モントネロスがマルクス・レーニン主義系のＦＡＲ（革命軍）と合併したのが、ペロンが大統領選挙に勝利した直後であり、選挙の二日後の九月二五日にはＦＡＲがペロン派のＣＧＴ（労働総同盟）書記長であったホセ・イグナシオ・ルッシを待ち伏せ攻撃で殺害したことを考慮すれば、ペロンはモントネロスが武装闘争路線を強化し、さらに自分の子飼いであったＣＧＴ書記長を殺害したマルクス主義系の武装組織と合流したという事実に対して批判的になっていったと推定される。また、一九七四年九月八日にはイサベル大統領によって非合法化され、右派のロペス・レガに影響された主流派によってペロン派から放逐され、社会的孤立を深めることになり、一九七五年以降はモントネロスと同様にゲリラ闘争を実施していたＥＲＰ（人民革命軍）との連携を強化していくことになる。

一九七四年九月、ペロンの死の直前にモントネロスは、製粉業界の株主であったボーン兄弟を誘拐し、六〇〇〇万ドルの身代金を入手し、その一部はキューバおよびチェコスロバキアやスイス経由でフィルメニッチらの幹部に渡されたとされているが、詳細は現在も不明である。

［6］ゲリラ闘争の終焉

一九七五年一二月二八日にモントネロス幹部のロベルト・キエトが拉致され失踪したが、失踪後に重要なアジト数カ所が捜索を受けたことから、キエトが拷問の末に情報を提供させられた可能性が高いと判断され、キエトは失踪したまま規律審査にかけられ、同時に活動家が拷問にどのように耐えうるかという議論に発展した。

他方、モントネロスは一九七五年半ば、トゥクマン地方で作戦を展開するための準備に力を入れ、作戦基地となる倉庫などの確保に努め、現地在住の独身者からなる戦闘員四〇人を組織化した。一九七六年二月一三日、エル・カディヤル地区で陸軍部隊と戦闘となり、元陸軍司令官フリオ・ロドルフォ・アルソガライ中将の息子であるファン・カルロス・アルソガライら多数が戦死した。

ペロンの帰国後、軍事クーデターを経て、モントネロスがほぼ壊滅された一九七六年末までの間に、モントネロスが実行した主要な活動は次の通りである。

・**一九七五年三月一五日**……陸軍参謀本部のあるコロン広場でホルヘ・ラファエル・ビデラ将軍を狙った爆発事件が発生。大佐四人を含む負傷者。

・**一九七五年四月二三日**……三人のコマンドがロサリオ地区陸軍監視官のテレマコ・オヘダを殺害。

・**一九七五年七月**……道路封鎖、都市部の占拠、警察署の襲撃などの第二波攻撃開始。

・**一九七五年八月二二日**……全国各地で約一〇〇件の爆弾事件を実行。八月末から一〇月まで軍部を対象とした攻撃を実行。

・**一九七五年八月二八日**……トゥクマンのサン・ミゲル空港から空軍輸送機が離陸した際に滑走路に爆発物一五〇キロを仕掛け、搭乗中の憲兵一一四人のうち三五人が死傷。

・**一九七五年九月三日**……「ベルグラノ商運街道」を走行中の陸軍トラックを襲撃。

・**一九七五年九月一五日**……コルドバ州で退役警察将校を殺害。

・**一九七五年九月一五～一六日**……全国規模で爆弾闘争を展開。海軍の新造ミサイル駆逐艦「サンティシマ・トリニダ」を爆弾攻撃。

・**一九七五年一〇月五日**……フォルモサの陸軍第二九歩兵連隊を六〇人が襲撃。一六人が戦死、陸軍側は一二人が戦死し一九人が負傷。

・**一九七五年一〇月二四日**……メルセデス・ベンツ社のドイツ人生産部長のヘル・フランツ・メッツを誘拐して七〇〇万ドルを要求。
・**一九七五年一〇月二六日**……ブエノス・アイレス市内のサンイシドロ教会付近で警察車両を襲撃、警官五人死亡。
・**一九七五年一二月三日**……ラヌッセ政権期に連邦警察長官であったホルヘ・エステバン・カセレス・モニエ退役中将夫妻を殺害。
・**同日**……アルコン・デ・バンフィルド兵器工場を襲撃して自動小銃一五〇丁と拳銃一〇〇丁を強奪。
・**一九七六年二月二日**……五〇人がラ・プラタ州のファン・ブセティッチ警察学校を襲撃。
・**一九七六年二月**……トゥクマン州で第一四空輸歩兵連隊がモンネロス六五人を待ち伏せ攻撃、隊長のファン・カルロス・アルソガライが戦死。
・**一九七六年三月一三日**……コルドバ市で退役警官二人を殺害。軍事クーデターが発生した三月二四日までに警官一三人を殺害。
・**一九七六年四月一四日**……ブエノス・アイレス市内でパトカーを襲撃して警官三人を殺害。同日、クライスラー社支配人のホルヘ・ケニーと海軍大尉ホセ・ギジェルモ・ブルゴスを殺害。
・**一九七六年四月二六日**……トゥクマン市で陸軍退役大佐のアベル・エクトル・エリアスを殺害。
・**一九七六年六月二七日**……ロサリオ州内で警察車両二台を待ち伏せ攻撃して警官三人を殺害。
・**一九七六年七月二日**……連邦警察連邦治安局監視局で爆発物が爆発し二三人が死亡、六六人が負傷。
・**一九七六年八月一一日**……警官に変装したコマンドが陸軍伍長を殺害、第一四一通信大隊の車両に火炎瓶を投擲。
・**一九七六年八月一九日**……四人のコマンドがオマル・カルロス・アクティス将軍の自家用車を停めさせ

殺害。

- **一九七六年九月一二日**……ロサリオ州で警察車両に自動車爆弾を突っ込ませて三三人が負傷。
- **一九七六年九月二九日**……軍警がコマンド五人を殺害、幹部のマリア・ビクトリア・ワルシュが戦死。
- **一九七六年一〇月二日**……五月広場で行われていたパレード観閲中のビデラ陸軍司令官に爆発物を投擲したが、同司令官は無傷。
- **一九七六年一〇月八日**……フィアット社、メルセデス・ベンツ社、チボレー社の事務所に同時に爆弾投擲。
- **一九七六年一〇月一〇日**……コルドバ市内でルノー支配人のドミンゴ・ロサノを殺害。
- **一九七六年一〇月一六日**……軍所属の映画館に爆弾投擲、六〇人が負傷。
- **一九七六年一一月一〜三日**……ラサル社の重役五人の自宅をそれぞれ襲撃、クライスラー社の重役カルロス・ロベルト・ソウトを殺害。
- **一九七六年一一月九日**……ラ・プラタ市で警官隊を襲撃。消防士一人が死亡。
- **一九七六年一一月一六日**……四〇人のコマンドがブエノス・アイレス州アラナの警察署を襲撃したが、モントネロス側に多数の死亡者発生。
- **一九七六年一二月一六日**……軍所属の映画館に再び爆発物投擲。軍人と家族一四人が死亡、三〇人が負傷。
- **一九七八年八月一日**……ブエノス・アイレス市北部でアルマンド・ランブルスチニ海軍中将を殺害する目的で爆発物を仕掛け、三人死亡し一〇人が負傷。

このように、モントネロスの武装闘争は、一九七六年末にペロン派の基盤からも孤立した形で実行され、軍事独裁政権が掲げた「全国再編プロセス」の作戦下でほぼ抑え込まれた。軍事独裁政権は全国三四〇カ所の秘密収容所を基盤に誘拐、強制失踪、拷問を制度的に実行し、これらの作戦の中で幹部のカルロス・カリデ、カルロス・オベルト（Carlos Hobert, 1945–1976）、セルヒオ・プイグロス、ミゲル・サバラ・ロドリゲス、ロドルフォ・ワルシュが殺害され、フランシスコ・ウロンドは包囲されて服毒自殺した。一九七六年後半に指導部の多くのメンバーはメキシコに亡命し、メキシコから作戦を続行し、一九七八年一月にはキューバに避難し、その後ヨーロッパに移動した。一九七七年から一九八〇年の間にアルゼンチン国内で多くのモントネロスのメンバーが拉致・誘拐されて行方不明となった。駐アルゼンチン米国大使館は、最盛期のモントネロスの戦闘員は約二〇〇〇人であったと推定している。

他方、ERP（人民革命軍）も次のような活動を遂行したが、一九七六年中にほぼ壊滅された。

- **一九七五年一月二八日**……労働省地域局長アルマンド・カンシアニを待ち伏せて同人および警護を殺害。
- **一九七五年二月四日**……トゥクマンにおいてコンセプシオン労働組合の元指導者ロドルフォ・チャベスを待ち伏せて同人および警護三名を殺害。
- **一九七五年四月一三日**……ロサリオ州北部のフレイ・ルイス・ベルトランの第一二一大隊を攻撃、戦闘は一時間続き、ERP戦闘員二人と将校一人死亡、自動小銃一五〇丁を奪う。
- **一九七五年五月一一日**……トゥクマンで銃撃戦、下士官一人死亡。
- **一九七五年五月二八日**……マンチャラ地区でERP七〇人が陸軍部隊と銃撃戦、第五歩兵師団の指揮所を攻撃。
- **一九七五年八月二～一六日**……トゥクマン州でERPが陸軍部隊と交戦、二日には将校・兵士四人が負傷、五日には将校・下士官二人死亡、一二日にはロス・ドゥルセス地区でERPが第一二歩兵連隊と交戦、一六日にはラス・メサダス地区での戦闘でＥＲＰ戦闘員四人が死亡、軍側は下士官一人が死亡。

- **一九七五年九月三日**……ラ・プラタでブエノス・アイレス警察の情報局長アルフォンソ・ベルゲルを待ち伏せして殺害。
- **一九七五年九月四日**……トゥクマン州ポトレロ・ネグロで交戦、陸軍将校・兵士二人が死亡。
- **一九七五年九月一〇日**……トゥクマン州で警官一人を殺害。
- **一九七五年一〇月七〜八日**……トゥクマン州内で陸軍部隊と交戦、ＥＲＰの幹部ホルヘ・カルロス・モリナと副官が死亡。
- **一九七五年一〇月一七日**……トゥクマン州内のロス・ソサスで陸軍部隊を待ち伏せ、兵士四人死亡、将校・下士官二人負傷。
- **一九七五年一〇月二四日**……トゥクマン州内のフロンテリタス川で陸軍部隊と交戦、将校一人、兵士二人が死亡。
- **一九七五年一一月八日および一六日**……陸軍部隊と交戦、陸軍側は六人死亡。
- **一九七五年一二月**……トゥクマン州内のモンテ・チンゴロでＥＲＰが陸軍第六〇一大隊を攻撃したが、ＥＲＰ側は六一人死亡（うち三〇名は超法規的に殺害）、負傷者二五人は救出される。陸軍側は将校三人、兵士四人が死亡、三四人が負傷。
- **一九七五年一二月三〇日**……陸軍細胞本部内で爆発事件発生、一人死亡、九人負傷。
- **一九七六年三月初旬**……トゥクマン州内での劣勢挽回のためＥＲＰが展開したが、陸軍部隊によって壊滅される。
- **一九七六年四月中旬**……陸軍第四空輸旅団がコルドバ州内で作戦を実施、ＥＲＰ側では三〇〇人が失踪状態に。

・一九七六年七月一九日……ブエノス・アイレス市内のビジャ・マルテリ地区の部屋を治安部隊が急襲、ERP最高幹部のサントゥチョとベニト・ウルテアガが死亡、リリアナ・デルフィノ、フェルナンド・ゲルテル、アナ・マリア・ランシロットが逮捕されたが、その後殺害された。ERP関係者三九五人の名簿が押収され、彼らの大多数が一九七六年から七七年に死亡。治安当局はその神話化をおそれてサントゥチョの遺体を隠した。

このようにして、ERPは最高指導者であったサントゥチョの戦死を経て、一九七六年中に組織的にほぼ壊滅され、その後ルイス・マティニ（Luis Mattini, 1941–）に代表されるグループと、ゴリアラン・メルロ（Enrique Haroldo Gorriarán Merlo, 1941–2006）に代表されるグループに分裂した。一九七九年に開催された第六回党大会でERPの解散が決定され、メルロらはニカラグアに赴き、サンディニスタ民族解放戦線（FSLN）の戦列に加わった。メルロは、FSLNの政権樹立後はソモサ追及メンバーとなり、その後アルゼンチンに入国して北部でゲリラ部隊を再建したが、マルビナス戦争（フォークランド紛争、一九八二年）後これを解散し、合法路線に転換した。

［7］ おわりに

アルゼンチンにおいて一九六八年に始まった武装組織の登場とその後の本格的な武装闘争の背景には、一九六〇年代のラテンアメリカ諸国に共通の影響を与えた二つの出来事がある。一つは一九五九年一月に達成されたキューバ革命とキューバを中心として組織されたラテンアメリカ連帯機構（OLAS）の影響であり、もう一つは一九六二年にバチカン公会議の精神の延長線上で一九六八年八月にメデジンで開催されたラテンアメリカ司教会議に象徴される「解放の神学」派の聖職者の動向である。モントネロスとPRT（革命的労働者党）の武装闘争路線には、一九六七年八月にハバナで開催されたOLASの影響が見られ、他方、FAP（ペロニスタ武装勢力）やモントネロスの創設者には、「第三世界司祭運動（MSTM）」における「解放の神学」派の聖職者の影響が見られた。

このようにキューバ革命や「解放の神学」の影響を受けて軍事政権に対する武装闘争を開始し、さらにはペロンの復帰後はペロンの保守化を批判して武装闘争を継続した人々には、学生運動経験者など中間層出身者が、労働者層以上に多く見られた。したがって、武装闘争に象徴されるアルゼンチンの「一九六八年」は、アルゼンチンにおける資本主義的発展段階における社会格差の拡大という現象の下で、経済的困窮に陥ると同時に政治的自由を剝奪された中間層の社会的不満が反映された年であったと言えよう。

ラテンアメリカにおいて、一九六〇年代末から一九七〇年代前半に左翼武装組織による武装闘争が本格化した国として、ブラジル、ウルグアイ、アルゼンチンの三カ国が挙げられるが、とくにアルゼンチンは左翼組織側の武装闘争と軍事政権側の弾圧が熾烈なものとなり、内線に近い状態となった国である。武装闘争の主体は中間層出身の学生運動経験者が多かったが、弾圧により多くのメンバーが殺害され、軍事政権下での人権侵害による被害者は三万人にも達したといわれる。その大半は、労働運動活動家層と並んで学生・知識人の中間層出身者が多かった。

アルゼンチンにおける一九六〇年代末からの左翼武装組織による武装闘争が熾烈になった理由としては、ペロニズムという特異な政治運動の存在という特殊な理由があると考えられる。資本主義体制の打倒を目指したERP（人民革命軍）とは異なって、モントネロスは元ペロン派の武装組織として結成され、その後種々の小グループが合流したことで、イデオロギー的な凝縮性を薄めることになるが、その武装闘争路線をペロンによって批判されたことから反体制的姿勢を強めて現行国家体制自体に挑戦する傾向を強め、ＥＲＰの動向ともあわさって、武力闘争が熾烈をきわめるものとなったと考えられる。そして、その背景には一九六〇年代の軍事政権下における社会格差の拡大という現象があり、その結果、中間層の社会的不満が高まっていたという事実があった。その意味で、アルゼンチンにおいて生じた現象は、他のラテンアメリカ諸国には見られない現象であったが、他のラテンアメリカ諸国と同様に周辺部資本主義社会における資本主義的発展の中で生じた中間層の問題であるという点で、中間層論の視点から改めて再検証すべき問題であると考えられる。

第9章 ウルグアイ 1968

El Diario

GUARDAN DE REHEN A PEREIRA REVERBEL LOS TUPAMAROS

EL GOBIERNO NO ACEPTARA CANJE

ANTES DEL SECUESTRO

SOLARES

En ELECTRO AVENIDA
TEM
Todo financiado y CONGELADO
PRECIO DE CONTADO EN 10 MESES
CREDITOS EN 48 HORAS
ELECTRO AVENIDA
ABIERTO AL MEDIODIA

トゥパマロスによる誘拐事件を報じる新聞記事（1968年）

一九六〇年代から七〇年代にかけて、ラテンアメリカにおいて武装組織による都市ゲリラ闘争が顕著に見られた国として、既述したブラジル、アルゼンチンのほか、ウルグアイが挙げられる。ブラジル、アルゼンチンの二大国に挟まれた小国ウルグアイは、一九二〇年代には「南米のスイス」とも呼ばれる「福祉国家」を築き、民主国家への道を順調に歩んでいたが、都市部中間層の増大とは裏腹に、社会・経済構造の歪みは増大していく一方であった。

一九五〇年代に経済・財政面での危機が顕在化していく中、大土地所有制の下で無権利状態に置かれたサトウキビ労働者の組織化を進めていた社会主義者のラウル・センディクに率いられたグループは、一九六〇年代に入るとキューバ革命の影響下で武装ゲリラ闘争を開始した。そして、「トゥパマロス民族解放運動」を名乗り、一九六〇年代半ばから一九七〇年代にかけて、政府要人の誘拐や外国企業への襲撃といった過激な戦術を用いた闘争を繰り広げた。

本章では、ウルグアイ史を概観しつつ、「一九六八年」の前後の時期におけるトゥパマロスの活動を振り返り、ラテンアメリカ一九六八年同時代史を論ずる本書の一章として、世界史の中にその意味を位置づけることを試みる。

[1] ウルグアイの独立

一八一〇年五月二五日にラ・プラタ地方の中心であるブエノス・アイレスで五月革命と呼ばれた武装蜂起が勃発し、ラ・プラタ副王を追放した。翌一八一一年から共和主義者で連邦派のカウディーリョ（地方ボス）であったホセ・ヘルバシオ・アルティーガス・アルナル（1764–1850）によって、現ウルグアイ地方のスペインに対する独立戦争が始まった。同年にブエノス・アイレスと呼応してラス・ピエドラスの戦いでスペイン王統派軍を破った後、アルティーガスはラ・プラタ川東岸であるバンダ・オリエンタル地方を東方州に組織し直し、連邦同盟を結成して、貿易の独占を求めるブエノス・アイレスの中央集権派と戦ったが、一八一六年にブラジルにポルトガル軍が侵攻してバンダ・オリエンタル地方の全土を占領した。アルティーガスらはゲリラ戦を展開して抵抗したが、一八二〇年にアルティーガスは最終的な敗北を喫してパラグアイに亡命した。

その後、バンダ・オリエンタルはブラジルに併合され、「シスプラチナ州（ラ・プラタ川手前の州の意）」と改称された。しかし、東方州からの亡命者や、連邦同盟に属していたラ・プラタ連合州のリトラル諸州の連邦派の間に東方州からの奪還を求める声が強まり、ブエノス・アイレス政府もその声を無視することができなくなる。ブラジル帝国とラ・プラタ連合州との係争地帯になったバンダ・オリエンタルに、一八二五年にラ・プラタ連合州に亡命していたアルティーガスの副官であったフアン・アントニオ・ラバジェハ・イ・デ・ラ・トーレ将軍（1784–1853）が三三人の東方出身者を率いて上陸し、ブラジルからの独立とラ・プラタ連合州への再編入を求めて独立戦争を再開した。この五〇〇日戦争ではラ・プラタ連合州は連邦派と統一派などの立場の違いを乗り越えてラバジェハ軍を支援し、ラバジェハ将軍は多くの人々の支持を得て、戦況はラ・プラタ連合州に有利に進んだ。

しかし、戦争中に国内政策を誤ったベルネルディーノ・デ・ラ・トリニダ・ゴンサレス・リバダビア・イ・リバダビア大統領（1780–1845）が失脚すると、以後、大統領職は空位となり、連邦派のブエノス・アイレス州知事であったマヌエル・クリスペプロ・ベルナベ・ドレーゴ（1787–1828）がその後の戦争指導にあたった。しかし、ドレーゴ知事の指導力は低下し、アルゼンチンは有利な戦況を講和に活かすことができなかった。その結果、一八二八年八月二七日にアルゼンチン勢力が伸長することを望まないイギリスの仲介により、ブラジルとアルゼンチンの間でモンテビデオ条約が結ばれ、バンダ・オリエンタルは「ウルグアイ東方共和国」として独立を果たした。

独立後は、一八三九年にリベラ政権によるアルゼンチンへの宣戦布告によって対アルゼンチン戦争が始まった。アルゼンチンと結んだ元大統領のマヌエル・セフェリーノ・オリベ・イ・ビアナ(1792–1857)がモンテビデオを包囲したが、最終的にはフスト・ホセ・デ・ウルキサ(1792–1857)の寝返りにより、戦争は一八五二年にアルゼンチンでファン・マヌエル・デ・ロサス(1793–1877)が失脚することによって終焉する。

この戦争に表されたように、ブラジルとアルゼンチンとの対立の中で、両国の力関係次第でコロラド党(親ブラジル自由主義派、Partido Colorado)とブランコ党(保守派、国民党:Partido Nacional)が対立し合う政情不安が続いた。

しかし、パラグアイとの三国同盟戦争が終わると、緩衝国家の必要性を痛感したブラジル、アルゼンチン両国が政策を転換したため、ウルグアイへの内政干渉は和らぎ、その後、多くのヨーロッパからの移民が渡来すると、一九世紀後半に畜産業が発展し、鉄道網も拡大して経済は繁栄に向かった。政治的にはブランコ党とコロラド党の二大政党制が定着したが、両党間で内戦が頻発するなど政治的安定性は十分に確立されなかった。

[2] ウルグアイの近代化

一八九〇年にウルグアイでは一四年にわたった軍政が終焉し、コロラド党のフリオ・エレラ・イ・オバス政権が誕生したが、この年に始まった経済危機に適切に対処できず、また露骨な選挙干渉が、反対党のブランコ党はもとより自党内からも批判を招いた。その後を継いだ同党のファン・イディアルデ・ボルダ政権（一八九四～九七年）も選挙干渉を繰り返すのではないかと危惧したブランコ党は、一八九六年一一月に実施された議会選挙をボイコットするとともに、翌一八九七年三月にアパリシオ・サラビアらの指導の下に武装蜂起した。

この反乱の最中の一八九七年八月に大統領イディアルデ・ボルダが暗殺されると、上院議長ファン・リンドルフォ・クエスタスは、力による弾圧政策を改め、同年九月に全国一九県のうち六県の支配をブランコ党に認めることを条件にブランコ党と和解し、反乱を収束させた。この種の「共同統治」の試みは、共同統治というよりはむしろ分割統治にほかならず、国家的統一を損なうとの批判も少なくなかった。

コロラド党の中のそのような批判派の急先鋒が、ホセ・バッジェ・イ・オルドニェス（José Batlle y Ordóñez, 1856–1929）であった。バッジェが一九〇三年三月に大統領に就任すると、一八九七年の協定が十分遵守されていないとみたブランコ党はサラビアの指導の下に、一九〇三年と翌年の二度にわたって反乱を試みた。一回目は一週間たらずでバッジェ政権と和解したが、二回目の反乱は長期化し、反乱軍が首都モンテビデオ市の目睫《もくしょう》に迫り、政府を窮地に陥れた。しかしバッジェはよく防戦し、九月のマンジェールの戦いでサラビアが戦死してからは政府軍が完全に優位に立ち、一九〇四年九月に政府軍はようやく反乱軍との講和に成功した。この勝利により、コロラド党指導者としてのバッジェの威信はゆるぎないものとなり、一方、ブランコ党の勢力は一時的にせよ著しく弱められた。こうして、バッジェがその独自の改革を実施するのに格好な舞台がはからずも整えられた。

まず第一期（一九〇三～〇七年）にバッジェは、中等教育の増設、国内産業保護のために、砂糖大根の生産奨励や繊維産業の振興を図り、国家公務員のための年金法（一九〇四年）を制定した。またバッジェ政権期に提案し、次期のクラウディオ・ウィリマン政権期（一九〇七〜一一年）に成立した重要な法案としては「離婚法」（一九〇七年）がある。カトリック教会の強い抵抗を排して制定された、ラテンアメリカでは最も早い離婚法であった。

続いて第二期（一九一一〜一五年）にバッジェは、さらに広範な改革を手がけた。改革は次の三つに大別される。第一は福祉政策および労働者保護立法である。早くも一九〇六年にバッジェは八時間労働法を議会に提出していたが、当時は時期尚早として反対が強く、成立するに至らなかった。しかし、一九〇七年から一九一一年初めまでヨーロッパで過ごしたバッジェは、労働運動の高揚が社会不安を生み出す一因となっていることを目のあたりにして、二期目には社会不安を未然に防ぐために労働者の保護に一層力を入れた。一九一一年六月には八時間労働法を再提出して一九一五年に成立させ、一九一四年に提出した老齢者年金法も一九二〇年に法制化された。労働災害法（一九二〇年）、農業労働者低賃金法（一九二三年）も、バッジェのイニシアティブに基づくものであったし、これら一連の法令が成立した結果、ウルグアイは一躍、南米で最も進歩的な福祉国家へと変貌を遂げた。

改革の第二の柱は、経済的ナショナリズム、とくに主要産業を外国資本から国家の手に移すことであった。バッジェは、公共事業は国家によって国民に廉価で提供されるべきだとして、一九一二年には電力産業の国有化に踏み切った。さらに銀行や保険業を国家の管理下に置き、イギリス系鉄道に対して国有化こそ実施しなかったが、国家による規制を強化した。

第三の柱は、政治制度の改革であった。とくに最も特徴的であったのは大統領制に代わる複数行政制度の導入であった。ウルグアイでは独立直後からコロラド党とブランコ党の間に確執が絶えず、政治家の犠牲者も多く出た。バッジェはこのような抗争を生む主因が、大統領に広範な権限が集中していることにあると見た。大統領がその権限を濫用して独裁に走りがちとなるため、反対派に残された道は大統領を打倒するための実力行使しかないと考えられる傾向があった。このような欠陥を是正するためには、行政権を大統領個人から分散して、コロラド、ブランコ両党から選出された複数の行政委員に委ね、これによって、両党間に新しいタイプの共同統治システムが確立される。これがバッジェの複数代表制度論の骨子だったが、この計画が一九一一年に公表されると、与野党から、複数行政代表制は国の政治的伝統になじまない、あるいは、行政の能率が低下するといった批判が相次いで出された。バッジェは反対派を説得して一九一七年に開催された制憲議会で可決に成功し、一九一八年一月に新憲法が公布された。この一九一八年憲法ではバッジェの原案とは異なり、大統領制は廃止されず、行政権は国防・外交・国内秩序などを司る大統領と、財政・教育を担当し、九名の委員からなる国家行政委員会に二分されることにとどまったが、行政権の分割というバッジェの狙いはある程度具体化された。

［3］　第二次世界大戦後

第二次世界大戦後、大統領制を廃止して国家執政委員会を敷くなど、民主国家への道を順調に歩んでいたウルグアイは、一九五〇年代後半になると、農牧産品輸出の減少と工業化の行き詰まりなどから経済や財政面での危機に見舞われ始めた。経済危機のあおりを受けて、国民の不満も徐々に高まりつつあった。一九五八年の選挙でコロラド党が敗れ、九三年ぶりにブランコ党が政権を掌握したのも、こうした国民の不満を物語るものであった。また、コロラド党やブランコ党による支配にあきたらずに社会の抜本的改革を目指す動きも芽生えてきた。その一つが、一九五九年一月に達成されたキューバ革命の影響を受けて組織された「トゥパマロス民族解放運動」であった。

一九五〇年代におけるウルグアイの「安定」は、二つの虚構によって成り立っていた。第一は、一〇〇年におよぶコロラド党とブランコ党という二大政党の政治における圧倒的な力である。独立から一八六五年に至るまで大土地所有者の利害を代表する旧スペイン移民系のブランコ党と商業資本の利害を代表する旧イタリア系のコロラド党による内戦を経験し、コロラド党が一九五八年にまで至る長期の政権を担当した後も、事実上の内乱は終わらなかった。

この分裂は、二〇世紀初頭に、コロラド党の大統領ホセ・バッジェ・イ・オルドニェスの出現によって緩和された。強い反共精神と社会改革の理想とを結合させるために、バッジェは両党を和解させ、「福祉国家」の建設を促進した。しかしながら、工業化政策は等閑視され、土地所有構造の変革も軽視された。このバッジェの理念は一九五一年に奇妙な多数大統領制として定着した。国民投票によって大統領が選ばれ、相対的多数の票を集めた党が六名、少数党が三名の執政委員籍を分け合い、そのうち四名が大統領任期四年間の一年ずつ、議長の地位を担当した。この制度はコロラド党とブランコ党の共同支配にのみ奉仕するものであり、その他の反対政党は完全に権力への道を閉ざされた。この制度は一九六七年にコロラド党のオスカル・ヘスティド（Oscar Diego Gestido Pose, 1901–1967）が大統領になるまで続いた。

第二は、経済面の虚構である。ウルグアイ経済の基本部門は牧畜であり、輸出の大部分は牧畜産品と食料用農産物で占められていた。第二次世界大戦と朝鮮戦争による輸出の好調が「福祉国家」の物質的基盤を与えた。繊維、食品加工、電力等のセクターがそれに伴って急速に発展し、都市部への人口集中と中間層の増加を促した。しかし、この「繁栄」は石油を除き、例外なく襲った一九五〇年代後半から一九六〇年代初頭にかけての輸出価格低落と数量増加上の困難にあって、たちまち終焉した。成長率は急激に下降し、インフレが猛威をふるい、国際収支の赤字は増加する一方であった。このような経済的困難はウルグアイ・ペソの対外価値の減少に集約的に現れた。一九五九年、ドルとペソとの交換比率は一対六であった。しかし、一九六五年には一対五六、一九六七年には一対二〇〇、一九七〇年には一対四〇〇までになった。一九六〇年代後半には経済的危機は政治的危機へと転化した。国際収支危機を緩和するためにウルグアイ政府はＩＭＦや米州開発銀行等より多額の融資を受け、米国民間資本の流入を促進したが、このことが民族主義をも刺激した。国営企業・公務員労働者を中心とする労働者階層は、インフレによる生活費高騰の圧迫に抗してストライキと街頭デモで闘いを開始した。

ヘスティドの急死によって一九六七年一二月に大統領に就任したホルヘ・パチェコ・アレコ（Jorge Pacheco Areco, 1920–1998）は、大衆運動の徹底的な弾圧と左翼諸党派への攻撃を企て、「福祉国家」の「警察国家」への転化を成し遂げた。非常事態宣言、大学キャンパスの制圧、急進的出版物の発禁、大量逮捕、これらがパチェコ・アレコ政権の路線であった。

［4］トゥパマロス

このような闘争の激化は、内陸部にあって貧困と飢餓、そして大土地所有者の絶対的権力の下での圧制にあえいでいた農民にも影響を与えた。元社会党員で一九五〇年代にサトウキビ労働者の組織化にあたっていたラウル・センディク（Raúl Sendic Antonaccio, 1925–1989）によって創始された「トゥパマロス民族解放運動（ＭＬＮＴ：Movimiento de Liberación Nacional-Tupamaros）」は、一九六三年七月にコロニア市の射撃クラブを襲撃して自動小銃を捕獲したのを皮切りに、都市部において政府要人の誘拐や外国企業への襲撃といった神出鬼没なゲリラ闘争を展開し、現状に不満を抱く中間層や労働者の間から徐々に支持を獲得していった。

当時、この武器の強奪はきわめて多様な反響を呼んだ。新聞は、代議制民主主義の好例と見られてきたウルグアイ社会に破壊活動が出現したことを強調し、他方で事件を強盗事件に矮小化した。他方、伝統的左翼は、この行動を「挑発」と非難した。警察は、射撃クラブ襲撃の犯人はラウル・センディクやその他の左翼活動家だと認めたが、逮捕はできなかった。センディクはウルグアイ社会党のメンバーとして、すでに一九六〇年代以前から農村地帯での政治・組織工作に力を注いでいた。伝統的に都市部に活動を集中してきた左翼諸組織は、農村地帯をほとんど無視してきた。センディクは、農村での最も典型的な「ペルード（砂糖労働者層 Peludo）」を活動の対象としてきた。

センディクは、弁護士資格を有していたため、政治的・組織的課題だけに活動を限定しなかった。彼は、労働者の信頼を勝ち取り、彼らの問題を自分のものとし、労働者の言葉を語るために唯一の途は、彼らの生活と労働に自分を溶け込ませることであると考えた。それゆえに、センディクは「ペルード」になった。

センディクは、パイサンドゥ県の砂糖甜菜《てんさい》労働者とサルト県のサトウキビ労働者を動員し組織した後、ブラジルとアルゼンチン両国に近い最北部のアルティガス県で、米系企業ＣＡＩＮＳＡにサトウキビを供給する農園労働者からなるアルティガス砂糖労働者組合（ＵＴＡＡ：Unión de Trabajadores Azucareros de Artigas）を結成した。ＵＴＡＡを通じて、砂糖労働者たちは砂糖会社や政府の怠慢・怠惰、労働者組織の不在、アルティガスの農園の悲惨な生活・労働条件を訴えた。センディクの指導によってサトウキビ労働者たちは、自分たちの合法的な権利のための闘争は、①企業にその責任がある非人間的な状況にある生活・健康条件の改善、②既存の社会立法が完全に見落としてきた婦人・児童の保護法の制定、③サトウキビ労働が季節労働であるために一年の半分以上の間サトウキビ労働者が失業に苦しむ「農業労働の季節的変動という特徴」の問題を、国民に知らしめていく広範な途に至る第一歩でしかないことを理解した。

一九六二年五月一日にセンディクは、首都モンテビデオに向けた第一回目の「ペルードたちの行進」を組織した。UTAAに属する労働者たちは、妻や子供たちを連れて、アルティガスから首都モンテビデオまで六〇〇キロ以上を歩いた。彼らは、自分たちの問題を大衆的に明らかにし、「働くための土地」を要求することを企図し、アルティガス県で実質的に放棄されていた広大な面積の土地の収用を要求した。このサトウキビ労働者の運動が、トゥパマロスの発生源であるとみなされている。センディクのペルードたちに対する人格的同一化、ペルードたちの首都への行進、彼らの土地要求は、トゥパマロスの誕生と活動の展開を導くことになる徴候であった［Góngora 2007: 53］。

センディクが率いたグループは、当初はウルグアイ社会党の武装部門として活動していたと理解されている。同党は中間層の中の一部のナショナリストと連合して選挙で活動し、失敗したばかりであった。センディクと社会党の協力関係は長続きしなかった。

トゥパマロスが組織的に出発した段階では二〇人ほどであった。一九六五年にトゥパマロスが公然と姿を現し、モンテビデオの街頭の壁に貼り付けられたポスターがトゥパマロスの名を宣伝し始めるまでは、トゥパマロスの名は知られていなかった。

トゥパマロスの名は、一七八〇年にペルーのクスコ県内の山岳部南部で植民地体制による圧政に抗議して蜂起したガブリエル・コンドルカンキ（José Gabriel Condorcanqui Noguera, 1742–1781）が、インカ皇室の末裔であるとして、インカ最後の皇帝トゥパク・アマル（Túpac Amaru, 1545–1572）二世を名乗ったことを継承し、一九世紀のウルグアイで都市に住む不在地主による寡頭制支配を拒んだホセ・アルティガス（José Gervasio Artigas Arnal, 1764–1850）の率いるガウチョ（牧童）たちの武装部隊の残党を呼んだ名「トゥパマロス」に由来する。

一九六五年以後、トゥパマロスは警察幹部、放送局、米系企業などへの攻撃を次々に遂行していった。

一九六六年一二月には、トゥパマロスが新しい拠点に物資を搬入していた時に警察との偶発的な衝突が発生した。この銃撃戦で、トゥパマロスのメンバーであったマリオ・ロバイナ（Mario Robaina）が殺害された。その直後に発生した銃撃戦ではカルロス・フロレス（Carlos Flores）が殺害された。

トゥパマロスの活動で最も代表的となった事件は、一九六八年八月七日に起きた治安部隊コマンドのウリエル・ペレイラ・レベルベル（Ulysses Pereira Reverbel, 1917–2001）の誘拐事件と、翌六九年三月四日に実行された政府高官御用達のカジノ「サン・ラファエル」襲撃事件である。ペレイラ・レベルベルは、パチェコ・アレコ大統領の親友であり、同政権の強硬路線の立案者であった。MLNTは犯行現場に、「ペレイラ・レベルベルはMLNTによって拘留された」と書かれたコミュニケを置いた。「サン・ラファエル」襲撃事件では、トゥパマロスは公表した声明文において、「ブルジョア所有物をわれわれが所持しなければならないという意味と労働者の所有になるところのものとの間に明確な区別を設けなければならない。前者は疑いなく労働者からの搾取によって肥え太った悪しき所有物であり、後者は個々の努力と個別労働の成果である。（中略）したがって、ブルジョアの所有はわれわれが資金源として持つ当然の資源であり、何らかの再分配をせずにブルジョアの所有物を獲得する権利をわれわれは有している」と資金奪取を正当化した［崎山 2010: 86］。

トゥパマロスの活動が頂点に達したのは一九七〇〜七一年であった。当時、トゥパマロスは誘拐した人物を監禁する施設を「人民監獄」と称して設置し、誘拐活動を継続した。センディクは一九七一年八月七日に逮捕されてプンタ・カレタス刑務所に収容され、翌七一年九月六日に他のトゥパマロスのメンバー一〇〇名と集団脱走したが、翌年九月に逮捕された。

トゥパマロスは、一九七〇年に「世論へのマニフェスト」を公表したが、その中で「祖国は、昨日までわれわれの槍の先にナイフがつけられていたのと同様に、現在は隠された武器を目の前にしている。

（中略）わが国の問題は、土地が一握りの特権的な人々のためではなく、社会のために奉仕するようになった時、生産されるべき豊かさが人民の必要性に奉仕するようになった時、アルティガスが一五〇年前に望んだように、土地がより不幸な人々に奉仕するようになった時に解決される。銀行、産業、商業の独占的な資本が一掃された時、これらのわが国経済の重要な三部門が労働者と人民に奉仕するようになった時に解決される」と表現されていた。また、一九七一年に公表した「政府綱領」においてトゥパマロスは、農地改革のほか、産業、商業、資金供与、都市改革の計画を提起し、さらなる収用の必要性、競争を一掃するための計画化、労働・教育・公共衛生の法規の改正、司法の有効化、人民への武器の分配を提起した［Góngora 2007: 68–69］。

経済危機の進行に伴う社会不安の増大に加えて、トゥパマロスの活動を抑えるには行政の側の敏速な対応が必要とされたが、九名の合議制からなる国家執政委員会の非効率はあまりに明らかであった。このため、執政委員会制は一九六六年の憲法改正によりその廃止が決定され、一九六七年三月にはコロラド党のオスカル・ヘスティドが大統領に就任し、ウルグアイが誇った複数行政制度もここに潰え去った。しかし、ウルグアイの抱えた困難はこのような政治制度の変更だけで解消されるほど生易しいものではなかった。失業者の増大など社会・経済問題はますます深刻化し、一九六五～六九年には労働争議が頻発した。一九七一年の大統領選挙では伝統政党にあきたらない諸勢力を結集した「拡大戦線（Frente Amplio）」の得票率が全国で一八％、首都モンテビデオでは三一％にも達した。この事実は、国民の間に既存の体制に対する不満が高まりつつあることを物語っていた。「拡大戦線」は、同年二月五日に社会党、共産党、キリスト教民主党（ＰＤＣ：Partido Demócrata Cristiano）、コロラド党左派のプレゴン運動等、ブランコ党左派の拡大戦線人民運動等、左派・中道左派の連合勢力として結成された。

しかし、この選挙で「拡大戦線」が勝利できなかったため、トゥパマロスは戦術を一層エスカレートさせ、選挙後一カ月たらずのうちに、タクシー会社から無線機を強奪したり、警察を主な標的とした襲撃を繰り返した。一九七一年の大統領選挙で当選したコロラド党のファン・マリア・ボルダベリー(Juan María Bordaberry Arocena, 1928–2011)は、一九七二年三月に大統領に就任すると、トゥパマロスとの抗争に全力をあげ、四月一五日には内戦状態を宣言し、軍隊の大量投入に踏み切った。それまで政府の弾圧をうまく逃れてきたトゥパマロスも、軍との直接対決では劣勢をまぬがれず、一九七二年九月にはセンディクをはじめとする主な幹部が相次いで逮捕され、同年末までに組織はほぼ壊滅状態に陥った。

［5］トゥパマロスの鎮圧と軍部の台頭

このようにボルダベリー政権は、軍部に依存することでトゥパマロスの鎮圧に成功したが、左翼の過激主義を制したのと引き換えに、ウルグアイの民主体制は高い代償を支払わされることになった。トゥパマロスの鎮圧を通して政治的発言力を高めた軍部が政治への介入を強め、最終的には実質的な軍政を樹立した。すなわち、一九七三年二月、陸軍大臣の任命をめぐって大統領と対立した軍部は、ボルダベリーに陸海空三軍の司令官メンバーを含む国家安全保障審議会の設置を要求し、ついに二月二三日にそれを認めさせた。この結果、大統領の権限が少なからず国家安全保障審議会に委譲され、ここに軍部の政治介入がはじめて制度化された。しかしながら議会内では、この新制度への反対が根強く、この点を察知したボルダベリーは一九七三年六月に軍の支持を得て国会と地方議会を閉鎖し、民主体制を事実上停止させた。さらに一九七六年六月一二日にはボルダベリー自身が、軍部によって大統領の座を追われ、ここに軍事独裁体制がほぼ完成された。このように、ウルグアイではアルゼンチンとは異なり、なしくずし的に軍政へと移行したが、一九七三年以降の実質的な軍政が労働運動などを厳しく弾圧する一方で、テクノクラートを登用し、外資依存型の工業化を志向した点で、「官僚主義的権威主義体制」と呼ぶことができる。一九七六年にはアパリシオ・メンデスが大統領に就任し、ミルトン・フリードマンのシカゴ学派に影響を受けた新自由主義的な経済政策の下で経済を回復しようとしたが、一方で治安組織の要員が多数を占める異常な警察国家体制によって、左翼系あるいは政治活動に無関係の市民への弾圧を強化した。

一九六六年から一九七二年の間に治安当局はトゥパマロスのメンバーの構成に関して、①判明している三三六人の職業構成は学生二九・五%、専門・技術職三二・四%、労働者三二・四%、その他五・七%、②判明している五一五人の平均年齢は二七・一歳、中央値は三四・四歳、③判明している六一八人の男女比は男性七四・六%、女性二五・四%であったと公表した[崎山 2010: 88]。①から、メンバーの約七〇%が中間層であったと判断される。したがって、トゥパマロスは中間層の政治的・社会的不満を表現した運動であったと考えることができよう。

その後、一九八五年の民政移管に伴ってトゥパマロスは合法路線に転じ、一九八九年には「拡大戦線」に加盟した。二〇〇九年一一月二九日に実施された大統領選挙において、「拡大戦線」の公認候補として立候補した元トゥパマロス党員のホセ・ムヒカが勝利し、二〇一〇年三月一日に大統領に就任した。

終章

「1968年現象」と中間層

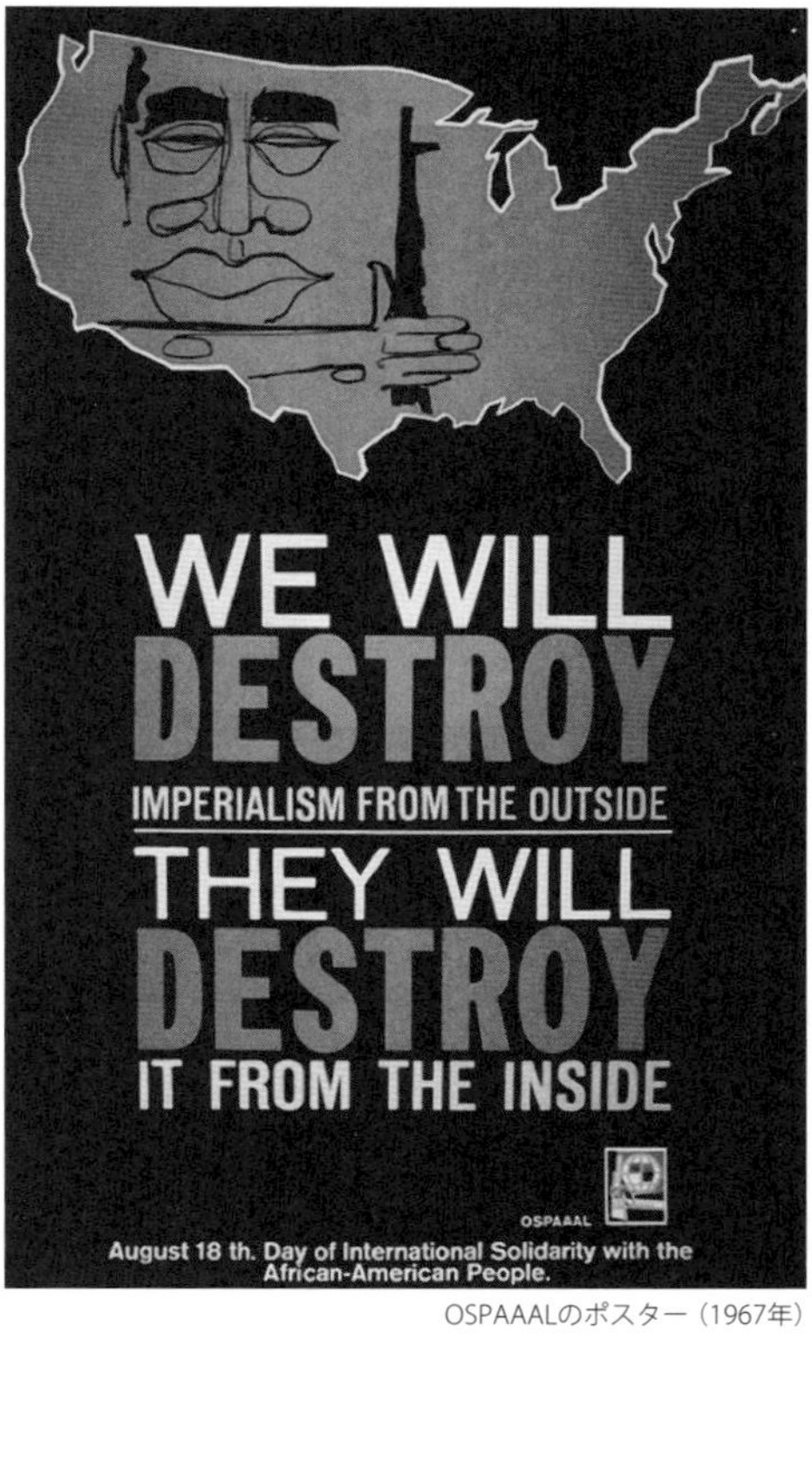

OSPAAALのポスター（1967年）

〔1〕一九六〇年代の中間層論

「中間層」の問題を論じる場合、まず資本主義社会における「階級論」と「中間層」の関係について、明確にしておく必要があろう。

「階級論」を初めて理論的に論じたのはマルクスであったが、川井修治の『マルクス主義階級理論と現代社会』によれば、マルクスの「階級論」は次の七点に要約しうる［川井 1986: 10–24］。

(1) 階級の決定要因は収入や収入源泉、あるいは財産の大きさや職業の区別に求められるのではなく、「生産関係上の同一」、換言すれば「生産手段の所有・非所有関係」に求められる。

(2) 生産手段の所有によって打ち立てられた経済的支配力は、政治や思想などを含む社会全般の領域を含む支配にもおよぶものである。

(3) 基本的には相対立する二大階級が存在し、その間に介在する中間階級はやがて二大階級のうちに吸収され、消滅する。

(4) 階級は単に客観的に存在するにとどまらず、主観的に階級意識を持ち、実践的に階級闘争を遂行する段階にまで成長すべきものである。

(5) 階級形成が進行するにつれて、同一階級内における異質性が減少し、同一性・統一性が増大していく。そしてこのことが敵対する階級に対する結果を強化し、階級闘争の集中度を高める作用を持つ。

(6) 資本主義社会が成熟するにつれて、相対立する二大階級の間の懸隔はいよいよ拡大していく。それに伴って階級間の闘争もますます激化し、ついにはその最高の表現である社会革命を必然的に招来する。
(7) ひとたび社会主義革命が断行され、プロレタリアートが権力を握ると、従来の私的所有は社会化され、階級はその存在を止める。プロレタリア革命は、かくして共産主義の無階級社会を創出する。

このようなマルクスの「階級論」に対しては、無数の批判が繰り返されてきたが、階級概念の有効性を問題視する批判のうち、広く知られたものは次の五点であろう〔橋本 1999: 33〕。

(a) 自営業者や小生産者などがかなりの規模で残存しており、資本家階級と労働者階級への両極分解は成立しない。
(b) 同様に専門・管理・事務労働者など、いわゆる「新中間層」が拡大したことから、両極分解が成立しない。
(c) 「所有と経営の分離」によって資本家階級の性格が変化し、むしろ経営者が優位に立ってきたことから、資本家階級の支配に代わって経営者の支配が確立した[1]。
(d) 労働者階級の富裕化が進んでおり、マルクス主義階級論の窮乏化命題は事実に反する。
(e) 労働者階級の体制内化や階級闘争の制度化が進み、「労働者階級＝社会主義革命勢力」という政治的仮説や、階級闘争が体制変革につながるという仮説は成立しない。

マルクス主義の立場からは、このような批判に対して、階級構造の両極化論、絶対的窮乏化論、「労働者階級＝革命勢力」、社会主義革命必然説は不適切であると受け入れる見解が見られる。なかんずく、『共産党宣言』における記述と、『資本論』における記述との間には、階級論に関しても相違があるとの見解もあり、とくに自営業者・小生産者の存在形態、「新中間層」の発生形態、「貨幣資本家」と「機能資本家」の分離に関して、マルクスにも見解の変化が生じたと主張されている〔橋本 1999: 34-46〕。

こうした中で、「階級」論の有効性に関する議論が行われるようになったが、マルクス主義の立場からは、『共産党宣言』は「マルクス主義的階級概念の有効性を代表するものとはいえない」として、「階級」論の有効性を主張し続ける。マルクス主義的な階級概念の有効性に関しては、アルチュセール、バリバール、プーランツァスなどの構造主義派の登場によって新局面を迎えた。構造主義派が確立したのは「構造の中の位置としての階級」という概念であった。アルチュセールは『資本論』の解読作業を通じて、「生産諸関係は、生産の担い手の多様な集団が生産の対象や生産用具と維持している関係を規定し、そしてこうした事実から、これと同時に、生産の担い手は、生産過程において一定の位置を占めるいくつかの機能的集団に分けられるのである」と主張している。この「機能的集団」が階級であるが、バリバールはこの階級観をより明確にし、「生産様式を構成するのは労働者、生産手段、非労働の三つの要素である。これらの特定の結合形態が、諸個人の占めるべき位置を決定し、諸個人を『担い手』へと転化させ」、「諸個人は階級の代理人」にすぎないとする。また、「階級とは、生産過程総体にもつ諸機能である。そして階級は生産過程の主体ではなく、逆に生産過程のもつ形態によって決定されている」とし、アルチュセールとバリバールは階級に注目する際の認識上の起点を、個人＝主体から構造へと転換させた［橋本 1999: 51-52］。これを受けてプーランツァスは階級を、「主要には（排他的ではなく）生産過程、すなわち経済の領域における位置によって定義される社会的『担い手』の集群である」と定義した。このようにマルクス主義の立場からは、構造主義派によって「階級論」の有効性が主張され続けた。しかし、マルクス主義陣営も、資本主義社会における「旧中間階級」と「新中間階級」の存在を受け入れることになる。

日本におけるマルクス主義の立場からの階級研究は、一九五九年に『京大経済学部創立四〇周年記念経済学論集』に掲載された論文「社会階級構成表の意義と限界」に始まって、一九七一年に出版された『日本の階級構成』に代表される大橋隆憲の一連の研究が挙げられる。大橋は一九五九年の時点では、階級構成を資本家階級（二・〇％）、旧中間層（五三・三％）、新中間層（一二・八％）、労働者階級（三一・九％）に区分したが、一九六五年には、資本家階級（三・六％）、軍人・警官・保安サービス員（一・二％）、自営業者層（三八・三％）、労働者階級（五六・九％）に区分している。大橋の一九五九年の「階級構成表」と一九六五年の「階級構成表」の特徴は、一九五九年に関しては「旧中間層」と「新中間層」という区分をしていたが、一九六五年に関しては「自営業者層」と「軍人・警官・保安サービス員」に区分しており、「新・旧中間層」の名称を使用していない点である。この点は、日本におけるマルクス主義陣営における「階級論」の再強化という事情があったものと思われる。

他方、日本では一般的傾向として、一九六〇年代に「階級論」に代わって「階層論」が主流となった。プーランツァスは、「階層とは階級内部の分化（差異化）を指示するものであって、階級の外部に存在しうるカテゴリーではない」[Hunt ed. 1977 = 1979: 167] と論じたが、この場合の「階層」は「階級分派」を意味するものであり、一九六〇年代以降に日本において論じられた「階層」とは同一の概念ではなく、後者の場合は、「階級」に取って代わるものであった。

「階層論」が「階級論」に取って代わる一つの契機となったのは、一九六四年度から実施された新学習指導要領に基づき、高等学校の教科書に「新中間層」の拡大を強調する内容が大幅にとり入れられたことである。この学習指導要領は、高等学校「倫理・社会」の「現代社会の特質と文化」の項で、「中間層の拡大、組織の巨大化、マスコミュニケーションなど、大衆社会の諸問題を含めて取り扱う」と定めていた。こうして現代社会では「新中間層」が増大傾向にあり、これらが社会の安定化をもたらす勢力であることが強調されるようになった。

一般に、二大階級（階層）の中間に位置する階級（階層）を、「中間層」「中間階級」「中産階級」と異なる用語で表現することが多いが、正確を期せばこれら三つの用語は必ずしも同じではない。しかし、

「中間層」は時として「中間階級」と同じ意味で使用される場合が多いが、一方で「中間階級」はまた「中産階級」と同じ意味合いで使用されることが多い。そこで、ここでは「中間層」と「中産階級」という二つの用語の違いを定義しておきたい。「中間層」とは資本家層と労働者層の間に位置する階層であり、「中産階級」とは「中間層」の中で、無産ではなく多少の生産手段を有している階層を指すものである。

ここで、「中間階級」という用語の意味を整理しておく必要がある。川井は、「中間階級」と「中間（階）層」との厳密な社会学的区別は考慮する必要はなく、上層と下層の中間に介在する雑多な人間集団を意味していると述べている［川井 1986: 102］。果たして、マルクスの階級論に出てくる「中間階級」は「中間層」と置き換えることは可能であるのか。

また川井は、G・D・H・コールに依拠して、職業上の分類に基づく次の一二の群を「中間層」に含まれるべきと指摘している［川井 1986: 102–103］。

① 最大のものを除く各部門の私企業の首脳
② 私企業・公企業における被雇用の経営者、管理者、技術者、会計士。政党や組合
③ 専門職能従事者、例えば医師、弁護士、宗教家、将校、教育職の上層
④ 公務員の上・中層
⑤ 大・中の小売店、ガレージ、ホテルなどの所有＝経営者。その被雇用の経営者、会計係、その他の職員
⑥ 大・中農。被雇用の農場経営者
⑦ 金利生活者の中層
⑧ 大学教育に進んだ学究者

⑨　事務員、タイピスト、経営的専門職水準以下の非肉体労働者の主要部分
⑩　半専門職の従事者。看護師、教員の下層部
⑪　小売店や問屋の従業員。郵便労働者
⑫　工業、輸送その他における現場監督者

川井は、このコールの分類のうち、(イ)①⑤の前半、⑥の前半が「自ら中小の工場や仕事場・店舗・農地や森林などの生産手段を所有してそれを運用することによって生計を立てている独立自営業者」であり、(ロ)②③の一部、④⑤の後半、⑥の後半、⑦⑧⑫は「自ら生産手段を所有していないが、職場である程度の権限と責任を持たされ、それに見合う給料を支給されている被雇用者」であり、さらに「③に例示されたもののうちの医師や弁護士、あるいは芸術家や文筆家などで自ら開業しているものは、やや特殊な形態〔自由業〕ではあるが、(イ)に入れる方が妥当であるかもしれぬ。〔中略〕そして最後に、⑨⑩⑪の三者は、サラリーマンという大きな枠からすると中間層に入れてもおかしくないが、〔中略〕その職場での様態や給料の低さからすると、労働者階級に近い位置にある中間層の下限の曖昧な部分に属する、と見てもよいと思う」と述べている［川井 1986: 103–104］。

さらに川井は、ガイガーの以下の分類はより簡便なものであると指摘している［川井 1986: 104］。

(a)　中小の自営農民ならびに地主
(b)　手工業者、工業および商業における小企業者
(c)　高級・中級の官吏、上級の職員、自由職の従事者、知識人
(d)　職工長や現場監督者
(e)　小金利生活者、恩給受領者のような小市民

川井はこのガイガーの分類に関しても、コールの場合と同じように、大きく二種類に区分できるとし

て、(a)(b)は独立自営業者として一括でき、(c)(d)(e)は給料（株式の配当や年金などを含む）を支給される被雇用者として一括できると論じている。

以上のように二説を参照して、川井は中間層を、①旧中間層：独立自営業者（中・小自作農、中・小商工業者、手工業職人、自由業者）と、②新中間層：給料払いの被雇用に分類する［川井 1986: 104–105］。中間層の実態と新旧中間層の分類に関しては、川井の分析に依拠することができよう。

旧中間層と新中間層の違いについて言及していた先駆は大河内一男である。大河内は一九六〇年に出版した『日本的中産階級』において、「旧中産階級」と「新中産階級」との表現で「旧中間層」と「新中間層」について次のように論じている。

「『旧中間階級』とよばれているのは、具体的には、農村における小農家や自作農であり、都市の階層では、いわゆる中小企業がそれにあたる。例えば親工場に対する下請工場や、中小工場や、町工場などの経営者や、小売商や製造小売を兼ねた零細店舗の経営者たちによって代表されている。この種の人々は、もちろん、他人に雇われて賃金を貰う雇用労働者ではなく、形態上は企業家――それを『資本家』とよびたければそう呼んでもいいが――であるが、企業家としての経済的な地位からみると、少なくとも、その下層部は、賃金労働者と五十歩百歩である。またその生活水準からみても賃金労働者よりも上位にあるとは言い切れない。この種の人々は、自分たちが賃金労働者並みの存在だなどとは毫も考えてはいないし、むしろそうではないことに誇りをもっているのだが、かれらは自分の経済的実力や独立の企業家としての力量にくらべてみると、過大な企業家意識をもっている」［大河内 1960: 18–19］。

大河内はこのように「旧中間層」を説明した上で、これら「旧中間層」は下方分解して没落する部分と、膨張と上昇する部分に分かれると論じている。

また、大河内は「新中間層」に関して、次のように論じている。

『中産階級』のもう一つの類型は、『新中産階級』とよばれている。銀行の職員、官公吏たち、各種の学校教員、会社や官庁に雇われて勤務している技師その他の専門職員たちがこの部類に入れられる。ホワイトカラーなどとよばれるのは、この人々である。この種の職員層のほかに、各種雑多な分野の自由職業群がある。医者、弁護士、技師、学者、芸術家など、何れもほんらい自由職業の従事者である点においては、独立自営の町工場の経営者や小売店舗の主人といささかも変るところがない。だが大企業の発展や官庁機構の近代化にともなって、技師は、独立の営業ではなくなって、会社に雇われ会社から月給を貰って働く職員になり、官公吏も、もはや政治を行う明察と実権をもつものではなく、単なる行政事務の末端補助ないし執行人としての月給取りであり、それ以上の政治的な識見や実力を持つ人々ではない。昔の企業家や政治家は、いまではお雇いの経営補助者や行政事務担当者になり、これまでの自前の開業医は、いまでは病院や診療所の禄を食む職員、サラリーマンに変り、独立の技師や技術者も、会社の建設や工作係の月給取りに変化してしまっている」[大河内 1960: 19–20]。

大河内はさらに、これらの「新中間層」は膨張し、急速な発展を遂げているとして次のように論じている。

「このような意味での『新中産階級』は、(中略) いまでは、何れも大企業や官庁機構のなかに吸収され、サラリーマン化してしまっている。そしてこの傾向は、企業の規模がいよいよ大きくなり、マンモスのような怪物にふくれあがるにつれて、またこれに対応癒着して、国家機構がレヴァイアサン的な図体に膨張するにつれて、いよいよ促進されるばかりである。つまりこの種の職員化した『新中産階級』は、近代産業組織の発展につれ、また生産技術の躍進に伴い、そしてまた環境衛生や公衆衛生や社会保障がやかましい問題になるにつれ、ますますその数を増し、累積されて行くだろう。『旧中産階級』が時とともに『没落』すると言われているのに対し、この『新中間階級』の方は、時とともに、いよいよ膨張し、少なくとも数の上では、『没落』しないで、急速な発展を遂げている」［大河内 1960: 20–21］。

大河内は、このように「旧中産階級」と「新中産階級」について論じた上で、「中産階級」と「中間層」の違いについて、「会社職員や官公吏や学校教員や月給で雇われている医師や技師たち」は、「経営や行政や教務や医務についての補助労働者であり、（中略）あくまで、定められた仕事を責任者が遂行するための補助者であり、（中略）しばしば『中間層』とよばれている」と論じている［大河内 1960: 21］。このように「中間層」を区別したが、他方で「『新中産階級』がほんとうに『中産階級』であるかどうかの判定は後廻しにすることにする」と、その区別を捨て去って、その後は「中間層」と「新中間階級」を著書『日本的中産階級』においてはほぼ等閑視した。

大河内は「中間層」と「新中産階級」に関する明確な類別化を棚にあげた上で、日本において「新中間層」が登場したのは、外国の技術が導入された明治初期から大正中期の第一次世界大戦が終了した時期であったと見、その後、第一次世界大戦後の未曾有の不景気から昭和初期の恐慌期にかけて給与生活者の淘汰が進み、一九三〇年当時は会社職員と官公吏をあわせて約二四〇万人の「新中産階級」が存在したが、第二次世界大戦を経て、『日本的中産階級』を出版した一九六〇年前後には約五五〇万人に増加したと述べている［大河内 1960: 22–26］。

一方、中村牧子は二〇〇〇年の論文「新中間層の誕生」において、「新中間層」に関して、「この新中間層、すなわち旧中間層（自営業者、地主、自作等）とも肉体労働者とも区別される頭脳労働者の階層」と述べた上で、新中間層は「近代社会の成立とともに生まれたものであり、現代における最大の階層でもある。一九九五年の国勢調査によれば、第三次産業に従事する雇用者は、全体の四九％（男性のみでは五九％）にものぼる」と述べ、「新中間層」を第三次産業に従事する者と同一視している。このような視点から中村は、日本において「新中間層」が成立したのは、日本社会の産業構造の転換期であった「大正末・昭和初期」であり、「一九二〇年代には、第一次大戦後のいわゆる『戦間期』を中心として、大企業の主導下に国内向けの生産が活発化し、電力の普及で機械化も進み、四大工業地帯が形成された。一九三〇年代には重化学工業化が進み、地方都市が成長した。一九四〇年代に入っても、戦争で生産量こそ激減したが、重化学工業がとまることはなかった」と述べ、一九二〇年代から一九四〇年代の日本の近代化とともに「新中間層」が出現したと論じている〔原編 2000: 48–49〕。

次に、マルクスが予期しえなかった中間層に関連する現象を見てみる。まず、①資本主義的な発展の中においても旧中間層が残存し、さらには拡大する傾向であり、さらに②新中間層の発生とその成長、および③労働者層の成層化とその上層部分の中間層化に関してである。

①の旧中間層が存続し、さらには拡大する傾向がある点に関しては、アジア諸国に関する研究からより明白に指摘される。②の新中間層の発生と成長に関しては、前出の大河内や中村の指摘からも確認できよう。次に明確化しておくべきは、③の労働者層の成層化とその上層部分の中間層化に関してである。川井は、前出の『マルクス主義階級理論と現代社会』において、マルクスは「資本主義社会の発展の中で、とくに機械技術の高度の発達が労働者階級の同質性——しかも低い水準への均質化——を高めるという基本認識を一貫して持ち続けたことはほぼ間違いない」と述べ、さらに「生産技術の発達レベル——第一次産業革命直後の初歩的な機械採用の段階——からすれば、多くの産業労働者（元は手工業者であった人達）が、単純な機械を操作するだけの未熟練労働者に押し下げられる傾向が実際に存在したのであり、このような見通しが当たっていないわけでは決してなかったのである。ただマルクスは、この一時期の労働均等化の状況を、労働者階級の団結→階級闘争の激化→プロレタリア革命の到来という彼の生涯の夢と結びつけ、一般理論として普遍化したのであって、ここに問題の大部分が含まれているのである」と、マルクスの階級論の限界を指摘している〔川井 1986: 93–94〕。その上で川井は、「少なくと

も一九世紀終わり頃までは、いわゆる労働者階級の同質化の傾向が、事実上においても理論上においても、進んできたことは先に述べた。しかし生産技術がさらに高度に発達した二〇世紀に入ると、いわば潮の流れが一転して、今度は逆に労働者の階層化、いわゆる労働者の成層化への傾向が進行するようになった」と、労働者の成層化傾向が生じた事実を指摘した。

さらに川井は、「労働者の成層化とは、労働者階級の中に熟練労働者、半熟練労働者、未熟練労働者の三種の階層区分ができてきた、ということである。その理由はほかでもない。二〇世紀以降の目ざましい生産技術の革新は、さまざまな分野の生産のための機械・装置をいよいよ複雑化高度化することになり、それにつれて高度の技術的資格と能力を有する労働者を多数必要とするようになったからである。この必要に応ずるのがまず、第一に熟練労働者と言われる階層であって、彼らは複雑なメカニズムに精通し、機械や装置の設計・建造・組み立て・補修などに当たる人達である。彼らは肉体を動かすしか能のない筋肉労働者とは違って、むしろ技術者に近い存在というべく、また事実賃金においても、生活状態においても、ホワイトカラーに接近し、混淆しつつさえある」と述べ、熟練労働者のホワイトカラー化、中間層化を指摘した［川井 1986: 94–95］。

そして川井は、労働者階級の成層化がマルクス主義階級理論に与えた衝撃として、第一に「『資本家階級の分化』と同様な意味で、この現象は、マルクス主義の階級概念に挙げた階級同質化論の後半部分（プロレタリア階級に関する部分）に、手厳しい反証をつきつけることになるであろう」、第二に「この現象は、階級同質化論の直接の結果と見做されている労働者階級の結束の強化にひび割れを生じさせることになる。労働者階級の成層化は労働者階級の内部に、単に生産労働上の熟練度においてのみならず、賃金や職務権限や威信においても差違が生じ、ある場合には利害の対立をさえ生じさせている」、第三に「労働者階級の上層が中産階級に接近し融合していくということは、マルクス主義の階級概念に含意させた『大衆窮乏化法則』、ないし『社会主義革命到来必然』の予測に打撃を与えることになるであろう」と述べ、二〇世紀における資本主義社会の発展がマルクスの予測を否定する形で進んだ事実を認めた［川井 1986: 97–98］。

このように、マルクスの階級論は、「中間階級（中間層）」のプロレタリアート化と労働者階級の同質化を指摘していたが、その後の歴史的プロセスは資本主義的発展の中で、①旧中間階級（中間層）は消滅することはなく、②新中間階級（中間層）が発生し成長すること、および③労働者階層が成層化することを示してきたのであり、新たな「中間層」論の理論的探求を必要とする事態に至ったと言える現象が生じてきた。

他方、日本においては日本社会学会が一九五五年から一〇年ごとにＳＳＭ（社会階層と社会移動全国調査：The National Survey of Social Stratification and Social Mobility）を実施している。本書が対象としている一九六八年前後の一九五五年から一九八五年までの各実施年度における主要なテーマとして、以下が設定された。

・一九五五年：民主化を目指す日本社会の不平等と国際比較
・一九六五年：高度成長期の不平等、「中流社会」の成立
・一九七五年：階層構造と社会移動の変化、地位達成過程、地位の非一貫性、職業威信
・一九八五年：社会階層構造、不平等意識、教育、女性

これらの調査に基づいて、中間層の拡大を背景として政治的傾向に関する研究も進められてきた。

まず、表10－1から、一九五五年から一九六〇年代に、第一次産業従事者が減少した一方で、第二次産業従事者と第三次産業従事者、とくに第三次産業従事者が増加したことが見て取れる。この調査によると、専門的職業、管理的職業、事務従事者、販売従事者など「中間層」と分類しうる職業従事者が増

加したことも看取される。

また、川井によると、一九五八年に七二%であった日本人の「中流」意識が、一九七四年には九〇・二%にまで上昇し、その後一九八〇年代に入り、一九八五年には八八・五%に下降している［川井 1986: 63］。

では、このような「中流」意識の増大は、どのような政治的影響をもたらしたのか。社会調査のデータからは、一九六五年から一九七五年までの間に、社会党支持者が減少し、支持政党なしが増加したこと（一九五五年：自民党四二・二%、社会党三三・四%、支持なし二二・一%、一九六五年：自民党四二・一%、社会党三二・三%、支持なし一六・七%、一九七五年：自民党四〇・二%、社会党一七・二%、支持なし三〇・六%）、とくに専門職従事者層、ホワイトカラー、高学歴経験者層においてこのような傾向が顕著に見て取れる［原編 1990: 151］。このことから、日本においては資本主義的な経済成長は中間層の増大をもたらし、中間層の増大は、一九七〇年前後に東京都、京都府、大阪府、神奈川県などに「革新自治体」をもたらしたものの、長期的には革新勢力の影響力の低下と支持政党なし層の増加をもたらしたと結論づけられよう。

表 10–1　日本の産業別有業者・職業別就業者比率の推移

	1955	1960	1965	1970	1975
第1次産業	41.1%	32.8%	24.6%	19.3%	13.8%
第2次産業	23.8%	29.2%	32.4%	34.1%	34.1%
第3次産業	35.1%	38.0%	43.0%	46.5%	51.8%
合計（千人）	39,154	43,691	47,610	52,235	53,141

出所：富永編［1979: 34］

［2］現代ラテンアメリカの中間層論

ラテンアメリカ諸国において、中間層の動向が重要視され始めたのは一九二〇年代であった。前述の通り、大河内は、日本において新中間層が登場したのは明治初期から第一次世界大戦終了時であったと指摘していたが、ラテンアメリカ諸国においても、新中間層が登場したのは、一九世紀末の資本主義システムの浸透が始まった時期であったと考えられる。一九世紀末に登場し始めた新中間層は、主に専門家層、官僚、知識人層であったが、多くのラテンアメリカ諸国において新中間層は、主に大土地所有層によって形成されていた寡頭支配層に対する抵抗勢力として、改革派的立場をとることが多かった。

このように登場していた新中間層を含む中間層が、社会問題との関連で重視され始めたのは一九二〇年代であり、とくにペルーにおいて新しく発生した大衆運動の方向性をめぐり、社会主義者のホセ・カルロス・マリアテギ（José Carlos Mariátegui La Chira, 1894–1930）と、世界的にもポピュリズム型運動の先駆となったアプラ運動（アメリカ人民革命同盟：ＡＰＲＡ）の創設者であるビクトル・ラウル・アヤ・デ・ラ・トーレ（Víctor Raúl Haya de la Torre, 1895–1979）の間で交わされた議論は、社会変革運動の中で中間層が果たしうる役割に関して行われた。

マルクス主義者であったマリアテギは、先住民共同体の中で受け継がれてきた共有の概念と協同労働の精神性を有する先住民農民は社会主義的精神を高揚させている労働者階層と連携して変革運動の主体になりうるととらえた。それゆえ、ペルーにおける変革運動は労農同盟を基盤とした労農党に指導されるべきであり、他方、中間層は帝国主義に奉仕する階層であるために変革運動の主体にはなりえないと主張した。この主張は、一方でプロレタリア前衛党論を至上視した共産主義インターナショナル（コミンテルン）の路線と対立して批判されたが、他方で中間層の変革運動における役割に関してアプラ運動と対立した［小倉 2012: 124–140］。

他方、アヤ・デ・ラ・トーレは海岸部北部の旧地主出身の知識人であり、海岸部北部では一八八〇年代より砂糖・綿花生産が世界市場に包摂され、その結果、外国資本に従属した大土地所有制が拡大するとともに、それに伴って独立農や地方商人など旧中間層が没落した。アヤ・デ・ラ・トーレは、没落した旧中間層の不満を基盤に、知識人という新中間層の立場から、ラテンアメリカ全体の帝国主義に対抗して寡頭支配制の打倒を目指す変革運動を創設し、帝国主義支配の被害者である中間層が変革運動の主軸になるべきであると主張して、プロレタリア前衛党論を掲げるコミンテルン、および労農党論を掲げるマリアテギ・グループとも対立した［小倉 2012: 82–121］。

アプラ運動は、ラテンアメリカにおいて中間層が主体とする先駆的なポピュリズム型の運動となったが、一九三〇年代にはチリにおいてコミンテルン第七回大会で採択された反ファッショ統一戦線（人民戦線）戦術に呼応して、急進党が中心となり、共産党や社会党とともに人民戦線を結成し、一九三八年に人民戦線政権を成立させた（↓第5章）。急進党は、一八六三年にリベラル派の自由党から分離した反教権主義的な急進主義政党で、近代化の中で登場してきた官僚層を主な基盤としていた。チリにおいては、その後一九五〇年代にカトリック系の知識人、自営業者、ホワイトカラー層などの新中間層を基盤とするキリスト教民主党（PDC）が結成され、保守勢力、左翼勢力と並ぶ三大勢力に成長し、一九六四年にはフレイPDC政権が成立した。

ペルーにおいても、一九五〇年代末から一九六〇年代初頭に新中間層を基盤とする人民行動党（AP）、キリスト教民主党（DC）、社会進歩運動（MSP）が登場し、一九六三年にはAPとDCの連立政権が成立した。

このように、一九二〇〜三〇年代に強まった中間層の政治的存在感は、一九五〇〜六〇年代に中間層を基盤とした諸政党の政権到達をもたらした。しかし、これら中間層を基盤とした諸政権は、大土地所有層を打倒することができず、そのため中間層の社会的不満が高まった。

他方、メキシコにおいては資本主義的発展の結果、中間層が成長してきたが、制度的革命党（PRI）

の一党支配下で継続されていた制限的な選挙制度の中で、中間層の政治的主張を表現できる場がなかったために、一九六八年にその一部が学生・教員・父兄の急進化として現れた。

その後、ラテンアメリカにおいては、輸入代替工業化路線の下での資本主義的な発展に伴って新中間層の成長が続いたが、一九八〇年代に始まった新自由主義路線の採用の下で、中間層の地盤低下が生じ始める。

これは、日本においても「中流層の崩壊」が指摘された時期にあたる。日本においては、一九八〇年代に中流意識の低下が生じ、一九九八年頃より経済格差の拡大が論じられ始めた。日本とラテンアメリカの双方の地域において、新自由主義的な経済モデルが支配的になった時期に中間層の地盤沈下が発生したのである。

ラテンアメリカにおいて経済成長の中で増加した中間層、とくに新中間層の問題に関して論じられ始めたのは一九五〇年代末からであり、当初は米国人研究者によって始められた。この議論の中では、中間層は「中間セクター (Middle Sectors)」や「中間グループ (Middle Groups)」との呼称で扱われた。これらの「中間セクター」や「中間グループ」なる呼称が意味するものが中間層、「中間(中産)階層(階級)」と概念においてどのような関係に相当するものなのか、単純に中間層と同一の社会階層と見ることはできないものの、ここでは便宜的に、資本主義社会において有産階層と無産階層の間に位置する階層を意味するものとして扱うこととする。

先駆となった論考は、一九五七年に『ヒスパニック・アメリカン・レビュー(*Hispanic American Review*)』に掲載されたジョン・J・ジョンソンの「ラテンアメリカの一国別政治におけるミドル・グループ」と、翌年に出版された同人の『ラテンアメリカにおける政治変化――ミドル・セクターの登場』[Johnson 1958]であった。ジョンソンはこれらの二つの著作の中で、二〇世紀初頭にラテンアメリカにおいて登場した商業・工業部門の新「中間セクター」は、旧中間セクター（専門職、宗教関係者、軍人、官僚）を支配層への従属から解放させたと、新中間層の登場に前向きな評価を与えた［Parker／Walker eds. 2013: 25］。

次に、ジョンソンの論考を批判したフレデリック・B・パイクの論考「チリにおける階級（階層）関係の諸側面」が一九六三年に発表された。パイクはこの論考の中で、一九世紀末から二〇世紀初頭のチリを例として、農村と都市の支配層が融合した結果、寡頭制と都市「中間グループ」の間の対立が縮小したと論じ、「中間層」とは上層階層の生活スタイルや価値観を取り入れようとする集団であるととらえた［Parker／Walker eds. 2013: 35］。

以後、一九六〇年代から各国においても中間層に関する論考が発表されたが、著作や論考の数は限定的であり、「中間層」論はそれほど本格的に展開されることは少なかった。

ラテンアメリカにおいて「中間層」論が、あるいはラテンアメリカの「中間層」の問題が本格的に論じられるようになったのは、二一世紀に入ってからである。その現象には二つの理由があったと思われる。一つは、「新自由主義」経済モデルが採用された諸国における「中間層」の地盤低下と、これと一対をなす現象として生じた脱「新自由主義」化を掲げた諸政権の下で実施された底辺層に対する社会政策の拡大を通じて達成された「中間層」、とくに「中間下層」の増加である。

脱「新自由主義」化政権の下での、貧困対策などの社会政策の実施や最低賃金の引き上げを通じた所得再分配政策の結果、貧困層の一部が中間下層に上昇し、中間層の拡大を生じさせたが、これには国家の経済活動への関与の増大が見られる。他方、原材料の国際価格の上昇など国際環境の好転の結果、雇用情勢が好転し、中間中層の拡大をもたらしたとの指摘もある。いずれにせよ、一九九〇年代から二〇〇八年までの間に、中間中層と中間下層の増加が顕著に見られた［Paramio 2010: 12］。この傾向は、二〇〇八年九月に発生したリーマン・ブラザーズ危機に端を発した国際的な金融・経済危機の影響で一時的に低迷するが、新興諸国による世界経済牽引に伴う景気回復基調の下で、再び微増傾向が見られる。

同様の指摘は、世界銀行によっても行われている。世界銀行が二〇一三年に出版した『経済的移動とラテンアメリカ中間階層の上昇』は、ラテンアメリカにおいて、中間層は二〇〇三年には一億三〇〇〇万人であったが二〇〇九年には一億五二〇〇万人（人口比率の三〇％）へと増加し、貧困層は四四％から三〇％に減少したと指摘している。その要因は、一九九〇年代後半より貧困層から中間層への大きな社会移動が生じたことであると論じている［World Bank 2003: 1–14］。この貧困層から中間層に上昇してきた人々は「中間下層」を形成している。

このような「中間下層」の増加を指摘しているのは、ラテンアメリカに関する世界銀行の研究だけではない。二〇一二年一二月に米国の国家情報会議（ＮＩＣ）が公表したレポート『グローバル・トレンズ２０３０』は、二〇三〇年に向けて新興諸国や途上諸国において世界的規模で中間所得層、とくに「中間下層」が増加することを予測している。

「二〇三〇年までに世界中の多くの国々では、『中間所得者層』が主流になります。社会の主流が貧困層から中間所得者層に変化するという現象は、人類の歴史を通じて証明されています。（中略）どの発展途上国でも、今後一五〜二〇年の間に中間所得者層が拡大することは確実です。人数が増えるだけでなく、国民全体に占める割合も増加します。控えめに見積もっても、世界の中間所得者層は現在の約一〇億人から二〇億人に増えるといわれています。二〇三〇年までに三〇億人を見込む試算もあります」［NIC 2012: 19］。

［3］ 中間層論から見た「ラテンアメリカの一九六八年」

前述の通り、現在のラテンアメリカにおける中間層に関する研究は、ラテンアメリカでは一九九〇年代後半から大きな社会移動が生じたことを指摘している。日本においては、社会移動が発生して貧困層が中間層に上昇したのは、高度成長期の一九六〇〜七〇年代であった。しかし、一九八〇年代半ばから世代間の階層相続が復活し、現在においては日本社会の「階級化」や「不平等化」が指摘されている。この意味では、日本の高度成長期と類似した現象が一九九〇年代後半以降のラテンアメリカにおいて発生していると言える［『中央公論』編集部編 2001: 189–203］。

日本において新中間層が誕生したのは、明治時代中期から第一次世界大戦中までと考えられるが、ラテンアメリカにおいても新中間層の登場が指摘されるのは資本主義システムが浸透し始めた一八八〇年代から二〇世紀初頭と見られるため、新中間層の登場時期に大きな差はない。ただし、その後の工業化進展の速度の違い、近代化の速度の違いによって、新中間層の大量増加に至る時期に相違が生じたものと考えられる。

日本およびラテンアメリカの間では、そのような資本主義的な発展の度合いから、発生時期はほぼ同じであった新中間層のその後の成長速度に違いが生じたものと考えられる。そのような意味合いにおいて、いずれもが中間層の政治的急進化を一時的に生じさせた「一九六八年現象」を考えねばならないだろう。

日本とラテンアメリカは、資本主義システムに包摂された時期には大きな違いはないが、日本においては天皇制の基盤となった地主制と共存する形で財閥形成が行われて資本主義的発展が進展し、第二次世界大戦後の地主制解体によって資本主義的発展が本格化した。これに対して、ラテンアメリカでは大土地所有者と商業資本家から成る寡頭支配制が産業資本の成長を阻んだために資本主義的発展は遅れ、大土地所有制の解体によってようやく資本主義的発展が本格化した。

日本においては、一九六〇年代の高度成長期における資本主義的発展の結果として生じた新中間層の増加は、新中間層家庭出身者の大学進学の増加をもたらし、一方で大学卒業が就職やその後の社会的上昇に有利ではなくなったことによる大学卒業者のステイタスの低下、マスプロ教育の増加による教育内容の質的悪化、授業料引き上げの経済的圧力等が原因となって、新中間層家庭出身者の政治的・社会的な急進化が一九六八〜七〇年の「若者の叛乱」と呼ばれた現象を生じさせ、このような急進化に一部の青年労働者も一体化したことが、新左翼諸党派の介入と相まって大きな社会騒乱をもたらしたと考えられる。したがって、日本においては「一九六八年現象」は資本主義的発展の高度成長を背景としたものであったと評価できる。

一方、ラテンアメリカにおいては、中間層が人口比率で三〇%に達するのは二〇一〇年頃であり、一九六〇年代には、前述の通り資本主義経済の漸進的な発展によって輸入代替工業化モデルの下で新中間層は増加し続けていたものの、新中間層の著しい増加は生じていなかった。ラテンアメリカ諸国においては、ペルーやチリの例に見られるように、一九二〇〜三〇年代に中間層の政治的表現が強められ、中間層を基盤とする政党が労働者層を基盤とする政治勢力と連携して政権に到達するケースも生じた。一九五〇年代には、とくにキリスト教民主主義系の中間層を基盤とする政党が登場し、米国の「進歩のための同盟」政策の下で政権に到達したが、寡頭支配制の基盤であった大土地所有制を根本的に一掃するほどの政治的起爆力を持っていなかったために、キューバを除いてはいずれの国においても本格的な土地改革の実施は困難であり、寡頭支配制の下で変革を追求した中間層の政治的・社会的要求は満たされ代初頭のチリのアジェンデ政権下においても生じた。

が進展する中で、中間層の急進派離れが生じることになった。中間層の急進派からの離反は一九七〇年代初頭のチリのアジェンデ政権下においても生じた。

メキシコにおいては、一九五〇年代から六〇年代に新中間層の成長が生じたが、新中間層の利害は制度的革命党（ＰＲＩ）の内部構造である三部制の中で吸い上げられることは困難であり、一方で選挙制度がＰＲＩに単独有利となるように操作されていたために、ＰＲＩ一党支配の政治システムの下では、新中間層の意見は反映されることはなかった。そのような状況下で、メキシコ・オリンピックの直前に発生したメキシコ・シティの大学進学課程校二校の生徒の間で発生した街頭騒擾事件から、オリンピック開催直前までの数カ月間に、政治改革を求める新中間層を基盤とする大きな変革運動に発展した。しかし、この運動はＰＲＩの統制下で規制されていた労働者層との連携を拡大することができないうちに治安当局によって壊滅させられた。メキシコにおいて、中間層の存在が政治情勢に影響を与えるのは、ＰＲＩの政治的影響力が低下し始めた一九九〇年代まで待たれることになる。

このような中間層、とくに新中間層の動向は、中間層が顕著に増加し始める一九九〇年代後半まで続くことになる。日本において一九六〇年代から一九七〇年代の高度成長期に見られた新中間層の社会的上昇、とくに新中間下層の増加がラテンアメリカにおける新しい傾向として生じており、今後新中間下層の社会的位置がどのように推移するのか、さらには新中間下層がどのような政治的主張を表現していくことになるのかが注目される。おそらく、一九六〇年代後半とは異なって、中間層が単独で政治的利害を表明するだけの社会的勢力となってきていることが予測されるため、今後のラテンアメリカの政治情勢にも変化をもたらすことは間違いない。

註

序章

（1）黒人解放運動については小倉［2005: 179–221］、先住民解放運動については小倉［2005: 223–242］を参照。

第1章

（1）「フォキズム（フォキスモ）」は、キューバ革命戦争の経験からチェ・ゲバラが導き出した革命戦争の戦術であり、小さな根拠地を建設して、そこから出撃してゲリラ戦争の行動を行うことで大衆蜂起や権力打倒を達成できると主張された。

（2）一九六七年四月一六日に、アジア・アフリカ・ラテンアメリカ人民連帯機構（ＯＳＰＡＡＡＬ）が、チェ・ゲバラにＯＳＰＡＡＡＬ中央執行委員会の要請に応えて送付したメッセージを機関誌『ル・トリコンティネンタル』の特別付録として出版した。そのメッセージが、「二つ、三つ、数多くのベトナムを」と題されていた。

第2章

（1）メキシコ共産党（ＰＣＭ）は、一九一九年一一月にコミンテルン（共産主義インターナショナル）の影響下で結成され、一九七〇年代にはユーロコミュニズム路線を採用し、一九八一年には行動運動（ＡＭ）、社会主義統一（ＵＳ）、メキシコ人民党（ＰＰＭ）、人民行動運動（ＭＡＰ）と統合してメキシコ統一社会党（ＰＳＵＭ）を結成、一九八八年にはＰＳＵＭがメキシコ労働者党（ＰＭＴ）、愛国革命党（ＰＰＲ）、左翼共産主義統一党（ＵＩＣ）、社会主義労働者党（ＰＳＴ）、人民革命運動（ＭＲＰ）と合流してメキシコ社会党（ＰＭＳ）を結成し、さらに一九八九年五月にＰＭＳがＰＲＩから離脱したカウテモック・カルデナスを中心とする民主主義潮流（ＣＤ）と合流して民主革命党（ＰＲＤ）を結成し、現在に至っている。ＰＣＭの解党の経緯は、ユーロコミュニズム路線を採用した旧共産党が他の左翼諸党派と合流して、強力な政治・社会的影響力を有する中道左派勢力を形成した典型的な例である。

（２）ＣＮＨには急進派、中間派（主流派）、穏健派の三潮流が存在した。主流派に影響を持ったのはＰＣＭであり、穏健派はリベラル無党派層であった。急進派に影響を持ったのは一九五七年に結成された労働者革命党（ＰＯＲ）に起源を有するトロツキスト系諸党派や、一九六七年に結成されたレーニン主義スパルタクス同盟（ＬＬＥ）、六八年に結成されたスパルタクス共産主義同盟（ＬＣＥ）であったが、学生運動の中で急進的傾向を示したのはこれらの諸党派よりも無党派層であった。なお、一九七〇年代にメキシコの代表的な新左翼組織となる人民政治（ＰＰ）やプント・クリティコ（ＰＣ）、革命的左翼組織・大衆論戦（ＯＩＲＬＭ）、革命的労働者党（ＰＲＴ）等は一九六八年以後に結成されている。

（３）「一〇月二日事件」に関する一般的な見方として、メキシコを代表する作家であり、自身が一九六八年学生運動に参加したパコ・イグナシオ・タイボ二世は、二〇〇四年に出版した『六八年』において、「挑発者は私服を着用し、白い手袋をした『オリンピア大隊』であったことは全世界が知っている。銃撃が開始され、陸軍部隊が非武装の群衆に発砲を開始することとなった合図は、軍ヘリコプターから発射された信号弾であったことを、今や全世界が知っている」と述べている［Taibo II 2004: 94］。

（４）ビデオ『一九六八年　メキシコの叫び』（UNAM Centro Universitario de Estudios Cinematográficos, 1997）参照。

（５）国民革命党（ＰＮＲ）は、一九二九年三月にプルタルコ・エリアス・カジェス大統領の下で、大統領後継者の選出ルールの確立と、大衆的基盤の維持を目的として、メキシコ革命の制度化のために設立されたＰＲＩの前身組織。その後、一九三八年にラサロ・カルデナス・デル・リオ大統領の下で大衆的基盤の強化を目的として制度改革を行い、メキシコ革命党（ＰＲＭ）に再編され、マヌエル・アビラ・カマチョ政権期の一九四六年に現在のＰＲＩに改称された。

（6）　直線的な歴史発展段階論から史実を顧みれば、古代奴隷制社会においては奴隷が貴族層に対立していたが、次の歴史的段階である封建制社会の主役になったのは、奴隷ではなく封建領主層であり、封建制社会において封建領主層と対立したのは農奴層であった。しかし、封建制の次の歴史的段階の主役となったのは農奴層ではなく、新しい生産様式を確立した資本家層であった。そして、資本制社会では資本家層に対立するのは労働力を搾取されている労働者層であるものの、労働者層が資本制の生産様式を崩壊させ、資本制を克服する生産様式を形成しない限り、労働者が次の歴史的段階の主役となるとの結論を導くことは根拠がない。

第3章

（1）　資本主義社会における中間層は、減少の一途を辿る旧中間層と、量的な増大を遂げる新中間層とからなる。マルクス主義理論によれば、資本主義社会以前の中小企業主、商人などの伝統的生産手段の所有者たちが資本主義社会の成立に積極的な役割を果たしながら、その後は資本家と労働者「階級」との中間に位置づけられ、資本主義的産業化の進展とともに、この二つの「階級」層のいずれかに吸収され、中間層としては次第に解体していくが、このような中間層は旧中間層と呼ばれ、資本家と労働者「階級」という二大「階級」に収斂していくとされる。他方、資本主義社会における技術の進歩、独占資本の成立、官僚制の進展、企業組織の合理化、産業構造の変化などによって工場労働者の比率は減少し、代わって、生産の組織化や生産物の流通といった非現業部門の職種の雇用従業者からなる新中間層が登場する。新中間層は労働力の売り手として生産手段を奪われた他の賃金労働者と同じでありながら、そのような職業の威信や学歴・収入・生活様式などの社会的地位で他の賃金労働者より上位にあり、その社会意識も体制同一化や、かつての中間層の威信の借用などに見られ、自らを他の賃金労働者に対して優越的に区別しようとする傾向を有する［見田他編 1994: 846–847］。

このように中間層は旧中間層と新中間層に区別できるが、本章において表現される中間層は新中間層である。しかしながら、新中間層の歴史的プロセスは次の五段階に区分できる。①専門職・知識人層の勃興期、②旧体制を否定する成長期、③社会的上昇に対する失望期、④新自由主義期の没落期、⑤経済成長の基盤としての滞留出現期。本章で扱ったペルーの一九六八年やメキシコの一九六八年は前記の②に相当すると考えられるが、日本、米国、西欧諸国において発生した一九六八年現象は前記③に相当すると考えられる。いずれにせよ、中間層については改めて別稿にて論じたい。

（2） 民族解放軍（ELN）は一九六二年にキューバに渡航したペルー人によってハバナで結成されたが、一九六三年にボリビアからのペルー潜入に失敗した後、一九六五年九月にはMIRと連携する形でアヤクチョ県内北部でゲリラ活動を展開したが、軍部によって壊滅された。このことが、チェ・ゲバラのボリビアでの活動に大きな支障を与えることになる。ゲバラは、一九六五年四月のキューバ出国（コンゴ遠征）前から、アルゼンチンのゲバラの友人であるマセッティが率いる人民革命軍（EPR）や、ペルー国内にゲリラ拠点の建設を目指していたELNなどボリビア周辺諸国のゲリラ運動を統括する本隊をボリビアに創出することを目指していた。このために、一九六四年一二月には東ドイツ育ちの女性タマラ・ブンケ（組織名タニア）を先行派遣している。しかし、EPRに続いてELNのゲリラ活動がそれぞれ両国の治安部隊によって壊滅されたためにゲバラらの南米革命拠点の建設計画は未遂に終わってしまったことが大きく影響して、一九六六年一一月のボリビア到着後もゲバラはボリビア共産党（PCB）の協力も得られずに孤立無援の戦闘を強いられることになる。

（3） ベラスコ軍事政権は国民の意識改革とナショナル・アイデンティティの確立をも視野に入れて、先住民の言語であるケチュア語をスペイン語と並ぶ公用語として、主に山岳部の先住民居住地域で初頭教育にスペイン語と並んでケチュア語を使用させた。また、先住民の復権という意味合いから「インディオ」の呼称は社会的差別の用語であるとして使用を禁止し、「農民（campesino）」という用語に統一させた。

（4） 日本において、ラテンアメリカに見られたポピュリズムに関して最初に体系的な定義を提示したのは松下洋氏である。松下氏は、ポピュリズムとは「ナショナリスティックで多階級的な同盟を通して、現状の打破を目指す運動」であり、「①現状に批判的な上・中流階層の存在、②都市の工業労働者と農村大衆の支持、③リーダーと大衆を結びつけるものとしての社会正義といった不明確だが社会的要請に応えるイデオロギーの存在、④民族主義、特にショヴィニズムと経済的、民族主義との合体、⑤カリスマ的リーダーの存在、⑥上・中・下層間の選挙同盟、⑦階級闘争の明確な否定、などが挙げられるであろう」と指摘した［松下 1987: 158］。

また、松下冽氏は、ポピュリズム型の運動、政党あるいは国家に見られる特徴は、「ポピュリズムの基本的性格としての階級同盟、その政府や国家のボナパルティズム的特徴とその調停機能、指導者のカリスマ的性格とデマゴギーの利用、さらに『社会平和』や『社会的階級間の調和』、ナショナリズム、反帝国主義、開発主義、社会福祉、等々のイデオロギーや政策がそれである」と論じている［松下 1993: 23］。

他方、米国のラテンアメリカ研究者であるスティーブ・スタインは、『ペルーにおけるポピュリズム——大衆の登場と社会統制の政治』の中で、ラテンアメリカにおけるポピュリズムには共通した特徴が見られるとして、①潜在的には競合関係にある上・中・下各層の選挙同盟の形成、②国民の大部分を惹きつける能力のあるリーダーの登場、③権力獲得に向けた既成国家の掌握に対する優先的な関心と、大きな社会的再編成を構想しない高圧的姿勢、④協同組合主義国家の創設に向けた意思と階級闘争概念の明白な否定、の四点を指摘している［Stein 1980: 10］。

これらの諸説を参照にしながらも、筆者は本文中に指摘した通り、ポピュリズムを、世界資本主義システムの周辺部に位置する途上地域において発生した、①一九三〇〜一九七〇年代に出現し、②産業資本家層、中間層、労働者、農民から成る階級同盟を基盤にし、③カリスマ性のある指導者が存在する時に高揚し、④輸入代替工業化路線をとる、という四つの共通性を有する運動および政権であると定義する。

第4章

（1）一九八〇年三月二八日、亡命希望者を乗せたバスがハバナのペルー大使館に突入し、続く四八時間のうちに一万人以上が同大使館に逃げ込んだ。この事態に対し、カストロ政権は、反体制的な亡命希望者に出国を許可するとともに、同性愛者、精神病者、犯罪者などの一部を国外に追放することを決定。カストロ首相は四月二〇日、マリエルの港からボートで出国できると発表し、出国希望者たちはマリエルからマイアミに向けて出国を始めた。マリエルが閉鎖されるまでの半年間で一二万四七七六名のキューバ人が出国したとされる。

（2）カルロス・フランキは、革命戦争中はカストロ兄弟たちとともに「七月二六日運動」に属して反乱軍の機関誌『レボルシオン（*Revolución*）』紙の編集長やラジオ放送「ラジオ・レベルデ（Radio Rebelde）」の局長としてシエラ・マエストラ山中で反バチスタ闘争を闘い、革命後も『レボルシオン』編集長として広報部門で活躍したが、革命指導部とは距離を置くようになり、イタリア滞在中の一九六八年八月、カストロによるソ連のチェコスロバキア侵攻支持表明に反対して亡命した。一九九〇年以降、プエルト・リコに在住していたが、二〇一〇年四月一六日に同島のサンホセで死亡した。

（3）ゲバラは、一九六三年一一月に開始された全国電化計画のキャンペーン中から「新しい人間」という言葉を使い始めたが、『ヌエストラ・インドゥストリア』誌一九六四年二月号に掲載された「予算融資制度について」と題する論稿の中で、物質的刺激に鼓舞されるのではなく、革命プロセスの中で求められた目標達成に向けて使命感を有する生産者としての労働者の意識高揚の重要性を指摘した［小倉 2004: 127–128］。

（4）カブレラ・インファンテは外交官として在ベルギー大使館在勤中に母の死亡によって一九六五年に帰国した際に逮捕され、四カ月の拘束後、出国を認められてスペインに亡命し、マドリッド、バルセロナに居住したが、フランコ政権から歓迎されず、その後ロンドンに居を定めた。フランコ死後の一九九七年にセルバンテス賞を受賞、二〇〇五年二月二一日にロンドンで死亡した。弟のアルベルト（通称サバ）・カブレラ・インファンテは、一九六五年にイタリア滞在中に政治亡命し、翌一九六六年にニューヨークに移動し、二〇〇〇年にマイアミに転居した後、二〇〇二年五月二九日にマイアミで死亡した。

（5）レサマ・リマは、一九九三年にグティエレス・アレア監督が制作したセネル・パス（1950–）の短編を原作とする映画『苺とチョコレート』の中で肯定的に扱われたほか、二〇一一年に雑誌『革命と文化（*Revolución y Cultura*）』によってレサマ・リマ特集が組まれ、さらに『楽園』が映画化されるなど、キューバが一九九〇年代にセクシュアル・マイノリティ差別政策を軌道修正していく中で復権された。現在、毎年公表されるカサ・デ・ラス・アメリカス詩賞はレサマ・リマの名が冠せられている。

（6）カルロス・フランキは、一九八八年に出版した『カストロと言われる男の人生、冒険、災害』の中で、「親ソ派、ラウル・カストロ、国家公安局、文化官僚はカサ・デ・ラス・アメリカスに対して好意的ではなかった」と述べており、ラウル・カストロが文学・芸術に対して冷淡であったと証言している［Franqui 1988: 365］。

第5章

（1）ピノチェッによる一九七三年クーデター後、一九九〇年の民政移管に至るまで、キリスト教左翼（ＩＣ）の党員は投獄・拷問され弾圧されたが、ICは一九八三年には社会主義ブロック（BS）に、一九八七年には統一左翼（IU）に参加した。一九九〇年一一月に議長ルイス・マイタと一九八九年の下院議員に選出されたハイメ・ナランホ、セルヒオ・アギロー議員を含む党員がICを離反して社会党に合流したが、ICは二〇〇三年には共産党、MIR（革命的左翼運動）等複数の左翼組織が結集した「一緒にもっと可能だ（JPM：Juntos Podemos Más）」に加盟している。二〇〇九年の大統領選挙ではJPMのホルヘ・アラテを支持した。

（2）　急進党から派生した急進党、急進民主党、急進左翼党の三党は、クーデター後に一部を除いて他のUP加盟諸党に比べて大きな弾圧は受けず、とくに公務員の多くは職務を続行した。急進民主党と急進左翼党はクーデターを支持した。これら三党は、その後再編され、急進党は一九九四年八月に急進左翼党の後身であるチリ社会民主党の一部と合流して急進社会民主党（PRSD）を結成し、急進民主党は中道民主党と改称した後、チリ社会民主党の一部と合流して中道同盟（UC）を結成しているが、PRSDとUCを合わせても党勢は一九六〇年代と比べると大きく低下している。

（3）　MAPUの両派はクーデター後、ガレトンの駐チリ・コロンビア大使館への亡命後、エウヘニオ・ティローニが国外代表に選出されて、アケベドやオヘダに代表されたUP再編に障害となるUPにMIRを含めた広範な左翼反対勢力の形成を呼びかけるグループを排除して主導権を握り、一九八〇年に社会党のリカルド・ラゴスらとともに社会主義統合（CS）を結成し、さらに社会主義ブロック（BS）の結成に参加した。他方、ギジェルモ・オサンドンに代表された少数派は、ガレトンの指導下でMAPUラウタロ派を名乗って武装闘争を展開したが、軍事政権下で治安当局によって壊滅された。一九八五年にはかつてのガレトンに代表された急進派とガスムリに代表された穏健派がチリ国内で秘密裏に合同集会を開催して再統合を実現した。その後、一九八八年に一部は「民主主義党（PPD）」の形成に参加し、残りは社会党に入党した。

（4）　MIRはクーデター後、軍事政権下で最も厳しい弾圧を受け、書記長エンリケスは一九七四年一〇月に治安部隊の急襲によって発生した戦闘の結果死亡、その後はサルバドル・アジェンデ大統領の甥であるパスカル・アジェンデが国外から指導した。一九七七〜七九年には国内でゲリラ戦を展開するために国外亡命者の「帰国作戦」を実施するなど、積極的に反独裁闘争を展開、一九八〇年前後においても約三〇〇〇名の党員とシンパを擁する組織を維持していた。しかし、一九八七年に闘争方法をめぐって三派に分裂、ヘルナン・アギローを代表とする一派は武装闘争の継続を主張、ネルソン・グティエレスを代表とする一派はMIR政治派を名乗って武装闘争の蜂起を提起、パスカル・アジェンデを代表とする一派はMIR歴史派を名乗って武装闘争と大衆闘争の結合を主張した。アギロー派とパスカル・アジェンデ派は軍事政権による激しい弾圧を受けて壊滅状態になったが、その一部はMIR貧民ゲリラ軍（MIR－EGP）を名乗ってその後も武装闘争を継続している。MIR政治派は民主化プロセスに参加する路線を選択したが、民政移管後に分裂し、一部は社会党他の左翼政党に合流、一部は民政移管によってMIRの役割は終わったとして政治活動を放棄、カルロス・ラフェルテに代表されるグループが臨時全国指導部を名乗って他の左翼諸党派との共闘を重視する路線をとり、MIR政治派の元中央委員であるデメトリオ・エルナンデスを代表として一九九一年にはアジェンデ主義民主左翼運動（MIDA：Movimiento de Izquierda Democrática Allendista）の結成に参加し、さらに共産党やICとともに「一緒にもっと可能だ（JPM）」に参加しており、二〇〇六年からはモニカ・キロドゥランが書記長となって労働者、学生等への影響力拡大を図る活動を展開している。

第6章

（1）国家警備隊は、米国が保護国化・半植民地化した中米・カリブ海諸国に、米国の援助により組織された、国内治安維持のための警察機能と国防のための軍隊機能を備えた武装組織で、一九八三年にノリエガ支配下で国防軍に名称変更されたが、一九八九年一二月の米軍のパナマ侵攻後に解体された。

（2）民主革命党（PRD）は、一九六八年クーデターの一〇周年にあたる一九七八年一〇月一一日に結成され、翌七九年一〇月三日に政党登録された。社会主義インターナショナルに加盟。二〇〇四年に実施された大統領選挙ではトリホスの子息であるマルティン・トリホス・エスピーノ（1963–）がPRDの公認候補として出馬して勝利し、二〇〇九年まで大統領に在位した。

（3）IMFの現地駐在員としてパナマに滞在したジョン・パーキンスは、二〇〇六年に出版した『エコノミック・ヒットマン』の中で、「五二歳であったトリホスの死はCIAによる暗殺の一例にちがいないと、アメリカ以外の大部分の世界の人々が信じることになろうとは、当時の私は想像さえできなかった」と述べている［Perkins 2004

＝2007: 259］。陰謀説には、墜落事故は第二パナマ運河建設に関して日本企業と協議を開始していたトリホスを米CIAが謀殺したとする主張や、国家警備隊内部と寡頭支配層が結託したとする主張など多種あるが、いずれも決定的な証拠を欠いており、トリホスの死は今も謎に包まれたままの状態にある。

第7章

（1）一九世紀に確立されたサンパウロとミナスジェライスの寡頭支配層が結束して政治を独占するシステムが硬直化して、中間層が政治的発現の場を持たなくなったため、一九二〇年代に中間層の代弁者を自称して登場した青年将校たちが抗議行動を開始した。この運動は「テネンティズム」と呼ばれ、青年将校には上層出身者もいたが、中間層出身者が多かった。最初の反乱は、一九二二年七月五日にリオ・デ・ジャネイロで発生し、「コパカバーナ要塞の反乱」と呼ばれる。一九二四年にはリオ・グランデ・ド・スルで、ジョアン・アルベルト陸軍少佐と後にブラジル共産党（ＰＣＢ）書記長となるルイス・カルロス・プレステス大尉を中心とする反乱が起こり、サンパウロ隊が待機するパラナ州に向け移動して一九二五年四月に合流し、全国を行軍することを決定した。プレステス隊の一五〇〇人は一九二七年三月まで内陸部の二万四〇〇〇キロを行軍し、最終的はボリビアとパラグアイの領内に入って解散した。

（2）一九九六年にブラジル司法省は、マリゲーラの死亡にブラジル国家が関与した事実を認め、二〇〇八年三月には連邦政府がクララ・チャルフ未亡人に生涯年金を供与した。

第8章

（1）フェルナンド・アバル・メディナとカルロス・グスタボ・ラムスの死後、モントネロスの指揮はサビーノ・ナバロとカルロス・オベルトに継承されたが、これら両名の死後、メディナとラムスとともにモントネロス創設者の一人であったマリオ・エドゥアルド・フェルメニッチに継承された［Larraquy 2011: 4197–4209］。フェルメニッチは、一九七六年三月の軍事クーデター後、国外に脱出しイタリアやメキシコに居住した後、ブラジルで身柄を拘束され、アルゼンチンに引き渡されて禁錮三〇年の刑を受けた。一九九〇年一二月にメネム政権が出した恩赦によって釈放され、一九九六年にブエノス・アイレス大学を卒業し、二〇一四年現在スペインのバルセロナに居住して、ロビラ・イ・ヴィルヒリ大学経済学部教授をしている。米国人ジャーナリストのマルティン・エドウィン・アンダーソンは、フィルメニッチは陸軍の情報提供者であったとして「スパイ」説を主張しているが、アンダーソン説は情報源を明らかにしていないなど信憑性に欠けるとの説が有力である。

終章

（1） ハーヴェイは『ネオリベラリズムとは何か』において、「新自由主義」は「階級的権力をもっとも富裕な階層に回復するプロジェクトに他ならない」と述べ［Harvey 2005＝2007: 12］、また『新自由主義──その歴史的展開と現在』においても、「(資産家階層の）階級権力の回復を意図するもの」と述べている［Harvey 2006＝2007: 29］。他方、ピケティは『二一世紀の資本』において、資本主義システムの中で支配は「不労所得生活者」から「経営者社会」へと移行してきたと論じながらも、「新自由主義」段階において経営者層の資本所得（とくに動産からの配当）の比率が高まって、金融資産が大資産を形成する結果、経営者層の一部も資産家層に移行している事実を指摘している［Piketty 2013＝2014: 286–292］。したがって、資本主義システムの進展によって、一般論として「資産家層」に対して「経営者層」が権力を強化するわけではなく、特に「新自由主義」段階においては資本所得を増加させた「資産家層」の権力が強化されつつあると理解すべきであろう。

あとがき

一九六八年に全世界的に生じた「一九六八年現象」は、資本主義諸国においては先進諸国と途上諸国を問わず中間層が主体となる現象であった。しかしながら、先進諸国と当時のラテンアメリカのような周辺部諸国では、いずれにおいても中間層の運動が表面化したとはいうものの、資本主義的な発展段階の違いもあり、現れた現象も異なるものであった。ところが、ラテンアメリカにおいても、日本で生じた高度成長期の中間層増加に類似した新中間下層の増加が生じている。このように考えるならば、「一九六八年現象」で現れた中間層の動向を背景とした諸現象は、資本主義的発展のプロセスにおいて遅かれ早かれ現れるものであり、いずれもが資本主義的な「世界システム」において生じる現象であると考えられる。その意味で、「グローバル・ヒストリー」として世界史的にとらえ直されるべき現象である［西田・梅崎編 2015: 12–15］。

今後に予想される状況としては、ラテンアメリカにおいて生じた新中間下層の増加が、日本で発生した中間層の急進化に見られたような「若者の叛乱」を生じさせるかどうかが注目される。とくに、このような「若者の叛乱」が生じた場合、不安定雇用化した貧困層とどのような連携関係を構築するかによって、大きな社会変革を追求する運動に発展する可能性も考えられる。他方で、このような連携関係が構築できない場合には、「若者の叛乱」は再び孤立化し、社会変革を達成する力を減退させるものになることは否めない。

いずれにせよ、中間層、とくに「新中間下層」の動向は、不安定雇用化した労働者層や貧困層とともに、今後の国際社会全体にとって社会変革に向けた重要な主体的要素になることは確実である。

＊

過去十数年の国際社会の動向をみると、中間層を経済成長の基盤と位置づけてその数的増加と社会的定着化を政策的目標に掲げる政権が多数登場した。その背景としては、国内需要の増加が経済安定化や成長の重要要素であるとする認識が広く持たれるようになったことが考えられる。新自由主義的な経済モデルを採用する諸国では、民間主導による貿易力の強化によって経済規模を拡大して雇用を増加させる方法で結果的に中間層を増加させた。一方、一部の新興・途上諸国では、所得再分配を目的として最低賃金の引き上げや社会政策の充実化によって貧困層の引き上げを図った。この結果、とくに新興・途上諸国では新中間層、「中間下層」の増加が見られるようになってきた。いずれにせよ、国内需要の拡大のためには中間層の動向が注目されるべき時代になっていると言える。

日本においては、二〇〇一年四月に成立した小泉政権期から不安定雇用が拡大し、貧困層が増加してきたなど、世界的な現象に逆行する方向性にあると言える。二〇一二年末に成立した安倍政権は、民間企業に賃金引き上げを求めているが、一方で派遣労働の規制緩和によってさらに不安的雇用の増加をもたらすような労働法制改悪を図るなど、中間層の定着と成長にはほど遠い社会政策をとっている。日本も、戦略的に中間層の増加を再び導くような政策をとるべき時期にあることは確実である。そのためには、まず第一に、不安定雇用を解消し、正規雇用を増加させる政策的方向性が考えられなければならないのではないだろうか。

最後に、本書の出版に機会を与えていただいた新泉社と同社編集部の安喜健人氏に御礼を申し上げるとともに、苦手な校正を手伝ってくれた長女の陽季、神奈川大学外国語学部の窪川桃子さんと梶谷絢子さんに感謝します。

二〇一五年九月

小倉英敬

参考文献

板垣雄三［2009］「68年の世界史【67年の中東から見る】」，［藤原書店編集部編 2009: 239–256］.

今田高俊［1989］『現代政治学叢書 7　社会階層と政治』東京大学出版会.

今田高俊編［2000］『日本の階層システム 5　社会階層のポストモダン』東京大学出版会.

今村仁司［1994］『近代性の構造——「企て」から「試み」へ』講談社.

臼杵陽［1995］「パレスチナ・イスラエル現代史における『1967年』」，［岡本編 1995: 138–182］.

大串和雄［1993］『軍と革命——ペルー軍事政権の研究』東京大学出版会.

大河内一男［1960］『日本的中産階級』文藝春秋新社.

大橋隆憲［1971］『日本の階級構成』岩波新書.

岡部広治［1986］『たたかうニカラグア』新日本出版社.

岡本宏編［1995］『「1968年」時代転換の起点』法律文化社.

小熊英二［2009a］『1968年　上——若者たちの叛乱とその背景』新曜社.

————［2009b］『1968年　下——叛乱の背景とその遺産』新曜社.

小倉英敬［2004］「ゲバラとマリアテギ——その思想的接点」，『現代思想』32(13): 120–128.

————［2005］『侵略のアメリカ合州国史——〈帝国〉の内と外』新泉社.

————［2012］『マリアテギとアヤ・デ・ラ・トーレ——1920年代ペルー社会思想史試論』新泉社.

金七紀男［2009］『ブラジル史』東洋書店.

川井修治［1986］『マルクス主義階級理論と現代社会』原書房.

川北稔編［2001］『知の教科書　ウォーラーステイン』講談社.

喜田昭治郎［1995］「中国社会主義の光と陰——『1968年』」，［岡本編 1995: 183–206］.

国本伊代／小澤卓也／小林志郎［2004］『パナマを知るための55章』明石書店.

高坂健次編［2000］『日本の階層システム 6　階層社会から新しい市民社会へ』東京大学

出版会.
小沼新［1995］「ベトナム戦争の転換点としてのテト攻勢」，［岡本編 1995: 113–137］.
小林志郎［2000］『パナマ運河――百年の攻防と第二運河構想の検証』近代文芸社.
近藤敦子［1996］『グアテマラ現代史――苦悩するマヤの国』彩流社.
――――［2008］『グアテマラ断章――現代史の襞の中に隠されたエピソード』エクセルシア.
崎山政毅［2005］「『虐殺の夜』へのクロニクル――メキシコ，1968年」，［絓編 2005: 189–196］.
――――［2010］「ウルグアイ現代史粗描――『トゥパマロス』による解放闘争を視軸に」，『情況』3期11(2): 82–94.
人民戦線史翻訳刊行委員会訳［1971］『チリ人民連合』新日本出版社.
絓秀実［2003］『革命的な，あまりに革命的な――「1968年の革命」史論』作品社.
――――［2006］『1968年』筑摩新書.
絓秀実編［2005］『知の攻略　思想読本 11　1968』作品社.
園田茂人編［2001］『現代中国の階層変動』中央大学出版部.
田中明彦［1989］『現代政治学叢書 19　世界システム』東京大学出版会.
「中央公論」編集部編［2001］『論争・中流崩壊』中公新書ラクレ.
寺尾隆吉［2012］『魔術的リアリズム――20世紀のラテンアメリカ小説』水声社.
富永健一編［1979］『日本の階層構造』東京大学出版会.
直井優／盛山和夫編［1990］『現代日本の階層構造 1　社会階層の構造と過程』東京大学出版会.
長尾周也［1967］『現代の階級理論』ミネルヴァ書房.
長倉洋海［1983］『内戦――エルサルバドルの民衆』晩聲社.
西川長夫［2009］「パリの68年」，［藤原書店編集部編 2009: 53–57］.
――――［2011］『パリ五月革命私論――転換点としての68年』平凡社新書.
西田慎／梅崎透編［2015］『グローバル・ヒストリーとしての「1968年」――世界が揺れた転換点』ミネルヴァ書房.
西山雄二［2009］「フランスの68年【68年5月の残光】」，［藤原書店編集部編 2009: 58–73］.
橋本健二［1999］『現代日本の階級構造――理論・方法・計量分析』東信堂.
――――［2006］『階級社会――現代日本の格差を問う』講談社.
畑山敏夫［1995］「フランス1968年5月――政治的ユートピアの終焉」，［岡本編 1995: 332–360］.

服部民夫／船津鶴代／鳥居高［2002］『アジア中間層の生成と特質』アジア経済研究所.
バディウ，アラン［2009］「68年とフランス現代思想」藤本一勇訳，［藤原書店編集部編 2009: 13–52］.
原純輔編［1990］『現代日本の階層構造 2　階層意識の動態』東京大学出版会.
――――［2000］『日本の階層システム 1　近代化と社会階層』東京大学出版会.
原純輔／盛山和夫［1999］『社会階層――豊かさの中の不平等』東京大学出版会.
平井一臣［1995］「社会運動・市民・地域社会――『エンタープライズ闘争』前後の佐世保を中心に」，［岡本編 1995: 433–457］.
廣瀬純［2005］「アルゼンチンの〈1968年〉，あるいは，もうひとつの〈暴力〉」，［絓編 2005: 197–205］.
藤原書店編集部編［2009］『1968年の世界史』藤原書店.
古屋野正伍／北川隆吉／加納弘勝編［2000］『アジア社会の構造変動と新中間層の形成』こうち書房.
星乃治彦［1995］「『プラハの春』のなかの民衆意識」，［岡本編 1995: 207–226］.
毎日新聞社編［2009］『1968年に日本と世界で起こったこと』毎日新聞社.
増田義郎編［2000］『ラテンアメリカ史 II　南アメリカ』山川出版社.
松下冽［1993］『現代ラテンアメリカの政治と社会』日本経済評論社.
松下洋［1987］『ペロニズム・権威主義と従属――ラテンアメリカの政治外交研究』有信堂高文社.
見田宗介／栗原彬／田中義久編［1994］『縮刷版　社会学辞典』弘文堂.
武藤一羊［1973］「ガンダー・フランク『資本主義とラテン・アメリカにおける低開発』」，連帯編集部編『新帝国主義論争――第三世界革命論　先進国革命論』亜紀書房，79–124頁.
安田三郎［1971］『社会移動の研究』東京大学出版会.
山崎カヲル／高倉亮編訳［1971］『ラテン・アメリカの革命戦争』三一書房.
義井豊［2004］「元ゲリラ闘士37年目の証言　チェと歩いた道」，『現代思想』32(13): 72–82.
吉田秀穂［1979］『チリのアジェンデ政権期の理論と政策』アジア経済研究所.
四方田犬彦／平沢剛編［2010］『1968年文化論』毎日新聞社.
龍円恵喜二［1994］『日本政治変動論――うねりを起こす政治的中間層』北樹出版.
和田秀樹［2006］『「新中流」の誕生――ポスト階層分化社会を探る』中公新書ラクレ.

Aguayo Quezada, Sergio［1998］*1968: Los Archivos de la Violencia*, México: Grijalbo.

Aguirre Gamio, Hernando［1974］*El Proceso Peruano: Cómo, Por qué, Hacia dónde*, Lima: Ediciones El Caballito.

Álvarez Garín, Raúl/Gilberto Guevara Niebla/Hermann Bellinghausen/Hugo Hiriart［1988］*Pensar el 68*, México: Cal y Arena.

Arenas, Reinaldo［1992］*Antes que Anochezca*, Barcelona: Tusquets Editores.（＝1997，安藤哲行訳『夜になるまえに――ある亡命者の回想』国書刊行会.）

Becker, David G.［1983］*The New Bourgeoisie and the Limits of Dependency*, New Jersey: Princeton University Press.

Berryman, Phillip［1987］*Liberation Theology: The Essential Facts about the Revolutionary Movement in Latin America and Beyond*, New York: Pantheon Books.（＝1989，後藤政子訳『解放の神学とラテンアメリカ』同文舘.）

Booth, David/Bernardo Sorj eds.［1983］*Military Reformism and Social Classes: The Peruvian Experience, 1968–80*, New York: St. Martin's Press.

Brewster, Keith ed.［2010］*Reflections on Mexico '68*, Chichester, U.K.: Wiley-Blackwell.

Brienza, Hernán［2006］*Mario R. Santucho: La Guerrilla de Izquierda*, Buenos Aires: Capital Intelectual.

Cabrera Infante, Guillermo［1965］*Tres Tristes Tigres*, Barcelona: Seix Barral.（＝2014，寺尾隆吉訳『TTT　トラのトリオのトラウマトロジー』現代企画室.）

Casals Araya, Marcelo［2010］*El Alba de una Revolución: La Izquierda y el Proceso de Construcción Estratégica de la "Vía Chilena al Socialismo" 1956–1970*, Santiago de Chile: LOM Ediciones.

Cazés, Daniel［1993a］*Crónica 1968*, México: Plaza y Valdés.

――――［1993b］*Memorial del 68: Relato a Muchas Voces*, México: La Jornada.

Chaplin, David ed.［1976］*Peruvian Nationalism: A Corporatist Rebolution*, New Jersey: Transaction Books.

Cobas, Efraín［1982］*Fuerza Armada, Misiones Militares y Dependencia en el Perú*, Lima: Editorial Horizonte.

Cockcroft, James D. ed.［2000］*Salvador Allende Reader: Chile's Voice of Democracy*, Melbourne and New York: Ocean Press.

Corvalán, Luis［1971］*Camino de Victoria*, Santiago: Horizonte.（＝1973，大久保光夫訳『チリ人民連合政府樹立への道』大月書店，国民文庫.）

Cotler, Julio［1978］*Clases, Estado y Nación en el Perú*, Lima: Instituto de Estudios Peruanos.

Davis, Nathaniel［1985］*The Last Two Years of Salvador Allende*, London: I.B. Tauris.
Debray, Régis［1971］*La via Cilena: Intervista con S. Allende*, Milano: Feltrinelli.（＝1973, 代久二訳『銃なき革命　チリの道――アジェンデ大統領との論争的対話』風媒社.）
De Diego, Enrique［2008］*¡Salvad la Civilización! El Grito de la Rebelión de las Clases Medias: Con Mi Dinero, ¡NO!*, Madrid: Rambla.
Delgado, Carlos［1974］*Revolución Peruana: Autonomía y Deslindes*, Lima: Librería Studium.
Del Pilar Tello, María［1983］*¿Golpe o Revolución? Hablan los Militares del 68*, 2 Tomos, Lima: Ediciones Sagsa.
Donoso, José［1972］*Historia Personal del «Boom»*, Barcelona: Anagrama.（＝1983, 内田吉彦訳『ラテンアメリカ文学のブーム――一作家の履歴書』東海大学出版会.）
Drake, Paul W.［1978］*Socialism and Populism in Chile, 1932–52*, Chicago: University of Illinois Press.
Edwards, Jorge［1973］*Persona Non Grata: An Envoy in Castro's Cuba*, traslated in Spanish by Colin Harding, London: The Bodley Head.（＝2013, 松本健二訳『ペルソナ・ノン・グラータ――カストロにキューバを追われたチリ人作家』現代企画室.）
――――［2001］"Antes que anochezca," *Letras Libres*, 3(29): 40–42.（＝2001, 稲本健二訳「映画『夜になるまえに』」,『ユリイカ』33(11): 174–179.）
Esteban, Ángel／Stéphanie Panichelli［2004］*Gabo y Fidel: El Paisaje de una Amistad*, Madrid: Editorial Espasa.（＝2010, 野谷文昭訳『絆と権力――ガルシア＝マルケスとカストロ』新潮社.）
Etcheverri, Catriel［2007］*Salvador Allende: La Revolución Desarmada*, Buenos Aires: Capital Intelectual.
Fausto, Boris［2001］*História Concisa Do Brasil*, São Paulo: Editora da Universidade de São Paulo.（＝2008, 鈴木茂訳『ブラジル史』明石書店.）
Ferreira, Francisco H.G.／Julian Messina／Jamele Rigolini／Luis-Felipe Lopez-Calva／Maria Ana Lugo／Renos Vakis［2013］*Economic Mobility and the Rise of the Latin American Middle Class*, Washington D.C.: The World Bank.
Ferry, Luc／Alain Renaut［1985］*La pensée 68: Essai sur l'anti-humanisme contemporain*, Paris: Gallimard.（＝1998, 小野潮訳『68年の思想――現代の反－人間主義への批判』法政大学出版局.）
Franco, Carlos［1975］*La Revolución Participatoria*, Lima: Mosca Azul Editores.
Franco, Rolando／Martín Hopenhayn／Arturo León［2010］*Las Clases Medias en América Latina: Retrospectiva y Nuevas Tendencias*, México: Siglo XXI.

Frank, Andre Gunder［1969］*Latin America, Underdevelopment or Revolution: Essays on the Development of Underdevelopment and the Immediate Enemy*, New York: Monthly Review Press.（＝1976，大崎正治他訳『世界資本主義と低開発——収奪の〈中枢—衛星〉構造』柘植書房.）

———［1972］*Lumpen-Bourgeoisie and Lumpen-Development: Dependence, Class and Politics in Latin America*, New York: Monthly Review Press.（＝1978，西川潤訳『世界資本主義とラテンアメリカ——ルンペン・ブルジョワジーとルンペン的発展』岩波書店.）

Franqui, Carlos［1976］*Diario de la Revolución Cubana*, Madrid: Ruedo Ibérico.

———［1981］*Retrato de Familia con Fidel*, Barcelona: Seix Barral.

———［1988］*Vida, Aventuras y Desastres de un Hombre Llamado Castro*, Barcelona: Planeta.

———［2006］*Cuba, La Revolución, ¿Mito o Realidad?: Memorias de un Fantasma Socialista*, Barcelona: Ediciones Península.

Frías, Ismael［1970］*La Revolución Peruana y la vía Socialista*, Lima: Editorial Horizonte.

———［1971］*Nacionalismo y Autogestión*, Lima: Ediciones Inkarrí.

Fuentes, Carlos［1971］*Tiempo Mexicano*, México: Cuadernos de Joaquín Mortiz.（＝(1975) 1993，西澤龍生訳『メヒコの時間——革命と新大陸』新泉社.）

———［2005］*Los 68: París, Praga, México*, México: Debate.

Fuentes, Norberto［2000］*Condenados de Condado*, Barcelona: Seix Barral.

———［2002］*Narcotráfico y Tareas Revolucionarias: El Concepto Cubano*, Miami: Ediciones Universal.

Garcés, Joan E.［1976］*Allende y la Experiencia Chilena*, Barcelona: Ariel.（＝1979，後藤政子訳『アジェンデと人民連合——チリの経験の再検討』時事通信社.）

Goldar, Ernesto［2004］*John William Cooke y el Peronismo Revolucionario*, Buenos Aires: Editores de America Latina.

Góngora, Sergio［2007］*Raúl Sendic: El Primer Tupamaro*, Buenos Aires: Capital Intelectual.

Greene, Graham［1984］*Getting to Know the General: The Story of an Involvement*, London: Bodley Head.（＝1985，斎藤数衛訳『トリホス将軍の死』早川書房.）

Guerra García, Francisco［1975］*El Peruano: Un Proceso Abierto*, Lima: Contratiempo.

———［1983］*Velasco: Del Estado Oligárquico al Capitalismo de Estado*, Lima: Centro de Estudios Para el Desarrollo y la Participación.

Halperin, Ernst［1965］*Nationalism and Communism in Chile*, Cambridge: M.I.T. Press.

Harvey, David［2005］*Spaces of Neoliberalization: Towards a Theory of Uneven Geographical Development*, Stuttgart: Franz Steiner Verlag.（＝2007，本橋哲也訳『ネオリベラリズムとは何か』青土社.）

———［2006］*A Brief History of Neoliberalism*, New York: Oxford University Press.（＝2007，渡辺治監訳『新自由主義――その歴史的展開と現在』作品社.）

Hernández, Pablo José［1997］*Peronismo y Pensamiento Nacional, 1955–1973*, Buenos Aires: Editorial Biblos.

Hunt, Alan ed.［1977］*Class and Class Structure*, London: Lawrence & Wishart.（＝1979，大橋隆憲／小山陽一他訳『階級と階級構造』法律文化社.）

Informe proyecto interdiocesano de recuperación de la memoria histórica［1998］*Guatemala: Nunca Más*, Guatemala: Oficina de Derechos Humanos del Arzobispado de Guatemala.（＝2000，飯島みどり／狐崎知己／新川志保子訳『グアテマラ　虐殺の記憶――真実と和解を求めて』岩波書店.）

Johnson, John J.［1958］*Political Change in Latin America: The Emergence of the Middle Sectors*, Stanford: Stanford University Press.

Julião, Francisco［1968］*Cambão: La Cara Oculta de Brasil*, México: Siglo XXI.（＝1976，西川大二郎訳『重いくびきの下で――ブラジル農民解放闘争』岩波新書.）

Kliksberg, Bernardo (comp.)［2000］*La Lucha Contra la Pobreza en América Latina: Deterioro Social de las Clases Medias y Experiencias de las Comunidades Judías*, Buenos Aires: Fondo de Cultura Económica.

Koster, Richard M./Sánchez, Guillermo［1990］*In the Time of the Tyrants: Panama 1968–1990*, New York: Norton.

Kurlansky, Mark［2004］*1968: The Year that Rocked the World*, New York: Ballantine Books.（＝2008，越智道雄監修，来住道子訳『1968　世界が揺れた年』前編・後編，ヴィレッジブックス.）

Larraquy, Marcelo［2010］*De Perón a Montoneros: Historia de la Violencia Política en la Argentina*, Buenos Aires: Aguilar.

Leacock, Ruth［1990］*Requiem for Revolution: The United States and Brazil, 1961–1969*, Ohio: Kent State University Press.

Lisigurski Pordominski, Rubén［1973］*La Revolución Peruana: Qué es y Dónde va*, Lima: Ediciones Santa Isabel.

Marighella, Carlos［1969］*Minimanual of the Urban Guerrilla*, (Portuguese: *Minimanual do Guerrilheiro Urbano*).（＝1970，日本・キューバ文化交流研究所編訳『都市ゲリラ教

程——ブラジル革命の軍事論』三一新書.)
McClintock, Cynthia / Abraham F. Lowenthal eds. [1983] *El Gobierno Militar: Una Experiencia Peruana, 1968–1980*, Lima: Instituto de Estudios Peruanos.
Ministerio de Guerra [1966] *Las Guerrillas en el Perú y su Represión*, Lima: Ministerio de Guerra.
Monteforte Toledo, Mario [1973] *La Solución Militar a la Peruana: 1968–1970*, México: Universidad Nacional Autónoma de México.
Montemayor, Carlos [2010] *La Violencia de Estado en México: Antes y Después de 1968*, México: Debate.
Moreira, Neiva [1974] *Modelo Peruano*, Buenos Aires: La Linea.
Moss, Robert [1973] *Chile's Marxist Experiment*, Newton Abbot: David & Charles. (=1974, 上智大学イベロアメリカ研究所訳『アジェンデの実験——チリ人民戦線の勝利と崩壊』時事通信社.)
Nadra, Giselle / Nadra Yamilé [2012] *Montoneros: Ideología y Política en el Descamisado*, Buenos Aires: Ediciones Corregidor.
NIC (The National Intelligence Council) [2012] *Global Trends 2030: Alternative Worlds*, Washington, D.C.: The National Intelligence Council.
Nizskii, V. / M. Belyat [1984] *Nicaragua: Rovolution for the People*. (=1985, 山上晴夫訳『ニカラグア　サンディニスタ革命』ありえす書房.)
Otero, Lisandro [1998] *Llover sobre Mojado: Memorias de un Intelectual Cubano (1957–1997)*, México: Editorial Planeta Mexicana.
Padilla, Heberto [1990] *Self-Portrait of the Other / Heberto Padilla*, translated by Alexander Coleman, Tronto: Harper & Collins.
——— [1998] *Fuera del Juego: Edición Conmemorativa 1968–1998*, Miami: Ediciones Universal.
Paramio, Ludolfo (coord.) [2010] *Clases Medias y Gobernabilidad en América Latina*, Madrid: Pablo Iglesias.
Parker, David S. / Louise E. Walker eds. [2013] *Latin America's Middle Class: Unsettled Debates and New Histories*, Lanham: Lexington Books.
Paz, Octabio [1970] "Olimpiada y Tlatelolco," en *Postodata*, México: Siglo XXI. (=2009, 北條ゆかり訳「メキシコの68年【オリンピックとトラテロルコ】」, [藤原書店編集部編 2009: 97–112].)
——— [1975] "La Introducción a 'La Noche de Tlatelolco' Edición Inglesa." (=2005, 北

條ゆかり訳「英語版『トラテロルコの夜』序文」，［Poniatowska 1971＝2005: 6–22］.）
Perkins, John［2004］*Confessions of an Economic Hit Man*, San Francisco: Berrett-Koehler Publishers.（＝2007，吉草秀子訳『エコノミック・ヒットマン――途上国を食い物にするアメリカ』東洋経済新報社.）
Petras, James／Morris Morley［1975］*The United States and Chile: Imperialism and the Overthrow of the Allende Government*, New York: Monthly Review Press.
Philip, George D.E.［1978］*The Rise and Fall of the Peruvian Military Radicals, 1968–1976*, London: Athlone Press of the University of London.
Piketty, Thomas［2013］*Le capital au XXIe siècle*, Paris: Éditions du Seuil.（＝2014，山形浩生他訳『21世紀の資本』みすず書房.）
Poniatowska, Elena［1971］*La Noche de Tlatelolco: Testimonios de Historia Oral*, México: Era.（＝2005，北條ゆかり訳『トラテロルコの夜――メキシコの1968年』藤原書店.）
Portocarrero, Gonzalo ed.［1998］*Las Clases Medias: Entre la Pretensión y la Incertidumbre*, Lima: SUR Casa de Estudios del Socialismo.
Reader, Keith A.［1987］*Intellectuals and the Left in France Since 1968*, New York: St. Martin's Press.（＝1994，本橋哲也訳『フランス現代思想――1968年以降』講談社.）
Revueltas, José［1978］*México 68: Juventud y Revolución*, México: Era.
Robles, Adriana［2004］*Perejiles: Los otros Montoneros*, Buenos Aires: Ediciones Colihue.
Ross, Kristin［2002］*May '68 and Its Afterlives*, Chicago and London: Chicago University Press.（＝2014，箱田徹訳『68年5月とその後――反乱の記憶・表象・現在』航思社.）
Santucho, Julio［2004］*Los Últimos Guevaristas: La Guerrilla Marxista en la Argentina*, Buenos Aires: Vergara.
Scherer García, Julio／Carlos Monsiváis［1999］*Parte de Guerra, Tlatelolco 1968: Documentos del General Marcelino García Barragán. Los Hechos y la Historia*, México: Aguilar.
Sigmund, Paul E.［1977］*The Overthrow of Allende and the Politics of Chile, 1964–1976*, Pittsburgh: University of Pittsburgh Press.
Skidmore, Thomas E.［1988］*The Politics of Military Rule in Brazil, 1964–85*, New York: Oxford University Press.
Steenland, Kyle［1977］*Agrarian Reform under Allende: Peasant Revolt in the South*, Albuquerque: University of New Mexico Press.
Stein, Steve［1980］*Populism in Peru: The Emergence of the Masses and the Politics of Social Control*, Madison: The University of Wisconsin Press.
Taibo II, Paco Ignacio［2004］*'68: Siete Cuentos*, New York: Seven Stories Press.

Touraine, Alain［1973］*Vie et Mort du Chili Populaire*, Paris: Éditions du Seuil.（＝1975，真木嘉徳訳『人民チリの崩壊――1973年7–9月間の社会学的日記』筑摩書房.）
Urrutia Castro, Manuel［1970］*Trampa en Tlatelolco: Síntesis de Una Felonía Contra México*, México: edición de autor.
Valenzuela, Arturo／J. Samuel Valenzuela eds.［1976］*Chile: Politics and Society*, New Jersey: Rutgers University Press.
Villanueva, Víctor［1969］*¿Nueva Mentalidad Militar en el Perú?*, Lima: Mejía Baca.
Wallerstein, Immanuel［1971］"Radical Intellectuals in a Liberal Society," in Immanuel Wallerstein／Paul Starr eds., *University Crisis Reader*, New York: Random House.（＝2009，山下範久訳「アメリカの68年【リベラルな社会におけるラディカルな知識人】」，［藤原書店編集部編 2009: 75–87］.）
――――［1991］*Geopolitics and Geoculture: Essays on the Changing World-System*, Cambridge: Cambridge University Press.（＝1991，丸山勝訳『ポスト・アメリカ』藤原書店.）
Wallerstein, Immanuel (with Giovanni Arrighi and Terence K. Hopkins)［1989］*Antisystemic Movements*, London: Verso.（＝1992，太田仁樹訳『反システム運動』大村書店.）
Wickham-Crowley, Timothy P.［1992］*Guerrillas and Revolution in Latin America: A Comparative Study of Insurgents and Regimes Since 1956*, New Jersey: Princeton University Press.
Williams, Lee H.［1977］*The Allende Years: A Union List of Chilean Imprints, 1970–1973*, Boston: G.K. Hall.
Wolin, Richard［2010］*The Wind from the East: French Intellectuals, the Cultural Revolution, and the Legacy of the 1960s*, New Jersey: Princeton University Press.（＝2014，福岡愛子訳『1968　パリに吹いた「東風」――フランス知識人と文化大革命』岩波書店.）
Wolpin, Miles D.［1972］*Cuban Foreign Policy and Chilean Politics*, Lexington: D.C. Health.
World Bank［2013］*Economic Mobility and the Rise of the Latin American Middle Class*, Washington D.C.: The World Bank.
Zammit, J. Ann［1973］*The Chilean Road to Socialism: Proceedings of an ODEPLAN-IDS Round Table*, Austin: University of Texas Press.
Zamorano, Eduardo［2005］*Peronistas Revolucionarios: Un Analisis Politico del Apogeo y Crisis de la Organizacion Montoneros*, Buenos Aires: Distal.
Zermeño, Sergio［1978］*México: Una Democracia Utópica. El Movimiento Estudiantil del 68*, México: Siglo XXI.

Zingoni, Norberto [2011] *El Peronismo y el Enigma del País Inacabado*, Buenos Aires: Elaleph com.

著者紹介

小倉英敬（おぐら・ひでたか）

1951年，大阪府生まれ.
1982年，青山学院大学大学院博士課程中退.
1986年，外務省入省.
中南米局，在キューバ，ペルー，メキシコ大使館勤務を経て，1998年末退官.
現在，神奈川大学外国語学部教授.

著　書『封殺された対話——ペルー日本大使公邸占拠事件再考』(平凡社，2000年)
『八王子デモクラシーの精神史——橋本義夫の半生』
(日本経済評論社，2002年)
『アンデスからの暁光——マリアテギ論集』(現代企画室，2002年)
『侵略のアメリカ合州国史——〈帝国〉の内と外』(新泉社，2005年)
『メキシコ時代のトロツキー——1937－1940』(新泉社，2007年)
『マリアテギとアヤ・デ・ラ・トーレ——1920年代ペルー社会思想史試論』
(新泉社，2012年)

ラテンアメリカ1968年論

2015 年 11 月 15 日　初版第 1 刷発行

著　者＝小倉英敬
発行所＝株式会社 新 泉 社
東京都文京区本郷 2－5－12
振替・00170-4-160936番　TEL 03(3815)1662　FAX 03(3815)1422
印刷・製本　萩原印刷

ISBN 978-4-7877-1509-8　C1022

小倉英敬 著

マリアテギとアヤ・デ・ラ・トーレ
――1920年代ペルー社会思想史試論

Ａ５判上製・232頁・定価3500円＋税

ペルー独自の現実に立脚したアソシエーショニズム的社会主義思想を構築した異端の思想家マリアテギと，急進的な反帝国主義運動を牽引した社会運動家アヤ・デ・ラ・トーレ．国民国家形成途上期に社会変革の思想と運動が立ち上がる過程を克明に追い，歴史的意味を検証する．

小倉英敬 著

メキシコ時代のトロツキー
――1937–1940

四六判上製・384頁・定価3000円＋税

スターリンにソ連邦を追放され，各地を流浪した末に暗殺されたロシア革命の英雄レフ・トロツキー．最後の３年半を過ごした亡命地メキシコの人間模様と社会情勢を鮮やかなドラマとして再現しながら，ロシア革命後のプロセスから人類はどのような教訓が得られるのかを探る．

小倉英敬 著

侵略のアメリカ合州国史
――〈帝国〉の内と外

四六判上製・288頁・定価2300円＋税

ヨーロッパ人のアメリカ到達以来の500余年は，その内側と外側で非ヨーロッパ社会を排除し続けた征服の歴史であった．気鋭のラテンアメリカ研究者が，先住民の浄化に始まる侵略の拡大プロセスを丹念に見つめ，世界をグローバルに支配する〈帝国〉と化した米国の行方を考える．

レジス・ドブレ 著
安部住雄 訳

新版 ゲバラ最後の闘い
――ボリビア革命の日々

四六判・240頁・定価1700円＋税

革命のあらたな飛躍のためには，自己の行為が仮借のない批判にさらされ，一顧だにされなくなろうとこれを厭わない．――ゲバラはそうした革命家だった．一切の検証作業をせずに革命伝説の厚い雲のなかで拝跪の対象とするのではなく，その闘いの意義と限界を明らかにする．

上野清士 著

ラス・カサスへの道
――500年後の〈新世界〉を歩く

Ａ５判上製・384頁・定価2600円＋税

〈新世界〉発見直後の16世紀．ヨーロッパ人植民者による先住民への暴虐行為を糾弾し，彼らの生命と尊厳を守る闘いに半生を捧げたカトリック司教ラス・カサス．カリブ中南米各地にその足跡を訪ね歩き，ラテンアメリカの500年間を照射する紀行ドキュメント．池澤夏樹氏推薦

上野清士 著

フリーダ・カーロ
――～歌い聴いた音楽～

四六判上製・280頁・定価2000円＋税

怪我と病いと闘いながら絵筆をとり続けた，伝説の女性画家フリーダ・カーロ．メキシコ革命後の激動期に生きた波瀾に満ちたその生涯を，メキシコ社会の息づかいを，彼女が歌い聴いた音楽とともに鮮やかに描きだす．同時代のラテンアメリカをめぐる芸術家群像論も充実の内容．